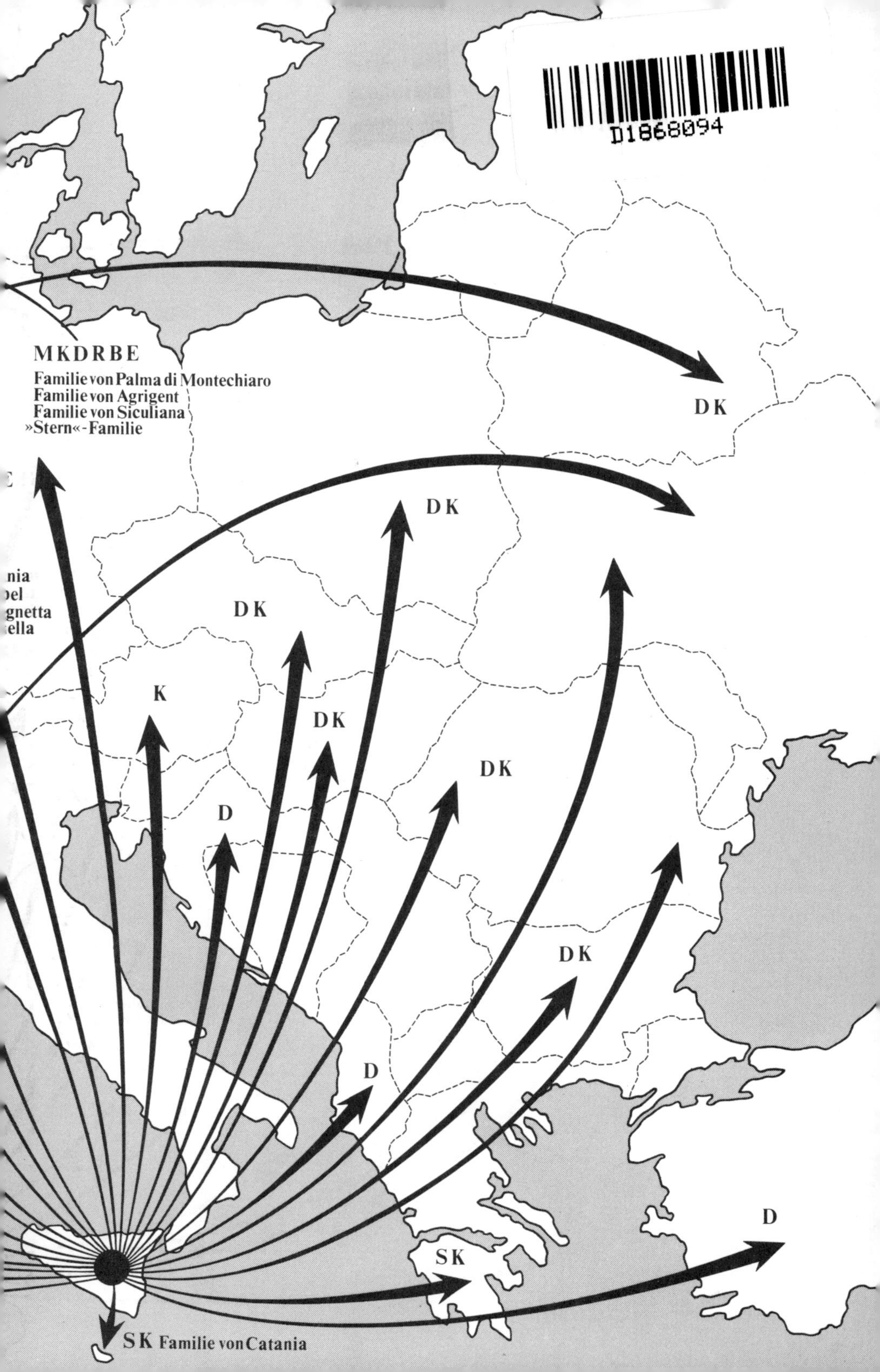
MKDRBE
Familie von Palma di Montechiaro
Familie von Agrigent
Familie von Siculiana
»Stern«-Familie
DK
DK
DK
K
DK
DK
D
DK
D
D
SK
SK Familie von Catania

Fabrizio Calvi

Jenseits von Palermo

Fabrizio Calvi

Jenseits von Palermo

Gehört Europa der Mafia?

Aus dem Französischen
von Maria Buchwald

Herbig

Titel der französischen Originalausgabe: »L'Europe des Parrains«, erschienen bei Éditions Grasset & Fasquelle

Die Karten im Vorsatz/Nachsatz sind mit Hilfe verschiedener Berichte von Polizei und Justiz erstellt worden. Sie erheben keinen Anspruch auf Vollständigkeit. Auch war es aufgrund der politischen Situation nicht möglich, die Grenzziehung im ehemaligen Jugoslawien exakt einzuzeichnen. Die Niederlassung der Cosa Nostra-»Familien« in den osteuropäischen Ländern ist noch zu neu, zu unorganisiert, als daß man schon eine Übersicht geben könnte. Seit Anfang der neunziger Jahre deutete alles darauf hin, daß das Einstürzen des Eisernen Vorhangs dem organisierten Verbrechen einen neuen Markt eröffnet. Aus Gründen der Lesbarkeit haben wir es unterlassen, die Verbindungen der Mafia-Organisationen mit den türkischen »Familien« (in der Türkei, der Schweiz, Spanien, Holland und Deutschland) und mit den lateinamerikanischen Kokainkartellen (in Spanien, Holland, Frankreich und der Schweiz) einzuzeichnen.

Umschlaggestaltung: Atelier Bachmann, Reischach
unter Verwendung eines Fotos von Comstock, Bildagentur, Berlin
Satz: Uhl + Massopust GmbH, Aalen
Gesetzt aus: 10/11.75 Times auf System 4 von Linotype
Druck und Binden: Wiener Verlag, Himberg
Printed in Austria
ISBN 3-7766-1819-1

Zum Gedenken an Paolo Borsellino

INHALT

Zweiter Teil
Die Cosa Nostra erstürmt Europa

Dritter Teil
Die Schattenseiten eines ungleichen Kampfes

Prolog

»Es gibt keine Mafia«, sagt der Pate. »Das ist nichts als eine Erfindung von Romanschriftstellern, Journalisten, Helfershelfern (gemeint sind Polizisten) und all denjenigen, die unsere Unternehmungen schlechtmachen und sie in den Schmutz ziehen wollen. Wir verwenden lieber den Begriff *Cosa Nostra*. Ihr werdet euch also der *Cosa Nostra* anschließen. Nun ist die Stunde gekommen, in der ihr ›eingegliedert‹ werdet; wenn die Einführungszeremonie beendet ist, gehört ihr zur ›Familie‹. Ihr werdet Ehrenmänner sein, mit allen Privilegien und allen Pflichten, die damit verbunden sind.«
Reglos und gespannt stehen die Bewerber in einer Reihe nebeneinander und halten den Atem an, während nun die Einführungszeremonie beginnt. Ein ernster Augenblick, und alle sind davon überzeugt, einer »Kaste« Auserwählter anzugehören, die dazu berufen ist, einer disziplinierten Organisation beizutreten, deren Tradition zu den strengsten überhaupt zählt. Hier existieren keine geschriebenen Regeln: kein Verzeichnis, keine Bescheinigung, keine Mitgliedslisten oder Ausweise. Und doch weiß jeder, was von ihm erwartet wird. Bevor sich die Organisation für einen Anwärter entscheidet, hat sie sorgfältige Erkundigungen über ihn eingeholt und ihn unter Hunderten von armen Teufeln ausgewählt, deren kühnster Traum es ist, in die sizilianischen »Familien« aufgenommen zu werden. Sie hat sich vergewissert, daß seine familiäre Situation »makellos« ist, das heißt, den Regeln entspricht, die man hier mit Ehre umschreibt, und daß keiner der Angehörigen *sbirro* (Helfershelfer) ist oder für die Polizei arbeitet. Zum Schluß mußte jeder von ihnen einen Beweis für »Mut und Brauchbarkeit« erbringen, indem er ein Verbrechen oder ein Delikt beging. Deshalb wird auch keiner der Kandidaten auch nur ein Wort sagen, wenn der Don nun die Zeremonie mit den folgenden Worten beginnt: »Ich warne euch ... jetzt könnt ihr noch zurück. Danach ist es zu spät ... Gut, ihr wißt Bescheid, dann wollen wir beginnen.« Der Offiziant ist von einer kleinen Gruppe Ehrenmänner umgeben, die

gerührt zusehen, wie die Anwärter, die sie der »Familie« vorstellen dürfen – das gilt als Privileg – vor Aufregung ganz steif werden.
»Wir sind eine sehr alte Organisation, die in graue Vorzeiten zurückreicht«, fährt der Don fort. »Unsere Regeln sind sehr streng. Wehe denen, die sie übertreten. Und das sind sie: Ihr laßt die Finger von den Frauen anderer Ehrenmänner. Ihr bringt keinen Ehrenmann um – außer wenn es unbedingt sein muß. Ihr dürft nie zur Polizei gehen und jemanden denunzieren. Schlagt euch nicht mit anderen Ehrenmännern. Benehmt euch immer anständig und respektabel. Mit Außenstehenden dürft ihr nie über die *Cosa Nostra* sprechen. Es ist strikt untersagt, vor anderen Ehrenmännern zu prahlen und euch zu brüsten. Das Zeremoniell schreibt vor, daß die Vorstellung neuer Anwärter von einem dritten, ebenfalls ›eingegliederten‹ Mann vorgenommen wird. Und noch eines ist äußerst wichtig: Immer wenn es um die *Cosa Nostra* geht, seid ihr verpflichtet, euren Mitmenschen die volle Wahrheit zu sagen. So schreibt es unser Verhaltenskodex vor. Erklärt ihr euch damit einverstanden?«
Natürlich eine rein formelle Frage.
»Gut. Dann bitte ich euch jetzt, unter den hier anwesenden Freunden euren Paten zu wählen.«
Jeder Anwärter geht zu dem Ehrenmann, der ihn mitgebracht und vorgestellt hat. Dann zieht der Don ein kleines Päckchen mit Heiligenbildern, einen Orangenbaumstachel (oder ein Messer) und eine Streichholzschachtel aus seiner Tasche.
»Der erste Kandidat trete mit ausgestrecktem Finger vor.« Ein Mann geht ein paar Schritte auf den Don zu und streckt den Zeigefinger vor, mit dem er gewöhnlich auf den Abzug einer Feuerwaffe drückt.
Schon hat ihm der Don ein kleines Heiligenbild – das von Mariä Verkündigung – in die andere Hand gelegt; Mariä Verkündigung wird am 25. März gefeiert und dies ist auch der »Feiertag« der *Cosa Nostra.* Mit einer schnellen Bewegung ritzt der Don den entgegengestreckten Finger auf und hält ihn dann über das Heiligenbild, das mit dem herausquellenden Blut befleckt wird; darauf legt er es in die beiden Hände des Anwärters, die dieser dem Don wie eine Schale hinhält.
»Jetzt gehört ihr zu der *Cosa Nostra.* Ich warne euch nachdrücklich: Niemals dürft ihr unsere Geheimnisse verraten. Mit Blut tritt man in die *Cosa Nostra* ein, und nur mit Blut tritt man wieder aus. Wiederholt jetzt die rituellen Worte, die euch zu einem Ehrenmann machen.«

Dann zündet der Don das Heiligenbild an, und unter Schmerzen spricht der Kandidat ihm die Worte nach: »Ich schwöre, daß ich die Befehle der *Cosa Nostra* niemals verraten werde. Wenn ich sie je verrate, soll mein Fleisch brennen wie dieses Heiligenbild.«

»Nun könnt ihr unsere hier anwesenden Freunde umarmen. Ihr gehört zur Familie. Ihr seid Mitglieder derselben Sache. Wir sind ein und dieselbe Sache. Unsere Sache. *Cosa Nostra*.«

Die Zeremonie geht ihrem Ende zu, und der Don wendet sich ein letztes Mal an die neuen Mitglieder.

»Von nun an seid ihr Ehrenmänner und das bis zu eurem Tod. Ganz gleich, ob ihr aus der Organisation gejagt (man sagt abgesetzt) werdet oder ob ihr euch davon entfernt – ihr müßt wissen, daß man euch immer in die Pflicht nehmen kann. Und ihr habt keinerlei Möglichkeit, euch diesen Verpflichtungen zu entziehen. Nun werde ich euch noch erklären, wie unsere Organisation funktioniert. Die Familie bildet unsere Basiszelle. Sie ist fest verankert in dem Gebiet, das sie kontrolliert – das kann ein Ort, ein Dorf oder Stadtviertel sein –, und sie trägt seinen Namen. Wir sind eine demokratische Organisation: Jede Familie wird von einem Chef, dem ›Repräsentanten‹, regiert, der von den Ehrenmännern gewählt wird. Der wiederum ernennt den Stellvertreter, seine Berater (*consiglieri*) und die *capidecina*. Und mit letzteren werdet ihr zu tun haben. Außer auf ausdrückliche Genehmigung hin, dürfen die Ehrenmänner keinen direkten Kontakt mit dem Repräsentanten aufnehmen. Die Akitivitäten der verschiedenen Familien, die zur *Cosa Nostra* gehören, werden von der Kommission, der Kuppel, koordiniert. Nie darf die Existenz eines derartigen Gremiums erwähnt werden. Wenn ihr davon sprechen müßt, verwendet vielmehr Worte wie ›Verwaltungsrat‹ oder ›Parlament‹. Die Kuppel besteht aus den verschiedenen *capimandamenti*, oder – wenn ihr lieber wollt – den Repräsentanten aus mindestens drei Familien, deren Gebiete aneinander grenzen. Heutzutage werden die *capimandamenti* aus den Repräsentanten der Familien gewählt. Früher war es nicht möglich, die beiden Ämter auf sich zu vereinigen – einerseits sollte eine objektive, unvoreingenommene Repräsentation gewährleistet und andererseits eine zu starke Machtkonzentration vermieden werden. An der Spitze der Kuppel sitzt einer der *capimandamenti*, den wir den Sekretär nennen.«

Jahrzehntelang hielten die Ehrenmänner die Einführungszeremonie ängstlich geheim. Man vermutet, daß dieser Mummenschanz aus dem letzten Jahrhundert stammt, als die Paten noch ausschließlich als Pächter der Landbesitzer fungierten, in deren Auftrag sie erbarmungslos für Ordnung sorgten. Die Zeremonie überlebte die Landflucht, die in den siebziger Jahren die *Cosa Nostra* in die Städte trieb und erlebte dort ein ansehnliches Comeback.

Abgesehen von den Eingeweihten kannte niemand den Ablauf im einzelnen. Erst in den frühen achtziger Jahren erklärten sich die Ehrenmänner – unter Lebensgefahr – bereit, die Verbote zu übertreten und zu erzählen, wie die sizilianischen »Familien« funktionierten. Den Mafiaaussteigern Leonardo Vitale, Tommaso Buscetta, Salvatore Contorno, Vincenzo Marsala, Tota Gennaro, Stefano Calzetta, Francesco Gasparini, Antonio Calderone und Francesco Marino Mannoia verdanken wir einen Einblick in die Geheimnisse der *Cosa Nostra.* Dank ihrer Aussagen weiß man heute, daß dieses merkwürdige Beitrittsritual in Sizilien praktisch an der Tagesordnung war. In luxuriösen Villen und in ärmlichen Hütten, ja selbst in den italienischen Staatsgefängnissen vollzog sich die Zeremonie immer nach denselben Regeln. Wie oft mag sie stattgefunden haben? Tausende, vielleicht Zehntausende Mal. Die Carabinieri haben 143 »Familien« erfaßt, die fest in Sizilien verankert sind und über mehr als 5 000 »Soldaten« verfügen; die wiederum bewegen sich in einem Kreis von Helfershelfern, der auf 20 000 Personen geschätzt wird.

Die Untersuchungsbeamten haben größte Mühe, mit dem stetigen Anwachsen der organisierten Kriminalität in Sizilien Schritt zu halten. Jetzt, zu Beginn der neunziger Jahre, glauben sie, daß die palermitanischen Familien noch immer den Hauptteil ihrer Einnahmen aus der Heroinproduktion ziehen, obwohl sich die großen Labors nicht mehr auf der Insel selbst befinden. Die Paten verlegen sich nun auf den Kokainvertrieb. Die sizilianischen Ermittler erfahren mit monatelanger Verspätung, daß 600 Kilogramm Kokain in Palermo eingetroffen sind und zwar im Laderaum des Frachtschiffes *Big John*, das vom Medellinkartell und den Herren der Kuppel, den Corleonesern, gechartert worden war. Erst im September 1992 gelingt es Polizisten aus fünf Ländern, ein europäisches Verteilungsnetz für Kokain zu zerschlagen, das von den sizilianischen »Familien« und dem Calikartell (Operation Green Ice) kontrolliert wurde; dann endlich können sie 200 Personen festnehmen und 44 Millionen Dollar sowie eine halbe Tonne Kokain beschlagnahmen.

Neues Geduldsspiel für die Ermittler: das unerwartete Auftauchen einer Rivalenorganisation der *Cosa Nostra* in Sizilien. Die Polizisten hatten sich mit größter Mühe eine Vorstellung vom Funktionieren der sizilianischen »Familien« gemacht, als ein Kronzeuge namens Leonardo Messina ihnen im September 1992 von einer neuen Vereinigung, genannt »der Stern« (*Stidde* auf sizilianisch), erzählt, die der *Cosa Nostra* den Krieg erklärt hat. Der Kronzeuge spricht von Hunderten Banditen und Dutzenden ehemaligen Ehrenmännern, die das Monopol der *Cosa Nostra* untergraben. Er gibt an, daß der »Stern« in der Region Agrigent entstanden sei und sein Licht auch jenseits von Sizilien erstrahle. Schenkt man Leonardo Messina Glauben, so zählen bereits gut zwanzig »Familien« zum »Stern«, wovon zwei ihren Sitz im Ausland haben sollen: eine in Belgien, die von Salvatore Fregapane geleitet werde, und eine weitere im französischen Grenoble, die dem aus Favara – in Sizilien – gebürtigen Giacomo Pagano unterstellt sei. Einer der bekanntesten Mitglieder des »Sterns« sei ein diplomierter Geologe, früherer Präsident einer sizilianischen Provinz, ehemals Abgeordneter der *Democrazia Cristiana* und Mitglied der Enquetekommission, die den Auftrag hat, Informationen über die organisierte Kriminalität einzuholen!

Auch wissen die italienischen Polizeibeamten noch immer wenig über die Verbindungen zwischen der *Cosa Nostra* und den geheimen Freimaurerlogen, die die italienischen Institutionen – nach dem Beispiel der Loge P2 – unterwandern und zersetzen. In der Vergangenheit waren Richter, die über die Drogen-Geldwäsche ermittelten, auf Licio Gelli, den Großmeister der Loge P2 gestoßen. Andere Beamte, darunter der Richter Falcone, haben in Palermo und Trapani »gedeckte« Logen ausfindig gemacht, in denen Politiker, Rechtsanwälte, angesehene Persönlichkeiten des öffentlichen Lebens und Paten der *Cosa Nostra* zusammenkamen. Im November 1992 leitete der Staatsanwalt von Palmi, Agostino Cordova, endlich eine nationale Untersuchung über mehr als 350 Logenbrüder ein, die im Ruf stehen, der *Cosa Nostra* nahezustehen. In der Akte Cordova ist von Waffen- und Drogenhandel, von Korruption und von Politikern die Rede, aber vor allem von einer diffusen Verbreitung des organisierten Verbrechens, die sich weit über den Mezzogiorno hinaus erstreckt.

Zu Beginn des Jahres 1991, etwa 500 Tage vor der Entstehung des großen europäischen Einheitsmarktes und der Abschaffung der Grenzen zwischen den Mitgliedsländern der Europäischen Gemeinschaft, legte der italienische Innenminister Vincenzo Scotti dem italienischen Parlament eine detaillierte Aufstellung über das organisierte Verbrechen in seinem Land vor. Selten bekundete ein Regierungsmitglied so viel Pessimismus. »Wir werden im wahrsten Sinne des Wortes von kriminellen Organisationen belagert«, mußte er bekennen. *Carabinieri,* Polizeibeamte, Angehörige der *Guardia di finanza* (Zollwächter), Geheimagenten und Richter sind fast ohnmächtig angesichts der aufflammenden organisierten Kriminalität und sehen sich, nach eigenen Aussagen, nur mehr als fassungslose Kartographen eines noch nie dagewesenen Phämomens.

Bei seiner Darlegung stützte sich der Minister auf die Ermittlungen seiner Staatsbeamten und zählte mehr als 500 kriminelle Organisationen auf, im Italienischen *cosche* genannt, weil sich die Männer, wie bei einer Artischocke, um ein und dasselbe Herz sammeln – in diesem Fall um ihren Boß. 500 *cosche*, die 15 000 »Soldaten« und fast 100 000 Komplizen umfassen. Eine militärische und industrielle Macht, deren Umsatz dem der Gruppe Fiat entspricht: 50 000 Milliarden Lire.

Von Nord nach Süd haben vier große kriminelle – zuweilen rivalisierende, zuweilen kooperierende – Organisationen das Gebiet unter sich aufgeteilt. Sie sind im Durchschnitt älter als hundert Jahre, und jede von ihnen pflegt ihr eigenes Brauchtum. Nicht nur der *Cosa Nostra* gegenüber erweist sich der italienische Staat als machtlos, auch die Entwicklung der kalabresischen *'Ndrangheta*, der apulischen *Sacra Corona Unita* und der napolitanischen *Camorra* vermag er nicht aufzuhalten.

Das Einflußgebiet der *'Ndrangheta* erstreckt sich über den gesamten Süden des italienischen Stiefels. Ihre 142 Clans oder *'Ndrine* scharen mehr als 5 000 Mitglieder um sich; zur Hauptstadt haben sie Reggio di Calabria gewählt, eine Stadt, in der jährlich mehr als 300 Morde geschehen und in der ihre 22 *'Ndrine* – das bedeutet 1 500 Mitglieder – stationiert sind; dazu kommen noch Hunderte von *Babykillern*, von denen manche gerade erst 15 Jahre alt sind. Ähnlich verhält es sich mit den öden Hügeln des Aspromonte mit den Lagerplätzen der Gesetzesverächter und seinen Abhängen, die von einem Höhlenlabyrinth durchbrochen werden und wo die Geiseln zuweilen jahrelang gefangen gehalten werden. Die *'Ndrangheta* hat die Entführung seit langem schon in ein lukratives Gewerbe verwandelt. Ihre Gangs, die die

Regeln des Taylorismus auf das Kidnapping anwenden, haben schnell die Segnungen der Arbeitsteilung begriffen. Vom einen Ende der Halbinsel zum anderen nehmen die Banden die potentiellen Opfer ins Visier, geben ihre Informationen an andere *'Ndrine* weiter, die ihr Opfer nach der Entführung an andere Verwahrer weiterverkaufen, denen es dann obliegt, das Lösegeld zu kassieren. Dank des Drogenhandels, der Erpressung von Geldern und der Veruntreuung von öffentlichen Mitteln entspricht die kalabresische Organisation einer Holding des organisierten Verbrechens, mit einem Umsatz von geschätzten 7 Milliarden D-Mark; das hindert sie jedoch nicht, ihre überlieferten Traditionen weiterhin zu pflegen.

Mit der *'Ndrangheta* verhält es sich ebenso wie mit der *Cosa Nostra*. Um in eine »Familie« aufgenommen zu werden, müssen ihre Mitglieder den »Gifteid« geloben und vor einem blutbefleckten Dolch Treue schwören. Hier verwandelt ein mittelalterlicher Brauch die Killer in tapfere Paladine. Der Anwärter wird zu einem »Wachposten des Gesetzes des Schweigens«. Er hat von nun an weder Vater noch Mutter, weder Bruder noch Schwester. Die Organisation hat ihm »sieben schöne Dinge gegeben: die Demut, das Schweigen, den Ernst, die Politik (*sic*), die Pseudopolitik (*sic*), einen Bleistift, ein Messer und Rassiermesser.«

Der Sage nach, die Generationen kalabresischer Mörder weitergegeben haben, ist die Organisation um ein Grab herum auf einer Insel entstanden, die vor Sizilien liegt: *Favignana*. Der Treueeid, den man der *'Ndrangheta* leistet und der dem sizilianischen Modell nachgeahmt ist, nimmt sich noch pittoresker aus als der Schwur, der einem die Pforten zur *Cosa Nostra* öffnet. Der Anwärter spricht den Satz: »Im Namen des Erzengels Michael, schwöre ich euch Treue. Auserwählte Truppe von Räubern (*sic*), die das Schwert, den Dolch, die Waage tragen, die das Fleisch, die Haut und die Knochen teilen und wieder zerteilen wie ich sie zerteile, Dolch und Schweigen im Mund, im Namen unserer Heiligen Jungfrau Maria.«

Ebenso folkloristisch nimmt sich die *Sacra Corona Unita* aus, die in Apulien ihr Unwesen treibt. Dennoch darf man ihre 32 bewaffneten Banden, die den offiziellen Angaben zufolge 2 542 Mitglieder zählen sollen, nicht unterschätzen. Zigarettenschmuggel, Drogen- und Waffenhandel, organisierter Menschenraub, Schutzgelderpressung, Entführungen: Was die Einnahmequellen betrifft, so ist man hier nicht

besonders erfinderisch. Und doch wäre es falsch anzunehmen, daß es sich hierbei um eine primitive Form der organisierten Kriminalität handele, denn die Untersuchungsbeamten haben mehr als 600 legale Finanzierungsgesellschaften gezählt, die beauftragt sind, das schmutzige Geld der apulischen Verbrecherbanden zurückzuschleusen.
Das Gebiet um Neapel und die Stadt selbst bilden das Revier der *Camorra*. Ihre 106 Clans zählen in der ganzen *Campagnia* 5 000 Mitglieder. Allein in der Stadt Neapel sammeln 67 »Familien« 3 350 »Soldaten« um sich. Sie sind wahrhaftige »Beamte des Verbrechens«, erhalten eine monatliche Vergütung und bekommen eine Art Sozialversicherung, die ihnen und ihrer Familie im Falle von »Arbeitsunfällen«, Krankheit oder Inhaftierung bestimmte finanzielle Aufwendungen zahlt. Allein der König des Stadtviertels von Forcella, der Boß Giuliano, ist Chef einer Bande von 200 Männern, während Ciro Mariani, der über die spanischen Viertel regiert, 170 Banditen für sich arbeiten läßt; damit verfügt er über ein paar Menschen weniger als die neapolitanischen Dons der Familien Alfieri, Vollaro, Gionta, d'Allesandro oder Imparato. Jeder hat sein Spezialgebiet: Die Soldaten des Clans Vollaro handeln in der Gegend von Herculanum mit Drogen (Kokain und Heroin); die Männer von Michele Zaza kontrollieren den Zigarettenschmuggel in den volkstümlichen Vierteln des Stadtzentrums, von Santa Lucia bis San Giovanni a Teduccio; die Männer von d'Allessandro haben sich auf Lotteriespiele und illegale Pferderennen spezialisiert.
Die Historiker siedeln die Entstehung der *Camorra* im 15. oder 16. Jahrhundert an. Damals nannte sich die Organisation der neapolitanischen Kriminellen »Gesellschaft der Menschheit« oder »Schöne Reformierte Gesellschaft«. Ihre Strukturen und ihre Riten sind denen der sizilianischen *Cosa Nostra* verwandt, auch wenn die jeweiligen Funktionen anders bezeichnet werden. In Neapel sagt man zum Beispiel nicht »Chef der Familie« (*Capofamiglia*), sondern »Chef an der Spitze« (*Capointesta*), während der *Consigliere* sich mit dem wesentlich folkloristischeren Titel *Contaiuolo* (der Erzähler) schmücken darf.
Es ist Raffaele Cutolo, genannt »das Evangelium«, zu verdanken, die Einweihungsriten der *Camorra* wieder in Mode gebracht zu haben. Nach der mündlichen Überlieferung soll Don Raffaele Dutzende, ja Hunderte *Camorristen* eingeweiht haben. Ob sie sich in seinem luxuriösen Kastell im Landkreis Ottaviano oder in Gefängniszellen oder psychiatrischen Anstalten, in denen er häufig gewesen war, abspielten –

die Zeremonien, die er leitete, folgten immer in einem perfekt inszenierten Ritual. Von einer Kerze beleuchtet, setzten sich die Adepten um einen Tisch, auf dem sich ein Dolch, eine geladene Pistole und ein Glas vergifteten Weines befand. Dem camorristischen Kandidaten wurde mit Hilfe des Dolches eine Armvene geöffnet. Dann mußte er mit blutender ausgestreckter Hand Gehorsam, Treue und Verschwiegenheit schwören. Danach nahm er die Pistole und legte sie an seine Schläfe, während er mit der anderen Hand das Glas mit dem vergifteten Wein an seine Lippen hob. Damit brachte er zum Ausdruck, daß seine Ergebenheit bis hin zum Selbstmord gehe. Daraufhin entwaffnete Don Raffaele den Kandidaten und schüttete den Wein aus. Er ließ den Bewerber niederknien, legte ihm eine Hand auf den Kopf, gab ihm den Dolch, wandte sich an die umstehenden Anwesenden und rief pathetisch: »Erkennt diesen Mann an!« Auf diese Weise stießen die *Camorristen* zur Organisation von Don Raffaele, der *Neuen Organisierten Camorra*. Um nicht zurückzustehen, übernahmen seine Gegner, die sich unter dem Namen »Neue Familie« zusammengetan hatten, dieses so barocke Ritual.
Seit Beginn der sechziger Jahre haben es sich *Cosa Nostra, Camorra, 'Ndrangheta* und – in einem bestimmten Maße auch – *Sacra Corona Unita* zur Gewohnheit gemacht, sehr eng zusammenzuarbeiten. Anfangs tauschte man Killer aus oder traf Abkommen, doch die gemeinsamen Geschäfte waren begrenzt und wurden mit einem gewissen Mißtrauen getätigt, das heute jedoch nicht mehr angesagt ist. Seit Beginn der achtziger Jahre arbeiten die vier Organisationen eng zusammen, und es ist keine Seltenheit mehr, daß Sizilianer, Kalabresen, Apulier und Neapolitaner in denselben Verbrecherorganisationen vereinigt und von ein und demselben Geschäftsgeist besessen sind, der sie dazu treibt, ein und denselben Markt im Sturm zu erobern: das Gebiet nördlich der Alpen.
Der sizilianische Schriftsteller Leonardo Sciascia glaubte, die organisierte Kriminalität breite sich in Italien im Rhythmus der Palmenhaine aus, die jedes Jahr 500 Meter nördlich wandern. Doch zu Beginn der neunziger Jahre entfaltete sie sich wesentlich schneller, geradezu sprunghaft. Nun finden die geheimen Zeremonien auch jenseits der Alpen statt: Die multinationalen Konzerne des organisierten Verbrechens unterwandern nach und nach Europa. Von der palermitanischen Vorstadt, den kalabresischen Bergen, den Docks von Bari oder den

neapolitanischen Gäßchen aus haben sie ihre Brückenköpfe an der französischen Côte d'Azur, der spanischen Costa del Sol, der Londoner City und selbst an den Ufern des Genfer Sees errichtet. Sie sind nicht die einzigen: Ihre kolumbianischen oder türkischen Kollegen haben nicht lange gezögert und es ihnen gleichgetan.
Wir müssen der traurigen Wahrheit wohl oder übel ins Auge blicken: Die Verbrechersyndikate haben die am 1. Januar 1993 erfolgte Abschaffung der Grenzen nicht abgewartet, um ihren großen einzigartigen europäischen Markt zu schaffen. Für sie geben die neunziger Jahre allen Grund zu weitreichenden Hoffnungen.
Bereits in den sechziger Jahren lenkte die organisierte Kriminalität ihr Interesse auf den europäischen Markt. Indem sie Institutionen unterwanderte und im großen Stile landwirtschaftliche Subventionen unterschlug, machte sie sich an die Eroberung einiger europäischer Länder. Die Ehrenmänner haben so die Bundesrepublik Deutschland kolonisiert und – in geringerem Maße – auch Belgien, Großbritannien und die Schweiz, wobei sie sich die massive Einwanderungswelle zunutze gemacht haben. Sie haben sich an die Eroberung Frankreichs und Spaniens gemacht, um sich dann schließlich in Richtung Osteuropa zu orientieren, wo ihnen, seit der eiserne Vorhang gefallen ist, ein phantastischer Markt offen steht. Ihre Waffen: Mord, Erpressung, Terror und Korruption. Ihre Verbündeten: Die gesetzlichen Schwächen dieser Länder, die der organisierten Kriminalität nicht genug Rechnung tragen, die Unwissenheit der Ermittler und die Rivalitäten innerhalb der verschiedenen Polizeikörperschaften.
Ziel dieser Untersuchung ist es, diese Invasion aufzuzeigen, wobei in jedem Land die großen Geschäfte der organisierten Kriminalität unter die Lupe genommen werden. Zum ersten Mal können die europäischen Verbindungen der kriminellen »Familien« deutlich aufgezeigt werden – Verbindungen, die anhand der Geständnisse Dutzender ehemaliger Ehrenmänner und als Kronzeugen auftretender Dealer und Schieber als gesichert gelten dürfen und durch lange Gespräche mit ihnen sowie einigen Paten des organisierten Verbrechens ergänzt wurden; ferner basieren die Ergebnisse auf Diskussionen mit Polizeibeamten oder Geheimagenten, die in verschiedenen Ländern Europas Verbrecher jagen, außerdem auf unveröffentlichten Dokumenten, die mir verschiedene gerichtliche Institutionen zur Verfügung gestellt haben.

Erster Teil

Das organisierte Verbrechen – eine Gebrauchsanweisung

1
Im Herzen der Finsternis

Die Geheimnisse von Palermo – Ein Stadtviertel der Cosa Nostra – Das »Eldorado des Todes« – Die Labors – Die Folgen des »Familien«-Krieges – Die Flüchtigen – Die menschenfressende Krake

Die Geheimnisse von Palermo

Alles beginnt hier. Und alles endet hier, gerade so, wie alle Wege ins Rom der organisierten Kriminalität führten. Trotz ihrer soliden Brükkenköpfe in europäischen oder lateinamerikanischen Ländern zählen die palermitanischen Paten außerhalb ihres Territoriums nichts mehr. Um die Expansion der *Cosa Nostra* in Europa zu verfolgen, muß man sich also zuerst in diese Hauptstadt des Schmutzes, der Armut und der Gewalt begeben, mitten hinein in die Ruinen eines Stadtgebildes, das von schmutzigem Geld gespeist wird, einer Stadt, deren Nerven von einem Jahrzehnt der Schlaflosigkeit, der Trauer und des Terrors zerrüttet sind. Warum keinen Hubschrauber benutzen, um auf vorsichtige Art die Hochburgen der *Cosa Nostra* zu besichtigen?

8. Dezember 1989: Die blaue Cobra der palermitanischen Polizei hebt nicht weit von der Stadt von einem militärischen Hubschrauberlandeplatz ab. Das sonderbare Ausgangsverbot, das die palermitanischen Bürger bei Anbruch der Nacht in ihre Häuser verbannt, ist noch nicht wieder aufgehoben. Der Hubschrauber scheint der einzige Zeuge jenes trüben und düsteren Morgens zu sein. Nachdem er über die abgeschirmten Villen von Gibilrossa hinweggeflogen ist und sich in dem Gewirr der Zitrushaine von Villagrazia verloren hat, ertönt das Geräusch seiner Rotoren über den kleinen Marktflecken Ciaculli und Croce Verde Giardini, die beide einen grauenerregenden Ruf genießen.

»Hier ist es, ein Stück vor der Mündung des Oreto.« Ein Mann mit einem länglichen Gesicht brüllt diesen Satz, um den Lärm der Maschinen zu übertönen, und deutet auf ein ausgetrocknetes Flußbett, heute ein unbebautes Gelände, auf dem sich die Fäkalienverwertungsanlage von Brancaccio befindet. Francesco Marino Mannoia, früherer Ehrenmann und Ex-Vertrauter der gefährlichen Corleoneser – die aus dem letzten Bandenkrieg als Sieger hervorgegangen sind –, gibt Geheimnisse einer kriminellen Organisation preis, die er selbst als die »perfekteste und brutalste des ganzen Planeten« bezeichnet. Für einen Aufklärungsflug über das schwarze Palermo ist er der ideale Führer.

Das Meer ist nur mehr wenige hundert Meter entfernt. Schon sehen die Insassen des Hubschraubers die schmutzigen und grauen Bruchbuden der Bucht von Sant'Erasmo. Das schmierige Grillrestaurant hat seine Pforten noch nicht geöffnet. Francesco Marino Mannoia macht ein kleines Gebäude in der Via Ponte Marina, das mit der Nummer 8 aus, auch die »Todeskammer« genannt, weil dort die Henker der »Familie« Marchese ihresgleichen zu Dutzenden erwürgten und die Leichen danach durch Versenken ins Mittelmeer oder durch Auflösen in Säure zum Verschwinden brachten. Anfang der achtziger Jahre tötete man in Palermo serienmäßig.

Auch heute wirkt das Haus noch düster, doch niemand geht mehr durch die rußigschwarzen Gänge. Es kommt sogar vor, daß ein paar verirrte Reisende vor seiner Tür picknicken. Die Killer haben sich andere Todeskammern gesucht und neue Schlachthöfe auserkoren, um ihre geheimen Friedhöfe zu speisen.

Der Helikopter dreht seine Kreise über den kleinen Ortschaften der *Cosa Nostra*, die langsam erwachen. Dutzende Dons und Tausende Ehrenmänner lebten und leben hier sicher vor Strafverfolgung. Hierher macht die Polizei nur sporadische Abstecher – nicht viel mehr als ein kurzes Aufrühren des Schmutzwassers im schwarzen Palermo.

Ein Stadtviertel der Cosa Nostra

Es ist nicht leicht, den Spuren Francesco Marino Mannoias im Palermo der *Cosa Nostra* zu folgen. Man läuft Gefahr, nur das Äußere der Dinge zu sehen, das heißt – beinahe – nichts. Gerade noch, daß man dann und wann von einem übertriebenen Anzeichen von Luxus in

diesen Schlafstätten befremdet ist, die im allgemeinen in einem solch heruntergekommenen Zustand sind, daß man an manchen Stellen versucht ist, zu behaupten, sie seien von ihren Bewohnern aufgezehrt worden. Natürlich rekrutiert die organisierte Kriminalität gerade aus diesen zahlenmäßig sehr großen Randgruppen der Bevölkerung ihre Arbeitskräfte für die niederen Arbeiten.
Mit ein wenig Geduld kann man am Fuße dieser Häuserblocks, die weder über Wasser noch Strom verfügen, einen prächtigen Sportwagen aus einer der fest verschlossenen Garagen herausfahren sehen. Die Blocks gehören zum nördlichen Bauerschließungsgebiet und mit etwas mehr Glück erblickt man beim Einmünden in eine von ausgebrannten Wagen und Unrat gesäumten Straße, auf der in Lumpen gekleidete Kinder spielen, eine Bande helmloser Motorradfahrer, die von einem dieser so selbstsicher wirkenden fetten Männern angeführt werden, die man normalerweise nur in den Käfigen des gesicherten Justizpalastes in Palermo sieht und die sich in der Kühle des frischen Morgens an ein paar gegrillten Würsten gütlich tun; schon um diese Tageszeit verkaufen unzählige fliegende Händler ihre Waren und verpesten damit die Vorstädte.
Im Zentrum der Stadt fallen in einer Straße – nur einige Schritte von der Stelle entfernt, wo General Dalla Chiesa und seine Frau durch Schüsse umkamen – gleich zwei Niederlassungen von Ferrari auf und auch andere, mit Marmor und Brunnen ausgestattete Luxusgeschäfte, in denen man nie einen Kunden sieht und deren Aufgabe augenscheinlich nicht im Verkauf von Waren, sondern in der Rückschleusung schmutzigen Geldes besteht. Äußere Zeichen von Reichtum, der – selbstredend – von organisierter Kriminalität zeugt. Ein guter Führer ist notwendig, um in die Geheimnisse Palermos eingeweiht zu werden. In unserem Fall handelt es sich um einen Polizeibeamten, der Francesco Marino Mannoia auf seinen Aufklärungsflügen im Haubschrauber oder im Wagen durch die Hauptstadt der *Cosa Nostra* begleitet. Es ist ein junger Mann in den Dreißigern, gekleidet wie die Leute, die zu bekämpfen seine Aufgabe ist: mit einem Hawaiihemd, das lose über eine Jeanshose hängt, um seinen Colt 45 zu verbergen; dazu Sportschuhe, halblanges Haar, ein Dreitagebart und dunkle Brillengläser, ein Ray-Ban-Modell aus den fünfziger Jahren. Fast ein gewöhnlicher Sizilianer, der nur einen Fußballverein – Juventus Turin natürlich – mag, dem der AC Mailand von Berlusconi ein Dorn im Auge ist und

der sich immer noch fragt, warum er eigentlich diesen Beruf ergriffen hat. Nennen wir ihn Salvatore Domenico, Inspektor Salvatore Domenico.

Wir sitzen im Auto, auf der Fahrt mitten hinein in die Geheimnisse Palermos, Richtung Piazza Scaffa, Corso dei Mille, Via Brancaccio, Ponte dell'Amiraglio. Das Viertel, in dem Francesco Marino Mannoia geboren wurde.

Das Schlachtfeld, auf dem 1860 die tausend Mann von Garibaldi siegreich die Bourbonen schlugen, ist zum Symbol der Niederlage des italienischen Staates im Krieg gegen das organisierte Verbrechen geworden. In diesem Viertel haben die »Familien« der *Cosa Nostra* alles unter ihrer Kontrolle. Ein Beispiel unter vielen: Vor einigen Jahren demonstrierte die Bevölkerung gegen die Einrichtung eines Polizeikommissariats und drohte ganz einfach damit, es in die Luft zu sprengen.

Inspektor Salvatore Domenico weiß, daß er hier nicht zu Hause ist; er ist nur ein »Helfershelfer«, ein kleiner Polizist, eine Art Abschaum der Menschheit, der auf der sozialen Werteleiter ganz unten steht, tiefer noch als die ohnehin nicht sehr angesehenen Ehrenmänner. Das Viertel ist ein Paradies für Flüchtige, die *latitanti*: Hunderte, ja Tausende Delinquenten, die angeblich aktiv gesucht werden, die jedoch ruhig in einer Art Scheinuntergrund im Herzen des schwarzen Palermos leben. Als wir den Corso dei Mille hochfahren, deutet der Polizeiinspektor auf Wohnungen, die den Flüchtigen als Unterschlupf dienen. Warum nimmt man sie nicht fest?

»Rom will uns nicht die Mittel dafür geben«, sagt er. »Wenn man die *latitanti* wirklich festnehmen wollte, könnte man es. Ein eindrucksvolles Beispiel dafür ist Pietro Vernengo. Als Ehrenmann der »Familie« des Corso dei Mille war Pietro Vernengo ein gefährlicher Mann. Er war ein Killer und zugleich Drogenhändler, und man hatte ihn bereits zu langen Haftstrafen verurteilt.

Anfang der neunziger Jahre floh er, zweifelsohne mit der Absicht, seinen Verwandten Francesco Marino Mannoia umzubringen. Es war eine Flucht wie aus dem Bilderbuch, denn er ist ganz unbehelligt aus dem Krankenhaus spaziert, in das er sich unter irgendeinem Vorwand hatte einweisen lassen. Ein nationaler Skandal. Er mußte also um jeden Preis geschnappt werden; Befehl von Rom. Ich war an den Ermittlungen beteiligt. Man hat Himmel und Hölle in Bewegung gesetzt. Er wurde nicht weit von der Schiffswerft, die sein Sohn leitet, festgenommen. Man hatte die Stelle abgeriegelt. Er kam würdevoll und ruhig heraus und sagte nur: ›Gratuliere.‹«

Während wir uns unterhalten, fährt unser Wagen in ein Seitensträßchen, das rechtwinklig zur Piazza Scaffa verläuft. Der Inspektor weiß, wohin es geht.

»Da, links. Das ist die Werft der Vernengos. Hier hat man Pietro Vernengo festgenommen.«

Im selben Augenblick öffnen sich die Gittertüren. Vor den Außenbordmotorbooten auf dem Trockendeck startet ein schwarzer Mercedes mit dunkelgetönten Scheiben voll durch, gefolgt von zwei anderen Autos. Das Gefolge der Ehrenmänner verschwindet bald aus unserem Blickfeld, es hätten keinen Sinn, ihm mit dem Wagen des Inspektors, einem kleinen Fiat Tipo, hinterherzufahren.

»Das war der junge Vernengo mit seinen Leibwächtern«, sagt der Inspektor. »Er hat die Nachfolge seines Vaters angetreten und kümmert sich nun um die familiären Geschäfte. Irgendwann werden wir ihn schon zu fassen kriegen. Aber dann wird eben ein anderer seinen Platz einnehmen.«

Das Viertel hat sich seit den Lehrjahren Francesco Marino Mannoias nicht verändert. Alles ist nur noch etwas mehr heruntergekommen. Diese staubigen Gäßchen, wo sich Sozialbauten und kleine, renovierungsbedürftige Häuser abwechseln, beginnen auf dem Terrain der Familie des Corso dei Mille oder dem der Familie von Brancaccio, um im Westen in die Domäne der Killer von Ciaculli und im Osten in die der Santa Maria del Gesù einzumünden. Hier haben die Familien Recht über Leben und Tod der Bewohner. Auch diejenigen, die nicht zur Organisation gehören und auch keine Verwandten haben, die darin Mitglieder sind, leben direkt oder indirekt von den Geschäften des organisierten Verbrechens. Und man kann sich ohne Schwierigkeiten vorstellen, wie Marino Mannoias Karriere in diesem Klima begonnen hat...

»Der Vater von Francesco Marino Mannoia war ein Ehrenmann«, erzählt der Inspektor. »Wie der Vater, so der Sohn. Wenn man hier lebt, kann man dem familiären Schicksal nicht entrinnen. Auch seine Jugendfreunde stammten allesamt aus Verbrecherfamilien. In Palermo ist jedes Viertel ein kleiner Marktflecken für sich. Man geht in dieselben Cafés, treibt sich auf denselben Straßen herum. Schon als

kleiner Junge bewegte sich Marino Mannoia im Einflußbereich der Mafia.«
»Und wann wurde er eingegliedert?«
»Das war im Jahr 1975. Eine ganz gewöhnliche Zeremonie. Francesco Marino Mannoia ist auf der Seite des Ponte dell'Amiraglio geboren; folglich hätte er zur Familie des Corso dei Mille oder der von Brancaccio gehören müssen. Dennoch wurde er in die ›Familie‹ von Santa Maria del Gesù aufgenommen . . . Man nimmt an, daß sein Vater mit dem Chef dieser ›Familie‹, Stefano Bontate, sehr eng liiert war. Vielleicht hat Bontate Marino Mannoia aus Freundschaft Mitglied werden lassen. Du kannst dir die Reaktion der Ehrenmänner vom Corso dei Mille sicherlich vorstellen. Sie müssen lauthals aufgeschrien haben.«
»Mit wem war er zusammen?«
»Nur mit Ehrenmännern, mit Aubergine, Pio-Pio, dem Hundehenker, dem Kurzen, dem Kahlen.«
»Merkwürdige Namen . . .«
»Hier ist es nicht üblich, sich mit dem Familiennamen anzusprechen. Homonyme sind häufig, die Ehrenmänner benutzen untereinander nur den Spitznamen *'ncuria*. Francesco Marino Mannoia war ›Mozzarella‹. Seit seiner Kindheit hatte er sich mit Gaunern der übelsten Sorte eingelassen, mit Salvatore Contorno, alias ›Koriolan des Waldes‹ und mit Pino Greco, alias ›Kleiner Schuh‹. Der Chef seiner ›Familie‹, Stefano Bontate, wurde ›Falke‹ genannt. Die Kronzeugen Buscetta und Contorno sprechen von ihm als »einem Mafioso mit menschlichem Gesicht«. In Wirklichkeit jedoch war Stefano Bontate nicht gerade zartbesaitet, was der kleine Dieb der Guadagna, den er mit eigenen Händen erwürgte, zu spüren bekam! Der Kleine hatte sich erlaubt, über die geschwollene Backe Bontates zu lachen, die das Gesicht des *capofamiglia* verunstaltete – unglücklicherweise hatte ihn der Rückstoß eines Gewehrkolbens getroffen. Wie alle Ehrenmänner war Bontate ein arroganter und gewalttätiger Mensch. Ein eingebildeter Pinsel, der mit dem Feuer spielte – und sich daran verbrannte. Er war eines der ersten Opfer der Corleoneser, obwohl er alles getan hatte, um sie für sich einzunehmen. Ein Beispiel: Um einem Corleoneser, Pipo Calo, dem Chef der »Familie« von Porta Nuova, seine Hochachtung zu erweisen, bat er ihn, ihm Killer zu leihen. Stefano machte seinem Vater, Don Paolino Bontate, alle Ehre, der berühmt war, weil

er zu seiner Zeit in aller Öffentlichkeit einen Abgeordneten, der in seinen Diensten stand, geohrfeigt hatte.
»Ist Bontates Sohn ebenfalls mit Politikern liiert?«
»Erinnere dich, was Buscetta von dem berühmten Michele Sindona, dem Bankier der Mafia und des Vatikans, gesagt hat: Seine Geheimnisse wiegen so viel wie eine Feder im Vergleich zu denen Bontates. Marino Mannoia hat uns von geheimen Treffen zwischen Stefano Bontate und Salvo Lima, dem Paten der sizilianischen *Democrazia Cristiania*, erzählt, der dem Ministerpräsidenten Giulio Andreotti verpflichtet ist...«

Das »Eldorado des Todes«

Woran denkt Francesco Marino Mannoia, wenn er zwischen Polizeibeamten sitzt, die bis an die Zähne bewaffnet und mit kugelsicheren Westen ausgestattet sind und, durchgeschüttelt vom Holpern des Hubschraubers, in das Stadtviertel hinabtaucht, das einst sein Territorium gewesen war? Die Zeugen werden sagen, daß er, ohne auch nur eine Gefühlsregung zu zeigen, die vertrauten Orte, die Stätten unzähliger Morde wiederfinden will: die der seinen und die der anderen. Man kann ihn sich vorstellen, wie er einen Häuserblock mit den Augen absucht und dem Piloten eine Anweisung zur Kehrtwendung gibt. Erneutes Überfliegen. Nein, hier war es nicht. Der Hubschrauber folgt der Spur des Corso dei Mille, bleibt zuweilen für Minuten über dem Viertel, in dem Francesco Marino Mannoia inmitten der *Cosa Nostra* seine ersten Schritte machte.
Hier kommt der Institution »Familie« eine alles überragende Bedeutung zu. Francesco Marino Mannoia heiratete Rosa Vernengo, die Tochter eines der bekanntesten Paten des palermitanischen Corso dei Mille. Eine Liebesheirat, mit der aber auch Interessen verknüpft waren. Als sich der junge Ehrenmann mit einer Vernengo zusammentat, war ihm bewußt, daß er in eine der gefürchtetsten »Familien« des organisierten Verbrechens in Palermo eintrat. Sein Schicksal war damit besiegelt.
»Nino Vernengo, genannt *U Dutture*, der Doktor, hatte ein paar Semester Chemie an der Universität studiert«, erklärte Francesco Marino Mannoia Richter Giovanni Falcone. »Er interessierte sich in

erster Linie für Betäubungsmittel. Dieses Interesse teilte ein Fakultätskollege, Bruno Gentile, mit ihm; der hatte bereits ein Zwischendiplom in Chemie absolviert. Die beiden Männer machten sich mit den Geheimnissen der Heroinherstellung vertraut. Von der Theorie gingen sie bald zu ersten Experimenten über. Und bald darauf faßten sie den Plan, Drogen in großen Mengen zu produzieren. Dazu benötigten sie Arbeitskräfte. Also fragten sie mich, ob ich mit ihnen zusammenarbeiten wollte.[1] Wenn Geld zu verdienen und Ehre zu gewinnen war, warum nicht? Auch als man Bruno Gentile 1977 wegen Drogenhandels und betrügerischen Bankrotts inhaftierte, gingen die Experimente weiter. Beide arbeiteten am Problem der Umwandlung von Morphinbase in Heroin. Von seinem Gefängnis aus gab der einstige Chemiestudent seine Anweisungen, während sein Schüler, *U Dutture*, die praktischen Arbeiten verrichtete. Sie kommunizierten dank der üblichen Kanäle, über Familienbesuche oder mittels bestochener Rechtsanwälte und Wärter. Einige Monate später schien *U Dutture* sich seiner Sache sicher zu sein; er war nun in der Lage, Heroin in gewerblichen Mengen herzustellen.

»Nunzio La Mattina, Ehrenmann und Schwarzhändler im großen Stile, hatte sich im Mittleren Orient etwa 20 Kilogramm Morphinbase besorgt«, fuhr Francesco Marino Mannoia fort. »Er gab den Stoff dem Chef seiner ›Familie‹ – Santa Maria del Gesù. Stefano Bontate fragte einen anderen Ehrenmann, der für seine Kontakte mit den Chemikern der French Connection bekannt war, ob er den Stoff in ein Marseiller Labor schaffen könne, damit er dort verfeinert würde.«

Das Morphin war noch auf Sizilien. Marino Mannoia und Nino Vernengo kauften es für ca. 5000 D-Mark pro Kilo – ein guter Preis. Bontate verpflichtete sich, das Heroin für die doppelte Summe zurückzukaufen.

»Nino Vernengo besaß eine alte, verlassene Bruchbude an den Ufern des Oreto, ein paar Schritte von Ponte dell'Amiraglio entfernt«, erzählte Francesco Marino Mannoia. »Ein menschenleerer Ort, das letzte Haus der Siedlung. Einzig die kurzen Besuche des Bruders

---

1 Die Zitate dieses Kapitels stammen aus Vernehmungen von Francesco Marino Mannoia, die in der Zeitung *L'Ora* vom 6. Dezember 1989 bis zum 10. Januar 1990 erschienen sind.

meines Großvaters störten die Ruhe. Doch wäre er der letzte gewesen, der uns an unserem Vorhaben gehindert hätte. Dort eröffneten wir Anfang Januar 1978 unser erstes Labor zur Heroinherstellung.«
Um dieses erste Labor in der Geschichte der palermitanischen »Familien« einzurichten, geizten Nino Vernengo und Marino Mannoia nicht mit dem Pfennig. Destillierblasen, Destillationsapparate, Aluminiumschalen, Glaskolben, Buckners aus Porzellan, Gasbrenner und Wasserbottiche: Nichts war ihnen zu teuer. Sie fanden die zur Umwandlung notwendigen chemischen Produkte – Tierkohle, Acetylen und andere Säuren – bei einem Grossisten, der die palermitanischen Krankenhäuser belieferte. Vorsichtig und klug verwischten die beiden Chemiker die Spuren, indem sie gefälschte Rezepte benutzten. So konnten sich die Händler der Familie von Santa Maria del Gesù über Jahre hinweg bei ein und derselben Quelle eindecken – trotz der von den Behörden eingerichteten Kontrollen.
Von seiner neapolitanischen Gefängniszelle aus verfolgte Bruno Gentile ihre ersten Schritte. Die jungen Chemielaboranten bereiteten zuerst 100 Gramm Morphinbase auf – mit Erfolg. Dann ein Kilo nach dem anderen, schließlich den Rest der 20 Kilo. Obwohl ihre Base von durchschnittlicher Qualität war (Reinheitsgrad 70 Prozent), gibt Mannoia an, daß sie bei ihrem ersten Versuch ein zu 96 Prozent reines Heroin herstellten.
Francesco Marino Mannoia galt bald als Experte in Sachen Heroin. Häufig analysierte er Drogenproben für Giovanni Bontate, den Bruder Stefanos. Es handelte sich hierbei um türkisches Heroin, das Nunzio La Mattina für einen geringen Preis eingekauft hatte. Man stelle sich Marino Mannoia vor, wie er seine Meßinstrumente auspackt und sie um einen Ofen herum gruppiert, den er zuvor im Wohnzimmer der Familienvilla des Bontate angestellt hatte. Man sieht den Chemiker einige Milligramm Heroin in ein Reagenzglas geben, das mit einem Thermometer verbunden und mittels eines Wasserbades in einer Rizinusöllösung erhitzt wird, der dann erklärt: »Die Qualität ist nicht die beste; es schmilzt bei 170 Grad.«
»Na, da hab ich ja Glück gehabt.«
Und Giovanni Bontate antwortete besorgt: »Die Amerikaner werden so etwas nie abnehmen. Sie kaufen nur Pulver, dessen Schmelzpunkt nicht unter 230 Grad liegt.«
»Das hier ist türkisches Heroin, das nicht chloriert ist. Und folglich

auch nicht wasserlöslich. Es kann nicht in die Venen gespritzt werden. Wir werden keine Abnehmer dafür finden. Wir können nur eines tun: Es noch einmal behandeln, so als handle es sich um Morphinbase. Wir verlieren zwar die Hälfte des Stoffes, aber das ist immer noch besser als nichts.«

»Gut. Sie können in meiner Garage arbeiten. Ich gebe Ihnen vier Millionen Lire pro Kilo«, beschließt Giovanni Bontate.

Eine ganz hübsche, wenn auch lächerliche Summe im Vergleich zu dem Profit, der in den Vereinigten Staaten damit erzielt wird. Der amerikanischen Drug Enforcement Agency (DEA) zufolge machen die New Yorker »Familien« mit jedem Kilo Heroin 250000 Dollar Gewinn – mindestens, denn wenn die Ware mit anderen Stoffen angereichert wird, kann sich die Verdienstspanne bis auf 1,5 Millionen Dollar belaufen.

In den frühen achtziger Jahren wurde Morphinbase in Hunderten von Kilo nach Sizilien gebracht. Man beförderte sie entweder auf der traditionellen Balkanroute in einem der TIR-Lastwagen oder auf dem Seeweg in den Laderäumen der Frachtschiffe, die aus dem Libanon, Syrien, der Türkei oder Zypern kamen, zuweilen sogar auf dem Luftweg, an Bord der kleinen Jets, die das Mittelmeer mit einem Satz überquerten. Die amerikanische Drogenfahndungsbehörde sah bereits voraus, daß die Sizilianer sehr schnell in der Lage sein würden, jährlich mehrere Tonnen Heroin in die Vereinigten Staaten zu schikken.

Für die transatlantischen Expeditionen wurden Reservierungen nur nach Bezahlung großer Schmiergeldsummen vorgenommen. Auf dem Luftwege, in Postpaketen, die durch Frachtflüge gedeckt wurden, auf dem Seewege, eingeschmuggelt in Schallplatten-, Möbel- oder Terracottalieferungen, überschwemmte das sizilianische Heroin nun zu Dutzenden, ja Hunderten Kilo die Neue Welt.

Im Gegenzug begann ein Strom von Dollars nach Sizilien zu fließen; aus Palermo wurde eine Stadt, die in Italien in puncto Konsumgüterverbrauch an vierter Stelle stand, obwohl sie in Ermangelung jeglicher industrieller Infrastruktur nur die 81. Stelle der Güterherstellung einnahm. Die palermitanische Polizei hatte auf dem internationalen Flughafen von Punta Raisi – auf dem Territorium von Gaetano Badalamenti, dem Don de Cinsi – in einem Koffer, der aus den USA kam, mehr als 600000 Dollar sichergestellt. An vielen Orten wurden man-

che Transaktionen direkt in Dollar getätigt, und Francesco Marino Mannoia erlebte es nicht selten, daß er für seine Dienste mit den grünen, mit dem Porträt Abraham Lincolns versehenen Noten bezahlt wurde.
Wieviel Heroin produzierte allein dieser Chemiker? Eine Tonne? Zwei? Darüber kann man nur Vermutungen anstellen. Francesco Marino Mannoia stellte selten weniger als 20 Kilo auf einmal her. Seinen Rekord erzielte er 1978, als er in wenigen Wochen 200 Kilo aufbereitete. Doch war er nicht als einziger auf der Insel tätig. Eine der »Familien« hatte vom Marseiller Gangster Gaetan Zampa die Erlaubnis erhalten, für gutes Geld einen auf die schiefe Bahn geratenen Kinderarzt namens André Bousquet einfliegen zu lassen, dem man nachsagte, er »koche« das Heroin wie einer der großen Chefs der French Connection. Bousquet erwies sich jedoch als ebenso ungeschickt wie vom Pech verfolgt. Nachdem er bei seinem ersten Versuch ein Kilo verbrannt hatte, wurde er bald darauf in seinem Labor in Carini festgenommen.
Um seine Verdienstspannen zu vergrößern, mischte Francesco Marino Mannoia seiner Ware regelmäßig andere Stoffe bei. Bruno Gentile hatte ihm beigebracht, wie mit Tropinbenzilat umzugehen war, einem weißen Pulver, dessen Schmelzpunkt bei etwa 270 Grad liegt, was dem von mehr als 95 Prozent reinem Heroin entspricht. Eine Beimischung von 20 Prozent blieb so praktisch nicht nachweisbar. Was das Tropin, eine Basis des Tropinbenzilat betraf, so hatte Stefano Bontate mehr als genug davon; es stammte aus einer Quelle, die nach Beobachtung Marino Mannoias unerschöpflich schien.
Marino Mannoia und seine Komplizen produzierten Heroin auch für sich selbst – in einigen Monaten etwa hundert Kilo. Alle Mittel waren recht, um an die Morphinbase zu kommen. Einige Dutzend Kilo stahl man Stefano Bontate mit Hilfe eines Komplizen: Nunzio La Mattina, dem Lieferanten der »Familie«. Weitere hundert Kilo kaufte man einem Schmuggler aus Catania in Paketen zu zehn Kilo ab. Kam die Base aus der Türkei, war sie hinter den Benzintanks der großen amerikanischen Wagen versteckt, an deren Steuer Türken saßen. Es war wie in drittklassigen Krimiserien. Die Heroinnachfrage war derart groß, daß Mannoia seine Produktion ohne Schwierigkeiten zu hohen Preisen absetzte. Allein auf dem lokalen – stark expandierenden – Markt verkaufte er davon einen Großteil. Der Rest wurde in die

Vereinigten Staaten geschickt, gewöhnlich als Gemeinschaftsfracht mehrerer »Familien«.

Die Labors

Der Hubschrauber dreht unablässig seine Runden über den Villen der palermitanischen Vorstadt. An Bord sitzt der Kronzeuge Francesco Marino Mannoia und versucht, sich in dem chaotischen Gewirr von Bauten zurechtzufinden, die heute wie ausgestorben wirken. Seine Augen gleiten angestrengt über die kleinen Gärten mit Brombeersträuchern, die sich an die Felder mit den Zitrusbäumen anschließen, aber er findet keinen Anhaltspunkt. Nein, hier ist es auch nicht! Er wirft den Polizisten einen verzweifelten Blick zu, und die Suche geht weiter.

Und doch müßte er sich hier eigentlich gut auskennen. Vor kaum zehn Jahren hatte die *Cosa Nostra* an dieser Stelle ihre ersten großen Produktionsstätten für Heroin errichtet. Anfangs waren es sogenannte bewegliche Labors: Für jede Lieferung Morphinbase, die verfeinert werden sollte, wurde ein neuer Unterschlupf gesucht. Dann beschloß Giovanni Bontate ein bleibendes Labor zu installieren, mitten im Viertel von Villagrazia, gleich gegenüber seiner Villa.

Zu jener Zeit wußte Marino Mannoia, daß die Polizei, wann immer möglich, die Freizonen mied. Dennoch war er auf der Hut. Was half es schon, daß einzig die vertrauenswürdigen Ehrenmänner von der Existenz dieses Aufbereitungslabors in Villagrazia Kenntnis hatten, da praktisch die ganze »Familie« aus solchen bestand – und das waren viele, zu viele Menschen.

Für alle Fälle ergriff der Chemiker Vorsichtsmaßnahmen für eine eventuelle überstürzte Flucht. Aber das genügte ihm noch nicht. Er fühlte sich immer weniger sicher und bat seinen Boß um die Erlaubnis, sein Labor an einen anderen Ort verlegen zu dürfen. Der Don willigte ein. Nun mußte man nur noch einen neuen Platz finden.

Damals machte ein Jugendfreund Marino Mannoias, Salvatore Contorno, ihn auf einen Stall aufmerksam, der im Landkreis von Chiavelli lag und dessen Besitzer, ein Ehrenmann der dortigen »Familie«, einen Haschischhandel mit England betrieb. In aller Eile räumte man also das Labor von Villagrazia.

Im September 1980 brach im neuen Labor Feuer aus – während andere Chemiker an der Arbeit waren –, was das Eingreifen von Feuerwehr und Polizei zur Folge hatte. Einige Minuten nach deren Ankunft nutzte ein Kommando, bestehend aus einigen Ehrenmännern, zu denen auch Marino Mannoia gehörte, das Flammenchaos aus, um sich ins Labor vorzutasten und vor den Augen der Sicherheitskräfte die kostbarsten Instrumente zu retten – darunter ein wundervolles Stahlbecken, das speziell für das Sieden von Morphinbase angefertigt worden war.
Das Errichten eines Labors auf dem Terrain einer anderen »Familie« ist nichts Selbstverständliches, vor allem dann nicht, wenn noch zusätzliche Arbeiten damit verbunden sind. In diesem Fall mußten Wasser und Strom in den Stall geleitet werden, was ein nahe gelegener Brunnen und ein Stromzähler zum Glück vereinfachten. Vor Beginn der Arbeiten baten die Chemiker der Familie von Santa Maria del Gesù den *capodecina* von Chiavelli, Edoardo Messino, um Erlaubnis. Aber sie hüteten sich, preiszugeben, für wen sie das Heroin herstellen wollten. Stefano Bontate hatte seine Gründe, warum er sich darüber ausschwieg. Um ja keinen Fehler zu begehen, informierte Messina dann Stefano Bontate über das, was da geplant war, bevor er ihnen grünes Licht gab. Diese Vorsichtsmaßnahme war nur allzu berechtigt: In Palermo stirbt man auch aus nichtigeren Gründen.
Jeder Chemiker erhielt den Gegenwert von 5 000 D-Mark pro veredeltem Kilo. Zum Dank für sein Wohlwollen bekam der Chef der Familie von Chiavelli für jedes Kilo 1 500 D-Mark Schmiergeld. Salvatore Contorno stand für seine Vermittlerdienste eine geringere prozentuale Beteiligung zu, doch hatte er sich durch sein Assistieren in verschiedenen Arbeitsphasen Kenntnisse erworben, die sich als durchaus profitabel erweisen sollten.
Die »Periode Chiavelli« war äußerst produktiv. Antonio Cosentino und Marino Mannoia bereiteten mit Unterstützung von drei Mitgliedern der »Familie« Vernengo – Nino, Cosimo und Giuseppe – sowie einem ihrer Cousins ohne Unterlaß das Heroin auf. Von allen Seiten trafen Bestellungen ein. Das Heroin von Francesco Marino Mannoia schien seinen Platz behaupten zu können. Bald vertrauten ihm die größten Händler der Insel, die Brüder Grado –, bekannt für ihre Kontakte mit den Schmugglern der türkischen organisierten Kriminalität – Dutzende Kilo Morphinbase an.

Dennoch war die Arbeit als Chemiker einer »Familie« kein beneidenswerter Job, nicht zuletzt wegen der ungesunden Arbeitsbedingungen: Um sich von den Ausdünstungen, die er im Laufe des Tages eingeatmet hatte, zu entgiften, schlief Marino Mannoia oft in einem Auto, das vor dem Labor abgestellt war. Zudem wurde sein Lohn regelmäßig durch Abgaben belastet, die weit höher waren als die Abzüge, welche Steuerpflichtigen abverlangt werden; denn er mußte den oder die Besitzer der Gebäude, in denen er seine Labors eingerichtet hatte, entschädigen, die Vermittler schmieren und der lokalen »Familie« sowie der Familie von Santa Maria del Gesù beträchtliche Beträge zukommen lassen.
So wurde Marino Mannoia vom Chef der Corleoneser, Toto Riina, dem Staatsfeind Nummer 1 in Italien, buchstäblich erpreßt. Nach der Aufbereitung von gut 50 Kilo Morphinbase für die Corleoneser schenkte Marino Mannoia Toto Riina 30000 Dollar. Doch das war nicht genug, denn der Corleonese setzte dem Chemiker das Messer an die Kehle und raubte ihm einen Teil seines Lohnes. Und gegen einen Mann, dem die Justiz Beteiligung an den meisten Verbrechen der achtziger Jahre auf der Insel zur Last legt, leistet man keinen Widerstand.
»Das nächste Mal arbeite ich lieber umsonst«, sagte sich Marino Mannoia erbost.
»Eines Tages übergab mir Stefano Bontate zwei Pakete Morphin mit der Auflage, sie getrennt zu behandeln«, erklärte Marino Mannoia. »Das erste Paket – 20 Kilo – bereitete mir keine Schwierigkeiten und wurde mit dem vertretbaren Verlust von 30 Prozent aufbereitet. Doch als ich mich an das zweite machte, kämpfte ich mit allen nur möglichen Problemen. Bevor ich die Siedearbeit begann, wog ich die Morphinbase. Anstatt der angeblichen 70 Kilo waren es nur 60.«
Die Zeugenaussagen seiner Freunde und die Bestätigung eines Ehrenmannes, die Stefano Bontate als »Gerichtsvollzieher« beauftragt hatte, ermöglichten ihm, seine Unschuld zu beweisen und seinen Kopf zu retten. In Palermo scherzt man in Geschäftsdingen ebensowenig wie mit der Ehre.
»Eine schnelle Analyse der Ware brachte eindeutig zutage, daß der Grad der Verunreinigung sehr hoch war«, fuhr der Chemiker fort. »Doch hatten sich die Vermittler nicht nur reichlich bedient, nein, sie hatten dem Morphin noch zusätzlich Tabak beigemischt. Der ganze

Stoff war so schlecht, daß man nach meiner Schätzung höchstens 350 Gramm Heroin pro Kilo Base hätte herstellen können.«
Der Chemiker besaß die Klugheit, die Erlaubnis Stefano Bontates abzuwarten, ehe er seine Operationen in Angriff nahm. Er war so vorsichtig, eine Warenprobe als Beweisstück zur Seite zu legen, die er vorzeigen konnte, falls die Besitzer der Base ihn aus Enttäuschung und Wut über den fehlenden Herointeil zur Rechenschaft ziehen sollten.
Die Besitzer waren niemand anderes als Toto Riina, der gefürchtete Chef der Corleoneser, und Pino Greco, alias »Kleiner Schuh«, der offizielle Killer der Familie von Ciaculli. Nachdem die beiden den Empfang bestätigt hatten, zeigten die Mafiosi eine mit Ironie gespickte Enttäuschung, indem sie sagten: »Wenn der Chemiker uns nicht bestohlen hat, muß er wohl während der Aufbereitung eingeschlafen sein.« Es bedurfte des gesamten diplomatischen Geschicks, dessen Stefano Bontate fähig war, um die Gemüter zu beruhigen.
Kurz danach traf Marino Mannoia Pino Greco auf einem mondänen Empfang und versuchte, sich ihm gegenüber zu rechtfertigen: »Ich hoffe, ›Kleiner Schuh‹, du glaubst nicht, ich hätte mich bei dieser Sache mit den 70 Kilo etwa unkorrekt verhalten. Jemand muß euch übers Ohr gehauen haben. Aber ich war's nicht.«
»Ich habe nie an dir gezweifelt. Ich weiß jetzt, wer uns das eingebrockt hat. Es war Francesco Mafara. Er hatte den Auftrag, die Ware aufzubewahren, bevor wir sie dir übergaben. Ich werde mich persönlich um ihn kümmern.«
Dieses Gespräch fand in den Gängen des Zagarella Sea Palace, einem betonbunkerartigen Luxushotel mit 900 Zimmern statt, das von monumentaler Häßlichkeit war und archetypisch für die geschmacklosen Bauten, mit denen die Küste verschandelt wird. Dort kamen die Ehrenmänner verschiedener »Familien« regelmäßig zusammen, um Hochzeiten, Taufen oder Kommunionen zu feiern, die meist als Vorwand für luxuriöse Ausschweifungen dienten und den Neureichen des »Eldorado des Todes« alle Ehre machten.
Hier waren die Killer, Chemiker, Schwarzhändler und Strauchdiebe verschiedenster Couleur mehr zu Hause als die braungebrannten Touristenhorden, die ihnen auf den Fluren begegneten: In den frühen achtziger Jahren interessierte sich die Justiz noch nicht für die Besitzer des Zagarella Sea Palace, die Brüder Ignazio und Nino Salvo,

zwei der mächtigsten Männer der Insel, denen die Einnahme der Steuern oblag – um die sich auf Sizilien Privatunternehmen kümmern, die prozentual beteiligt sind. Neben ihren Ämtern als Schatzmeister der Democrazia Cristiania waren die Brüder Salvo auch Ehrenmänner der Familie von Corleone.

Die Folgen des »Familien«-Krieges

Nachdem der Hubschrauber den Corso dei Mille überflogen und die Hölle von Brancaccio sowie die Brücke der Via Giafar hinter sich gelassen hat, dreht er sich über einem Marktflecken, der auf der Straße nach Corleone liegt – Ciaculli. Francesco Marino Mannoia kennt diesen Ort wie seine Westentasche. In diesem bei den Dons der *Cosa Nostra* sehr beliebten Ort besitzen seine Eltern eine Villa. Vom Hubschrauber aus gesehen ist Ciaculli nichts weiter als eine Ansammlung von ein paar Häusern, die sich im Grün der Zitrushaine verlieren. Ein ganz gewöhnlicher ländlicher Vorort von Palermo. Und selbst vom Boden aus wirkt der Ort völlig harmlos.
»Nichts Aufsehenerregendes, was?« sagt Inspektor Domenico und deutet auf die Hauptstraße von Ciaculli mit den kleinen Häusern, deren Fensterläden geschlossen sind. »Alles spielt sich im Labyrinth der Zitrushaine ab. Nur die Eingeweihten kennen sich auf diesen Wegen aus, die bis zum Meer hinunterführen, und nur sie besitzen den passenden Schlüsselbund, mit dem sich die Gittertore, die alle hundert Meter die städtischen Wege versperren, öffnen lassen. Einmal hat man einen dieser Schlüsselbunde zu fassen bekommen. Am nächsten Tag waren alle Schlösser bereits ausgewechselt. Das hier ist ein Paradies für Flüchtige, für *latitanti*. Sie kommen nur nachts heraus. Und wehe denen, die ihnen versehentlich über den Weg laufen . . . Ein Kollege ist bereits umgekommen, weil er sich im falschen Moment am falschen Ort befand.«
Der Fiat Tipo von Inspektor Domenico biegt in eine kleine, von Mauern umsäumte Straße ein. Auf der Linken ein Schild mit der Aufschrift »Fondo Favarella«.
»Hier ist das Anwesen von Michele Greco, dem früheren Chef der Kuppel, einem der Hauptangeklagten im Maxi-Prozeß von Palermo. Hier fanden gut fünfzehn Jahre lang die Hauptversammlungen der

Ehrenmänner statt. Der Papst der *Cosa Nostra* richtete dort seine Heroinlabors ein.«

Am Ende der Straße befindet sich ein kleiner Platz namens Croce Verde Giardini, auf der linken Seite eine zweistöckige Villa.

»Das ist das Haus der Familie von Michele Greco. 1990 wurde der Papst von Ciaculli für ein paar Tage auf freien Fuß gesetzt. Ich gehörte zu den Polizeibeamten, denen es oblag, ihn nach Hause zu eskortieren und dann zu überwachen. Sie hätten sehen sollen, wie er auf der Croce Verde empfangen wurde . . . Ein Triumph! Das ganze Dorf war auf der Straße versammelt. Dem Alten standen die Tränen in den Augen, die Frauen küßten ihm die Hand, und jeder hieß ›Micheluzzu‹ herzlich willkommen. Das Kind des Landes hatte Weltruhm erlangt.«

Wir verlassen Ciaculli, um nach Palermo zurückzufahren. Nach einigen Kurven führt die Straße auf eine Kreuzung, die den geopolitischen Schnittpunkt der organisierten Kriminalität der achtziger Jahre darstellt. Dahinter liegt das Viertel der Corleoneser von Ciaculli. Vor uns das Territorium ihres Feindes Stefano Bontate von Santa Maria del Gesù.

Ende der siebziger Jahre vertrugen sich Bontate und die Corleoneser der Kuppel nicht mehr; sie stritten erbittert um die Vormachtstellung um Herstellung und Handel von Heroin. Auch innerhalb der Familie von Santa Maria del Gesù war die Atmosphäre alles andere als angenehm. Giovanni Bontate, ein ebenso hitziger wie ehrgeiziger Mann, ertrug die Bevormundung durch seinen älteren Bruder Stefano immer weniger. Als letzterer aufgrund einer richterlichen Entscheidung unter Hausarrest gestellt wurde, machte Giovanni sich die Lage zunutze, um seinen Einfluß bei den Ehrenmännern zu vergrößern. Er zwang seinen Bruder, ihm die Hälfte der familiären Heroinproduktion zu unterstellen. Danach legte er einen bemerkenswerten Zynismus an den Tag, indem er gemeinsame Sache mit den Corleonesern machte, um die Labors besser auszunutzen. Sein Bruder erfuhr jedoch nichts davon. Der Mord an Stefano Bontate am 23. April 1981 – der den Bandenkrieg der achtziger Jahre auslöste – war dann auch keine wirkliche Überraschung. Man munkelt, Giovanni habe bei dem Mord an seinem Bruder die Rolle des Kain gespielt.

Francesco Marino Mannoia wurde am 2. September 1980, vier Monate vor dem Beginn der Feindseligkeiten, festgenommen. Von seiner Gefängniszelle aus hatte er Schwierigkeiten, die Umwälzungen in seiner

»Familie« genau zu verfolgen und wußte selbst nicht mehr genau, wer seine neuen »Verwandten« eigentlich waren. Die Familie von Santa Maria del Gesù war zu jener Zeit eine der bedeutendsten in der Stadt. Sie zählte mehr als 120 Ehrenmänner, »Tapfere«, die rasch rekrutiert und ebenso eilig eingegliedert worden waren. Mit großer Sorge vernahm der Chemiker, daß Toto Riina, der Corleonese, kurz nach dem Mord an Stefano Bontate, die Macht innerhalb der Familie von Santa Maria del Gesù übernommen hatte und sie mittels eines Triumvirats, das aus ihm ergebenen Regenten bestand, kontrollierte.
Eine Inhaftierung bedeutet für einen Ehrenmann keineswegs die Isolation von der Außenwelt. Die Besuche der Eltern, der Verwandten, der Mitglieder der »Familie« und der mehr oder minder gefälligen Rechtsanwälte sowie Begegnungen mit gerade verhafteten Kumpanen tragen dazu bei, einen stetigen Kontakt mit der Außenwelt aufrechtzuerhalten. Der Bandenkrieg brachte es mit sich, daß Dutzende Ehrenmänner mehr oder weniger lang in Ucciardone verweilten. Nachdem die ersten Mafiaaussteiger ausgesagt hatten, bevölkerten sogar mehrere hundert Männer die Zellen des Gefängnisses, das zur Zeit der Bourbonen errichtet worden war. Was war die palermitanische Strafkolonie Mitte der achtziger Jahre, am Vorabend des dramatischen Maxi-Prozesses anderes als eine Art Zweigniederlassung der städtischen »Familien«?
»Ich habe persönlich an einem halben Dutzend Eingliederungszeremonien in Ucciardone teilgenommen«, berichtet Marino Mannoia. »Im allgemeinen fanden sie im ehemaligen Rechtsanwaltszimmer oder in den Zellen statt. Weder das Blutritual noch das in den Händen verbrannte Heiligenbild fehlten – man war immer gut ausgerüstet.«
Auch hinter Gittern hatten sich die Gefangenen weiterhin streng an den Kodex der *Cosa Nostra* zu halten. Wehe dem, der ihn nicht respektierte! Ein Ehrenmann der »Familie« des Corso dei Mille beging die unverzeihliche »Sünde«, einen Selbstmordversuch zu unternehmen, um der Haft zu entgehen. Also gab »Kleiner Schuh« von außen den Befehl, ihn zu erwürgen. Er befahl Marino Mannoia, das schmutzige Werk auszuführen. Der Chemiker billigte die Verurteilung. Hatte er nicht die Ehrenmänner getadelt, die dem Unglücklichen zu Hilfe geeilt waren? Der Schuldige versuchte, sich zu rechtfertigen. Vergeblich. Was half es, daß seine Schwäche auf seinen Ärger mit der Justiz oder auf eine angebliche, eben diagnostizierte Syphilis zurückzuführen

war, er mußte sterben. Francesco Marino Mannoia konnte nicht allein handeln, und er konnte auch nicht auf seine Zellengenossen zählen, obwohl auch diese Ehrenmänner waren. Die Angelegenheit wurde von außen geregelt, blieb jedoch nichtsdestotrotz in der »Familie«. Die Aufgabe fiel seinem Bruder Agostino Marino Mannoia zu, der den unglücklichen Ehrenmann bei dessen Entlassung aus dem Gefängnis erwürgte. Unglück widerfährt demjenigen, der einen Corleoneser herausfordert!

Marino Mannoia, der in den Strudel dieses Kriegs zwischen den Clans hineingezogen wurde wie alle anderen Ehrenmänner, wurde aufgefordert, Partei zu ergreifen. Wenn er dem Andenken des verstorbenen Stefano Bontate treu bliebe, würde ihn dasselbe Schicksal wie seine Gefolgsmänner ereilen, die selbst in ihren amerikanischen Refugien von den Corleonesern ermordet worden waren, wenn sie nicht – wie Buscetta und Contorno – ihr Leben zu retten versuchten, indem sie mit Polizei und Justiz ihres Landes zusammenarbeiteten.

»Andere, wichtigere Ehrenmänner als ich hatten sich bereits für das Lager der Corleoneser entschieden«, erklärt Francesco Marino Mannoia. »Pietro Vernengo zum Beispiel, was durchaus logisch war: Seine Mutter stammte aus Corleone, er war sozusagen ein reinrassiger Corleonese. Im übrigen machte er seit Beginn der siebziger Jahre mit Toto Riina schmutzige Geschäfte. Wie Pietro Vernengo hatte auch ich sehr an Stefano Bontate gehangen. Sein Tod war sehr schlimm für mich. Aber ich reihte mich bei den Corleonesern ein, um nicht umgebracht zu werden.«

Die Feindseligkeiten boten auch die Gelegenheit, einige alte Rechnungen zu begleichen, »sich die Füße zu säubern«, um es im Familienjargon zu sagen. So versuchte Pino Greco, »Kleiner Schuh«, sich seines ewigen Rivalen Salvatore Contorno, alias »Koriolan des Waldes«, zu entledigen – zwei Ehrenmänner, die bis zu ihrem Tode durch unversöhnlichen Haß miteinander verbunden waren. Salvatore Contorno, der ein wichtiger Kronzeuge der *Cosa Nostra* wurde, und Pino Greco, Elitekiller der Corleoneser, gehören in der mündlichen Überlieferung der organisierten Kriminalität von Palermo ebenso zusammen wie zwei Seiten einer Medaille.

»Warum haßten diese beiden sich so sehr, nachdem sie Hunderte von Coups zusammen gedreht hatten?« fragt sich Inspektor Domenico. Marino Mannoia erwidert, daß ein kleiner Diebstahl der Auslöser

gewesen sei. Doch im Grunde ist dies völlig unwichtig. Ihr brudermörderischer Haß war maßlos. Im Viertel zeugen noch heute Spuren davon.
Am Fuße einer Brücke, zwei Schritte von einer Ringautobahn entfernt, kann man noch immer an den Häuserfassaden die Einschüsse der Kalaschnikow und der P 38 sehen, die aus dem Duell der beiden vom 25. Juni 1981 stammen. Die kugelsichere Weste von »Kleiner Schuh« und das Glück von »Koriolan des Waldes« ließen beide mit ein paar Schrammen davonkommen.

Die Flüchtigen

Der Hubschrauber fliegt in Richtung Stadtzentrum zurück. Francesco Marino Mannoia müssen die Augen schmerzen, so angestrengt sucht er die unten vorüberziehenden Häuser ab. Aber sein Wille bleibt ungebrochen. Da er sich entschlossen hat, mit der Justiz seines Landes zusammenzuarbeiten, ist er bereit, bis zum Ende durchzuhalten. Im Gegensatz zu anderen Kronzeugen beabsichtigt er, alles, was er über die *Cosa Nostra* weiß, zu erzählen – eine unwiderrufliche Entscheidung, die schon seit mehreren Monaten in ihm heranreifte, genauer gesagt seit dem Tag, an dem die wahnsinnige Maschinerie der Corleoneser in Gang gesetzt worden war.
Die Polizei hatte bereits Hunderte von Leichen in den Straßen von Palermo und den umliegenden Orten aufgesammelt; zahlreiche Personen galten als »für immer verschwunden«. Der Krieg, oder vielmehr das Massaker, hatte seinen Höhepunkt erreicht. Bald gingen die Corleoneser von Toto Riina als Sieger daraus hervor und ließen das neue Kräftegleichgewicht des Schreckens zu ihren Gunsten spielen.
»Mit dem Krieg verschwanden die traditionellen Regeln der Organisation«, bemerkt Inspektor Domenico. »Beispielsweise war es nicht mehr üblich, die Chefs der ›Familie‹ zu informieren, bevor man auf ihrem Territorium operierte. Die Killer der Corleoneser agierten, wo immer es ihnen gut erschien. ›Familien‹ wurden von einem Tag auf den anderen aufgelöst. Nachdem die Corleoneser die Dienste einiger Ehrenmänner in Anspruch genommen hatten, brachten sie dieselben dann skrupellos um. Das geschah in der ›Familie‹ des Corso dei Mille, heute eine der mächtigsten in der Stadt. Sie steht völlig unter der

Regentschaft der Corleoneser, seit diese ihren Chef Filippo Marchese beiseite geschafft haben.«

Von seinem Gefängnis aus hatte Francesco Marino Mannoia Mühe, allen Ereignissen zu folgen. Neben seiner Verwirrung machte sich noch ein anderes Gefühl bemerkbar: Unsicherheit. Gewiß, der Chemiker hatte den Corleonesern den Treueeid geleistet, doch in diesen wechselhaften Zeiten schloß und löste man Bündnisse schneller, als ein Ehrenmann benötigte, um Kalaschnikow zu sagen. Schon munkelte man von Rechnungsbegleichungen unter den Corleonesern selbst. Es wurde höchste Zeit herauszufinden, wo sein Platz auf dem Kampfplatz der *Cosa Nostra* eigentlich war. Francesco Marino Mannoia beschloß auszusteigen.

Es mußte schnell gehen. Seine Verurteilung zu vier Jahren und zehn Monaten Gefängnis wegen Beteiligung an einer kriminellen Vereinigung würde bald rechtskräftig werden und hätte den Widerruf der vorangegangenen zweijährigen Bewährungsstrafe zur Folge. Seine Tage in der Haftanstalt von Castelbuono, wohin man ihn überführt hatte, waren also gezählt. Bald würde er die Rundreise in die verschiedenen Haftanstalten und Sondergefängnisse antreten, in denen der Staat mehr schlecht als recht Hunderte bereits verurteilte Ehrenmänner zusammenpferchte.

Wenn es auch relativ schwierig ist, aus letzteren auszubrechen, so ist es weit unkomplizierter, aus den Gerichtsgefängnissen zu fliehen. Sobald sein Entschluß feststand, rief der Chemiker seinen Bruder Agostino an – die Angeklagten sind berechtigt, mit ihren Familien zu telefonieren – und gab ihm zu verstehen, er möge ihn herausholen. Schenkt man ihm Glauben, so hatte es dafür schon ausgereicht, seine Wärter zu bitten, seinem Bruder bei dem Verrücken seines ungeschickt geparkten Autos zu helfen, damit sich die Pforten der Freiheit vor ihm öffneten. Doch ist es völlig gleichgültig, ob seine Version des Geschehens oder die der Behörden, die den Vorgang wesentlich dramatischer schilderten, zutrifft – Tatsache ist: Am 12. Mai 1983 saß Francesco Marino Mannoia neben seinem Bruder in einem Autobianchi A 112 Abarth, den sie nicht weit vom Gefängnis abstellten, um auf einem Motorrad mit Sozius Platz zu nehmen, auf dem der Ehrenmann mit rasender Geschwindigkeit nach Palermo fuhr. Der Chemiker gesellte sich also zu der kleinen Armee der *latitanti*, diesen Hunderten im Untergrund lebenden Menschen, die die Vorstadt Palermos unsicher

machen. Manche lebten schon seit annähernd zwanzig Jahren so, beispielsweise Toto Riina, der Chef der Corleoneser. Nichts hinderte ihn daran, ruhig durch die Straßen der Stadt zu gehen, da die Polizei nur Paßfotos besaß, die aus den frühen sechziger Jahren stammten.[2]
Kaum war er draußen, tat er das, was jeder *latitante* machen muß, der etwas auf sich hält: Er muß den Chef der »Familie« treffen (in diesem Fall den Regenten der Familie von Santa Maria del Gesù, Ignazio Pullara) und sich dann eine Zeitlang ins Grüne verziehen (in eine Villa der Via Villagrazia am Ufer des Oreto, am Waldrand von Palermo, wo sich bereits Dutzende flüchtige Ehrenmänner versteckten). Kurz danach stattete ihm ein Killer der Corleoneser, der »tapfere« Giuseppe Lucchese, einen Besuch ab. Er wollte mit ihm über seinen Bruder sprechen. »Agostino steht uns sehr nahe«, verkündete er. Was im Jargon der Ehrenmänner bedeutete, daß er im Begriff war, in die Familie von Ciaculli einzutreten und daß er sich – in Erwartung seiner bevorstehenden Eingliederung – bereits an deren Verbrechen beteiligte. Doch um den jungen Mann vollkommen seiner Regentschaft zu unterstellen, benötigte Giuseppe Lucchese die Erlaubnis des älteren Bruders. Normalerweise hätten die beiden Marino Mannoias in dieselbe »Familie« integriert sein müssen – in die von Santa Maria del Gesù.

Der Chemiker blieb seinem jüngeren Bruder sehr verbunden. Bei seiner ersten Verhaftung im Jahre 1980 war der Junge erst 17 Jahre alt. In dieser Zeit begann er zu »laufen«, das bedeutet im Jargon der Ehrenmänner: zu töten. Der »Lauf« eines Wahnsinnigen, der für ihn bedeutete, sich an Dutzenden Morden zu beteiligen, unter anderem an dem an Kommissar Nini Cassara, den er mit einer Kalaschnikowsalve niederstreckte.

Francesco Marino Mannoia hatte den »Lauf« des jüngeren Bruders mitverfolgt; von dessen Heldentaten erfuhr er bei Besuchen im Sprechzimmer des Gefängnisses oder durch öffentlich kursierende Gerüchte. Der junge Mann, den er 1983 traf, glich in nichts mehr dem Jugendlichen, den er vor drei Jahren verlassen hatte. Der Umgang mit den Killern der Familie von Ciaculli, an deren Spitze Giuseppe Lucchese stand, hatte ihn rasch älter werden lassen.

---

2 Zur Verhaftung Toto Riinas am 15. Januar 1993 siehe Kapitel 9.

»Bist du bereit, für Agostinos Unterhalt aufzukommen?« fragte Lucchese. »Willst du, daß er sich mit deiner ›Familie‹ zusammentut oder akzeptierst du, daß er sich der unsrigen anschließt?«
»Hör zu«, antwortete Francesco Marino Mannoia, »als ich von Agostino weggegangen bin, war er noch ein Kind. Du hast ihn aufgezogen. Unter deiner Aufsicht hat er zu ›laufen‹ begonnen. Es gibt also keinen Grund, warum er nicht zu deiner ›Familie‹ gehören sollte.«
Hätte er sich dem Beitritt seines Bruders in die Familie von Ciaculli widersetzt, wäre dies nicht nur eine Beleidigung Giuseppe Luccheses, sondern auch seiner Verbündeten, der Corleoneser, gleichgekommen.
Einige Zeit später sah Francesco Marino Mannoia seinen kleinen Bruder wieder, doch unterließ er die Frage, ob er schon »eingegliedert« worden sei. Agostino hatte den Auftrag, ihn zu den Dons zu bringen, die etwas Geschäftliches mit ihm zu besprechen wünschten. Die Versammlung fand auf der Terrasse eines Landbesitzes von Ciaculli, nicht weit vom Elternhaus Marino Mannoias, statt. Zwei Gruppen von je zehn Ehrenmännern waren bereits anwesend. Unter ihnen der Chef der Corleoneser, Toto Riina, genannt *U Curtu*, »der Stämmige«.
»Mach uns Kaffee«, sagte Francesco Marino Mannoia zu seinem jüngeren Bruder, da er es für richtiger hielt, mit den Ehrenmännern allein zu sein.
Zuerst kamen strategische Fragen zur Sprache. Toto Riina unterstrich die Notwendigkeit, weitere Feinde zur Strecke zu bringen.
»Alle Fragen, die noch in der Schwebe sind, müssen so schnell wie möglich geregelt werden«, sagte er. »Da wäre zuerst die Sache mit dem Clan Grado.«
Wie wir noch sehen werden, hatten sich die Grados, die Hauptfeinde der Corleoneser, nach Spanien geflüchtet, wo sie eine Gegenoffensive organisierten und dank ihrer Spezialität, dem Drogenhandel mit den Vereinigten Staaten, eine riesige Kriegsbeute anhäuften. Pino Greco schlug vor, Francesco Marino Mannoia in den Kreis der Grados einzuschleusen. Aber der Vorschlag wurde nicht aufgegriffen. Dann kam man auf den eigentlichen Grund der Zusammenkunft zu sprechen.
»Erklärst du dich damit einverstanden, Heroin für uns herzustellen?« fragte »Kleiner Schuh« Francesco Marino Mannoia.
»Natürlich.«

»Gut«, fuhr »Kleiner Schuh« fort. »Ich kontrolliere jetzt den gesamten Drogenhandel auf der Insel. Du wirst unser einziger Chemiker sein. Du wirst als einziger für uns arbeiten. Ich nehme an, du hast Gründe, dich über deinen Schwager zu beschweren. Man sagt, ihr wärt keine Geschäftspartner mehr.«

Tatsächlich hatte der Chemiker in aller Öffentlichkeit seinen Ärger über die unloyale Haltung von Cosimo Vernengo ausgelassen, der ihn während seiner Haftzeit von allen Geschäften ausgeschlossen hatte, wohingegen die Abmachung vorschrieb, daß er für jedes verfeinerte Kilo Heroin einen gewissen Prozentsatz erhalten sollte.

Hatte Pino Greco wirklich das Monopol auf den Heroinhandel in Sizilien? Der Chemiker hatte keine Ahnung. Nur eines wußte er: Der Killer der Familie von Ciaculli verfügte über unerschöpfliche Quellen. Zu Ende der Versammlung übergab man Marino Mannoia Hunderte Kilo Morphin.

Hätte der Chemiker nicht ein reges Liebesleben geführt, vielleicht wäre er noch heute damit beschäftigt, tonnenweise Betäubungsmittel zu veredeln. Seine Ehe mit Rosa Vernengo war nur noch reine Formsache, in Wirklichkeit lebte er mit seiner Gefährtin Rita Simonetta zusammen, der einzigen Frau, die er so sehr liebte, daß er ein Kind von ihr wollte. Kommisar Beppe Montana, der von diesem Geheimnis erfuhr, gelang es, den Chemiker der Corleoneser am 21. Januar 1985 in flagranti zu erwischen. Eine Szene wie aus einer Schmierenkomödie: Die Polizeibeamten entdeckten den Ehrenmann in einem Schrank.

Von einem ebenso abgeschlossenen finsteren Ort, dem Gefängnis von Ucciardone aus, verfolgte Marino Mannoia dann das letzte Aufflammen des Bandenkrieges, der auf Sizilien wütete.

Die menschenfressende Krake

»Da, dort unten liegen zwei Leichen«, sagt Marino Mannoia und deutet auf eine Zubringerstraße der Autobahn.

Der Hubschrauber streift die schmutzigrosa Ruinen einer barocken Kirche, die ebenso trostlos wirkt wie der Kieshügel, dessen Schatten auf sie fällt, und die durch eine Zubringerstraße von der Ortschaft Maredolce getrennt ist. Der Chemiker mustert angestrengt die Brücke der Via Giafar. Dann dreht die Maschine nach den Anweisungen des

Kronzeugen lange über dem öden Gelände. »Dort, hinter den Häusern, haben sie noch weitere Leichen vergraben.«
Die Suche nach der Totenstadt der organisierten Kriminalität hatte endlich Erfolg. Und mit diesen Entdeckungen wuchs die Hoffnung, den Dutzenden, ja Hunderten »Soldaten« ein menschenwürdiges Grab zu geben, die von der *lupara bianca*, umgebracht worden waren; dieser »weiße Tod« – der seinen Namen einer Schrotflinte mit abgesägtem Lauf verdankt, die in früheren Zeiten von den Schäfern bei der Wolfsjagd benutzt worden war, und der heute ganz zum Brauchtum der organisierten Kriminalität gehörte – erlaubt es, die Opfer »auf saubere Art« verschwinden zu lassen, das heißt ohne daß man ihre Leichen jemals wiederfindet.
Einige Zeit später muß der Hubschrauber zur Basis zurückkehren, da sein Benzinvorrat fast erschöpft ist. Die Führung ist zu Ende. Doch der Kronzeuge hat gute Arbeit geleistet: Er kann wieder in seine Militärkaserne zurückkehren, wo er ebenso gut bewacht wird, wie die Staatskasse der Bank von Italien. Die Polizeibeamten verfügen durch seine Mithilfe nun über eine Art »Wegweiser des Grauens«, auf dem die wichtigsten Schlachthöfe der *Cosa Nostra* verzeichnet sind. Auftrag erledigt? Noch nicht ganz.
Einige Tage später unternahm der Kronzeuge Marino Mannoia mit 200 Männern des NOCS – dem Eliteeinsatzcorps der italienischen Polizei –, ebenso wie diese in schwarze Kampfuniform eingehüllt und mit einer Kapuze über dem Gesicht, noch einmal die Reise durch das verborgene Palermo – diesmal in einem Auto. Dann sah man ihn im öden Gelände von Brancaccio hin und her gehen, im ausgetrockneten Flußbett des Oreto inmitten von Bauschutt und Abwasserkanälen herumwaten, man konnte beobachten, wie er in den Orangen- und Zitrushainen seiner einstigen Freunde, der Prestifilippos oder der Grecos der Familie von Ciaculli, umherging.
Dann kamen die Hochlöffelbagger zum Einsatz. Zuerst in Maredolce, wo eine kleinere Maschine sich ihren Weg durch das Gewirr der Standpfeiler – die die Verbindungsstraßen der Autobahn stützen – bahnte, während die Hundeführer das Ödland der Umgebung absuchten.
Maredolce. Sanftes Meer. Trotz ihres Namens ist die Ortschaft eine der widerwärtigsten Vorstädte der sizilianischen Hauptstadt. Hier erinnert nichts mehr an die Süße des Meeres, die noch zu Anfang des

Jahrhunderts die Vororte der Stadt prägte. Zu den wahllos – und ohne Genehmigung – errichteten Gebäuden passen die jahrhundertealten, der Spekulation preisgegebenen Ruinen. Es riecht nach Meer, Kloake und Müll – der Geruch des Todes. Hier haben die Kadaver keine Zeit zu verwesen. Der Kronzeuge kennt die tausendundeine Art, sie zu beseitigen. So sind die Leichen von Girolamo Teresi, von Giuseppe di Franco und den Brüdern Angelo und Salvatore aus der Familie von Santa Maria del Gesù an die Schweine verfüttert worden. Von ihrer persönlichen Habe blieben nach dem Gelage nur die Rolexuhren, die Goldketten und die Diamantringe, die in die Hände ihrer Henker übergegangen sind. Andere wurden mehr oder weniger sorgfältig in Säurebehältern aufgelöst und ihre Reste dann den Fischen vorgeworfen oder im übelriechenden Sumpf des ausgetrockneten Oreto versenkt. Die Schmach der Begräbniszeremonie der *Cosa Nostra* scheint proportional zum gestörten Gleichgewicht innerhalb der »Familien« zu sein.

»Seit den frühen achtziger Jahren zählt Michele Greco, der Mafiapapst, nichts mehr«, erklärt Inspektor Domenico. »Sein Cousin Pino Greco, genannt ›Kleiner Schuh‹, benutzte den Krieg der ›Familien‹, um ihm seinen Platz streitig zu machen. Der neue Chef der Familie von Ciaculli sammelte rasch die jüngsten und die brutalsten Corleoneser um sich. Mehr noch: ›Kleiner Schuh‹ enthob den Papst seines Amtes als *capomandamento*, das er innerhalb der Kuppel innehatte und bei dem er die ›Familien‹ der ganzen Gegend – Corso dei Mille, Brancaccio, Rocella, und sicher auch Belomonte Mezzagno – vertrat. Innerhalb der ›Familie‹ machte Pino Greco von nun an, was er wollte. Niemand nahm daran Anstoß, daß er großtuerisch die Fähigkeiten eines der Brüder Michele Grecos, Ehrenmann und Arzt von Beruf, einfach überging. Und niemand hob die Stimme, als er seine Männer in die Schlüsselposten der Familie von Ciaculli hievte. Obwohl ein solches Verhalten allen Regeln der *Cosa Nostra* widersprach.«

So wurde Vincenzo Puccio, ein »tapferer«, der ein solch brutales Gebaren an den Tag legte, daß man von ihm nur als »Teufel« sprach, zum Vizechef der »Familie« ernannt. »Kleiner Schuh« schätzte seine Kaltblütigkeit. Als man den »Teufel« auf der Höhe von Monreale am 3. Mai 1980 in Begleitung zweier Komplizen einige hundert Meter von dem Ort entfernt, wo er eben den Hauptmann der Carabinieri, Basile, umgebracht hatte, anhielt, rechtfertigte er das Blut auf seiner Hose seelenruhig mit einer soeben beendeten Kletterpartie auf die nahe gelegenen Obstbäume. Und auf die Frage nach seinem Alibi gab er ein völlig unwahrscheinliches Rendezvous mit einer Frau vor. Die Polizei ließ ihn laufen.

Die Corleoneser tolerierten die Exzesse von »Kleiner Schuh« immer weniger. Machthungrig wie er war, hatte er sie zwar von ihren schlimmsten Gegnern befreit. Aber seine Kaltblütigkeit und Brutalität riefen in der Familie von Ciaculli wachsende Unzufriedenheit hervor. Zudem war er ein lästiger Zeuge: Die Richter Palermos legten ihm eine beträchtliche Anzahl Attentate gegen verschiedene Staatsvertreter zur Last.

1985 nutzten die Corleoneser eine Ruhepause im Krieg der »Familien« und verkündeten, es sei nun an der Zeit, seinem gefährlichen Treiben ein Ende zu setzen. Das konnte nur innerhalb der »Familie« geschehen: Sie mußten einen Verräter finden.

»Sobald es einen Verräter gibt, rettet sich keiner mehr«, bemerkt Francesco Marino Mannoia scherzhaft.

Zwei der Getreuen aus der Gruppe seiner engsten Vertrauten, die *capidecina* der Familie von Ciaculli Vincenzo Puccio, der »Teufel«, und Giuseppe Lucchese, genannt »Lucchiseddu«, meldeten sich freiwillig.

Man erzählt sich, daß die beiden Verräter eines schönen Tages im Herbst 1985 – in Begleitung zweier Randfiguren, darunter Agostino, der Bruder Francesco Marino Mannoias – »Kleiner Schuh« unter einem Vorwand in die Villa eines Ehrenmannes von Bagheria lockten. Agostino Marino Mannoia, der mit Vincenzo Puccio draußen wartete, hörte plötzlich einen Schuß. Panik ergriff ihn.

»Mach dir nichts draus«, sagte der »Teufel«, »sie begleichen nur ihre Rechnung mit ›Kleiner Schuh‹. Lauf schnell in die Villa und hilf uns, die Leiche fortzuschaffen.«

Da beging Agostino Mannoia einen für einen Ehrenmann unverzeihlichen Fehler: Erschüttert von dem, was sich eben zugetragen hatte, rannte er schluchzend weg und widersetzte sich damit den Befehlen des »Teufels«. Am nächsten Morgen entschuldigte sich der junge Mann. Lucchese tadelte ihn heftig, erklärte sich jedoch bereit, ihm diesmal zu vergeben. Doch bereits ein paar Tage später wurde Agostino Marino Mannoia wiederum von Panik ergriffen. Man hatte ihn

vor die Chefs der Familie von Ciaculli zitiert. Da er fürchtete, umgebracht zu werden, floh er.
Am 21. April 1989 entdeckte die Polizei in Casteldaccia den Renault 5 von Agostino Mannoia. Der junge Mann war verschwunden, doch Blutspuren und Einschüsse an verschiedenen Stellen des Renaults ließen das Schlimmste vermuten. Francesco Marino Mannoia wußte, was einem Ehrenmann gebührt, und so legte er eine bewundernswerte Selbstbeherrschung an den Tag. Als seine Mithäftlinge ihn fragten, ob er wisse, wer seinen Bruder ermordet habe, beschuldigte er *gli scappati*, eine Gruppe »Soldaten«, die ins Ausland geflohen waren, um dem Krieg der »Familien« zu entgehen und die sich nun, unter Führung der Brüder Grado, zurückmeldeten. Aber im Grunde seines Herzens war er davon überzeugt, daß diese schmutzige Angelegenheit auf das Konto der Corleoneser ging. Francesco Marino Mannoia analysierte die Lage klarsichtig und kam zu dem Schluß, daß die unvorhergesehene Reaktion seines Bruders die Henker von »Kleiner Schuh« sicherlich beunruhigt hatten.
Der Mord an »Kleiner Schuh« war der Auftakt einer Reihe von Rechnungsbegleichungen, die mit der Tötung Giovanni Bontates ihren Höhepunkt erreichten; er wurde umgebracht, weil er es nicht verstanden hatte zu schweigen. Während des Maxi-Prozesses in Palermo hatte er aus eigenem Antrieb ein Kommuniqué verlesen, in dem er den Mord an dem vierzehnjährigen Claudio Donino verurteilte. Doch die Worte, die Giovanni Bontate – wenn auch sehr verschlüsselt – wählte, implizierten eine Mittäterschaft der *Cosa Nostra*.
Dann kam die Reihe an den Vizechef der Familie von Ciaculli, Vincenzo Puccio. Der »Teufel« fiel im Gefängnishof von Palermo den Schüssen der Killer zum Opfer. Sein Vergehen? Er hatte es gewagt, gewisse Entscheidungen der Corleoneser zu kritisieren, besonders jene, die Leoluca Bagarella zwang, seine Verlobung mit einer Tochter aus der Familie von Marchese zu lösen, weil besagte »Familie« zum gegnerischen Lager gehörte.
Francesco Marino Mannoia wurde klar, daß die Corleoneser im Begriff waren, ihre unsichersten Verbündeten systematisch auszurotten. Der Mord an seinem Bruder Agostino hatte ihn das letzte Quentchen Glauben verlieren lassen. Nun war er wohl der nächste auf der Liste: Die Killer seines Bruders mußten ihn umbringen, um der Blutrache zu

entgehen. Marino Mannoia blieb deshalb gar nichts anderes übrig, als mit der Justiz zusammenzuarbeiten. Die Wahrheit ist nicht immer revolutionär, kann sich jedoch als exzellentes Racheinstrument erweisen.

Die Vergeltungsmaßnahmen ließen nicht lange auf sich warten: Im Winter 1989 wurden in einmonatigen Zeitabständen zuerst die Schwester, dann die Mutter, die Tante und zuletzt der Onkel des Mafiaaussteigers umgebracht. »Transversale Racheakte« lautete der Kommentar der Ermittler. Am 13. April 1990 reichte seine Gattin Rosa, geborene Vernengo, nach zwölf Ehejahren die Scheidung ein – eine absolute Seltenheit im Verhaltenskodex der Ehrenmänner, wo der Schein, koste es, was es wolle, gewahrt werden muß. Das war der offensichtliche Beweis, daß der infame »Verräter« Francesco Marino Mannoia sein Recht auf Leben gleichzeitig mit dem verloren hatte, was man hier Ehre nennt.

Die Führung zu den Schlachthöfen der *Cosa Nostra* war gewiß der letzte Rundgang, den der Kronzeuge durch Palermo unternahm. Er würde die Insel nur noch betreten, um im Maxi-Prozeß gegen die organisierte Kriminalität auszusagen. Von nun an würde er in den Vereinigten Staaten leben und in den Genuß des Schutzprogrammes kommen, das zur Sicherheit der Zeugen aufgestellt worden war. Seine ausgezeichnete Kenntnis der internationalen Verflechtungen machte aus ihm einen Zeugen allerersten Ranges – nicht nur in Italien. Der New Yorker Staatsanwalt Frances Gargo verdankte ihm die Festnahme des jahrelang vergeblich gejagten John Gambino. In Frankreich verhörte ihn der wichtigste Untersuchungsrichter von Marseille, Jean-François Sampieri, im Rahmen der ersten großen Untersuchung über die Niederlassung der organisierten Kriminalität im Süden Frankreichs.

»Marino Mannoia ist glaubhafter als andere Kronzeugen wie Buscetta und Contorno«, betont Inspektor Domenico. »Er schont niemanden, nicht einmal seine Verwandten. Seine Informationen sind hieb- und stichfest. Seine Zeugenaussage ist wichtig, um die Geschichte der Heroinherstellung auf Sizilien zu verstehen. Er weiß jedoch nichts über die nachfolgende Zeit, die der lateinamerikanischen Kokainkartelle Anfang der neunziger Jahre. Seine Kenntnisse beziehen sich nur auf die ›Regentschaft‹ Toto Riinas. Doch spricht alles dafür, daß die Corleoneser seit Beginn der neunziger Jahre durch andere, ebenso grausame ›Familien‹ verdrängt wurden. Wir bräuchten jetzt weitere Marino Mannoias, um zu erfahren, was seither geschehen ist, und um zu verstehen, wie sich die *Cosa Nostra* von Sizilien aus zuerst an die Eroberung Italiens und dann die Eroberung Europas gemacht hat.«

2
Die Achse Cosa Nostra – Camorra: Der Weg nach Norden

Der Zigarettenhandel – Die Cosa Nostra faßt Fuß in Neapel – Die neapolitanische »Familie« der Cosa Nostra – Die Schlacht von Neapel – Vom Zigaretten- zum Drogenhandel – Die Geschäftspartner von Michele »dem Wahnsinnigen« – Paris/Rom, Hin und zurück

Der Zigarettenhandel

Willkommen in Neapel, einem Schmelztiegel der organisierten Kriminalität, der Hauptstadt des Königreiches der beiden Sizilien und in gleichem Maße wie Palermo oder Reggio di Calabria, Hauptstadt der *Cosa Nostra* und nicht zuletzt obligatorische Zwischenstation und Brückenkopf der palermitanischen »Familien« auf dem Weg in den Norden.

In Neapel, das näher an Afrika als an Europa liegt, ist alles erlaubt. Hier verwarnen die Polizeibeamten keine Autofahrer, die bei Rot über die Ampel gefahren sind oder in der falschen Richtung fahren; damit hätten sie einfach zu viel zu tun. Die Schulbesuchsquote liegt maximal bei 70 Prozent, die Jugendkriminalität ist erschreckend hoch: 10 Prozent aller Kinder sind angeblich schon in die organisierte Kriminalität verwickelt. In den Grundschulen träumen die Mädchen davon, einen Paten zu heiraten: »Wenn ich groß bin, werde ich einen Ehemann haben, der im Gefängnis sitzt«, stand unter der Zeichung einer Schülerin zu lesen. Manche Stadtviertel werden vollständig von Kinderbanden kontrolliert. In der Vesuv-Gegend um Torreannuciata zwang ein zwölfjähriger Junge etwa zehn Geschäftsinhaber, ihre Läden zum Zeichen der Trauer zu schließen, als sein älterer Bruder an den Folgen einer Kokainüberdosis gestorben war.

Natürlich ist Neapel eine Hochburg der organisierten Kriminalität. Im Viertel San Giovanni a Teddducio oder in den Gäßchen von Rione

Barra schießt man bereits in aller Öffentlichkeit auf Polizisten. In Forcella haben alle Jugendlichen, die gestohlene Fernsehapparate, Radios oder Kassettenrekorder verkaufen, einen Walkie-Talkie, für den – eher unwahrscheinlichen – Fall, daß eine Razzia stattfinden sollte. Mit seinen 400 000 Einwohnern ist das Viertel Spagnoli für die organisierte Kriminalität das, was die Londoner City für die Finanzwelt ist. Es ist das Viertel der Bettler und Diebe Neapels. In seinen schmutzigen und stinkenden Gassen sammelt sich alles, was zur Unterwelt zählt: Prostituierte, Transvestiten und gesellschaftliche Außenseiter, die nach einem krummen Ding Ausschau halten, neben Killern aus dem Milieu, die nie ohne Waffe auf die Straße gehen.

Der wichtigste Arbeitgeber, das wichtigste Gewerbe und die einflußreichste Macht der Stadt ist die organisierte Kriminalität. Hier spricht man zwar von der *Camorra*, aber man denkt: kleine ungestüme Schwester der *Cosa Nostra*.

»Die *Camorra* hat sich in allen 90 neapolitanischen Kommunen eingenistet. Sechzig Clans haben die lokalen Behörden praktisch beschlagnahmt«, erklärt Paolo Mancuso, Untersuchungsrichter in Neapel. »Die Kommunen führen keine Dienstleistungen mehr aus. Sie dienen einzig dazu, öffentliche Gelder auszugeben. Zu behaupten, die *Camorra* bedrohe die öffentliche Verwaltung wäre jedoch unrichtig, da sie sich ihrer bereits vollständig bemächtigt hat. Sie kontrolliert nun alle öffentlichen Ausgaben.«

Man braucht sich nur die Beschlüsse der Stadtverwaltung von Neapel anzuschauen, um festzustellen, daß alle Zuschlagserteilungen an die Firmen der *Camorra* gehen. Und man rufe sich ins Gedächtnis, was nach dem schrecklichen Erdbeben vom November 1980 geschah: Die 50 Milliarden Lire, die zum Wiederaufbau bestimmt waren, verschwanden im Zuge des »größten Skandals der italienischen Republik«.

Auf der Hitliste der organisierten Kriminalität, die von der ernst zu nehmenden mailändischen Wirtschaftszeitung *Il Mondo* veröffentlicht wurde, nehmen zwei Neapolitaner den ersten Platz ein. Zwei Paten, deren Namen in Neapel in aller Munde sind: Carmine Alfieri, dessen Umsatz mehr als 1500 Milliarden Lire beträgt, und Lorenzo Nuvoletta mit 1200 Milliarden Lire Umsatz; damit stehen sie weit vor dem Chef der Kuppel der *Cosa Nostra*, Toto Riina (mit 900 Milliarden Lire).

Welches Geheimnis steckt hinter dem Reichtum der neapolitanischen

Dons? Gegen alle Vermutungen liegt ihre Haupteinnahmequelle nicht nur in den traditionellen Aktivitäten der organisierten Kriminalität begründet: also nicht im Drogen- und Waffenhandel und in der Erpressung und Unterschlagung öffentlicher Gelder. In Neapel blüht die organisierte Kriminalität unter den verschiedensten Vorzeichen: Betrügerische Nachahmung von Luxusartikeln, gesetzeswidrige Massenproduktion von Schallplatten, Kassetten und Videos, illegaler Handel mit Haus- und Industriemüll. Schlimmer noch: Die Staatsmonopole wurden verdrängt. Durch unerlaubte Lotterien kommen wöchentlich 10 Milliarden Lire in Umlauf; die *Camorra* hat illegale, provisorische Pferderennbahnen auf den Hügeln des Vesuv eingerichtet. Doch das ist alles nichts im Vergleich zu den phantastischen Summen, die mit Hilfe des wichtigsten Gewerbes in der Stadt erzielt werden – dem Schmuggel von leichten, amerikanischen Zigaretten.

Seit den siebziger Jahren ist der »Handel mit leichten Zigaretten« in Neapel das, was die Autofabriken der Firma Fiat einst für Turin waren: Ein multinationaler Konzern mit jährlichen Umsatzzahlen, die sich auf umgerechnet 2 Milliarden D-Mark belaufen, der den Vertrieb von 500 Millionen Päckchen Zigaretten – das sind 10 Prozent des italienischen Marktes – auf der gesamten Halbinsel kontrolliert. Wieviel Neapolitaner leben von diesem Handel? Die Dons des Zigarettenschmuggels behaupten, es seien 600 000 Personen. Daraus ergibt sich, daß man zwar nicht mehr als dreißig Minuten benötigte, um den Schwarzhandel aus Neapel zu vertreiben, doch daß man die Konsequenzen einer solchen Maßnahme kaum ermessen könne.

Was würde aus den Schwarzhändlern, ihren Familien und allen möglichen Leuten ihres Schlages, wenn sie nicht mehr vom Handel mit den leichten Zigaretten leben könnten? Den Schiffszimmerern, die die Schiffsrumpfe ihrer Dampfboote instand halten, welche häufig im Kampf mit den Schnellbooten des Zolls beschädigt werden; die Mechaniker, die die Außenbordmotorboote aufpumpen und überholen; die Techniker, die die Funkverbindungen überwachen oder in den Abhörzentren sitzen, die an die Zollfrequenz angeschlossen sind; ohne die starken Arme zu vergessen, die für das Umschiffen und das Einlagern der Zigarettenkisten zuständig sind oder die Wiederverkäufer, ganze Horden schmutziger, schalkhafter Kinder, die, Päckchen amerikanischer Zigaretten in der Hand, die neapolitanischen Gäßchen durchstreifen und laut rufen: »Wer will Marlboro, Philip Morris?«

Die geschmuggelten Zigaretten werden in Frachtschiffen in die internationalen Gewässer vor der Küste Kampaniens gebracht. Jede Lieferung leichter Zigaretten besteht aus 40000 Kisten mit Zigarettenstangen. Schon lange sind die Zeiten vorbei, in denen die Schmuggler nicht wagten, mehr als 500 Kisten amerikanischer Zigaretten zu transportieren. Die Schwarzhändler decken sich direkt bei den amerikanischen Multis oder bei Firmen ein, die in den Niederlanden, der Schweiz, in manchen Ländern des Mittleren Orients oder auch in Bulgarien, Rumänien oder Albanien ihren Sitz haben.

»Wir haben es mit einem Anti-Staats-Monopol zu tun, einem Trust des Tabakschmuggels«, stellt Präfekt Domenico Sica, ehemaliger Direktor des Hohen Kommisariats für den Kampf gegen die organisierte Kriminalität in Italien, resigniert fest. »Alles ist perfekt geordnet: Die Reiserouten sind gut ausgearbeitet, und jeder weiß, welche Aufgabe er innerhalb der hervorragend strukturierten Organisationen hat. In Neapel habe ich Aufnahmen von den *bancarelle* machen lassen, den kleinen Verkaufsständen, in denen die Schwarzmarktzigaretten auf der Straße angeboten werden. Meine Beamten haben feststellen können, daß alle Schilder, auf denen der Preis der Zigaretten steht, von ein und derselben Hand stammten. Und das in einer Stadt, in der der Individualismus regiert. Die Schwarzhändler kaufen ihre Zigaretten billiger ein als der Staat. Das bedeutet, daß sie einen Umsatz verzeichnen können, der über dem des staatlichen Monopols steht (10000 Milliarden Lire). Ein riesiger Markt, auf den die ständigen Beschlagnahmungen, die wir durchführen, keinerlei Auswirkungen haben. Die Wegstrecken des Tabakschwarzhandels sind dieselben wie die, auf denen Drogen und Waffen geschmuggelt werden. Im Rahmen diverser Operationen haben wir beeindruckendes Dokumentationsmaterial gesammelt: Geschäftsbücher von Schmuggelorganisationen, Quittungen, die den Kapitänen nach dem Umschlag der Ware ausgehändigt wurden, Seekarten, Listen von Radiofrequenzen der Außenbordmotorboote der Polizei und vor allem den Geheimcode, der dazu dient, die Funksprüche der Zollbeamten vor jedermann verborgen zu halten.

Im Grunde beklagen sich in Neapel nur Besitzer von Tabakwarengeschäften über die Verachtung, mit der die Raucher die indirekte Tabaksteuer bezahlen. Diese Ladenbesitzer und das italienische Finanzministerium, das nicht mehr weiß, wie es diese Blutung stillen soll. Anfang 1992 glaubte der Staat, ein gutes Gegenmittel gefunden zu

haben, als er den Verkauf von Zigaretten der Marken Marlboro, Meritt und Muratti einen Monat lang verbot. Eine Abwehrmaßnahme und zusätzlich eine Verwarnung, da die Bosse des Schwarzhandels sich bei den genannten Tabakmultis eindeckten. Eine völlig unzureichende, lächerliche Aktion, die den Dons des Zigarettenschmuggels allenfalls ein geringschätziges Lächeln entlockte.
»Wenn sie die ›Blonden‹ in den Tabakläden verbieten, verkaufen wir um so mehr auf der Straße!«

Die Cosa Nostra faßt Fuß in Neapel

Zu Beginn der siebziger Jahre hatten mehrere Familien der *Camorra* den Handel mit Leicht-Zigaretten unter ihrer Kontrolle. Doch die Disziplinlosigkeit neapolitanischer Schwarzhändler, ihre Rivalitäten und ihre unaufhörlichen Streitigkeiten führten rasch dazu, daß die bedeutendsten sizilianischen »Familien« Abgesandte an Ort und Stelle schickten, die dort Ordnung schaffen sollten. Man wird nicht besonders erstaunt sein, daß der Handel mit den »Blonden« die *Cosa Nostra* nicht gleichgültig lassen konnte. Die Wanderung der organisierten Kriminalität in Richtung Norden führte über Neapel und über eine Allianz mit den Gangs der Schwarzhändler der *Camorra*.
Die *Cosa Nostra* hatte bereits zu Beginn dieses Jahrhunderts auf neapolitanischen Boden Fuß gefaßt. In den fünfziger Jahren baute sie ihre Position anläßlich der Auslieferung von Charles, »Lucky«, Luciano, des legendären italo-amerikanischen Paten, in Kampanien aus. Lucky Luciano verdankte es seiner Teilnahme an den Vorbereitungen für die Landung der Alliierten am 10. Juli 1943, daß ihm eine fünfzigjährige Gefängnisstrafe in den Vereinigten Staaten erlassen wurde und daß er in die Hauptstadt Kampaniens abgeschoben wurde. Von dort aus nutzte er mehrere Aufenthalte in Palermo, um die Strukturen der *Cosa Nostra* zu modernisieren. Die Ehrenmänner verdankten ihm, unter anderem, die Einrichtung der Kuppel zu Beginn der sechziger Jahre. Lucky Luciano stärkte die Verbindungen zwischen den palermitanischen und den neapolitanischen Organisationen, indem er der *Cosa Nostra* ermöglichte, sich am Handel mit den leichten Zigaretten zu beteiligen. 1957 zum Beispiel wurde ein Ehrenmann der palermitanischen Familie von Porta Nuova, Tommaso Buscetta, wegen Schmug-

gels von gut hundert Kilo amerikanischen Tabaks gerichtlich belangt. Zu der Zeit erschien das eine kolossale Menge. Zwanzig Jahre später ging es in neapolitanischen Schmugglerkreisen nur noch um Tonnen.
»Die *Cosa Nostra* hatte sich in Neapel eingenistet, um den Zigarettenschmuggel zu regeln«, erzählt Francesco Marino Mannoia. »Mitte der siebziger Jahre begann ich, in Begleitung zweier palermitanischer Ehrenmänner meiner ›Familie‹, Salvatore Federico und Nunzio La Mattina, Reisen in die Stadt zu unternehmen. Ich reiste im Auftrag der Familie von Santa Maria del Gesù. Allmählich verlor ich das Interesse daran, denn das Milieu war ekelhaft, und ich hielt es eines Ehrenmannes für unwürdig. Wie dem auch sei, im Jahr 1977 wurde festgesetzt, daß die auf dem Schiffswege transportierten Zigarettenkisten einer ganz genauen Regelung entsprechend zu entladen waren. Bei jeder Reise ging es um 40 000 Zigarettenkisten, die zu 70 Prozent aus Muratti und Marlboro und zu 30 Prozent aus anderen Marken bestehen mußten. Der erste Rundgang, der der palermitanischen Familie von Porto Nuova vorbehalten war, wurde von Tommaso Spadaro durchgeführt. Nunzio La Mattina hatte die Aufgabe für die Familie von Stefano Bontate (Santa Maria del Gesù) übernommen, die Neapolitaner kamen mit Michele Zaza und Circo Mazzarella, genann *U Scilluni*, an dritter Stelle; als letztes durfte sich Pino Savoca, der für die Familie der Brancaccio tätig war, bedienen, jedoch hatte er 20 000 Kisten an die Provinzialkuppel von Palermo abzutreten.«
Schenkt man dem Kronzeugen Francesco Marino Mannoia Glauben, so brachten die Abgesandten der *Cosa Nostra* Ordnung ins neapolitanische Chaos, und zwar mit Hilfe von Tommaso Spadaro, dem König des palermitanischen Viertels Kalsa. Man einigte sich auf eine Rotation. Um den Markt nicht zu überschwemmen, setzte man für jede Reise eine Quote von 40 000 Kisten fest. Drei »Familien« Palermos sowie der neapolitanische Zweig der *Cosa Nostra* überwachten abwechselnd die Operationen; sie taten dies mittels einer Kommission von 5 000 Kisten bei jeder Runde, einer Kommission, die direkt von der Kuppel eingezogen und unter die verschiedenen sizilianischen »Familien« aufgeteilt wurde. Die Operation war lukrativ: Francesco Marino Mannoia bekam jeden Monat den Gegenwert von gut 3 000 D-Mark, ein Vermögen in der damaligen Zeit und für palermitanische Verhältnisse.
»Das lokale Schmugglermilieu fand sich schlecht mit dem Monopol ab,

das die *Cosa Nostra* auf den Schwarzhandel in Neapel hatte«, erinnert sich Francesco Marino Mannoia. »Die kleinen Schmuggler waren gezwungen, bis nach Albanien auszuweichen, um sich äußerst bescheidene Mengen Zigaretten – zwei- oder dreitausend Kisten – zu besorgen. Im Grunde wurde den Kleinhändlern der Schmuggel nach und nach verboten. Die Zigaretten durften nur noch aus dem von der *Cosa Nostra* eingerichteten Verteilernetz stammen. Einmal unternahmen einige neapolitanische Schwarzhändler einen Racheakt, überfielen Salvatore Federico und Nunzio La Mattina und raubten ihnen das Geld, das sie durch den Verkauf eines Teils ihrer Zigaretten eingenommen hatten. Besagte Schwarzhändler wurden später ermordet aufgefunden.«
Ungefähr Mitte der siebziger Jahre expandierte der Markt in einem solchen Maße, daß neue Regelungen erforderlich wurden. »Es kam vor, daß mehrere Schiffe gleichzeitig im Tyrrhenischen Meer darauf warteten, ihre Ware entladen zu können«, erzählt der Kronzeuge Tommaso Buscetta. »Das war zu gefährlich. Die Kuppel beschloß, daß immer nur ein einziges Schiff anlegen durfte. Eine Reihenfolge wurde ausgearbeitet: Ein Schiff wurde im Auftrag der Kuppel, ein weiteres in dem des Familien-Chefs von Porta Nuova, Pipo Kalo, und seiner Teilhaber, ein drittes für Nunzio La Mattina und die Seinen und ein viertes für die Neapolitaner von Michele Zaza entladen.«
Michele Zaza – neapolitanischer Kaiser des Zigarettenschwarzhandels. Neunzig Kilo schwer, ein triebhafter Mensch, dessen Gesicht erstaunlich lebhafte Züge aufweist und der seinen neapolitanischen Dialekt gerade mit so viel Italienisch anreichert, daß man ihn versteht. Einer, der immer auf der Hut ist, der voller Berechnung ist und seine Gesprächspartner stets genau abschätzt. Ein Mensch, der über eine unverfälschte Intelligenz und einen starken Überlebensinstinkt verfügt. Wie sonst hätte er jahrelang einen der wichtigsten Gewerbezweige der Halbinsel, den Schwarzhandel, beherrschen können, und das in einem Milieu, in dem aus Streitigkeiten schnell Messerstechereien werden?
Michele Zaza ist mehr als ein Pate, er ist bereist eine Legende im Milieu des internationalen Schwarzhandels. Die europäische Presse hat ihm das Etikett: öffentlicher Feind Nummer eins, König der Schmuggler und internationaler Heroin- und Kokainhändler gegeben; daneben kann er sich auch noch rühmen, ein blutrünstiger Killer zu sein.

Seine Kindheit in den schmutzigen Vierteln von Portici im Neapel der späten vierziger Jahre machte ihn schnell mit der Illegalität vertraut. Es war die Zeit der Amerikaner, die Zeit, in der Malapartes Roman »Die Haut« spielt. Alles schien in der eben erst befreiten Stadt erlaubt zu sein. Die Zukunft gehörte den Stärksten und den Wagemutigsten. Michele Zaza war einer von ihnen. Diebstähle, unerlaubtes Waffentragen, versuchter Totschlag, Körperverletzung: Schon im Alter von zwanzig Jahren verfügte er über ein beträchtliches Strafregister. Man sagt von ihm, er trage immer zwei Pistolen bei sich, eine in der rechten Tasche, die andere in einer Socke.

Sein Leichtsinn in gefährlichen Situationen brachte ihm den Beinamen »der Wahnsinnige« ein. Die von den Zeitungen verbreitete Legende spricht von denkwürdigen Schießereien, von Rechnungsbegleichungen, die sich über Monate, ja ganze Jahre hinzogen. Wegen einer Frauengeschichte soll der heißblütige Michele einen Ganoven durch den ganzen Hafen von Santa Lucia verfolgt haben und auch dann weiter auf ihn geschossen haben, als dieser schon die Halle des Hotels Miramare erreicht hatte. Ist es wahr, ist es erfunden? Schon früh gab sich der Don das Image eines unberechenbaren Menschen, der zu allem bereit ist. Schlau wie er ist, empfing er die Lokaljournalisten. Lächelnd und mit kaltem Blick verkündete er: »Ich bin nicht wahnsinnig. Einige meiner Verwandten mußten in Irrenanstalten, aber ich nicht, nie.«

Wie seine bedeutenden finanziellen Mittel dies nahelegten, stellte der Don auch eine politische Macht dar, deren Einfluß weit über die neapolitanischen Vororte hinaus reichte. Schrieb man ihm nicht zu Beginn der neunziger Jahre sogar einen Wahl-Einfluß zu, der sich bis nach Marseille erstreckte, wo er mehrere Tausend Stimmen kontrollierte? Was auf Neapel zutrifft, gilt auch für das übrige Italien: Nur wenige politische Machthaber und Großindustrielle stehen der Wirtschaftsmacht und dem ungeheuren Potential der organisierten Kriminalität gleichgültig gegenüber. Beginnen wir zum Beispiel beim früheren Innenminister Antonio Gava, dem letzten Sproß einer politischen Dynastie, die der *Camorra* von Castelmare di Sabia viel verdankt, oder beim, zur Democrazia Cristiana gehörenden, Senator Francesco Patricia, ehemals Staatssekretär der Handelsmarine, der im Aufsichtsrat verschiedener Industrieunternehmen der organisierten Kriminalität saß.

Michele Zaza seinerseits traf Bettino Craxi, den Generalsekretär der Sozialistischen Partei und späteren Ministerpräsidenten des nordöstlichen Covo, häufig in einem Nachtclub der ligurischen Riviera, als sich der Staatsmann noch mit einigen Paten der *Cosa Nostra* öffentlich sehen ließ. Beppe Liguori, der Chef des Etablissements, war ein gemeinsamer Freund. Es war derselbe Liguori, der den sozialistischen Politiker mehreren mailändischen Ganoven vorstellte, unter anderem auch Angelo Epaminonda, der der Frau des Parteisekretärs einen kleinen Löwen zum Geschenk machte.
Wenn Michele Zaza sich mit den Journalisten unterhielt, bekannte er freimütig, eine Reihe bedeutender Politiker bestochen zu haben. Er behauptete, den Preis gewisser sozialistischer und christdemokratischer Politiker zu kennen, die den Kampf gegen die organisierte Kriminalität auf ihre Fahnen geschrieben hätten. Er gab an, er wisse, wie sie zu ihrem Reichtum gekommen seien, mit welchem Geld sie ihre neapolitanischen Villen gebaut hätten. Doch gibt es Geheimnisse, mit denen man sparsam umgehen muß: die, worüber der Don verfügte, konnten ihm ebenso einen Paß ins Ausland wie einen fürs Jenseits einbringen. Einstweilen ging er maßvoll mit seinen Vertraulichkeiten über Polizei, Justiz und Presse um.

Die neapolitanische »Familie« der Cosa Nostra

Man sagt, Michele Zaza sei wahnsinnig. War er es wirklich? Glaubt man Francesco Marino Mannoia, so zögerte der Don nicht einen Augenblick, die Regeln des Schwarzmarktes zu verletzen, die immerhin von den Killern der *Cosa Nostra* aufgestellt worden waren. Als er zum Beispiel mit der Entladung der geschmuggelten Zigaretten an der Reihe war, nahm er wesentlich mehr, als die Sizilianer gestattet hatten.
Doch der Don konnte sich einen solchen Affront erlauben. Den neapolitanischen Polizisten zufolge wurde Zaza schon vor Ende der sechziger Jahre ein Intimus der palermitanischen Paten. Wenn sie in Neapel Station machten, traf er sich mit ihnen im Hotel Präsident, das sich über der Bucht von Santa Lucia erhebt; dann besuchten sie in den neapolitanischen Vierteln Marano und San Giovanni a Teduccio gemeinsam Nachtclubs. Man sah ihn in ihrer Begleitung regelmäßig im

»Night-Club 84« sowie in einem Restaurant namens »Cafone«. Damals begann das Goldene Zeitalter des Zigarettenschmuggels.
Wer waren Michele Zazas palermitanische Freunde? Es gehörte nicht zu seiner Art, seine Kumpane zu denunzieren, deshalb müssen wir uns mit den Aussagen der Kronzeugen begnügen, um etwas darüber zu erfahren. Diese erwähnen Salvatore Riina – aus der Familie der Corleoneser –, Michele Greco – aus der Familie von Ciaculli –, Bernardo Brusca – aus der Familie von San Giuseppe Jato –, Pipo Calo – aus der Familie des Porta Nuova –, Pippo Calderone – aus der Familie von Catania – und insbesondere Alfredo Bono, Bruder von Giuseppe Bono und Chef der Familie von Bolognetta.
Verweilen wir einen Augenblick bei letzterem. Alfredo Bono war einer der bekanntesten, höchstrangigen Paten der Cosa Nostra. Auch war er einer der Ehrenmänner, die im Leben des neapolitanischen Don am meisten gezählt haben. Die Freundschaft der beiden Männer ist seit dem 25. Februar 1974 Gegenstand unzähliger Berichte der italienischen Kriminalpolizei. An diesem Tag versuchten Michele Zaza und Alfredo Bono mit einem BMW nicht weit von Palermo eine Straßensperre der Carabinieri zu durchbrechen. Die beiden Paten machten damit nur den Weg für Luciano Leggio, den Familien-Chef der Corleoneser und späteren Vorsitzenden der Kuppel frei, der in einem anderen Auto unbehelligt vorbeiraste. Der Schachzug gelang.
»Alfredo Bono hat mir immer von Michele Zaza erzählt, als sei dieser sein Patensohn«, erinnert sich Francesco Marino Mannoia. »Aber ich weiß nicht, ob Bono sein wirklicher Patenonkel war oder ob er ihn in seiner Funktion als Ehrenmann innerhalb der *Cosa Nostra* ›eingegliedert‹ hatte.«
»Michele Zaza und Alfredo Bono waren sehr gut befreundet und nannten sich gegenseitig *compariello* oder vielmehr: Zaza nannte Bono *compariello*, was im neapolitanischen Dialekt so viel bedeutet wie Pate«, führt Tommaso Buscetta weiter aus.
»Alfredo Bono war ein großer Spieler«, fährt Francesco Marino Mannoia fort. »Er ging in den Casinos ein und aus. Ich erinnere mich, daß er einmal, es war im Jahre 1977 in San Remo, an einem einzigen Abend 1,2 Milliarden Lire verlor. Auch Bono besuchte in Frankreich häufig Casinos, doch weiß ich nicht welche. Die riesigen Geldsummen, die Bono im Spiel verlor, stammten von Michele Zaza. Später sagte mir Stefano Bontate – der Chef der Familie von Santa Maria del Gesù –

daß diese enorme Geldverschwendung immer aufgefüllt wurde mit dem, was Bontate als Fundgrube bezeichnete – eine große Heroinquelle, die sich in Marseille befand. Eine Gruppe Marseiller, an deren Spitze Gaetan Zampa stand, schaffte das Heroin nach Mailand und belieferte Michele Zaza, Alfredo Bono und dessen Bruder Giuseppe.«

Tatsächlich sahen die Carabinieri am 28. Februar 1977 in einem neapolitanischen Restaurant namens »Chez Ferdinando« Nunzio La Mattina und Alfredo Bono zusammen mit Michele Zaza an einem Tisch sitzen. Ein Jahr später drangen die Polizisten in das neapolitanische Bezirksbüro der Sozialdemokratischen Partei ein, in dem Zaza eine seiner Firmen installiert hatte, und überprüften die Personalien Bernardo Bruscas, des Stellvertretes von Luciano Leggio, sowie die Micheles des »Wahnsinnigen«. Was für Beziehungen bestanden zwischen dem Kaiser der »Blonden« und den Dons von Palermo?

»Ungefähr in den Jahren 1973–1974, zur Zeit der Hochblüte des Schwarzhandels mit im Ausland gefertigten Zigaretten, waren die Palermer Tommaso Spadaro und Nunzio La Mattina (...) und der Neapolitaner Michele Zaza die größten Schmuggler überhaupt. Die beiden Palermer, die aus dem Schwarzhandel kamen, wurden zu Ehrenmännern gemacht, weil die *Cosa Nostra* gesehen hatte, daß man mit ihnen lukrative Geschäfte tätigen konnte. Das kann man auch von Michele Zaza sagen, der jedoch erst nach dem Boom des Schwarzhandels die Würde des Ehrenmannes erhielt. (...) Tommaso Spadaro, Nunzio La Mattina und Michele Zaza wurden zu Ehrenmännern ernannt, damit sie sich mehr dem Willen der *Cosa Nostra* unterwarfen.«

Francesco Marino Mannoia hat seine eigene Version der Geschichte: »Es gab in Neapel eine alteingesessene ›Familie‹ der *Cosa Nostra.* Sie ging auf die Zeit der Einwanderung, zu Beginn des Jahrhunderts zurück. Diese ›Familie‹ war jahrelang getrennt und wurde, auf Beschluß Luciano Leggios, etwa 1970 wieder zusammengeführt und unter die direkte Leitung der palermitanischen Kuppel gestellt. Sie wird durch Salvatore Zaza, genannt *Nasone*, vertreten, und als Ehrenmann kenne ich seinen Bruder Michele Zaza, seinen Schwiegervater Giuseppe Liguori, Nunzio Barbarossa und Ciro Mazzarella, genannt *O Scillone*, den Komplizen von Giuseppe Calderone (den Chef der Familie von Catania) persönlich; letzterem hatte er ein goldenes, in Brillanten gefaßtes Feuerzeug von Cartier und einen Mercedes geschenkt.«

Tommaso Buscetta seinerseits eröffnet: »In Kampanien gab es drei Mafia-Familien, denen jeweils Michele Zaza, Antonio Bardellino und die Brüder Nuvoletta – die, glaube ich, in Marano sind – angehörten. (. . .) Keine der drei neapolitanischen Mafia-Familien nimmt an den Versammlungen der palermitanischen Kuppel teil. Sie werden durch Michele Greco vertreten.
Ist Michele Zaza also ein Ehrenmann oder ein kleiner Komplize? Sobald die Polizeibeamten oder die Richter etwa auf den Gedanken kamen, ihm derartige Fragen zu stellen, antwortete der neapolitanische Don, sofern er gerade in Hochform war: »Wenn ich zur *Cosa Nostra* gehörte, hätten Sie Angst; im übrigen hätte ich dann selbst Angst.«
Wer weiß die Antwort? Vielleicht jener Agent des italienischen Geheimdienstes, der die Karriere des Don Schritt für Schritt verfolgte, seitdem er ihn vor zwanzig Jahren zum ersten Mal festnahm, und der die Situation wie folgt zusammenfaßt: »Ganz ohne Zweifel ist die Wirklichkeit viel komplexer. Die Beziehungen zwischen den Sizilianern und den Neapolitanern sind sicher weniger ausgeprägt, als die Kronzeugen behaupten. Ohne hundertprozentig ein Ehrenmann zu sein, ist Michele Zaza einer der wenigen Neapolitaner, der mit den Sizilianern reden kann. Und das bedeutet schon etwas.«

Die Schlacht von Neapel

Wie zu erwarten war, wirbelte die Allianz zu den Neapolitanern innerhalb der palermitanischen »Familien« viel Staub auf. Manche fürchteten, die Organisation käme dabei zu Schaden. Eine wahrhaft *industrielle* Revolution war im Gange. In dem Maße, in dem die Cosa Nostra in die Sphäre des Schwarzhandels eingedrungen war, hörte sie auf, »ein parasitärer Zwischenhändler« zwischen »Produktion und Verbraucher« zu sein. Von nun an hatte sie selbst ein Produkt zu verkaufen: Zigaretten, und bald würde sie ein anderes sogar selbst herstellen: Drogen, deren Handel den der Leicht-Zigaretten bei weitem übersteigen würde.
Diese tiefgreifenden Veränderungen brachte einen neuen Vorstoß gegen die Regeln der *Cosa Nostra* mit sich. Die Ehrenmänner verschiedener »Familien« schlossen sich aus Gewinnsucht zusammen und

verstießen damit gegen das Prinzip der Unterteilung der verschiedenen Geschäftsbereiche, die bisher das Funktionieren der Organisation bestimmt hatte. Angesichts dieser wirtschaftlich bedingten Rationalisierung müssen sich die Vorfahren der palermitanischen Paten in ihren Gräbern umgedreht haben. Wenn es nur dabei geblieben wäre, daß Ehrenmänner verschiedener Viertel gemeinsam Firmen gründeten ... Doch die Einstellung nicht eingeführter, »nichteingegliederter« Arbeitskräfte war auch für die weniger doktrinären sizilianischen Dons zu viel.

Die von Neapolitanern und Palermern aufgebauten Unternehmen wurden mit bemerkenswerter Schnelligkeit konstituiert und wieder aufgelöst. Bald waren Gipfeltreffen notwendig, um die Gewinne untereinander aufzuteilen; sie fanden in einem Bauernhof, einem Anwesen der Nuvoletta, nicht weit von Neapel statt. Die Kronzeugen behaupten, daß Michele Zaza an den meisten neapolitanischen Gipfeln teilnahm und zwar an der Seite von Toto Riina, dem furchterregenden Corleoneser, und internationalen, großkalibrigen Händlern wie Gaetano Fidanzati, dem Paten, der über das palermitanische Viertel Arenella herrscht.

Auch die neapolitanischen Banden wurden durch den Einzug der *Cosa Nostra* vor sehr große Probleme gestellt. Das rapide Ansteigen des Zigarettenschmuggels und der parallel verlaufende Ausbau des Drogenhandels erschütterten die Bündnisse und setzten dem prekären Frieden ein Ende. Dem Clan Giuliano, der über das Stadtviertel Forcella regierte, war der Machtzuwachs seines Rivalen Michele Zaza ein solcher Dorn im Auge, daß sie Pasquale Zaza, den Neffen Micheles, in einem Laden in Portici in eine Falle lockten und dort in eine Schießerei verwickelten, in deren Verlauf eine Verkäuferin starb.

Raffaele Cutolo, der Don, der über die Vesuvgemeinde Ottaviano regierte, versuchte, die verschiedenen Banden der *Camorra* zu verbünden. Cutolo, von seinen Männern mit dem Spitznamen »Evangelium« bedacht, sammelte Tausende Banditen um sich. Neben einem Einführungszeremoniell, das sich an dem der *Cosa Nostra* orientierte und an vorgebliche Traditionen anknüpfte, versah Raffaele Cutolo seine Organisation mit einer richtigen Sozial- und Krankenversicherung und garantierte jedem Mitglied einen Mindestlohn. So entstand die *Neue Organisierte Camorra (NCO)*.

Der Einfluß der *NCO* war so bedeutend, daß sich zu Anfang einige

Ehrenmänner – und nicht die rangniedrigsten – seinem Gesetz beugten. Ein Gerücht besagt, daß sich Michele Zaza selbst einverstanden erklärt haben soll, ein Entgelt von 500 Millionen Lire (ungefähr 900 000 D-Mark) an Raffaele Cutolo zu bezahlen, damit er seine Aktivitäten in aller Ruhe fortsetzen konnte. Die wichtigste »Familie« der *Camorra*, die Nuvolettas, versuchten, sich gütlich mit ihm zu einigen, während andere wie die Vollaros einen Widerstand organisierten, dem sich dann auch der Clan der mächtigen Giulianos anschloß.

Um der *NCO* die Stirn zu bieten, riefen die Gegner von Cutolo die »Neue Familie« ins Leben. Zu Beginn der achtziger Jahre brach dann zwischen der *Neuen Organisierten Camorra* und der *Neuen Familie* der Krieg aus. Im ersten Jahr zählte man 79 Leichen. Zu den meisten Vollstreckungen bekannten sich die »Rächer im Untergrund« und andere »Todesschwadronen«, die der einen oder der anderen Organisation angehörten.

Vielleicht war Cutolos zunehmender Größenwahn schuld, daß er einen Fehler beging, der fatale Folgen haben sollte. Indem er das Zeichen zur Rebellion gegen den übermäßigen Einfluß der *Cosa Nostra* auf die neapolitanischen Angelegenheiten gab, brachte er die neapolitanischen Ehrenmänner und ihre Sympathisanten dazu, sich auf die Seite der *Neuen Familie* zu schlagen. Die Palermer konnten einen Mann, der unablässig wiederholte: »Es ist ungerecht, daß Neapel, die einstige Hauptstadt des Königreichs Sizilien, heute eine Kolonie von Palermo ist«, nicht nach seinen eigenen Vorstellungen handeln lassen.

Das Massaker erreichte 1982 seinen Höhepunkt; in diesem Jahr zählte man 284 Morde. Es sah so aus, als sei die *Neue Organisierte Camorra* dabei, den Sieg über die *Neue Familie* davonzutragen; nichts und niemand schien Raffaele Cutolo zu widerstehen. Die italienischen Geheimdienste baten ihn sogar, ihnen bei der Befreiung Ciro Cirillos, eines christdemokratischen Politikers aus Neapel, behilflich zu sein, den die Roten Brigaden entführt hatten. Doch wider allen Erwartens war die Befreiung Cirillos der Beginn des Untergangs der *NCO*. Raffaele Cutolo war für Rom nicht so sehr deshalb ein Dorn im Auge, weil er einen beträchtlichen Teil des für die Roten Brigaden bestimmten Lösegeldes in die eigene Tasche gesteckt hatte, sondern vielmehr weil er nun über ein Druckmittel gegen bedeutende christdemokratische Politiker verfügte, die in diese obskure Geschichte verwickelt waren.

Jedenfalls verdoppelten Polizei und Carabinieri ihren Eifer, was so weit ging, daß sie sein Allerheiligstes, sein Schloß von Ottaviano, umzingelten und seine Schwester, die gefürchtete Rosetta, festnahmen. Bald darauf wurde seine rechte Hand, Vincenzo Casillo, umgebracht, ohne daß man wissen konnte, ob sein Tod nun auf das Konto des Geheimdienstes ging, dem daran gelegen war, einen Hauptbeteiligten der Affäre Cirillo auszuschalten, oder ob der Mord der *Neuen Familie* anzulasten war, die sich somit wenigstens eines ihrer gefährlichsten Gegner entledigte. Zum Zeitpunkt der Affäre Cirillo war Raffaele Cutolo bereits im Gefängnis; dort kam er mit den Abgesandten der italienischen Regierung zusammen. Seine Haftbedingungen waren mehr als annehmbar. Doch von einem Tag zum anderen wurde er fast vollständig isoliert gehalten und auf die Teufelsinsel Asinara verbannt. Zudem führten das Abtrünnigwerden mancher seiner Stellvertreter, die sich zur Zusammenarbeit mit der Polizei entschlossen hatten sowie blutige interne Rechnungsbegleichungen dazu, daß die Organisation in die Knie gezwungen wurde.

»Die zunehmende Schwächung der *Neuen Organisierten Camorra* hat auch einen anderen Grund«, erklärte Paolo Mancuso, Untersuchungsrichter in Neapel. »Bis zum Jahr 1983 hatte Cutolo seinen Männern immer verboten, mit anderen Drogen als Kokain zu handeln, zumindest in Kampanien; damit hinderte er sie, an den lukrativen Gewinnen des Heroinmarktes teilzuhaben. Doch nicht alle teilten seine Skrupel: Der Heroin- und der Kokainhandel ist für die Männer der *Neuen Familie* eine der Haupteinnahmequellen.«

Vom Zigaretten- zum Drogenhandel

»Von jeher war der illegale Zigarettenhandel mit dem Drogenhandel verbunden«, erklärt ein Geheimagent des italienischen Nachrichtendienstes. »Es sind dieselben Routen, dieselben Menschen, dieselben Schiffe; im Jargon der Schwarzhändler wird ein Schiff, das nur ein paar Kilo Betäubungsmittel in einigen Kisten mit Leicht-Zigaretten an Bord hat, ›Mutter‹ genannt, im Gegensatz zum ›Vater‹ – der immer seltener wird und für ein Schiff steht, das ausschließlich Zigarettenkisten transportiert.«

Die sizilianischen »Familien« der *Cosa Nostra* haben – so scheint es – den internationalen Drogenschmuggel erst relativ spät für sich entdeckt. Erst Mitte der siebziger Jahre konnte man beobachten, wie sie sich in die offene Bresche stürzten, die durch das Ende der French Connection und die Aushöhlung der türkischen Drogennetze entstanden war, gegen die Nixons Regierung hart vorgegangen war.

Die palermitanischen Richter, die im ersten Maxi-Prozeß der achtziger Jahre die strafrechtlichen Voruntersuchungen gegen die Ehrenmänner einzuleiten hatten, stützten sich auf die Aussage Tommaso Buscettas, und erklärten, daß »der massive Zugriff der *Cosa Nostra* auf den Heroinmarkt 1978 stattgefunden haben soll; gleichzeitig ging der Tabakschwarzhandel nach und nach zurück. Nunzio La Mattina brachte diese wahrhaft industrielle Revolution in Gang. Er verstand es, die Kontakte zu nutzen, die im Rahmen des Tabakschwarzhandels in verschiedenen Mittelmeerhäfen hergestellt worden waren. Später wurde die Belieferung der sizilianischen Labors mit Morphinbase von La Mattina, Tommaso Spadaro und Giuseppe Savoca erledigt; jeder arbeitete für sich und hütete ängstlich die Geheimnisse seiner eigenen Organisation. Neben den Zulieferern gab es Leute, die in den geheimen Labors mit der Umwandlung der Morphinbase beauftragt waren, und es gab andere, die mit dem Transport und der Verteilung der Ware in den Verbraucherländern betraut waren. Innerhalb der *Cosa Nostra* schuf man autonome, jedoch eng miteinander vernetzte Strukturen, die auf die verschiedenen Phasen eines so vielschichtigen Handels abgestimmt waren. Die Ehrenmänner, die keine operative Verantwortung für den Drogenhandel hatten, konnten sich jedoch auf finanzieller Ebene beteiligen, wobei sie mehr oder weniger die Risiken und Gewinnausschüttungen teilten. Kurz, man schuf diesselben Strukturen wie beim Tabakschwarzhandel – nur in viel größerem Stile und mit unendlich viel höheren Profitraten.«

Die italienischen Richter sind davon überzeugt, daß Michele Zaza eine der Hauptantriebsfedern der »industriellen Revolution der *Cosa Nostra*« ist. Sollte der Kaiser der »Blonden« auch der Kaiser des weißen Pulvers sein? Das läßt sich nur schwer beweisen. In seiner dreißigjährigen Karriere wurde Michele Zaza nie mit einem Päckchen geschmuggelter Zigaretten erwischt, und man kann fast sicher sein, daß er auch nie mit einem Säckchen Kokain gefaßt werden wird.

»Erzählen Sie über mich, was Sie wollen«, sagte Michele Zaza zu seinen Anklägern, »doch bringen Sie meinen Namen nie in Verbindung mit Drogen. Zwei Dinge sind für mich der absolute Horror:

Menschenraub und Drogenhandel. Diese Ware interessiert mich nicht, und ich will keine moralischen Urteile über Leute fällen, die damit handeln. Ich habe Kinder, und ich bete jeden Tag zur Madonna, daß sie, wenn sie einmal erwachsen sind, weder dem Laster des Glücksspiels noch dem der Drogen erliegen mögen. Es stimmt einfach nicht, daß meine Schiffe neben den Zigaretten auch Drogen transportieren.«

Die Polizeibeamten und die – italienischen, französischen, spanischen und Schweizer – Richter, die bemüht sind, Michele Zazas geschäftliche Aktivitäten zu verfolgen, waren jedoch vom Gegenteil überzeugt, ohne aber jemals eine Anklage erheben zu können, die der Überprüfung durch die Gerichte standgehalten hätte. Worauf stützte sich ihre geheime Überzeugung? Vor allem auf die Beschuldigungen durch die großen Kronzeugen der *Cosa Nostra*: Tommaso Buscetta, Salvatore Contorno und Francesco Marino Mannoia. »Das sind Informationen aus zweiter Hand, um nicht zu sagen: Geschwätz«, entgegnen daraufhin die Rechtsanwälte des *Don*. Und der häufige und keineswegs versteckt gepflegte Umgang mit internationalen Drogenhändlern? Und wenn schon! »Das Delikt ›Freundschaft‹ steht nicht im Strafgesetzbuch.«

Der einzige, der einigermaßen präzise Anklagen vorbringen kann, ist der neapolitanische Richter Mancuso, der die Aussage des Mafiaaussteigers Giovanni Melluso zitiert: »Giovanni Melluso erklärt, er sei 1982 zusammen mit Michele Zaza und Umberto Ammaturo – einem anderen *Camorristen* – in Ascoli Pisceno eingesessen. Er sei wieder in Gnaden von Zaza aufgenommen worden, nachdem sein Landsmann Gaetano Fidanzati, Freund und Verbündeter von Zaza, ein Empfehlungsschreiben für ihn abgefaßt habe; er erfuhr, daß Zaza im Begriff war, mit eben denselben Männern, Ammaturo und Fidanzati, einen bedeutenden Heroinhandel auf Sizilien aufzuziehen. Melluso erinnerte sich auch, daß Fidanzati ihm erzählt hatte, eine Ladung Drogen, die er Zaza geliefert habe, sei ihm nicht pünktlich bezahlt worden. Er hatte Zaza mit Vergeltungsmaßnahmen gedroht; diesem war es nicht gelungen, sein Geld von den Leuten zu bekommen, an die er die Droge weitergegeben hatte. Die ganze Affäre wurde dann bei einem Versöhnungstreffen geregelt.«

Leider erwies sich Giovanni Melluso nicht als einer der glaubhaftesten Kronzeugen. So hatte er 1983 zu Unrecht einen Starmoderator des italienischen Fernsehens namens Enzo Tortora angeklagt, ein internationaler Drogenhändler und zudem aktives Mitglied der *Camorra* zu sein. Eine böse Geschichte, deren einziges Verdienst in dem Beweis bestand, daß den Verwendungsmöglichkeiten von Kronzeugen, die sich recht skrupellose Beamte zuweilen zunutze machen, Grenzen gesetzt sind.

Die Geschäftspartner von Michele »dem Wahnsinnigen«

Die amerikanische Drogenfahndungsbehörde, die berühmte Drug Enforcement Agency (DEA), war davon überzeugt, daß Michele Zaza in den großen internationalen Drogenhandel verwickelt sei, und hatte sich deshalb das zweifelhafte Privileg erworben, ihm Anfang der achtziger Jahre auf allen seinen Reisen zu folgen und sein Leben zu beobachten – eine einmalige Gelegenheit zu sehen wie ein neapolitanischer *Don* sich außerhalb seines Terrains bewegte, und eine Möglichkeit, von seinen einschlägigen Kontakten zu den Ehrenmännern der *Cosa Nostra* zu erfahren.
Michele »der Wahnsinnige« war eines Januartages im Jahr 1982 ins Visier der DEA geraten, als ein Polizeispitzel ihn beschuldigte, etwas mit einem 52 Kilo schweren Heroinpaket zu tun zu haben, das in New York entdeckt worden war. Seither versuchten die amerikanischen Agenten, den *Don* während seiner Aufenthalte in den Vereinigten Staaten zu schnappen. Doch wie sollten sie das bewerkstelligen? Elektronische Überwachung, abgehörte Telefongespräche, Einschleusen von Lockspitzeln, Beschattungen; die DEA bemühte sich vergeblich: Sie war nicht imstande, genügend Beweismaterial zu sammeln, um ein Anklagedossier zusammenzustellen, das der Prüfung durch amerikanische Gerichte standgehalten hätte.
Im September 1982 ließ sich der *Don* in Paris nieder. Die Agenten der DEA machten ihn bald ausfindig. Die amerikanischen Polizeibeamten nahmen also, von weitem, an dem Wiedersehen mit seinem Komplizen Alfredo Bono teil. Sie sahen die beiden Männer mehrere Male in Begleitung eines Sizilianers namens Antonio Salamone, der im Hotel Concorde Saint-Lazare abgestiegen war.
Durch Nachforschungen erfuhren die Beamten der DEA, daß Antonio Salamone in den Kreisen der organisierten Kriminalität eine ge-

wisse Rolle spielte. Er war Chef der Familie von San Giuseppe Jato und dazu Kuppel-Mitglied der *Cosa Nostra*. Er hatte während des ersten großen »Familien»-Krieges in den sechziger Jahren an der Seite von Greco seine Sporen verdient. Deswegen fand er sich 1974 vor den Schranken des Gerichts von Catazaro in Begleitung von 114 Ehrenmännern wieder, der Crème de la crème der *Cosa Nostra*, zu der auch sein eigener Schwager Salvatore Greco, genannt »der Ingenieur», und früherer Chef der Familie von Ciaculli gehörte. Antonio Salamone, der unter Hausarrest gestellt wurde, zog es vor, nach Brasilien zu fliehen. Er wurde Bauunternehmer, der auf seinen sozialen Erfolg und seine Luxusvilla in São Paulo stolz war, und beteiligte sich im großen Stile am Drogenhandel – will man den lokalen Dienststellen der DEA Glauben schenken.
Als die amerikanischen Polizeibeamten vom Wiedersehen Antonio Salamones mit Michele Zaza und Alfredo Bono erfuhren, glaubten sie, den Beweis für eine bestehende Allianz zwischen der *Cosa Nostra* und der *Camorra* in den Händen zu halten. Die Beschattungen ergaben, daß es eine schlagkräftige Bande aus Neapolitanern, Sizilianern und anderen Italienern gab, die sich im Bannkreis einiger Pizzerias des Quartier Latin bewegten. Ihr Anführer war Nunzio Barbarossa, ein langjähriger Geschäftspartner Michele Zazas, den mehrere große Kronzeugen der *Cosa Nostra* beschuldigt hatten, ebenfalls ein Ehrenmann zu sein. Nunzio Barbarossa war ein reicher Geschäftsmann, Direktor diverser Import-Export-Firmen und Besitzer zweier Läden in Rom (Romaricami und Oriental Shop). Während seiner Aufenthalte in Paris hielt sich der Mann keinesfalls versteckt; sein Pariser Hauptquartier hatte er im 12. Arrondissement, Rue Michel-Chasles Nr. 16, in den Räumen einer Import-Export-Gesellschaft eingerichtet.
Mit der Beschattung Antonio Salamones auf seinen Reisen nach Europa, glaubten die Agenten des DEA einen Beweis dafür zu haben, daß der Chef der Familie von San Giuseppe Jato und seine Kumpane im Begriff waren, einen weitverzweigten Drogenhandel auf die Beine zu stellen. Sie stützten sich auf private Telefongespräche, die sie in verschiedenen europäischen Luxushotels aufgezeichnet hatten. Im Grand Hotel in Zürich verlangte Antonio Salamone zum Beispiel, daß man ihm aus Rom »zwei Kaffeekannen, mit einem Fassungsvermögen von drei Tassen« schicken solle. Die Agenten der DEA waren überzeugt, daß diese Kaffeekannen mit den drei Tassen in den Telefonge-

sprächen zu häufig vorkamen, um nur einfache Haushaltsartikel zu bezeichnen. Ein anderes Mal wollte er »weiße Kleider aus einem lateinamerikanischen Land, in dem es sehr heiß ist«. Für die amerikanischen Agenten war klar, daß es sich hier um eine verschlüsselte Sprache handeln mußte.

Die DEA war sich sogar sicher, zwei Fliegen mit einer Klappe schlagen zu können. Indem sie ein internationales Netz aufdeckte, glaubte sie, die Allianz *Cosa Nostra – Camorra* bremsen, wenn nicht sogar zerschlagen zu können. Und ihr Optimismus war teilweise gerechtfertigt: Den Italienern in Paris war noch nicht aufgefallen, daß sie überwacht wurden. Gewiß, sie trafen Vorsichtsmaßnahmen bei ihren Telefongesprächen, doch zögerten sie nicht, von laufenden Geschäften zu sprechen, so vom Ankauf einer Mozzarella-Fabrik in der Normandie, von der die Ermittler – zu Recht oder zu Unrecht – annahmen, daß sie heimlich zum Heroinlabor umfunktioniert werden sollte. Ferner war von mysterösen Treffen in Paris die Rede, bei denen eine »höchstrangige palermitanische Persönlichkeit» »wichtige Entscheidungen« fällen sollte.

Am 25. September 1982 begab sich Michele Zaza nach Los Angeles, wo er eine Luxusvilla im Wert von eineinhalb Millionen Dollar besaß. Antonio Salamone reiste ihm zwei Tage später nach. Für die DEA bestand kein Zweifel, daß die beiden Männer sich trafen, um die letzten Vorbereitungen zu treffen. Ihres Verdachtes ganz sicher, schleusten die amerikanischen Polizeibeamten einen Lockspitzel bei Nunzio Guida, einem Vertrauten von Michele Zaza, ein. Einen Moment lang glaubten sie, die beiden in flagranti erwischen und die sizilianisch-neapolitanische Bande mit 600 Kilo Heroin ausheben zu können. Doch die ganze Sache schlug fehl und endete mit dem Mord an einem Freund des Lockspitzels am 14. Januar 1983 auf den Champs-Elysées.

Nach monatelanger interkontinentaler Überwachung waren die Ermittlungen an einem toten Punkt angelangt. Die *Dons* waren nun auf der Hut und hatten es mit ihren Geschäften weniger eilig. Die Ermittlungsbeamten beobachteten ihr Treiben aus einer gewissen Distanz, jedoch ohne konkrete Ergebnisse. Am 24. Oktober 1982 wurde Alfredo Bono bei einer simplen Polizeikontrolle in Palermo festgenommen. Er fuhr mit falschen Papieren. Wegen Nichtbeachtung des gegen ihn verfügten Hausarrestes wurde er sofort eingesperrt. Zur selben

Zeit fiel der italienischen Polizei bei einer Hausdurchsuchung in Palermo ein Dokument in die Hände, das den *Dons* der *Cosa Nostra* niemals hätte zugänglich gemacht werden dürfen und das ihre plötzliche Vorsicht erklärte: Es handelte sich um nichts weniger als um die Übersetzung des internen Berichts der DEA: das Protokoll einer Beschattung von Antonio Salamone in Zürich vom Juli 1982.
Am Tag nach der Festnahme Alfredo Bonos trat Antonio Salamone in Italien wieder offiziell in Erscheinung. Zum allgemeinen Erstaunen kehrte er dorthin zurück, wo er unter Hausarrest gestellt worden war, um den Rest seiner Strafe abzusitzen – ein Jahr und sieben Monate. Richter Falcone zufolge befand sich der Chef der Familie von San Giuseppe Jato in einer ausweglosen Lage. Da er einem brutalen Gegner der Corleoneser, Tommaso Buscetta, nahestand, hatte ihm die Kuppel den Auftrag erteilt, seinen Freund umzubringen, der damals nach Brasilien geflüchtet war. Deshalb hatte er es vorgezogen, sich zu ergeben.
Michele Zaza wurde dann am 12. Dezember 1982 von der römischen Polizei festgenommen. Seine Gesundheit verschlechterte sich zusehends. Die zu Rate gezogenen Kardiologen stuften seinen Zustand als »sehr besorgniserregend« ein, und ein Richter aus Rom gestand ihm »Haushaft« im Krankenhaus »Mater dei« in Rom zu. Seit Jahren schon litt Michele Zaza wiederholt an Bronchitis oder Grippe. Sein mit Antibiotika vollgestopfter Organismus hatte keine Widerstandskraft mehr. Der *Don* war krank, seine Taschen quollen ständig von ärztlichen Rezepten über.
Eine Polemik entbrannte wegen seines körperlichen Zustandes: Sie bezog sich auf den Nutzen, den er aus seiner Krankheit zog. Eine Krankheit, die es ihm mehr als einmal ermöglichte, dem Gefängnis zu entgehen und sich statt dessen in verschiedenen Krankenhäusern in »Haushaft« zu begeben.
Paolo Mancuso, der neapolitanische Untersuchungsrichter, erklärte: »Die einzige und tatsächlich notwendige Therapie für Zaza ist ein chirurgischer Eingriff. Seine Weigerung, sich einem solchen zu unterziehen, obwohl alles nach den von ihm selbst geforderten Bedingungen vorbereitet ist – abgesehen von seiner Bitte, im Ausland operiert zu werden, die selbstredend nicht zu erfüllen ist – zeigt, daß er sich seiner Krankheit bedient, um Vorteile für seinen Prozeß herauszuschlagen.«
Richter Mancuso spricht von einer »Gewinnerstrategie« und erläutert,

daß Michele Zaza »nicht zögert, bewußt krank zu werden, indem er übermäßig raucht und seine Haft mit größtmöglichem Streß verbringt.« In Italien sehen zahlreiche Polizeibeamte und Richter in Michele Zaza übrigens einen Pionier. Der neapolitanische *Don* war tatsächlich einer der ersten, der gesundheitliche Probleme geltend machte, um die Richter wohlwollend, ja sogar milde zu stimmen. Andere Banditen folgten bald seinem Beispiel und nutzten die rechtlichen Vorteile, die eine schlechte Gesundheit mit sich bringt. In den späten achtziger Jahren, kurz vor Ende des Maxi-Prozesses, wurden die *Dons* der Kuppel, die im Gefängnis von Ucciardone einsaßen, von einer wahren Krankheitswelle erfaßt. Auf verschiedene Krankenhäuser verteilt, konnte man da Francesco Madonia, den Chef der Familie von Resutana und Nummer 2 der *Cosa Nostra* sehen, des weiteren Salvatore Montalto, den Chef der Familie von Villabate, Bernardo Brusca, den stellvertretenden Chef der Corleoneser, Procopio di Maggio, Giacomo Gambino, Angelo Antonio Pipitone und auch Angelo Badalamenti, einen der wenigen Killer der *Cosa Nostra*, den man mit einer noch heißen Waffe in der Hand verhaftet hatte. Alle lagen unter den verschiedensten Vorwänden im Krankenhaus; sie reichten vom bloßen Verdacht auf Hepatitis B bis hin zu einer nicht ausgeheilten Grippe. Das zog sich so lange hin, bis Pietro Vernengo, der blutrünstige *Don* der Familie von Corso dei Mille, ganz unbehelligt das palermitanische Krankenhaus verließ, in das er eingeliefert worden war; erst daraufhin entschied die italienische Regierung, die *Paten* wieder in ihre Zellen oder gegebenenfalls auch in besser bewachte Gefängniskrankenabteilungen zu verlegen.

Paris/Rom, Hin und zurück

Die Festnahme Michele Zazas war das Vorspiel zu einem regelrechten Angriff auf die Achse *Cosa Nostra – Camorra*. Am Dienstag, den 15. Februar 1983, startete die italienische Polizei gleichzeitig in Mailand, Turin, Rom, Neapel und Palermo eine großangelegte Offensive gegen das organisierte Verbrechen, die in die Annalen der Justiz eingehen sollte wie der Sankt-Valentins-Tag in die der *Cosa Nostra*. Hundertsechzig Personen führte man den Richtern in Rom und Mailand vor, Dutzende Gesellschaften, Firmen, Läden und Gebäude wur-

den unter Zwangsverwaltung gestellt und Bankkonten im Wert von mehreren Milliarden Lire beschlagnahmt.
Unter den festgenommenen Personen waren zwei Verwandte von Michele Zaza: seine Schwester Maria, eine starke Frau, mit einem ebenso festen Charakter wie Michele »der Wahnsinnige« und der Schwiegervater Micheles, Giuseppe Liguori, ein römischer Großhändler und Besitzer eines Geschäftes, das den bescheidenen Namen »der größte Laden der Welt« trug. Doch die italienischen Richter hatten sich ihres Sieges zu früh gefreut. Da es an konkreten Beweisen mangelte, mußte eine Reihe der festgenommenen Personen wieder freigelassen und ihr Vermögen zurückerstattet werden. Nach diesem voreiligen Alarm ging es der Allianz *Cosa Nostra – Camorra* besser als je zuvor. Die Geschäfte konnten wieder aufgenommen werden.
Am 29. Dezember 1983 floh Michele Zaza aus seiner Villa, wo er unter Hausarrest gestanden hatte, und suchte Zuflucht in Paris. Glaubt man der Polizei, so verriet ihn seine Leidenschaft für den *calcio* (Fußballsport), denn er wurde aufgespürt, nachdem er nach Rom telefoniert hatte, um das Ergebnis des Fußballspieles zwischen Juventus Turin und Rom zu erfahren. Am 16. April 1984 nahmen französische und italienische Polizeibeamte Michele Zaza im 16. Arrondissement fest, als er gerade in Begleitung seines Freundes Nunzio Barbarossa seine Wohnung in der Rue des Belles-Feuilles verließ.
Zaza verlangte, sofort in eine Klinik gebracht zu werden, was auch geschah. Da der Anklagesenat des Pariser Gerichtshofes der Auslieferung mehrerer angeklagter Chefs zugestimmt hatte, die mit einem internationalen Haftbefehl gesucht wurden, schickte man den *Don* nach Italien zurück. Wegen seines Gesundheitszustandes billigte ihm der Präsident des römischen Gerichtes eine »Haushaft« zu, doch diesmal mußte er sich in seinem eigenen Haus aufhalten.
»Kaum war er zurückgekehrt, nahm der *Don* seine gewohnten Aktivitäten wieder auf«, erzählt Richter Mancuso. Er handelte mit allem möglichen, stärkte die Allianzen und setzte dem Konflikt unter den Verbündeten ein Ende. So hörten ihn die Polizeibeamten zu Nunzio Barbarossa sagen, er habe zwei Schmuggler, mit denen er uneins gewesen sei, »an die Wand geklatscht« und betonte, daß er dabei »das letzte Wort gehabt« habe.
Michele Zaza traf immer bessere Sicherheitsvorkehrungen. Er wußte, daß er jeden Augenblick zur Zielscheibe gegnerischer Killerbanden

werden konnte. Bei seiner letzten Festnahme in Italien war er fast ohnmächtig geworden, da er glaubte, er sei in die Fänge seiner Feinde und nicht in die Hände der Polizei geraten, was jedoch der Fall war. Bei jedem Aufenthalt in italienischen Krankenhäusern engagierte er Leibwachen. So entkam er im Dezember 1983 einem Angriff, der von den Männern Cutolos in der neapolitanischen Klinik Sanatrix gegen ihn organisiert worden war.

Zu all diesen Bedrohungen gesellte sich noch eine weitere sehr ernste: Innerhalb seiner eigenen Organisation träumten manche – allen voran sein Neffe Circo Mazzarella – davon, ihn zu entthronen. Angesichts der anwachsenden Zahl seiner Feinde und deren Absichten konnte sich Michele Zaza in seiner Haushaft nicht mehr sicher fühlen. Dies um so mehr, als die gesetzlich auferlegten Beschränkungen ihn zur idealen Zielscheibe machten, da die Killer genau wußten, wann er wo anzutreffen war. Da die Überwachung seitens der Polizei zudem noch seine Geschäfte einschränkte, ist es verständlich, daß Michele Zaza es eilig hatte, seine Bewegungsfreiheit wiederzugewinnen – was er wenig später erreichte; er kehrte wieder nach Frankreich zurück, wo er, wie wir später sehen werden, seine gewohnten Geschäfte wieder aufnahm.

3
Mailand – Pforte Europas

Das Mekka der Kriminellen – Im Dschungel der Mailänder Finanz – Die Casinos der Cosa Nostra – Die Heilige Allianz – Der neue Ehrenmann – Kalaschnikows, die auf Laserstrahlen zielen – Vierzig Milliarden Rubel – Gefälligkeiten der Polizei – Der Kandidat der »Familie« – Die »Duomo Connection«

Das Mekka der Kriminellen

Und Mailand hat nichts kommen sehen . . .

Die Hauptstadt des Wirtschaftswunders der sechziger Jahre hat es nicht verstanden, die Vorzeichen der Invasion zu erkennen. In den siebziger Jahren hat sie nicht bemerkt, wie sizilianische, kalabresische und neapolitanische »Familien« sich hier niederließen. Das stolze Mailand, das für die Sitten und Gebräuche der Menschen aus dem Süden, der *terroni* – der Mistbauern – nichts als Verachtung übrig hat, die leichtsinnige Stadt Mailand hat es nicht für möglich gehalten, daß die *Cosa Nostra* auch zu ihr den Weg findet.

Mailand, das Dornröschen im Tiefschlaf, ist erst in den achtziger Jahren aufgewacht. Doch da war es schon zu spät.

Und doch hatte Kommissar Fiori von der Kriminalpolizei, der *Criminalpol*, in einem Bericht vom 13. April 1981 gewarnt: »Eine Vereinigung von Ehrenmännern im großen Stil hat sich in den letzten Jahren die Kontrolle über das kriminelle Milieu der Stadt verschafft. Ihre Mitglieder, Leute ohne Skrupel und Gewissen, die jederzeit zu den brutalsten Verbrechen bereit sind, sind mit Hilfe von Strohmännern in die Zentren der wirtschaftlichen und finanziellen Macht der Stadt vorgedrungen. Es ist sicherlich kein Zufall, daß ein solches Phänomen gerade in Mailand zu beobachten ist.« Die Stadt ist ein nationaler und internationaler Anziehungspunkt für die verschieden-

artigsten Industrie- und Handelszweige. Wegen ihrer ökonomischen Ressourcen ist sie das Mekka für die abgebrühtesten Verbrecher aus dem untersten Süden. Und es ist kein Zufall, daß der berühmte Corleonese Luciano Leggio eben in dieser Stadt festgenommen wurde.
Mailand hat zwar nichts kommen sehen, hätte aber auch keinen Widerstand leisten können. Mailand ist zur Stadt von skrupellosen Industriellen, von Bauunternehmern auf der Jagd nach Macht und Einfluß, von dubiosen Geschäftsleuten geworden. Ihre Einwohner, über jeden Verdacht erhaben, verkehren mit den Neureichen der *Cosa Nostra*. Zu Beginn der achtziger Jahre hat man gesehen, wie sich auf der Pferderennbahn von San Siro die Mitglieder des Jockey Clubs zusammen mit den Brüdern Giuseppe und Alfredo Bono von der Familie von Bolognetta trafen; wie der Mailänder Jet-set mit der Familie von Fidanzati in den Restaurants des Stadtviertels Brera speiste; wie die Künstler unter ihnen dieselben Spielhöllen hinter dem Nordbahnhof besuchten wie der *Clan* Corollo. Gefährliche Freundschaften, die ganz offen, ohne Scheu oder Zurückhaltung gepflegt wurden. Die Beamten der *Criminalpol*, die in aller Eile zusammengetrommelt worden waren, fungierten nur als machtlose Zeugen.
Ein Inspektor der *Criminalpol*, bereits im Ruhestand und ein wenig desillusioniert, gibt mir Auskunft: »Wir fragten uns, warum einige Großindustrielle der Stadt ganz ostentativ mit Ehrenmännern Umgang hatten. Und wir begriffen schnell, warum: wegen der Entführungen. Zu jener Zeit hatten die reichen Mailänder nur vor einer Sache unbändige Angst – von bewaffneten Banden entführt zu werden, die in der Lombardei Fuß gefaßt hatten. Sie kauften sich also die Protektion derjenigen, von denen sie, im schlimmsten Falle, gekidnappt werden konnten. Allen voran Vittorio Mangano.«
Vittorio Mangano war ein Ehrenmann mit distinguiertem Auftreten, aus der palermitanischen Familie von Porta Nuova, der trotz seines fortgeschrittenen Alters noch eine gute Figur machte und erlesene Umgangsformen an den Tag legte, jedoch in Wirklichkeit grausame und barbarische Sitten pflegte. Dem »Gentleman« widerstrebte es nicht, mit den gefürchtetsten Ganoven zu »laufen«. Schon als er sich während der siebziger Jahre in Mailand niederließ, warfen ihm die Richter verschiedentlich Drogenhandel und organisierte Erpressung von mehreren Kliniken vor, in deren Verlauf man einigen Ärzten als Zeichen der Warnung Hundeköpfe zugeschickt hatte.

»Als wir seine Spuren verfolgten«, fährt der Inspektor der *Criminalpol* fort, »stießen wir auf zwei der beiden reichsten Männer der Stadt, die Milliardäre Antonio Virgilio und Luigi Monti. Zwei große Fische, die in politischen Kreisen, aber auch bei der Polizei einflußreiche Freunde hatten. Sie wurden von hohen Würdenträgern der mailändischen Polizei protegiert. Es kam vor, daß ich den Milliardären auf den Gängen des Polizeipräsidiums begegnete. Wenn sie mit dem Flugzeug aus dem Ausland kamen, richtete es einer ihrer Freunde bei der Polizei regelmäßig so ein, daß sie nicht am Zoll vorbei mußten. Verstehen Sie? Das hat die Nachforschungen nicht gerade erleichtert. Zuweilen herrschte im Polizeipräsidium eine sehr gereizte Atmosphäre und ein sehr ungesundes Klima.«

Die Protektionen, über die beide Männer verfügten, waren ebenso bedeutend wie ihr Vermögen. Antonio Virgilio besaß zwei große Hotels in der Stadt (das Plazza und das Bristol) dazu ein halbes Dutzend weitere Luxushotels auf der ganzen Halbinsel, Immobilienbesitz, der auf etwa 200 Milliarden Lire (ungefähr 300 Millionen D-Mark) geschätzt wurde, gut dreißig Firmen und einen Pferderennstall. Auch Luigi Monti hatte keinen Grund, sich zu beklagen: Er war Herr über 100 Milliarden Lire, die auf diverse Immobilien und Import-Export-Firmen verteilt waren.

»Luigi Monti ist ein ehemaliger Handelsvertreter für Elektrogeräte, der es in weniger als zehn Jahren zu einem der größten Vermögen der Stadt gebracht hat«, betont der Inspektor der *Criminalpol*. »Dieses Vermögen verdankt er einem Mann: einem Paten der amerikanischen *Cosa Nostra*, der seit 1956 in Mailand lebt; sein Name ist Giuseppe Doto, genannt ›Joe Adonis‹. Bei diesem Mann arbeitete Monti als Faktotum. Joe Adonis war ein alter Pate der amerikanischen *Cosa Nostra* und Ex-*consigliere* des Bosses Joe Masseria, einem alten Mitstreiter im Krieg der ›*Castellamarais*‹ im Brooklyn der dreißiger Jahre. Joe Adonis' Waffenbrüder waren Ehrenmänner vom Kaliber eines Lucky Luciano, eines Meyer Lansky, Vito Genovese oder eines Carlo Gambino. Ende der fünfziger Jahre war er in eine der undurchsichtigsten Geschichten der Vereinigten Staaten verwickelt: Verbindungen zwischen der *Cosa Nostra* und John Fitzgerald Kennedy.«

Der pensionierte Inspektor der *Criminalpol* fährt fort: »Die Niederlassung von Joe Adonis in Mailand ist ein Markstein in der Erschließung der Stadt durch die *Cosa Nostra*. Adonis begann in Mailand seine legalen und illegalen Geschäfte zu betreiben. Er gründete verschiedene Firmen und beteiligte sich an der Formierung mehrerer Generationen mailändischer Ehrenmänner, darunter auch Luigi Monti. Durch ihn lernte Monti Salvatore Enea, den Repräsentanten der *Cosa Nostra* in Mailand kennen, der dem Chef der Familie von Corleone, Luciano Leggio, nahestand. Antonio Virgilio ist Geschäftspartner Luigi Montis und ebenso ein ›Freund von Freunden‹, allen voran Giuseppe Bono. Zu Beginn der achtziger Jahre fanden sich die beiden Milliardäre regelmäßig in den Geschäftsräumen der *CITAM*, in der Via Larga Nr. 3, in Mailand ein. Sie kamen dort mit palermitanischen Ehrenmännern wie Tommaso Buscetta, Gerlando Alberti, Alfredo Bono und dessen Bruder Giuseppe zusammen, allesamt Honoratioren der *Cosa Nostra*. Am 1. Juli 1980 hätte man sie beinahe in Begleitung der Brüder Fidanzati aus der Familie von Arenella festnehmen können. Doch als wir das Gebäude betraten, meldete der Hausmeister ihnen unsere Ankunft, und sie entkamen über die Dächer.«[3]

Im Dschungel der Mailänder Finanz

Mailand, Hauptstadt der Geschäftswelt und der Ehrenmänner, ist natürlich auch der Umschlagplatz für sizilianisch-türkisches Heroin sowie für lateinamerikanisches Kokain. Aber es ist vor allem eine Hochburg für wilde Immobilienspekulationen, bei dem Geld nicht »stinkt«; es ist ein idealer Ort für üble Geschäftemacher, für Leute, die auf einen Schlag mehrere Milliarden verdienen. »Schnell gemacht –

---

3 Als Gegenleistung für diverse »Dienste« (Finanzierung des Wahlkampfes von J. F. Kennedy, der Organisation gegen Fidel Castro) verlangte die amerikanische *Cosa Nostra*, daß Joe Adonis aus dem Exil zurückkehren dürfe. Der amerikanische Staatssekretär im Jusitzministerium, ein gewisser Robert Kennedy, stellte sich dagegen. Joe Adonis blieb also in Mailand, und die amerikanischen *Dons*, darunter Santo Trafficante, sollen sich für die Brüskierung gerächt haben – zu der noch andere Streitpunkte hinzukamen – indem sie sich an der Ermordung J. F. Kennedys beteiligten. Siehe dazu Sam Chuck Giancana, *Double Cross*, Warner Books, New York, 1991; Contract on America, Shaploski Publisher 1988; »Kennedy, the Mafia and me, his lover speaks out«, *Sunday Times Magazine*, 6. Oktober 1991.

gut gemacht«, vom puren Hinsehen kann einem schwindlig werden. Es gibt hier kein lukratives Geschäft, bei dem nicht eine »Familie« ihre Hände im Spiel hat.

»Die Ehrenmänner sind in erster Linie der Geschäfte wegen in Mailand«, sagt der Inspektor der *Criminalpol.* »Seit zehn Jahren setzen sie rücksichtslos alle verfügbaren Mittel ein: Rückschleusung von Drogengeld, Firmenaufkauf, Börsenspekulation, Veruntreuung von Geldern der Europäischen Gemeinschaft, Preistreiberei auf dem Immobiliensektor. Mit einem unnachahmlichen Geschick unterwandern sie alle Bereiche der Wirtschaft. Ein gutes Beispiel dafür ist der Verkauf des privaten mailändischen Flughafens ATA im Jahr 1980. Eine Geschichte, die sehr gut veranschaulicht, in welchem Maße die *Cosa Nostra* auf ganze Finanz- und Industriesektoren der Lombardei Zugriff hat.« Der private Flughafen ATA, am Rande der Rollbahn des Flughafens Linate gelegen, war ein gutgehendes Unternehmen, das man auf mehr als 5 Milliarden Lire schätzte. Im Februar 1979 wurde die Leitung der Flughafengesellschaft von Francesco Ambrosio übernommen, einem Mann mit einer sehr wechselhaften beruflichen Karriere. Seine Festnahme, die einige Monate später wegen finanzieller Delikte erfolgte, setzte seiner Laufbahn als Direktor des Privatflughafens abrupt ein Ende. Da er unmäßig verschuldet gewesen war, hatte er 3 Milliarden Lire aufnehmen müssen. Sein Gläubiger war kein geringerer als ein Geschäftspartner von Giuseppe Bono und Antonio Virgilio. Und so begann die ganze Geschichte.

Im Mailand der Wucherer der *Cosa Nostra* sind alle Arten von Darlehen erlaubt. Was zählt ist Bargeld. Aber man muß es zum vereinbarten Zeitpunkt und unter kaum erträglichen Bedingungen zurückzahlen. Hatte Francesco Ambrosio das vergessen? Erinnerte er sich nicht daran, unter welchen Schwierigkeiten er demselben Virgilio den Kredit für eine Wohnung in Mailand zurückbezahlt hatte? Aber wie sollte man die unbarmherzigen Wucherer umgehen, wenn die Banken nicht willens waren, Geld zu verleihen?

Da »unrecht Gut nicht gedeiht« und das Geld schnell ausgegeben war, sah sich Francesco Ambrosio plötzlich vor die Aufgabe gestellt, die gesamten 3 Milliarden Lire fristlos zurückzuzahlen: Der Gläubiger war nicht bereit, noch länger zu warten. Die Eintreibungsmethoden waren denen der *Cosa Nostra* sehr ähnlich: Bedrohung von Ambrosios Kindern, anonyme Telefonanrufe mitten in der Nacht. Ambrosio

blieb nichts anderes übrig, als die ATA und seine beiden Luxusvillen in Mailand und Portofino, dem italienischen Saint-Tropez, zu verkaufen. Ein Käufer erschien auf der Bildfläche, es war Antonio Virgilio.
Der Milliardär erbot sich, alles zusammen für 4 Milliarden Lire zu kaufen. Ein lächerliches Angebot, das auf weniger als der Hälfte des Wertes beruhte, den der Flughafen und die Residenzen ausmachten. Doch Francesco Ambrosio konnte sich nicht leisten, es auszuschlagen; denn bis zu diesem Zeitpunkt hatte nur ein einziger Käufer an der Mailänder Villa Interesse gezeigt, doch der hatte – von anonymen Telefonanrufen eingeschüchtert – seine Offerte sofort wieder zurückgezogen. So sah sich Francesco Ambrosio gezwungen, die Bedingungen Virgilios anzunehmen. Man vereinbarte einen Termin für die Vertragsunterzeichnung, die den Verkauf der ATA und der beiden Villen besiegeln sollte. Doch da nahm die Angelegenheit plötzlich eine andere Wendung: Einige Stunden vor der Unterzeichnung meldete sich ein neuer Käufer, ein gewisser Silvio Bonetti, auch er ein Mailänder Geschäftsmann, der viel Geld verdiente und mit zweifelhaften Leuten verkehrte. Bonetti bot 3 Milliarden Lire einzig für den Privatflughafen. Das war an sich nicht viel, aber doch besser als das Angebot Virgilios. Ambrosio schlug ein, und das Geschäft war beschlossene Sache.
Aber Virgilio hatte noch nicht sein letztes Wort gesprochen. Hinter der Einmischung Bonettis stand ein Geschäftspartner Francesco Ambrosios. Virgilio zitierte den Störenfried ins Hotel Plazza, das zu seinem Besitz gehörte. Und in einem Kellerbüro gaben ihm zwei Ehrenmänner mit Gorillaallüren zu verstehen, daß er »die Freunde der Freunde« aufs gröblichste beleidigt, daß er sich gegen die »ehrenwerte Gesellschaft« einen schweren Affront geleistet habe und daß er zur Wiedergutmachung, Bonetti überzeugen müsse, die ATA an Virgilio zu verkaufen, oder ihm eine Entschädigung in der Höhe von 1 Milliarde Lire zu zahlen habe.
Silvio Bonetti, der es gewohnt war, im zwielichtigen Milieu der Mailänder Finanz zu jonglieren, nahm die Drohung ernst. Ein paar anonyme Anrufe, in denen von »Zeugen, die beim Prozeß nie erscheinen werden« die Rede war, bestärkten seinen Entschluß. Er zeigte sich verhandlungsbereit. Bei dieser Art Geschäfte ist es ratsam, sich besser gleich an den lieben Gott anstatt an einen Heiligen zu wenden. Und

Silvio Bonetti wußte, daß Giuseppe Bono, der Chef der Familie von Bolognetta, der liebe Gott von Virgilio war. Ein kurzes Telefongespräch mit dem *Don* ermöglichte eine Verringerung der Geldstrafe. Bonetti hatte nur noch 600 Millionen Lire zu zahlen. Eine ähnliche, kurze Aussprache mit Salvatore Inzerillo, dem Chef der Familie von Passo di Rigano, erlaubte ihm die Einsparung weiterer 200 Millionen Lire.
Sobald er die 400 Millionen Lire bezahlt hatte, glaubte Bonetti, aus der Klemme zu sein. Doch er hatte nicht mit dem Krieg der »Familien« gerechnet, der in Palermo ausbrach. Am 11. Mai 1981 fiel Salvatore Inzerillo den Schüssen corleonesischer Killer in Palermo zum Opfer. Damit hatte Silvio Bonetti keine Protektion mehr, und er war nun gezwungen, die 200 Millionen Lire zu zahlen, die er dank der Intervention des Chefs der Familie von Passo di Rigano eingespart hatte. Ende 1981 war der ganze Vorfall vergessen. Silvio Bonetti nahm seine Geschäfte mit den Ehrenmännern wieder auf. Doch diesmal mit dem lieben Gott selbst – mit Giuseppe Bono.

Die Casinos der Cosa Nostra

Mailand, die undankbare Stadt, weiß, wie man sich lästiger Souvenirs entledigt. Giuseppe Bono? Nie gehört, würde man hier sagen. Die Industriellen, die sich um die Gunst des Chefs der Familie von Bolognetta stritten? Sie leiden an Gedächtnisschwund. Die dubiosen Geschäftemacher, die ihm die Hände küßten? Sie können sich an nichts Derartiges erinnern. Und die Direktoren der Pferderennbahnen, in deren Begleitung er Wetten abschloß? Auch ihr Erinnerungsvermögen ist nicht ohne Lücken. Also will niemand zugeben, daß er der Versuchung erlegen ist? Und doch hatte dieser *Don* mehr als einen Geschäftsmann vom großen Geld träumen lassen.
Was die Vielfältigkeit der legalen Geschäfte betrifft, wird nie jemand mit diesem Mann konkurrieren können. Giuseppe Bono begnügte sich nicht mit der Kontrolle der italienischen Einfuhren für die amerikanische Supermarktkette Sears, er leitete ebenfalls Kosmetikfirmen in Mailand, Nahrungsmittelfirmen in Venezuela sowie ein Bauunternehmen in den Vereinigten Staaten. Außerdem besaß er eine Villa im New Yorker Vorort Pelham, die auf 250 000 Dollar geschätzt wurde, und

hatte sich eine prunkvolle Hochzeit im Hotel Pierre in New York geleistet. Der milliardenschwere *Don* führte eine Existenz wie aus dem Bilderbuch. Sein Vermögen stammte aus dem internationalen Drogenhandel. Und der amerikanischen DEA gelang es, seine Mittäterschaft am größten Heroinhandel der achtziger Jahre nachzuweisen, der in den Vereinigten Staaten aufgedeckt wurde, der »Pizza Connection«, bei dem 800 Kilo weißes Pulver mit einem geschätzten Wert von 1,65 Milliarden Dollar beschlagnahmt wurden. Neben seiner Tätigkeit als Dealer war Bono auch ein Geldwäscher im großen Stile. Zu Beginn der achtziger Jahre besaß er – ohne Genehmigung – ein Spielcasino. Und zwar nicht irgendeines. Es war das französische Casino von Beaulieu-sur-Mer.

Richter Isnardi, der mit der Untersuchung des Falles Bono beauftragt war, begriff als erster die Bedeutung, die das Casino für den *Don* hatte: »Wir sind sicher«, erklärte er, »daß Giuseppe Bono der tatsächliche Besitzer von Beaulieu war. Wir können es beweisen. Mehrere Telefonanrufe, die zwischen Ehrenmännern mit Sitz in Mailand ausgetauscht wurden, verweisen ganz eindeutig auf Bonos Rolle. Auch haben wir die Zeugenaussage des Grafen Borletti, den Giuseppe Bono zu sich gerufen hatte, weil jener beabsichtigte, den Direktor des Spielcasinos von Beaulieu zu entlassen. Wissen Sie, was Bono zu ihm sagte? ›Hier machen wir die Gesetze.‹ Und wegen seines Vorhabens verdammte er den Grafen zu einer Geldstrafe.«

»War Giuseppe Bono der offizielle Besitzer des Spielcasinos von Beaulieu?«

»Nein, natürlich nicht«, antwortet Richter Isnardi. »Wenn man Einblick in die urkundlich festgehaltenen Besitzstände nimmt, sieht man, daß der Geschäftsführer 1980 ein italienisch-schweizerischer Finanzier namens Enrico Frigerio war, der zusammen mit Giuseppe Bono in die besagte *Pizza Connection* verwickelt war. Nachdem der Handel aufgeflogen war und man begann, über Frigerio Nachforschungen anzustellen, beschlossen die Brüder Bono, äußerste Vorsicht walten zu lassen. Sie enthoben ihn der Geschäftsleitung und setzten einen neuen Geschäftsmann an seine Stelle: Silvio Bonetti.«

Es war kurz nach dem erzwungenen Verkauf der ATA. Silvio Bonetti, den die vorangegangenen Querelen keineswegs abgeschreckt hatten, nahm seine Geschäfte mit den Ehrenmännern wieder auf. Er kannte das Spielcasino von Beaulieu gut, denn er war selbst einer der größten

Spieler des Lokals gewesen. 1981 belief sich die Summe, die er dort verloren hatte, auf gut 2,3 Millionen D-Mark. Eine Rekordzahl. Trotz dieser enormen finanziellen Einbußen kaufte Bonetti die beiden Gesellschaften auf, die das Spielcasino kontrollierten. Ein risikofreudiger Spieler kaufte also sein bevorzugtes Spielcasino auf – das war schon eine Glanzleistung.

Da er nicht über das nötige flüssige Kapital verfügte, tauschte Bonetti das Casino gegen einige mailändische Häuser ein, die in der Nähe der Piazza dei Angeli stehen. Es folgte ein frenetisches Hin und Her von Schecks, die von gut zehn Ehrenmännern indossiert wurden, unter denen sich zwei große Bauunternehmer sowie zwei bekannte Gestalten befinden: die Milliardäre Virgilio und Monti. Bonetti, der wegen des Konkurses der Concordia-Versicherungen gerichtlich verfolgt wurde, floh 1983; vorher überließ er das Casino einem neuen Abnehmer, Franco Chamonal, dem ehemaligen Direktor des Spielcasinos von Chamonix, der ebenfalls im Verdacht stand, mit den Männern der *Cosa Nostra* Geschäfte zu machen.

Ein französischer Polizeibeamter, der mit der Untersuchung von Wettbüros und Spielhallen beauftragt ist, erklärt: »Die Kundschaft des Casino von Beaulieu bestand zu 90 Prozent aus Italienern. Bonos Männer kontrollierten die Geldwechsler – ein wesentliches Glied in der Kette der Geldwäsche. Die Geldwechsler nahmen die italienischen Schecks des Casinos an sich und zahlten dafür 90 Prozent der Summe in französischen Francs aus. Mit diesen Schecks fuhren sie nach Italien und übergaben sie Händlern, deren Geschäftslokale sich an der Grenze befanden. Die italienischen Händler gaben ihnen im Austausch dafür Francs und ließen die italienischen Schecks in den Marktkreislauf fließen. Der Vorteil für die Händler besteht gewöhnlich darin, daß sie die erhöhte Wechselgebühr ihrer Bank umgehen und ihre Einnahmen durch diese Deviseneinlage vertuschen. Eine ideale Methode zur Geldwäsche.«

»Beaulieu war nicht das einzige Casino der *Cosa Nostra*«, betont der Inspektor von der *Criminalpol*. »San Remo in Italien wurde von einer Gruppe kontrolliert, die Nitto Santapaola, dem Paten der Familie von Catania, nahestand; er hatte bei der Ermordung Generals Dalla Chiesa eine Rolle gespielt. Es war derselbe Santapaola, den man in Begleitung eines anderen Bosses, Gaetano Carollo, im Casino von Campione wiederfand.«

Nachdem die Ermittler ihr Personal in die Casinos geschleust hatten, wäre es Zeit gewesen, sich mit den Beziehungen mailändischer und lombardischer Industrieller zur organisierten Kriminalität zu beschäftigen. An Spuren und Indizien fehlte es wahrlich nicht. Warum gingen sie beispielsweise nicht den Beziehungen nach, die das Umfeld von Silvio Berlusconi und Vittorio Mangano verband? (Letzterer ist Ehrenmann mit Sitz in Mailand.) Warum befaßten sie sich nicht mit der Rolle des Geschäftsmannes Giuseppe Cabassi, die er bei einigen zweifelhaften Transaktionen gespielt hatte? Warum stellten sie keine Nachforschungen über die verdächtigen Freundschaften eines der größten Baulöwen der Stadt, Salvatore Ligresti, an? Die Untersuchung hatte verheißungsvoll begonnen, es hätte genügt, die Polizeibeamten ihre Arbeit machen zu lassen. Doch nichts geschah.

Am Dienstag, den 15. Februar 1983 nahm die Polizei nichtsdestotrotz 160 Personen in Mailand, Turin, Rom, Neapel und Palermo fest und stellte Dutzende von Gesellschaften, Fabriken, Läden und Gebäude unter Zwangsverwaltung. Doch dieser »Sankt-Valentins-Tag der *Cosa Nostra*« – wie die Zeitungen ihn nannten – war in Wirklichkeit nicht mehr als ein kleiner Fußtritt in den Ameisenhaufen. Nach jahrelanger Prozeßführung wurden die beiden Hauptangeklagten, die mailändischen Milliardäre Virgilio und Monti, nach einem Revisionsantrag, bezüglich des Deliktes: Beteiligung an einer mafiaähnlichen Vereinigung – der schlimmste Vorwurf, der gegen sie vorgebracht wurde – freigesprochen.

Es war ein heftiger Alarm gewesen. Doch Mailand schlief wieder ein. Und der Alptraum ging weiter.

Die Heilige Allianz

Acht Jahre später war die Lage bedrohlicher als je zuvor. Zu den Sizilianern und ihrem neapolitanischem Gefolge kamen jetzt noch die Kalabresen, deren Ruf noch schlechter war und deren kriminelle Organisation den barbarischen und unaussprechlichen Namen *'Ndrangheta* trägt. Die Invasion ging von den Städten aus, die um das Gebirge Aspromonte liegen (Reggio di Calabria, Cantanzaro, Cosenza), aber auch von Ortschaften wie Africo, die von Gott und der Welt vergessen worden waren.

Und doch liegt eine riesige Distanz zwischen Africo und Mailand. Viel mehr als die tausend Kilometer, die die lombardische Hauptstadt von dem Dorf trennen, das sich an die Anhöhen des Aspromonte schmiegt. In den achtziger Jahren lebten dort noch 3 548 Einwohner, die sich auf 811 »Familien« verteilten. Die Leute von Africo liebten ihr Land, doch erhielten sie dafür wenig Gegenliebe. Im Jahre 1951 wurden sie wegen großer Überschwemmungen aus ihren angestammten Häusern vertrieben und gezwungen, sich 600 Meter weiter unten, fast auf Höhe des Meeres, anzusiedeln: sechs menschenleere Bars, fünf kümmerliche Läden, ein Bartscherer, ein Damenfriseur, ein Fotograf, ein fliegender Händler, der seine Waren samstags vor der Kirche feilbietet, ein Papierladen, bunte Häuser, die in militärischer Ordnung errichtet wurden, moderne, nie fertig gebaute, jedoch schon halb verfallene Gebäude – schon allein der Zustand des Ortes rechtfertigt die Emigration eines Zehntels der Africaner nach Australien, Kanada oder Norditalien.

In Africo, dem Allerheiligsten der *'Ndrangheta*, sind Gesetz und Ordnung Sache der örtlichen »Familie« – einer *'Ndrine*, wie es im kalabresischen Dialekt heißt. Handel wird prinzipiell auf gewaltsame und illegale Weise betrieben. Die Haupteinnahmequelle der Region: das Kidnapping. Die Höhen des Aspromonte, die von ganzen Banditenscharen bevölkert sind, bilden im Grunde ein einziges, gigantisches, natürliches Gefängnis, wohin jedes Jahr Dutzende Geiseln von den Banden der *'Ndrangheta* verschleppt werden; im allgemeinen kommen die Entführten aus dem reichen Norden. Reihenweise Ermordungen, serienweise Attentate, Einschüchterung und Terror: Das ist das tägliche Los der Bevölkerung von Africo.

In den siebziger Jahren glaubten leichtfertige Richter, sie könnten das Problem der Gewalt abschaffen, indem sie Saverio Morabito, den Chef der africanischen *'Ndrine* in Mailand unter Hausarrest stellten und ihm verboten, sich in Kalabrien aufzuhalten. Ein unseliger Entschluß. Die lombardische Hauptstadt überraschte Saverio Morabito aufs angenehmste, denn die zahlreiche kalabresische Gemeinde dort bot ihm ihren nach Urvätersitte gewohnten Beistand an und ermöglichte es, durch Anwerbung neuer Mitglieder den »Familien«-Kreis zu erweitern. Noch schlimmer: Der massive Zustrom weiterer Verbrecher, die ebenfalls aus dem Mezzogiorno vertrieben wurden, boten dem Clan Morabito neue Möglichkeiten. Die 350 Kriminellen, die

nach Mailand ins Exil gingen und die 15 000 in der ganzen Lombardei verstreuten Banditen machten schnell gemeinsame Geschäfte.
Als was soll man diese Staatsbeamten bezeichnen, die meinten, die Chefs der organisierten Kriminalität des Südens seien unschädlich zu machen, indem man sie ihrer Wurzeln beraubte? »Naiv«, sagten zwanzig Jahre später – höflich – ihre mailändischen Amtskollegen, die für diesen gemachten Fehler unendlich büßen mußten.
Ilda Boccassini, Stellvertretender Staatsanwalt von Mailand: »Diese starke Konzentration von Kalabresen in Mailand und insbesondere ihr Hinterland geben großen Anlaß zur Sorge. Vor allem wegen der Verbindungen und Allianzen, die sie mit den führenden Köpfen der sizilianischen organisierten Kriminalität oder anderen großen Organisationen knüpfen können, welche auf lokaler Ebene operieren. Der praktizierte Menschenraub, der im Norden Italiens betrieben wird, ist das schmerzlichste und beunruhigendste Phänomen dabei. Erinnern wir uns, daß die wichtigsten ›Familien‹-Chefs der kalabresischen *'Ndrangheta* in fast alle Entführungen verwickelt sind, die in der Lombardei stattfanden. Es genügt, an die Familie von Papaglia, an die Brüder Sergi, an Ferraro, Calabro, Mamolito und an Saverio Morabito zu denken. Der Großteil der genannten Männer ist in der Lombardei unter Hausarrest gestellt worden, und zwar in der absurden Hoffnung, daß sie, von ihren Heimatorten entfernt, leichter unschädlich zu machen seien. Dem war mitnichten so. Seit zwanzig Jahren sehen wir zu, wie sich die historischen Verbindungen zwischen der kalabresischen *'Ndrangheta* und der sizilianischen *Cosa Nostra* verstärken. Die nach Norditalien exilierten ›Familien‹-Chefs haben ganz unbehelligt agieren können. Die Entführung von Menschen liefert ihnen das unerläßliche Kapital, dank dessen sie sich am internationalen Drogenhandel (vor allem am Vertrieb von Kokain) beteiligen können. Gleichzeitig gliedern sich die Ehrenmänner, die das angehäufte Vermögen für den Kauf von Betrieben, Gebäuden und Ländereien verwenden, vollständig in den nationalen Wirtschaftskreislauf ein.«[4] Der Inspektor der *Criminalpol* erläutert: »In Mailand reichen die Verbindungen zwischen der *'Ndrangheta* und der *Cosa Nostra* in die frühen siebziger

4 Ilda Boccassini, richterliche Entscheidung vom 17. September 1990 gegen Santo Pasquale Morabito, + 14.

Jahre zurück. Damals schlossen sich Kalabresen und Sizilianer zusammen, um die *Anonima Sequestri*, die Gesellschaft für Entführungen, zu gründen – eine geheime Verbindung, die sich auf Kidnapping spezialisierte. Sie verstanden es aufs beste, auch hier die Regeln des Taylorismus anzuwenden, und praktizierten eine Arbeitsteilung, die der effizientesten kapitalistischen Unternehmen würdig wäre. Eine erste Organisation erstellte die Liste der potentiellen Opfer und forschte ihre Gewohnheiten aus; danach trat ein anderes Team in Aktion, das sich mit der Entführung beschäftigte; die Opfer wurden an eine dritte Bande verkauft, die wiederum andere Gruppen beauftragte, zu verhandeln und das Lösegeld einzukassieren. Die Abschirmung war perfekt und Undurchlässigkeit garantiert. Unsere Nachforschungen ergaben, daß der Kopf von ›*Anonima Sequestri*‹ niemand anderes als Luciano Leggio, der Chef der Familie der Corleoneser und Vorsitzender der Kuppel der *Cosa Nostra* war. Er wurde von den Brüdern Giuseppe und Ignazio Pullara dabei unterstützt – beide Weinhändler und Mitglieder der palermitanischen Familie von Santa Maria del Gesù. Saverio Morabito, der Africaner, bestimmte, wer welche Aufgaben zu übernehmen hatte.«
Der Mafiaaussteiger Francesco Marino Mannoia erklärt, daß seines Wissens »zwischen der *Cosa Nostra* und der *'Ndrangheta* schon immer Verbindungen bestanden haben. 1971 war ich zwar noch nicht Ehrenmann, doch schmuggelte ich schon damals Zigaretten in Kalabrien, wo eine der *Cosa Nostra* ähnliche Struktur existierte. Daran besteht kein Zweifel. Ohne sie gäbe es keine Kontakte zwischen Sizilianern und Kalabresen. Die Sizilianer haben den Kalabresen zu verstehen gegeben, daß die Strukturen ihrer Organisation und ihre Bräuche zu archaisch und primitiv seien und daß sie sich auf zweckmäßigere Weise organisieren müßten. Die *Cosa Nostra* hat sich selbst in die internen Streitigkeiten der *'Ndrangheta* eingemischt. Um was es dabei ging? Das weiß ich nicht. Vielleicht wissen es mein Schwager Cosimo Vernengo oder sein Cousin Pietro Vernengo; sie besitzen in der Nähe von Crotone und in anderen menschenarmen Gegenden Kalabriens mehrere Villen. Dort werden die Gipfelkonferenzen zwischen *Cosa Nostra* und *'Ndrangheta* abgehalten. Dort wird auch das Kokain oder Heroin gelagert, das die Sizilianer an die Kalabresen weiterverkaufen.«
Im Gegensatz zur *Cosa Nostra* ist die *'Ndrangheta* nicht pyramiden-

förmig strukturiert. In Kalabrien ist die Organisation des Verbrechens horizontal gegliedert. Selbst wenn die verschiedenen kriminellen Familien direkt miteinander verbunden sind, bleiben sie voneinander unabhängig. Hier gibt es keine »Regierung des Verbrechens«, keine »Wahlen«, keine »Kuppel« oder »interregionale Kommission«.

»Die Stärke der kalabresischen Familien beruht auf der Solidarität, die innerhalb der Gruppen und auch zwischen Privatpersonen herrscht«, erklärt der Stellvertretende Staatsanwalt Ilda Boccassini. »Das verwandtschaftliche Gemenge ist so ausgeprägt, daß es praktisch unmöglich ist, die tatsächliche Ursprungsfamilie auszumachen. In manchen Fällen kann der Personenstand gar nicht ermittelt werden, denn viele Register wurden bei Brandstiftungen mutwillig zerstört, so wie es im Rathaus von Africo geschah, wo sämtliche Unterlagen auf diese Weise vernichtet wurden.«

Der neue Ehrenmann

Innerhalb von zehn Jahren haben die *'Ndrine* in der lombardischen Metropole Wurzeln geschlagen, und ihre Armeen treiben in der düsteren Vorstadt ihr Unwesen, die bis zum Fuße des Monte Rosa reicht. Sie haben das Stadtviertel von Giambellino in Besitz genommen und haben sich an der Porta Ticinese eingenistet und bilden eine Art Dorf, das jedoch die Züge einer Megalopolis aufweist, in deren Anonymität sich alle Spuren schnell verwischen. Die Sitte, alles weiterzusagen, die sich in den kleinen Ortschaften des Südens über das Gesetz des Schweigens hinwegsetzt, existiert nicht mehr. In Africo weiß man alles. In Mailand sagt man nichts.

Als die Ehrenmänner die Felder des Mezzogiorno verließen, um sich im lombardischen Ballungsraum niederzulassen, haben sie ihre Kultur zugunsten der Lebensweise des Jet-set aufgegeben. Die zweite Generation der mailändischen Kalabresen lebt heutzutage ganz im Sinne des technologischen Fortschritts. Sie hat ihren Archetyp in der Person Santo Pasquale Morabitos gefunden, einem jungen Africaner, der 1984, im Alter von neunzehn Jahren, nach Mailand kam, und zwar infolge eines gerichtlichen Erlasses, der ihm den Aufenthalt in ganz Süditalien untersagte. Drei Jahre später stand er bereits an der Spitze eines der größten Kokain- und Heroinhändlerringe Mailands. Ein

Erfolg, den er gerne und offen zur Schau stellte, ganz gegen die landläufigen Traditionen der *'Ndrangheta*.

»Der traditionelle Ehrenmann protzte nicht gerne«, erklärt Ilda Boccassini. »Seine Machtausübung und seine Bedürfnisse waren von Diskretion und Zurückhaltung gekennzeichnet. Wenig sprechen, sich so wenig wie möglich zeigen, seinen Einfluß herunterspielen – das waren die Regeln, die sein Auftreten in der Öffentlichkeit bestimmten. Selbst wenn er nicht reich war, lebte der traditionelle Ehrenmann in früheren Zeiten wie ein Edelmann: Er arbeitete nicht und war von niemandem abhängig. Auch was jedweden Konsum betraf, stellte er keine Exzesse zur Schau, da sich dies nicht mit seinem Selbstverständnis vertrug.«

Saverio Morabito oder auch sein Cousin Giuseppe Morabito, genannt »Beppe Meisterschütze«, der Chef der *'Ndrine* von Africo, waren traditionelle Ehrenmänner. Was unterschied sie von ihrem nahen Verwandten Santo Pasquale Morabito?

»Der Ehrenmann der neunziger Jahre ist fest in der lokalen Kultur verankert und erfreut sich einer territorialen Souveränität«, erläutert der Stellvertretende Staatsanwalt Ilda Boccassini. »Er steht nicht mehr für eine einzige Kultur, er ist polyglott und bewegt sich gewandt und sicher in den verschiedensten Milieus. Er weitet seine Macht und seinen Einfluß aus, indem er direkte Beziehungen zu wichtigen Personen im Süden unterhält, die in der Politik oder höheren Verwaltung tätig sind. Und seine persönlichen Kontakte reichen selbst bis ins Innere des zentralen Staatsapparates.«

Woher kam diese Veränderung?

»Der Ehrenmann hat sich zusammen mit der Gesellschaft weiterentwickelt«, antwortet Ilda Boccassini. »Sein Betätigungsfeld erstreckt sich nun weit über seine Region hinaus. Die frühere Vorsicht ist einem protzigen, luxuriösen Lebenstil gewichen. Die Lebensart des neuen Ehrenmannes wird von Symbolen des Reichtums und der Macht bestimmt: Luxushotels, vornehme Restaurants, große Wagen, teure Clubs und Diskotheken.«

All das stimmt hervorragend mit dem Bild überein von Santo Pasquale Morabito: Winterurlaub im noblen Skiort Courmayeur, lange Sommeraufenthalte in einer Luxusvilla in Santa Margherita in Ligurien, Wochenenden in den teuren Hotels von Monte Carlo, Venedig oder Porto Cervo, Champagnergelage und fürstliche Trinkgelder. Was seine Automobile angeht, so zählten die Ermittler einen Ferrari, einen

Lancia Thema, einen Delta 16, ein Golf-Kabriolet, einen GTI, einen Renault Cherokee und einen BMW.

»Die Kultur des neuen Ehrenmannes ist doppelköpfig«, erklärt Ilda Boccassini. »Er hat keine tiefgreifenden Beziehungen mehr zur Provinz, ist ihr entfremdet. Er hat andere Verhaltenweisen und einen anderen Lebensstil als der klassische Ehrenmann. Doch hält er trotzdem an den Werten und dem hierarchischen Aufbau seiner ursprünglichen Kultur fest, kümmert sich um ein weit verzweigtes Netz von Loyalitäten, und bekennt sich zu Ehre und angestammten Freundschaften. Fast alle Gruppen von Ehrenmännern bestehen aus nahen oder entfernten Familienmitgliedern und deren Freunden. Brüder, Cousins und *Paten* bilden immer das Gewebe der Basiszelle, der *cosca*. In eine *cosca* eintreten bedeutet in einen riesigen Kreis aufgenommen zu werden, der mehrere Hundert Personen umfassen kann und der durch Kameradschaft, Ehen und Interessengemeinschaften zusammengehalten wird. Die »Familie«, die Verwandtschaft, die Blutsbande sind für die *Cosa Nostra* das, was für die politischen Terroristen die Ideologie ist. Die Beständigkeit ihrer traditionellen Institutionen macht sie für nachforschende Polizeibeamte unzugänglich und erschwert gegebenenfalls auch eine Mobilisierung der Öffentlichkeit. Die *Cosa Nostra* verfügt damit über Basen, über feste Stützpunkte und sichere Kommunikationsmöglichkeiten.«

Kalaschnikows, die auf Laserstrahlen zielen

Die Geschäftsräume der Firma Lotocasa befanden sich in einem stattlichen Gebäude in der Via Fratelli Campi Nr. 2, am Rande der Innenstadt, ein paar Schritte vom Mailänder Justizpalast entfernt. Nach außen hin schien es sich um eines der vielen Immobilienbüros dieses Viertels zu handeln, doch sobald man weiß, daß sein Besitzer niemand anderer als Santo Pasquale Morabito war, ist es offensichtlich, daß es hier nicht im mindesten um den Verkauf von Wohnungen gehen konnte. Nach dreijährigen Nachforschungen und am Ende einer großen internationalen Operation (mit dem Namen »Lotosblume«) entdeckten die mailändischen *Carabinieri*, daß sich hinter dem angeblichen Immobilienhandel ein riesiger Heroin-, Kokain- und Waffenschmuggel verbarg.

Die Geschäfte von Santo Pasquale Morabito waren vor allem Familienangelegenheit, denn alle Schlüsselpositionen blieben nahen Anverwandten vorbehalten. Wen schickte der kalabresische Pate zur Kokainbeschaffung nach Argentinien? Seinen eigenen Bruder Francesco Morabito. Wer übernahm das Einsammeln der Gelder in Mailand und wer kümmerte sich um Großkunden? Seine anderen Brüder. Wer war seine rechte Hand? Sein Cousin Pietro Mollica.

Die »Familie« kontrollierte den Drogenverkauf an die Zwischenhändler im Südosten Mailands. Zu diesem Zweck verfügte sie in verschiedenen Mailänder Vororten über insgesamt gut zehn Wohnungen, in denen mehrere hundert Kilo Betäubungsmittel gelagert wurden. Die Kuriere der Organisation brachten regelmäßig Ladungen von zehn oder zwanzig Kilo relativ reinen weißen Pulvers zu den »Läden« der Organisation, zumeist leerstehenden Häusern in der Via Calzecchi, der Via Turcchino oder der Via Giambellino. Dort waren Helfershelfer der Bande damit beschäftigt, die Drogen zu verschneiden und zu verpacken. Danach mußte die Ware nur noch an kleine Wiederverkäufer geliefert werden, die sich im allgemeinen nicht weit von den Bars des Corso 22 Marzo aufhielten.

Die Drogenbeschaffung selbst schien keine Probleme zu bereiten: Französische Chemiker – unter ihnen wahrscheinlich ein Veteran der French Connection namens Charles Altieri, der aus einem Schweizer Gefängnis ausgebrochen war – stellten das Heroin in der Nähe der Stadt Bergamo her. Was die Kokainproduktion betraf, so reichten die beiden Labors, die die »Familie« in Argentinien – auf einem Bauernhof in Ibarlucea (in der Provinz Rosario) – eingerichtet hatte, kaum aus, um die Nachfrage auf dem Mailänder Markt zu decken.

Die Geschäfte wurden direkt in den Räumen der Firma Lotocasa abgewickelt. Nachdem die Ermittler dort Mikrophone installiert hatten, konnten sie manche Transaktionen »live« miterleben. So geschehen bei jenem Verkauf von zwanzig Kilo Kokain, dessen 90 prozentige Reinheit von den Männern des Clans Morabito auf der Rechnung garantiert wurde. »Ich habe genau das richtige Gefühl in der Nase, es brennt, es brennt in der Nase«, sagt einer der Männer des Clans Morabito, nachdem er eine Kostprobe genommen hatte.

Man sprach ganz offen von »Kokain«, »Morphin«, »weißem Pulver«, »Marseiller« oder »Thailändischem« Stoff; oft ging es dabei nicht nur um Kilo, sondern um Doppelzentner. Und nicht selten waren Klagen zu hören: Die »Ware« und die Kunden waren nicht mehr so wie früher. Man beglückwünschte sich zu den Zinsen der Schweizer Banken und bedauerte, daß legale Geschäfte in Italien nichts einbrachten.

Am 26. Januar 1990 trifft Pasquale Morabito, der Cousin von Santo Pasquale, Pietro Mollica, die rechte Hand des »Familien«-Chefs, im Büro. Man spricht über einen säumigen Zahler, der sich allzulange bitten läßt, um die fälligen 10 Millionen Lire herauszurücken.

Pietro Mollica schreiend: »Ich schieße ihm zwei Kugeln durch den Kopf. Zwei Kugeln in den Kopf kriegt er, dieser Hurensohn.«

Morabito (wütend): »Wenn er ein Kilo will oder anderthalb, soll er es nehmen und gefälligst zahlen, ohne einen ganzen Monat zu warten.«

Drei Wochen später sind dieselben Männer beisammen, dazu ist Giuseppe Calabro, ein Stellvertreter der Organisation, anwesend. Wieder ist von Drogenhandel die Rede. Die drei Männer freuen sich über den Eingang von 20 Kilo weißen Heroins, das seit einiger Zeit auf dem Markt nicht mehr zu finden war. Dann sprechen sie über eine Art Geschäft, das im allgemeinen mit dem Drogenhandel Hand in Hand geht: dem Waffenschmuggel.

Pasquale Morabito: »Welche Waffen haben sie uns vorgeschlagen?«

Mollica: »Alle Arten von Waffen (...) Kalaschnikows, Pistolen, leichte Maschinengewehre.«

Calabro: »Aber sind es Kalaschnikows, mit denen man auf Laser schießen kann? Du weißt schon, die mit den Strahlen?«

Es findet sich niemand, der ihn darüber aufklären könnte, daß die eher einfache Bauart der sowjetischen Sturmgewehre solche komplizierten Anwendungsmöglichkeiten nicht erlaubt, die im allgemeinen den Waffen westlicher Herkunft vorbehalten sind.

Zehn Tage später. Derselbe Ort, dieselben Gesprächspartner.

Calabro: »Also, was ist mit den Waffen?«

Mollica: »Also, was die Waffen angeht, wenn ihr welche wollt – dann gibt es auch welche.«

Morabito: »Welche?«

Mollica: »Kalaschnikows, Uzi.«

Calabro: »Und die Preise? Die Kalaschnikows: 8, die Uzi: 4. Wieviel verdient ihr daran?«

Mollica: »Pro Stück eine Million.«

Calabro: »Nicht schlecht, nicht schlecht!«

Morbito: »Wir treffen uns am Mittwoch zur Preisabsprache. Was ist mit den Pistolen?«
Mollica: »Ich laß sie am Samstag holen, man kann nie genau wissen, ob sie wirklich welche wollen.«
Morabito: »Wie viele wollen sie?«
Mollica: »Weiß ich nicht.«
Morabito: »Nehmen wir fünf, zehn.«
Mollica: »Was zehn!!!«
Calabro: »Aber keine Pistolen.«
Morabito: »Willst du fünf?«
Calabro: »Fünf was?«
Morabito: »Fünf Bazookas, nimm sie.«
Calabro: »Nein.«
Morabito: »Na, nimm sie schon.«
Drogen und Kriegswaffen – eine klassische Verbindung. Seit Jahrzehnten schon schmuggeln die großen Organisationen beides gleichzeitig. Anfang der achtziger Jahre bot der Syrer Henry Arsan von seinen mailändischen Geschäftsräumen aus tonnenweise Kalaschnikows, Raketen, Panzerwagen, Hubschrauber, ja ganze Fregatten an und nahm im Austausch dafür Hunderte Kilo Morphinbase oder Heroin.

Vierzig Milliarden Rubel

Ein Mailänder Wunder. Santo Pasquale Morabito, der mit nichts angefangen hatte, war innerhalb weniger Jahre zum Dollarmultimillionär aufgestiegen. Sein Vermögen, das er in verschiedenen lateinamerikanischen Ländern und in der Schweiz angelegt hatte, ließ er von mehreren Geschäftsleuten verwalten, darunter Filippo Pernisa, ein über jeden Verdacht erhabener Mailänder mit besten Beziehungen zur internationalen Hochfinanz. Hören wir uns an, was die beiden Männer im Laufe eines vertraulichen Gesprächs, das am 21. Februar 1990 um 14 Uhr 51, heimlich aufgenommen wurde, zueinander sagten:
Santo Pasquale Morabito: »Hast du die Dollars zwischen Argentinien und Bolivien verschoben, wie ich es dir aufgetragen hatte?«
Filippo Pernisa: »Ich habe bereits mit dem argentinischen Premierminister darüber gesprochen. Er hat mir versprochen, den notwendigen

Druck auszuüben, und hat mir gesagt, daß er diesbezüglich schon mit einem Bolivianer Kontakt aufgenommen habe. Wenn du willst, vermittle ich dir einen Kontakt zum argentinischen Premierminister, damit du die Sache selbst mit ihm regeln kannst.«

Am selben Tag bittet unser Kalabrese seinen Geschäftsmann, ihm einen Börsenmakler zu suchen, der sich um ein sehr ungewöhnliches Geschäft kümmern soll. Es geht darum, Rubel in Lire oder in irgendeine andere, weniger abgewertete Währung umzutauschen. Und es handelt sich nicht gerade um eine kleine Summe: 40 Milliarden Rubel, das sind, zum offiziellen damaligen Wechselkurs, 130 Milliarden D-Mark oder 1,3 Milliarden auf dem Schwarzmarkt. Doch da keine Möglichkeit besteht, Rubel auf europäischen Börsenmärkten zu konvertieren, erscheint jeder Vergleich gewagt. Selbst wenn man einen Umtauschkurs nimmt, der einem Zehntel seines Wertes entspricht, kann man sich schlecht vorstellen, welcher vernüftige europäische Geschäftsmann Rubel kaufen könnte, um so mehr, als in der Sowjetunion nun ein Großteil der Transaktionen in Dollar getätigt werden.

Für die Polizeibeamten und die Mailänder Richter ist es momentan noch nicht wesentlich, ob die 40 Milliarden der Familie von Morabito gehören oder ob es sich um einen Geldbetrag handelt, der von anderen »Familien« auf heimlichen Devisenmärkten angelegt wurde. Denn allein die Tatsache, daß so viele Rubel im internationalen Drogenhandel auftauchen, gibt den Untersuchungsbeamten allen Grund zur Besorgnis. Ihre größte Sorge ist dabei, daß den »Familien« der organisierten Kriminalität das gelingt, was die Proletarier der ganzen Welt in nahezu einem Jahrhundert des Sozialismus nicht erreicht haben: sich mit ihren Kollegen aus dem Osten zu vereinigen. Die Öffnung des riesigen, vielversprechenden Marktes, den die Länder hinter dem früheren eisernen Vorhang nun für den Drogenhandel bieten, hatte bisher zu kühnsten Spekulationen Anlaß gegeben. Diese sind nun Wirklichkeit geworden.

Gefälligkeiten der Polizei

Mailand konnte zu so viel Geld einfach nicht nein sagen. So wurde Santo Pasquale Morabito wegen seines immensen Vermögens bald mit Aufmerksamkeiten von hochgestellten Persönlichkeiten überhäuft –

wie zum Beispiel von einem der wichtigsten leitenden Beamten des Polizeikommissariats im Viertel Porta Genova. Zwischen Juli 1988 und Mai 1990 rief Santo Pasquale Morabito seinen über jeden Verdacht erhabenen »Freund« 88 mal von derselben öffentlichen Telefonzelle aus an. Man mußte nicht besonders vorsichtig sein. Gestärkt durch diese kostbare Freundschaft meldete Santo Pasquale Morabito seinen offiziellen Wohnsitz in der Via Vezza Nr. 24 an, und zwar in einer Wohnung, die im Stadtviertel von Porta Genova lag und die er für umgerechnet 1600 D-Mark im Monat mietete, ohne sie jedoch zu benutzen.

»Im Grunde genügt es, seinen offiziellen Wohnsitz in einer Zone zu haben, die von einem gefälligen Polizeibeamten verwaltet wird, um Protektion zu genießen und über polizeiliche Kontrollen und andere Freiheitsbeeinträchtigungen auf dem laufenden zu sein«, erklärt der Stellvertretende Staatsanwalt Ilda Boccassini. »Das Polizeikommissariat eines bestimmten Viertels hat sich auch um die Maßnahmen zu kümmern, die gegen unter Hausarrest stehende Leute verhängt werden, die sich nicht völlig frei bewegen können; aber es hat auch die Aufgabe, die nötigen Informationen einzuholen, wenn es um das Ausstellen eines Passes oder irgendeiner anderen staatlichen Genehmigung geht.«

Auch ein Chefinspektor der 2. Division der Mailänder Polizeipräfektur stand mit der Familie von Morabito auf freundschaftlichstem Fuße. Eine Freundschaft, die ebenso diskret gepflegt wurde wie die oben erwähnte. Der Inspektor gehörte zum berühmten Büro der *catturandi*, die mit der Festnahme der bedeutendsten Ehrenmänner Mailands beauftragt sind. So war er eine ideale Informationsquelle für alle Aktionen, die gegen die »Familie« geplant waren, und bestens geeignet, etwaige Gerüchte zu bestätigen.

So kam es dem Chef der »Familie« Anfang 1990 zu Ohren, einem seiner Verwandten drohe ein Haftbefehl. Unauffällig beauftragte er den Inspektor, nachzuprüfen, wie die Sache stehe. Einige Tage später verkündete Santo Pasquale Morabito in einem Gespräch mit einem seiner Männer: »Es existiert kein Haftbefehl. Wenn einer ins Haus stünde, wäre er vom Büro der *catturandi* gekommen, und dort ist . . .«

Der Gesprächspartner, der eben den zuständigen Inspektor namentlich nennen wollte, erhielt eine scharfe Rüge von seinem Chef, welcher ihn barsch fragte: »Seit wann sprechen wir seinen Namen aus?«

Auch ohne diese kleine Indiskretion hätten die mailändischen Polizeibeamten schließlich spitz bekommen, daß einer der ihren gute Kontakte mit der »Familie« pflegte. Im Rahmen einer Routineüberwachung wurden sie am 21. Februar 1990 Zeugen, wie der Chefinspektor in der Bar Happy Days Santo Pasquale Morabito herzlich umarmte.
Am Ende dieser Geschichte von bedauernswerter polizeilicher Komplizenschaft, wollen wir nur noch darauf hinweisen, daß die »Familie« auch im Polizeikommissariat von Reggio di Calabria über einen Spitzel verfügte, der von den Geschäftsräumen der Firma Lotocasa aus regelmäßig angerufen wurde.

Der Kandidat der »Familie«

Der Stellvertretene Staatsanwalt Ilda Boccassini zeichnet ein beunruhigendes Bild von Heimischwerden der kalabresischen »Familie« in Mailand: »Die Kontakte von Santo Pasquale Morabito und seiner Geschäftspartner zu Mitgliedern der öffentlichen Ordnung, zu politischen Persönlichkeiten und Angestellten von Kreditinstituten sind ein Beweis für seine enorme Macht und seinen weitreichenden Einfluß. Morabito ist imstande, direkte und ständige Beziehungen zu ganzen Bereichen des Staatsapparats zu unterhalten. Ganz konkret gesprochen: Wir haben festgestellt, daß hohe Verantwortliche im Bankwesen, daß stellvertretende Bürgermeister, Würdenträger politischer Parteien und Polizeibeamte Gesprächspartner eines Ehrenmannes sind.«
Auf der Hochzeit eines Geschäftspartners von Santo Pasquale Morabito, die am 12. Mai 1990 stattfand, erkannten mailändische Polizisten einige Gäste, die sich dort besser nicht eingefunden hätten. Gehen wir hier großzügig über die Anwesenheit einiger mailändischer Staranwälte hinweg, die mit den Bonvivants der *'Ndrangheta* kräftig feierten. Doch wie anders als deplaziert sollte man das Kommen von Monsignore Simone Duca bezeichnen, der doch immerhin Vertreter der römischen Diözese und Leiter des Sekretariats der bischöflichen Kommission für die Kirchenarchive in Italien ist? Wenn die Ermittler behaupten, weder »Verlegenheit noch Verblüffung« mehr zu empfinden, wenn sie solche Eminenzen bei Banketten der Ehrenmänner entdecken, dann nicht so sehr wegen der stark angefochtenen Persön-

lichkeit Simone Ducas (der in einen großen Ölskandal verwickelt war und der in verschiedene Untersuchungen verwickelt war wegen »Kollusion zwischen kirchlich-politischen Kreisen und der organisierten Kriminalität«) als vielmehr wegen der erschreckenden Vermehrung solcher Fälle ganz offener Kollusion zwischen »über jeden Verdacht erhabenen« Bürgern und Paten wie Santo Pasquale Morabitò in den letzten Jahren in der Lombardei.

Und was noch beunruhigender ist: Die *'Ndrine* der Morabitos ging, kaum daß sie in Mailand Fuß gefaßt hatte, gemäß der Tradition ihrer Vorväter, in die Politik. Die Verbrecherfamilien des Mezzogiorno verfügen auf der ganzen Halbinsel über ein nicht zu verachtendes Wählerpotential. Unter Einsatz aller Mittel – Blutsbande, Erpressung und jede andere Möglichkeit der Druckausübung – kontrollieren die sizilianischen, kalabresischen und neapolitanischen Paten Hunderte, ja Tausende von Wählerstimmen. Die Wähler beugen sich den Wahlanweisungen aus purem Eigeninteresse: Nichts weiter als ein wenig Geld, ein paar kleine Gefälligkeiten oder die Aussicht auf einen Arbeitsplatz genügen, um ihre Stimmen zu bekommen. Und wehe den Betrügern! Denn die »Familien« verfügen über ein ausgezeichnet funktionierendes Kontrollsystem. Ein Beispiel: Da die Kandidaten durch Nummern bezeichnet werden, zwingen die Wahlmanipulatoren der organisierten Kriminalität ihrer »Kundschaft«, bestimmte individuelle Nummernkombinationen in die Urnen zu werfen, die man im Augenblick der Stimmenauszählung – dank gewisser interner Komplizenschaften – leicht wiederfinden kann.

Eine von der Wochenzeitschrift für Wirtschaft *Il Mondo* durchgeführte Untersuchung brachte zutage, daß die organisierte Kriminalität die »vierte politische Partei Italiens« ist. In Süditalien kontrollieren die »Familien« ganz direkt mehr als eine Million Wählerstimmen und sind imstande, mehr als sechs Millionen Wähler zu beeinflussen. Diese Zahlen wurden von dem Kronzeugen Leonardo Messina bestätigt, der im Dezember 1992 erklärte, auf welchem Wege die *Cosa Nostra* die Politiker vom Anfang ihrer Karriere an rekrutiere, ehe sie deren Namen dann den Wahlmännern der »Familien« übermittle: »In meinem Dorf verwaltete ich mindesten fünfhundert Stimmen«, sagte Leonardo Messina. »Es kam auch vor, daß die Urnen von Ehrenmännern überwacht wurden; so wählten manche Wähler bis zu 30mal. Nach den Wahlen teilte man die Zuschläge für öffentliche Ausschreibungen

unter sich auf. Und wehe den Politikern, die ihr Versprechen nicht hielten. Ich selbst habe einmal einen persönlich geohrfeigt.«
Die meisten von Leonardo Messina manipulierten Politiker behaupteten zwar in der Öffentlichkeit, die organisierte Kriminalität bekämpfen zu wollen. Doch das störte ihn nicht weiter: »Man muß eben sehen, ob sie mit Worten oder mit Taten kämpfen; auf den öffentlichen Versammlungen äußert sich jeder gegen die *Cosa Nostra*, doch das ist uns egal. Das ist nur eine Farce. Eines Abends empfing ich zum Abendessen einen Politiker, der am folgenden Tag an einer Demonstration gegen die *Cosa Nostra* teilnahm.«
Die Korruption nahm solche Ausmaße an, daß das italienische Innenministerium sich gezwungen sah, Dutzende Gemeinderäte im Mezzogiorno aufzulösen und sie direkt unter staatliche Aufsicht zu stellen. Im Dezember 1992 zählte man etwa 40 sizilianische Politiker, die in Geschäfte der organisierten Kriminalität verwickelt werden. Die häufigsten Anschuldigungen: passive Bestechung und unrechtmäßige Zuschlagserteilung. Die meisten waren bereits verurteilt oder festgenommen worden, und gegen eine kleine Minderheit wurde zum gegenwärtigen Zeitpunkt ermittelt. Unter ihnen befanden sich ein früherer Minister, ein Senator, vier noch im Amt befindliche Duputierte, etwa zehn Abgeordnete der Regionalversammlung und dann ein bunter Haufen von Bürgermeistern und Gemeinderäten.
Es ging jedoch nicht mehr allein um die Manipulation einer Wahl: Die *'Ndrine* stellte ihre eigenen Kandidaten auf. So geschehen bei den Kommunalwahlen von 1990, wo die Familie von Morabito Osvaldo Merlini unterstützte, der als Nummer 57 auf der von der Sozialistischen Partei Italiens aufgestellten Liste fungierte.
Osvaldo Merlini war sicher, die richtige Wahl getroffen zu haben. Er sah sich schon als Abgeordneter im mailändischen Gemeinderat. Sein Wahlkampf verlief reibungslos, und die Polizeibeamten, die ihn beobachteten, hatten nichts weiter zu verzeichnen, als daß Männer der Familie von Morabito häufig bei der Firma Euromarking, dem Büro des Kandidaten, anriefen.
Hätte der Kandidat sich in Africo oder in irgendeiner anderen süditalienischen Stadt aufstellen lassen, wäre er problemlos gewählt worden, da das System der Stimmbeeinflussung praktisch unfehlbar war. Doch da Mailand nicht Africo war, wurde der Kandidat der »Familie« bei den Kommunalwahlen vom Mai 1990 geschlagen.

In den Minuten, die der Ankündigung des Wahlausgangs folgten, rief Merlini wütend Santo Pasquale Morabito an, um ihm mitzuteilen, daß er Anklage wegen Wahlbetrugs erstatten wolle, falls der junge Pate ihm dies erlaube. Der Kandidat der »Familie« wollte Zeugenaussagen von Wählern sammeln und sich dann an die Staatsanwaltschaft wenden. Indessen mußte er erst einmal in Erfahrung bringen, was mit den Stimmen der »Familie« geschehen war.
Eine Gipfelkonferenz wurde einberufen, um die ganze Sache zu besprechen. Sie fand am 11. Mai 1990 in den Geschäftsräumen der Firma Lotocasa statt und begann – laut Abhörprotokoll der mailändischen Polizei – um 12 Uhr 38.
»Osvaldo will wirklich Anzeige erstatten?« fragte Santo Pasquale Morabito.
»Ja.«
»Warum?«
»Er sagt, weil . . .«
»Der alte Fuchs«, schneidet ihm der Pate das Wort ab, »meiner Ansicht nach kann man da keineswegs sicher sein.«
»Sogar der Deputierte . . .«
»Welcher, Milani?« fragt der Pate.
Milani – dieser Name war den Mailändern nicht unbekannt. Gian Stefano Milani war sozialistischer Abgeordneter, der Chef des linken Flügels seiner Partei, in der Osvaldo Merlini erfolglos gekämpft hatte.
»Der Deputierte«, nahm einer der Männer Morabitos wieder auf, »als wir in . . . waren, wollte er noch nicht einmal ins Mikrophon sprechen.«
»Nein, tatsächlich!« rief Morabito erstaunt.
»Na, du kannst dir vorstellen, wenn du jemanden unterstützt, ist es in deinem Interesse, ihn bekannt zu machen und in den Vordergrund zu schieben. Im Grunde hat er sich zweideutig und auf sonderbar gekünstelte Weise geäußert, als wollte er sagen: ›Mir ist's gleich, ob ihr ihn wählt.‹ Sogar er war wütend, weil nur 50 Personen gekommen waren.«
»Das kommt mir merkwürdig vor«, betonte Morabito.
»Er hat nur 260 Stimmen bekommen!«
»Das kommt mir merkwürdig vor«, wiederholte Morabito.
»Also, was machen wir? Er sagt, daß die Musiker ihm mindestens 500 Stimmen versprochen hatten.«
»Ich werde ihm sagen: ›Osvaldo, Sie werden sehen, ob da manipuliert wurde‹«, sagt Morabito . . . »Mir kommt das merkwürdig vor.«

»Warum haben sie nicht für ihn gestimmt?«
»Ich werde ihm sagen«, meldet sich der unerschütterliche Morabito wieder zu Wort, »ich werde ihm sagen: ›Sie haben sich bescheißen lassen . . .‹«
Darauf griff der Chef der *'Ndrine* zum Telefon und wählte die Nummer der Euromarking. Osvaldo Merlini nahm den Hörer ab. Ohne Umschweife fragte ihn der Pate, wo die Stimmen hingekommen seien.
»Sie sind mir gestohlen worden! Ich werde Anzeige erstatten!« schrie der unterlegene Kandidat. »Biscardini hat sie mir genommen«, fuhr Osvaldo Merlini fort – sein Rivale.
»Erstatten Sie Anzeige«, sagte der Pate kurz. »Ich nenne Ihnen einen Rechtsanwalt. Jedenfalls kann ich Ihnen versichern, daß Sie alle versprochenen Stimmen bekommen haben.«
Morabito hängte ein. Im Raum flammte das Gespräch wieder auf. »Das kommt mir merkwürdig vor«, sagt Morabito. »Ihr habt doch wohl nicht für den anderen wählen lassen?«
»Ich kann nicht wählen.«
»Euer Vater, hat der nicht gewählt?« fragte der Pate. »Und eure Mutter. Noch nicht einmal eure Stimmen sind in der Urne! Nicht eine einzige Stimme von euch!«
»Es sind immerhin 260 Stimmen.«
»Ich hatte Luciano einen Stimmzettel gegeben«, sagt Morabito, »er war nicht in der Urne. Also hat man ihm tatsächlich seine Stimmen gestohlen . . . Man hat sie einem anderen zugespielt, vielleicht der Nummer 58 auf der Liste dieser Partei.«
»Aber so etwas können die doch nicht machen«, empörte sich ganz treuherzig Pietro Mollica.
»Sie haben es eben gemacht, Pietro. 5 000 Stimmen in Mailand. Hier in Mailand hatte er 5 000 Stimmen. Und sie haben sie ihm genommen!«
Doch dem Don blieb nichts anderes übrig, als seinen Zorn hinunterzuschlucken. Am 15. Mai 1990 um 15 Uhr 08 rief er Osvaldo Merlini an, um ihm zu verkünden: »Ich habe meine eigene Untersuchung in verschiedenen Wahlbüros durchgeführt. Die ganze Sache muß vertuscht werden.«
Warum? Die Abhörgeräte geben darauf keine Antwort. Aus manchen Gesprächen wird deutlich, daß der Deputierte Milani sich ausdrücklich gegen ein gerichtliches Nachspiel der Angelegenheit aussprach. Hatte die *'Ndrine* aus Respekt für diesen Wunsch den Vorfall verges-

sen oder erstattete sie keine Anzeige, weil es nicht genug Beweismaterial gab? Wie dem auch sei, die Entwendung der 5000 Stimmen war bald vergessen, und niemand fand daran etwas auszusetzen.

Die »Duomo Connection«

Das »taube« Mailand, hielt sich immer für die moralische Hauptstadt Italiens, obschon ihr Herz bereits im Rhythmus der Amtspflichtverletzungen, der Korruption und der passiven Bestechung schlug. Die politischen Schandtaten Santo Pasquale Morabitos waren ein Kinderspiel gemessen an der ungeheuerlichen Affäre, die beinahe das gesamte politische System der lombardischen Hauptstadt zu Stürzen brachte: der »Duomo Connection«.
Alles beginnt mit dem Mord an dem palermitanischen Paten Gaetano Carollo, der am 1. Juni 1987 in Mailand erschossen wurde. Für die italienische Polizei handelte es sich hierbei um eine gewöhnliche Rechnungsbegleichung zwischen Ehrenmännern, wie sie hin und wieder im Norden der Halbinsel vorkamen; dieser Mord glich in allen Einzelheiten einem anderen, der sich fast zur selben Zeit in Turin ereignete. Damals interessierte sich die Polizei weder für die Mailander Immobilienfirma Montimmobiliare noch für Roller Caravan, ein großes florentinisches Unternehmen, die beide am Rande der Ermittlungen auftauchten. Vier Jahre später stellten die Untersuchungsbeamten endlich die Verbindung zwischen den beiden Gesellschaften und dem verstorbenen Paten her und entzündeten damit einen Funken im Pulverfaß der »Duomo Connection«. Sie wären wahrscheinlich nie so weit gekommen, wenn sie nicht im Laufe einer normalen Untersuchung auf Toni Carollo, den Sohn von Gaetano, gestoßen wären, einem fast zwei Meter großen Koloß, von Beruf Vermessungstechniker, dessen Name bin dahin niemals in den großen Untersuchungsberichten über die organisierte Kriminalität in Italien aufgetaucht war. Mit dem Mann war nicht zu spaßen. Denn gab er nicht selbst zu, daß es nur eine Art gäbe, Rechnungen zu begleichen: »Mit der Waffe in der Hand.« Toni Carollo war ein Ehrenmann, der stolz auf »den Ruf und die Würde« war, die er von seinem Vater geerbt hatte.
Schenkt man den Carabinieri Glauben, so war Toni Carollo zu jener Zeit die wichtigste Stütze der *Cosa Nostra* in Mailand. Sie beschuldig-

ten ihn des Drogenhandels im großen Stil, der Geldwäsche und der passiven Bestechung. Alles Aktivitäten, die in Mailand immer mehr zunahmen und die Nando Dalla Chiesa, dem Abgeordneten des italienischen Parlaments und Sohn des verstorbenen Generals, Recht gaben, wenn er sagte, daß die Hauptstadt der Lombardei Palermo in bedenklicher Weise immer ähnlicher werde. Eine Äußerung, die Toni Carollo keineswegs in Abrede stellte, wie ein von den Carabinieri aufgenommenes Telefongespräch bezeugt:
»Hier beneidet man dich nicht wie in Palermo«, erklärte der *Don* seinem Geschäftsfreund. »Du kannst schon froh sein, wenn du nicht auf die Nase fällst. Die *Sbire* kontrollieren mich regelmäßig in Mailand. Sie tun das noch nicht einmal heimlich, sie tauchen einfach in voller Ausrüstung bei mir auf, verfolgen und kontrollieren mich. Ich führe ein ruhiges, geregeltes Leben, deshalb habe ich keine Probleme... Ich treffe mich mit niemandem. Ich habe hier eine ganz andere Lebensweise: Abends gehe ich nicht aus, ich besuche keine Diskotheken, gehe nicht in Nachtclubs, gehe nie ins Kino. Das einzige Problem ist, daß man kein Geld bei der Bank einzahlen kann. Mit dem Geld habe ich Probleme. Immer muß ich mein Konto überziehen. Ich habe ein unglaubliches Minus, sag ich dir; ich zahle jährlich 150 Millionen Lire Zinsen. Aber das ist mir gerade recht.«[5]
Unter allen Firmen, die Toni Carollo direkt oder indirekt kontrollierte, interessierten sich die Carabinieri ganz besonders für die, mit denen sie bereits wegen des Mordes an Carollo senior in Berührung gekommen waren: die Firmen Montimmobiliare und Roller Camper. Sie waren vollkommen davon überzeugt, daß die beiden Firmen über bedeutende Geheimfonds verfügten, um sich Komplizen zu kaufen. In einem Telefongespräch stellt Toni Carollo eine Liste der Bestochenen auf: »Bürgermeister, Gemeinderäte, Polizisten, Rechtsanwälte«, und er kommt zu dem Schluß: »Das hat nichts mit Politik zu tun. Die kommen alle, weil hier etwas zu holen ist.«
Im Laufe ihrer Untersuchung mußten die Carabinieri feststellen, daß der *Don* nicht übertrieben hatte. In seinen Lohnbüchern erscheint die gesamte Crème de la crème der Sozialistischen Partei Mailands. Bei von der Polizei aufgenommenen Gesprächen gestand der *Don*, der PSI

---

5 In: Piero Colaprico und Luca Fazzo, *Duomo Connection*, Edizioni Sisifo, Siena 1991.

ausgiebig Schmiergeld bezahlt zu haben. Der politische Skandal der »Duomo Connection« begann. Er stellte christdemokratische Politiker, freimaurerische Würdenträger und einen ehemaligen 68er und Gemeinderat der Grünen, allen voran aber Paolo Pillitteri, den Bürgermeister der Stadt, und seinen für die Stadtplanung verantwortlichen Stellvertreter, Attilo Schemmari, bloß.

Toni Carollo war ins Baugeschäft eingestiegen, ein Unterfangen, das in Mailand ohne starke politische Unterstützung nicht möglich ist. Als die Carabinieri ihn am 18. Dezember 1989 während einer umfangreichen Operation abhörten, entdeckten sie mit Bestürzung, wie weit die Kontakte des *Dons* gingen: »Ich habe 70 000 Quadratmeter Wohngebiet gekauft«, erklärte Toni Carollo. »Ich bin gerade dabei, das Abkommen zu Ende zu bringen. Schemmari hat bereits zugestimmt ... Ich habe um politische Protektion gebeten und habe sie erhalten. Jetzt bin ich in Kontakt mit Pillitteri, dem Bürgermeister von Mailand, wir telefonieren jeden Tag miteinander ... Um die ganze Sache dingfest zu machen und zu beschleunigen ... Das Dokument ist bei Schemmari; der muß es heute oder morgen unterschreiben. In vier oder fünf Jahren könnten wir auf weiteren 5 000 Quadratmeter bauen, natürlich zu einem ›politischen‹ Preis ...«

Vielen war bekannt, daß im Mailand der achtziger Jahre die Korruption an der Tagesordnung stand. »Früher zahlte man, um ein wenig mehr zu haben, als vom Gesetz her zugelassen war«, wird der Vorsitzende des lombardischen Architektenordens sagen. »Heute zahlt man für das, was einem gesetzlich zusteht.« Auch der Provinzialsekretär der *Democrazia Cristiana* gab zu, daß es eine Schmiergeldpartei gibt. Im Gemeinderat exisitiert keine Trennung zwischen Mehrheit und Opposition. Alle großen Entscheidungen werden in Absprache mit den drei großen Parteien getroffen. Kommunisten, Sozialisten und Christdemokraten teilen die großen Immobilienprojekte untereinander auf. Bis dahin hatte noch niemand gewagt, die Institution der Schmiergeldzahlung anzugreifen.

Die Affäre der »Duomo Connection« verhieß dort anzuknüpfen, wo die Ermittlungen des Sankt Valentins der Milliardäre und die Lotosblume von Morabito geendet hatten: mitten im Zentrum der politischen Heiligtümer der organisierten Kriminalität. Zum ersten Mal stieß eine polizeiliche Ermittlung direkt auf die Politiker der führenden politischen Partei der Stadt. Der Bürgermeister von Mailand,

Paolo Pillitteri, ein Schwager von Bettino Craxi – Sekretär der PSI und ehemaliger Ministerpräsident – war ein ehrgeiziger Mann, der die Sozialistische Partei Mailands mit eiserner Hand regierte. Sein Stellvertreter Attilo Schemmari, zuständig für Stadtplanung, träumte davon, sein Nachfolger zu werden. Ein Telefongespräch, in welchem Toni Carollo behauptete, ihm »persönlich 200 Millionen Lire« übergeben zu haben, machte diese Hoffnung zunichte. Die Affäre, die kurz nach der Festnahme von Toni Carollo am 16. Mai 1990 publik wurde, brachte die Grundfeste des Rathauses ins Wanken, doch hatte sie praktisch keine rechtlichen Konsequenzen für die darin verwickelten Politiker. Und doch war ein Bresche geschlagen worden. Zwei Jahre später nahm eine Handvoll mailändischer Beamter unter der Leitung des Stellvertretenden Staatsanwaltes Antonio Di Pietro das Problem der allgemeinen Korruption in Angriff, wobei gut hundert Würdenträger aus politischen Parteien wegen des Skandals – »Tangentopoli«, was soviel heißt wie »Schmiergeldstadt«, der neue Spitzname Mailands – festgenommen wurden.

Mailand, Hauptstadt des Immoralismus und Eroberungsgebiet der *Cosa Nostra* – so die Meinung der größten Tageszeitung der Halbinsel, *La Repubblica*, die ihrer Sorge Ausdruck verleiht: »Mailand ist verdorben, die Nation liegt in Agonie.« Korrumpiert bis ins Mark, ist Mailand in den Augen von *La Repubblica* keine europäische Stadt mehr; es binde Italien nicht mehr an die Alpen und hindere die Halbinsel deshalb nicht länger, in Richtung Afrika abzutriften. Aber *La Repubblica* scheint sich da in allzugroßem Optimismus zu ergehen. Denn die Pforte nach Europa ist keineswegs verschlossen. Im Gegenteil, die Halbinsel zieht hinter sich den ganzen Kontinent nach, weil die organisierte Kriminalität, genausowenig wie in Eboli, in Mailand haltgemacht hat.

Zweiter Teil

Die Cosa Nostra erstürmt Europa

4
Korruption in Frankreich

Das Mittagessen des Don – Marseille: Leichtzigaretten und Drogenschmuggel – Wo man alte Bekannte wiedertrifft – Die Ehrenmänner des Élysée Palace – 50 Millionen, um Zaza zu befreien – Operation Casino – Das Ende der Sofextour

Das Mittagessen des Don

Nizza, Marina an der Engelsbucht. Wir haben den 28. Februar 1992, es ist Mittag. Ein sanftes Frühlingslicht liegt über dem vornehmen Wohnviertel und der Promenade, die den Jachthafen von den Häusern trennt. Die mit Planen abgedeckten Schiffe tänzeln – wie immer in der Wintersaison – unter den menschenleeren Balkons hin und her. Schaut man durch die Scheiben eines Supermarktes, sieht man die Kassiererinnen müßig herumstehen. Doch ein Stück weiter, am Fuße einer halbkreisförmigen Vorderfront mehrerer Gebäude, scheint in der Umgebung des Restaurants Attila eine ungewöhnliche Betriebsamkeit zu herrschen.

In unmittelbarer Nähe steht ein Liebespaar, das den Passanten zu viel Aufmerksamkeit schenkt, um Augen für sich selbst zu haben, Arbeiter mit durchdringendem Blick sind dabei, ein Baugerüst auf der Fahrbahn zu errichten, als wollten sie ihre Anwesenheit rechtfertigen; ein paar Gaffer, deren Anwesenheit fehl am Platze erscheint, einige als Lieferwagen getarnte Polizeiwagen, vollgepfropft mit Überwachungsmaterial; und dann, ein Stück weiter, hinter einer Absperrung, filmt ein Mann mit einer Videokamera gerade die Straße. Kurzum, die Drogenfahnder-Brigade (OCTRIS) ist mit der notwendigen Diskretion und Tarnung im Einsatz.

Vor zwei Tagen haben die Männer der OCTRIS in einem Appartement der Engelsbucht fast 60 Kilo Kokain beschlagnahmt und eine

Bande von Kalabresen und Lateinamerikanern festgenommen. Der Ort wird weiterhin überwacht, da man hofft, noch weitere Drogenhändler abzufangen. Doch die französischen Polizeibeamten machen sich nur wenig Hoffnung: Da die Nachricht in den morgendlichen Zeitungen verbreitet wurde, scheint eine neuerliche Festnahme unwahrscheinlich. Wie hätten sie auch nur erahnen können, was sie in Kürze erwarte?

Plötzlich bewegt sich etwas an der friedlichen Seeküste. Zwei kleine Männergruppen nähern sich. Und ganz plötzlich ist es vorbei mit der trügerischen Ruhe an der Engelsbucht. Michele Zaza erscheint auf der Bildfläche.

Der Kaiser des Zigarettenschmuggels reist selten ohne seinen kleinen Hofstaat, der aus Männern besteht, die sich wie kleine Fische gewandt im Kielwasser des großen Hais bewegen. An diesem Tag sind es etwa zehn: einige Vertrauensleute, Zwischenhändler, ein Bauunternehmer, der nichts mit Immobilien zu tun hat, ein Industrieller, der sich auf Import-Export »spezialisiert« hat sowie ein bekannter neapolitanischer Sänger, der von einem merkwürdigen Individuum, seinem »Agenten« begleitet wird. Ein ganz gewöhnlicher Tag im Leben Michele Zazas.

Die Italiener verstecken sich nicht. Sie sprechen laut und angeregt, bleiben mitten auf dem Trottoir stehen, fassen sich vertrauensvoll am Arm, unterstreichen ihre Worte mit präzisen Handbewegungen und machen schließlich vor der Terrasse eines Restaurants halt. Drei weitere Männer gesellen sich hinzu, man küßt sich auf die Wangen. Die Gespräche werden wieder aufgenommen. Kurze Zeit später betreten der Kaiser und seine Eskorte das Restaurant Attila.

Michele Zaza hat sich den Umständen entsprechend zurechtgemacht: marineblauer Anzug, blaues Hemd, aber ohne Krawatte. Er scheint sich in seinen bereits zerknitterten Kleidern nicht recht wohl zu fühlen und schwitzt gewaltig, ohne daß der Grund dafür in seinem schlechten Gesundheitszustand oder einem plötzlichen Anstieg der Raumtemperatur zu suchen wäre. Zweifelsohne wäre er lieber in einem seiner maßgeschneiderten Trainingsanzüge ausgegangen, die er im allgemeinen bei weniger formellen Anlässen trägt oder auch dann, wenn er mit Frau und Kindern in seinem weißen Jaguar spazierenfährt.

Der *Don* würde vielleicht gern eine Diät machen, denn er hat seit seiner Entlassung gut zehn Kilo zugenommen. Aber er bestellt sich fast

widerwillig ein Reisgericht mit Krabben, da es sein Lieblingsgericht, kleine Tintenfische, nicht gibt.
Seine Heimat fehlt ihm. Das Mittelmeer um Nizza ist nicht das von Neapel. Was gäbe er darum, das Schmutzwasser der Bucht von Santa Lucia wiederzusehen, am Hafen, vor den blauen Außenbordmotorbooten der Schmuggler, promenieren zu können und diese so eigentümliche Luft einzuatmen, in der sich die unterschiedlichsten Gerüche mischen, oder wieder einmal durch die kleinen schmutzigen, ineinanderverschachtelten Gäßchen zu gehen, über sich die an den Fenstern aufgehängte Wäsche ... Aber er weiß, er wird Neapel nur noch einmal wiedersehen, um dort zu sterben.
Ein korpulenter Mann hat sich gegenüber von ihm hingesetzt. Er ist in den Fünfzigern, hat gefärbtes, gewelltes Haar, ein aufgedunsenes Gesicht; er drückt sich mit einer Leichtigkeit aus, die den Leuten aus dem Showgeschäft zu eigen ist. Es ist der neapolitanische Sänger, der ihm von San Remo aus einen kleinen Besuch abstattet, wo er an dem »Festival des italienischen Liedes« teilnimmt. Der Mann ist auch Schauspieler. Seine Spezialität: neapolitanische Banditen, operettenhafte Ganoven, eine Art Robin Hood der *Camorra*. Sein Erfolg beim Publikum in Neapel ist ihm damit gewiß. Sein Traum ist es, einmal Michele Zaza zu verkörpern. Er würde einen großherzigen Helden aus ihm machen, der ganz im Dienste seines Volkes steht und der nichts mit dem Killer oder internationalen Drogenhändler gemein hätte, den die Zeitungen aus ihm machen. Will man ihm glauben, so ist der *Don* die Güte selbst, ein Mann, der ganz im Dienste seines Volkes steht, eine Quelle des Großmuts, ein Mensch mit blütenweißer Weste, der nur Gutes tun kann.
Der Pate sagt nichts. Um sein Handgelenk schließt sich eine Rolexuhr aus massivem Gold, die er ostentativ betrachtet und dabei den Arm beinahe vors Gesicht hält. Mit dem, was er sieht, scheint er nicht ganz zufrieden zu sein. Er besitzt bereits gut zehn Uhren derselben Marke und denkt vielleicht daran, zu dem Juwelier zurückzukehren, bei dem er die letzten Cartier-Kreationen bewundert hat. Auch sein Fuhrpark macht ihm Sorgen. Er fährt einen weißen Jaguar, träumt aber davon, sich das letzte, stromlinienförmige BMW-Modell anzuschaffen, in Schwarz, mit dunkelgetönten Scheiben. Aber er kann den Wagen nicht auf seinen Namen eintragen lassen, die Polizei hätte ihn sonst bald geschnappt. Rolex gegen Cartier. Jaguar gegen BMW ... Wovon

können die Paten wohl träumen, wenn sie keine anderen Probleme haben, als die Schwierigkeit, wie sie ihr Geld ausgeben sollen, ohne gesetzlich belangt zu werden?
Michele Zaza zündet sich eine Muratti an. Er hat das Päckchen in einem Tabakgeschäft gekauft – aus Achtung vor dem französischen Monopol der SEITA, was von seiner Seite aus eine bemerkenswerte Geste ist. Aber der *Don* weiß, daß er beim geringsten Fauxpas direkt ins Gefängnis wandert. Und die französischen Gefängnisse kennt er: Er hat dort vor nicht allzulanger Zeit drei volle Monate zugebracht, zweifelsohne eine der längsten Haftperioden, die ihm je auferlegt wurden. Die harten Lebensbedingungen kann er nicht so leicht vergessen, auch nicht die Unnachgiebigkeit der Richter, der Polizeibeamten, ja des ganzen Gefängnispersonals. Auch hat er darunter gelitten, daß er – abgesehen von der engsten Familie – keine Besuche empfangen durfte und sich der fast militärischen Disziplin unterzuordnen hatte, die die Wächter verlangten und die die Kommunikation mit anderen Häftlingen beträchtlich erschwerte. Seit seiner Freilassung hütet er sich davor, die Grenzen seiner Haushaft zu überschreiten: Er muß sich zweimal täglich auf dem Polizeikommissariat melden.
Die Mahlzeit ist schließlich beendet. Die Polizeibeamten in Zivil, die die Gäste von einem Ecktisch aus diskret überwachen, bezahlen ihre Rechnung bevor der *Don* die seine verlangt. Sie sind schon draußen, als der Pate eine Handvoll 100-Francs-Noten in die Hände des Kellners legt, der von dem großzügigen Trinkgeld überrascht ist.
Michele Zaza hat die polizeiliche Überwachung natürlich registriert, doch hält er sie für reine Routine. Er weiß noch nicht, daß er um Haaresbreite einer Katastrophe entgangen ist. Als er am selben Abend von den Festnahmen der vergangenen Tage und der Beschlagnahmung der 60 Kilo Kokain erfährt, erschaudert er nachträglich bei dem Gedanken, daß er seine geschäftlichen Treffen monatelang in dem kleinen Hafen abhielt. Vor den Augen der französischen Polizei hatte sich der Kaiser des Schleichhandels regelmäßig neben einer Bande internationaler Schwarzhändler bewegt. Hätte nur ein einziger von ihnen um Feuer oder um eine Zigarette gebeten oder ihn nach der Uhrzeit oder dem Weg gefragt, er hätte schnurstracks ins Gefängnis zurück müssen. Hätten die Polizeibeamten durch einen unglücklichen Zufall die geringste Verbindung zwischen seiner Anwesenheit in

dem Badeort und denen der anderen Banditen herstellen können, hätte alles noch einmal von vorne begonnen wie vor fünf Jahren.

Marseille: Leichtzigaretten und Drogenschmuggel

Der oberste Untersuchungsrichter von Marseille, Jean-François Sampieri war beunruhigt. In den vergangenen Jahren hatte man zu viele italienische Paten in Frankreich festgenommen, um nur von bloßem Zufall sprechen zu können. Was wollten die Sizilianer Antonio Calderone und Pasquale Pergola, die Neapolitaner Rolando Tortora und Mario Jovine – um hier nur die wichtigsten zu nennen – in Frankreich? Mußte man Marseille mit Palermo und die Côte d'Azur mit Sizilien gleichsetzen? Natürlich war die Zahl der Morde hier unvergleichlich geringer, doch der Beamte wußte, daß das Fehlen von Leichen auch trügerisch sein konnte. Er hatte den Eindruck, daß eine »Sizilianisierung« Frankreichs im Gange war. Aber erst nachdem er Michele Zaza auf die Spur gekommen war, kam ihm das ganze Ausmaß der Gefahr vollständig zu Bewußtsein. Die Bekanntschaft mit dem *Don* führte ihn mitten in eine in Frankreich noch nie dagewesene Ermittlung, in deren Verlauf der Richter Gelegenheit hatte, eine der mächtigsten transalpinischen »Familien« der organisierten Kriminalität direkt zu beobachten. Die ganze Geschichte trug sich in Marseille und an der Côte d'Azur zu, doch sie hätte sich jedoch genausogut in der Gegend um Lyon, in Paris oder im Gers abspielen können; in der Bretagne, in Lyon, in Grenoble und in Nordfrankreich hatten sich bereits die ersten italienischen Ehrenmänner niedergelassen.
Alles begann also im Jahr 1988 mit der Einleitung eines juristischen Verfahrens wegen Drogenhandels. Abgehörte Telefongespräche im Haus der Geliebten eines nach Brasilien geflüchteten Zuhälters setzten den Marseiller Staatsbeamten auf die Fährte eines internationalen Schmugglernetzes. Es handelte sich um eine »Suppe«, die man »im Dschungel umrührt«, und deren »unmittelbares Eintreffen« in den Laderäumen eines Frachtdampfers bevorstehe ... Infolge einer Namensverwechslung des Drogenschiffes und mangels Überwachung seitens der Kriminalpolizei wurde die ganze Sache ein Fiasko. Doch konnten die Verdächtigen identifiziert und die Überwachung verstärkt werden. Einige Zeit später beobachteten Polizeibeamte am Turbiepaß

im Hinterland von Nizza ein heimliches Treffen zwischen mutmaßlichen Schleichhändlern und Italienern, bei dem es zu einem Austausch von kleinen Päckchen kam. Die Szene konnte aufgehellt werden, als wenig später ein Kronzeuge das Eintreffen der Droge in Marseille bestätigte, die dank der Hilfe einer der einflußreichsten Persönlichkeiten des Marseiller Hafens entladen worden war.

Von geheimen Treffen bis zu Telefonabhöraktionen – während der Untersuchung stieß man bald auf eine Transportfirma, deren Geschäftsräume sich im Hafen von Marseille befanden. Es war die Sonegex, die sich auf Zigarettenschmuggel spezialisiert hatte. Die Sonegex kaufte offiziell Ware, von der sie behauptete, sie sei für mehrere afrikanische und lateinamerikanische Länder bestimmt, wodurch sie von den Zollvorschriften profitierte, die den Handel außerhalb der Europäischen Gemeinschaft regeln. Die amerikanischen Leichtzigaretten landeten in Wirklichkeit auf europäischen Parallelmärkten. Der Staatsanwalt des Landgerichtes vermerkt: »Die Vielschichtigkeit der verwendeten Handelstechniken, ihre perfekte Beherrschung, die ungeheuere Raffiniertheit, mit der die Ware in Umlauf gebracht wurde, lassen mit Sicherheit darauf schließen, daß nur eine bedeutende internationale und sehr erfahrene Organisation, die über enorme finanzielle Mittel verfügt und an verschiedenen Stellen der Erde Stützpunkte besitzt, am Werk sein konnte.[6]

Von den Lagern der Firma Philip Morris in Belgien oder der Schweiz aus wurden die Zigaretten in Großraumbehältern zur Gare du Canet in Marseille befördert. Der Marseiller Staatsanwalt fährt fort: »Anschließend wurde die Ware von einem Spediteur übernommen, der als Abnehmer der Schmuggelware fungierte. Anstatt sie auf direktem Wege zur Einschiffung an die Verladerampen zu bringen, wurde sie in ein Lagerhaus der Sonegex gefahren. Dort wurden die Behälter geleert oder mit anderen Waren wieder aufgefüllt. Die Zigaretten wurden auf Lastwagen verladen, die nach Spanien oder Italien fuhren.«

Auf diese Weise wurden in einigen Monaten nicht weniger als 90 Container mit ungefähr 890 Tonnen amerikanischen Leichtzigaretten via Marseille befördert. Da die Organisation fest in Südfrankreich Fuß

---

6 Antrag auf Verweisung an das in Strafsachen tätige Landgericht und teilweise Einstellung des Strafverfahrens gegen Sanoukian Marius + 49.

gefaßt hatte, erwog man sogar, eine weitere Firma in Saint-Raphaël zu eröffnen. Gewiß, man war hier nicht in Neapel, die Situation ungleich schwieriger. Doch schon machten sich die Schmuggler daran, gewisse staatliche Strukturen zu unterwandern. Ein kleiner Zollbeamter einer französischen Station in Menton gestand, mehreren Lastwagen mit Schmuggelware – gegen eine Bestechungssumme – die Durchfahrt ermöglicht zu haben.

Am 18. und 19. Oktober 1988 schritt die Zollbehörde ein. Man beschlagnahmte einen Lastwagen, der 65 Kisten geladen hatte – in jeder befanden sich 50 Stangen Camelzigaretten – und 881 Kisten mit 50 Stangen Zigaretten der Marke Winston. Der Gesamtwert belief sich auf 4 730 000 Francs (umgerechnet etwa 1,57 Millionen D-Mark). Dann drangen sie in das Lagerhaus der Sonegex ein, wo sie 945 weitere Kisten mit Schmuggelzigaretten beschlagnahmten. Ein Dutzend Personen wurde im Rahmen dieser Ermittlungen festgenommen, die alles in allem sehr gelungen erschienen.

Zweifelsohne handelte es sich hier um einen klaren Fall von Zigarettenschmuggel. Aber Jean-François Sampieri stellte sich noch andere Fragen. Warum ließ sich eine »internationale mächtige und geschäftserfahrene Organisation« in Marseille nieder? Warum beförderte sie die Zigaretten auf einem Umweg, wo man sie doch auf direktem Schiffs- oder Landweg nach Italien oder Spanien bringen konnte? Warum funktionierte das Netz auch außerhalb der EG, entgegen der traditionellen Logistik des Zigarettenschmuggels?

Der Staatsanwalt von Marseille betont die Besonderheit dieses Warenkreislaufes, der »sich grundsätzlich von denen unterschied, die man seit langem im Zigarettenschmuggel beobachten konnte«. Um diese Regelwidrigkeit zu erklären, stellte der Staatsanwalt eine Hypothese auf: »Die Transportwege für die Schmuggelware wurden ebenfalls für den Drogentransport genutzt.«

Weißes Pulver hinter den leichten Zigaretten? Aber wie war das zu beweisen? Die Untersuchungsbeamten waren wieder am Ausgangspunkt angelangt. Da sie kein stichhaltiges Indiz für den Drogenhandel hatten, stützten sich die Überlegungen des Marseiller Staatsbeamten auf eine ganze Reihe von Mutmaßungen. Da war zunächst die Zeugenaussage eines Spediteurs aus Champigny-sur-Marne, der die Beförderung von sechs geschmuggelten Zigarettenladungen für die Organisation übernommen hatte. Den Spediteur, der von Carlos Fontana,

einem spanischen Schwarzhändler, beauftragt worden war, nahm man nach der Beschlagnahmung eines Lastwagens mit 393 geschmuggelten Zigarettenkisten im Februar 1990 fest. Kurze Zeit später gestand er: »Ich hatte beschlossen, meine Teilnahme an dieser Art Handel aufzugeben, als ich begriff, daß Carlos Fontana, der von den Neapolitanern finanziert wurde, den Zigarettenschmuggel durch Drogenschmuggel ergänzt hatte. Carlos Fontana hatte mir nicht gesagt, wie der Handel vor sich ging, aber die Drogen können nur vor den Zigaretten verladen worden sein. Ich will damit sagen, bevor der Kreislauf des Zigarettenschmuggels beginnt. Ich lud die Kisten selbst auf die Lastwagen, und ich habe nie etwas anderes verladen. Wenn man jedoch Großraumbehälter benutzt, kann man natürlich beim Hantieren mit den Behältern Drogen mitverladen.«
Von nun an waren gewisse Anomalien erklärbar, die die Zollbeamten vor der Razzia vom Oktober 1988 festgestellt hatten. So hatte der Polizeihund, der für das Aufspüren von Drogen eingesetzt wird, sicherlich nicht ohne Grund so lange an einem Schiffsrumpf mit einem leeren Container geschnüffelt. Und das Übergewicht von 200 Kilo bei einem anderen Container hatte seinen Grund wohl auch nicht in der natürlichen Feuchtigkeit, mit der man es seinerzeit entschuldigt hatte. Damals hatten die Marseiller Zollbeamten sich nicht damit aufgehalten; denn allein am Hafen von Fos warteten fast eine Million Container auf die Abfertigung ...
Waren die Zigaretten entladen, fuhren die leeren Großbehälter in Richtung der französisch-holländischen Karibikinsel Saint-Martin. Saint-Martin, das Paradies aller Ganoven, Insel der Schmuggler und Hauptdrehscheibe des internationalen Kokainhandels. Waren die Container auf der Insel angelangt, wurden sie von einem Italiener namens Massimo Vezzozi in Empfang genommen.
Bald hatte Jean-François Sampieri Glück, denn Massimo Vezzozi wurde im Dezember 1989 in Massa Carrara in Italien im Rahmen einer anderen Zigaretten- und Kokainschmuggelaffäre verhaftet, die merkwürdige Ähnlichkeiten mit der Marseiller aufwies.
»Nach einer großangelegten, vorangehenden Untersuchung, die unser Sicherheitsdienst durchführte«, notiert der Stellvertretende Staatsanwalt von Massa Carrara, »kam heraus, was natürlich noch von einer ausführlichen Untersuchung bewiesen werden muß, daß sich ein gewisser Massimo Vezzozi gemeinsam mit einem gewissen Sergio Co-

retta (...) auf der Insel Saint-Martin (Antillen) als internationaler Drogenhändler betätigte. Die besagten Männer, die in Colón (Panama) über Lagerschuppen verfügten, in denen sie ihren Kokainvorrat lagerten, beförderten die Droge auf dem Seeweg in Handelsschiffen nach Marseille, wo das Kokain mit Hilfe einer aus Franzosen bestehenden Organisation – die an der spanischen Grenze tätig ist – auf den französischen, aber auch auf den spanischen, belgischen und italienischen Markt gebracht wurde. Das Handelsvolumen der Organisation beträgt monatlich, je nach Nachfrage, von 100 Kilo bis zu einer halben Tonne Kokain.[7] Jean-François Sampieri begab sich nach Italien, um Massimo Vezzozi zu verhören. Der Mann leugnete jegliche Beteiligung am Drogenhandel, gestand jedoch seine Teilnahme am Containerschmuggel. Massimo Vezzozi gab folgende Erklärung ab: »Die leeren Container kamen per Schiff auf der Insel Saint-Martin an; auf der Insel sind immer Container. Im ganzen habe ich ungefähr fünfzig Stück verkauft. (...) Ich weiß nicht, wer den Transport von der Schweiz zur Insel bezahlte.«

Doch waren die Transportkosten für die Großraumbehälter wesentlich höher als ihr Verkaufspreis. Die Beförderung hätte die Sonegex demnach 2 Millionen französische Francs (umgerechnet etwa 660 000 D-Mark) gekostet, wogegen der Verkauf zehnmal weniger eingebracht hätte. Zweite Merkwürdigkeit: Den Untersuchungsbeamten zufolge kamen die Container, nachdem sie auf Saint-Martin gelandet waren, wieder nach Europa zurück; jedoch mit neuer Registriernummer. Dieser Schwarzhandel hatte nur dann einen Sinn, wenn die Container nicht in leerem Zustand reisten. Da sich einige Aussagen deckten, fragte sich der Staatsbeamte, ob bestimmte Container nicht mit einigen Kilo Heroin in die Karibik fuhren, um danach mit genausoviel, wenn nicht noch mehr Kokain zurückzukommen. Der Gedanke war keinesfalls abwegig.

Er wurde von der DEA, der amerikanischen Drogenfahndungsbehörde, bestätigt. Ein amerikanischer Polizeibeamter der Marseiller

---

7 Stellvertretender Staatsanwalt von Massa Carrara, Vermerk vom 1. Dezember 1989. Der italienische Beamte stützte sich auf die Aussagen Paolo Mulas, einem früheren Schwarzhändler und späteren Kronzeugen, der mit mehr als einem Kilo Kokain in Deutschland verhaftet wurde.

Außenstelle war in die Organisation eingeschleust worden. Der amerikanische Beamte und sein Team waren sogar in zwei geheime Aktionen verwickelt, um das Netz zu zerschlagen: Bei der ersten ging es um eine Teillieferung von 10 Kilo Kokain (aus einer 100 Kilo betreffenden Gesamtlieferung) und bei der zweiten um drei Kilo Heroin. Die beiden Aktionen schlugen aus unerfindlichen Gründen im letzten Moment fehl.

Die DEA, die sich noch auf weitere Quellen stützte, bestätigte außerdem, daß die Organisation mit den lateinamerikanischen Kartells ein Abkommen zum Tausch von Heroin gegen Kokain geschlossen hatte, das für den amerikanischen Markt bestimmt war. Der Tausch (ein Kilo Heroin für zweieinhalb Kilo Kokain) bot den unschätzbaren Vorteil, daß keine finanzielle Transaktion notwendig wurde, was das Risiko der Aufdeckung verringerte. Will man der DEA glauben, so wurde der Großteil des Schmuggels von Giuseppe Liguori, genannt »Peppo o Biondo«, Pepe, der Blonde, organisiert, einem Berater der neapolitanischen Familien der *Cosa Nostra* (wie manche Kronzeugen behaupten), der jedoch vor allem ein Schwager des Kaisers des Zigarettenschmuggels Michele Zaza war.[8]

---

8 Die italienische Kriminalpolizei *Criminalpol* klagt an: »Das Büro der DEA hat am vergangenen 30. April gemeldet, sie habe Informationen über einen von Michele Zaza und Giuseppe Liguori an der südfranzösischen Küste betriebenen Drogenhandel gesammelt (. . .) Aufgrund seiner Informationen haben die Marseiller Gerichtsbehörden Überwachungen der Telefonleitungen von Giuseppe Liguori, Maria Liguori und Maria Zaza angeordnet, der Ehefrau beziehungsweise Schwester von Michele Zaza, sowie Telefonüberwachungen an mehreren Orten in Paris, die von Personen benutzt werden, welche mit den oben Genannten in Verbindung stehen. Anhand dieser Überwachungen konnte eine Reihe Kontakte festgestellt werden, die Liguori in Abwesenheit von Zaza aufnahm und die mehrere europäische Länder sowie mehrere Personen betreffen, worunter einige für ihre Umtriebe im mafiosen Milieu bekannt sind. Diese Gruppe soll, neben Drogenhandel auch Zigarettenschmuggel (. . .) sowie Kapitalrückschleusung betreiben, und zwar mit Hilfe von Kontakten in Frankreich, Spanien und Monte-Carlo.« *Criminalpol*, Bericht vom Oktober 1990

Wo man alte Bekannte wiedertrifft

Jean-François Sampieri wußte, daß die Razzien vom Oktober 1988 gegen die Sonegex nur die Spitze des Eisbergs zum Vorschein gebracht hatten. Er hatte keinen Drogenhandel nachweisen können. Er konnte nur wegen internationalen Zigarettenschmuggels Anzeige erstatten. Er hatte zudem den Eindruck, daß nur die kleinen Fische festgenommen worden waren.

Die Sonegex wurde damals von Dante Sacca geleitet, einem italienischen Schwarzhändler, der abwechselnd an der Côte d'Azur, auf der Insel Saint-Martin und in Italien lebte. War Dante Sacca der tatsächliche Eigentümer der Sonegex? Stand nicht ein noch bedeutenderer Mann hinter ihm? Das Abhören seiner Telefonleitung hatte den Staatsbeamten auf die Spur einer wichtigen Persönlichkeit gebracht – eines Italieners, der erst kürzlich an die Côte d'Azur gekommen war: Michele Zaza. Doch damals wußte Jean-François Sampieri nicht, wer Michele Zaza war. Erst zu Beginn des Jahres 1989 erfuhr er rein zufällig, daß der *Don* unter polizeilicher Kontrolle in Villeneuve-Loubet wohnte, nachdem man ihn in Draguignan mit falschen Papieren aufgegriffen hatte.

»Es war äußerst interessant festzustellen, daß Michele Zaza sich direkt in Dante Saccas Angelegenheiten mischte, sich nach dem Schwarzhandel mit Spanien und den dabei auftretenden Problemen erkundigte und konkrete Anweisungen gab. All das wurde telefonisch erörtert. Schließlich forderte er Dante Sacca auf, ihm jeden Geschäftsbericht, der Spanien betreffe, per Telefon mitzuteilen«, vermerkt der Marseiller Staatsanwalt in seinem Antrag auf Vertagung.

Welche Beziehungen bestanden zwischen den beiden Männern? Als man Michele Zaza nach seinen Verbindungen zu Dante Sacca fragte, erklärte er den Marseiller Beamten: »Ich bin viel wichtiger als Sacca, ich habe immer eine herausragende Rolle gespielt, wohingegen Sacca nur eine kleine Nummer ist und nur nebensächliche Rollen spielte. Ich betreibe weltweit und im großen Stile Zigarettenschmuggel (in Italien, Spanien, den Vereinigten Staaten, Griechenland, Belgien, Malta, Frankreich usw.). Überall habe ich neue Märkte für den Schwarzhandel mit Zigaretten erschlossen. Dante Sacca ist ein kleiner Gauner. So ein Mann kann nicht mein Geschäftspartner sein.«

Michele Zaza übertrieb nicht, als er sich als weltweit bedeutend hin-

stellte. Der *Don* war Milliardär. Das italienische Wirtschaftsmagazin *Il Mondo* zählte ihn zu den fünf reichsten Verbrechern der Erde und schätzte sein Vermögen auf 3,5 Milliarden Francs (ca. 1,16 Milliarden D-Mark). Zaza, der an der Côte d'Azur unter Hausarrest stand, lebte in einer prächtigen Villa mit Schwimmbad, in Villeneuve-Loubet. In seiner Garage standen zwei in Rom gemeldete Wagen: ein BMW und ein Cherokee. Die französischen Polizeibeamten hatten sich einmal die Mühe gemacht, seine laufenden Kosten zu errechnen. Die Miete für seine prächtige Villa betrug 13 500 Francs monatlich, dazu kamen jährlich 80 000 Francs Schulgeld für die Kinder Zazas. Michele Zaza war Eigentümer einer 30 Meter langen Jacht (im Wert von etwa 18 Millionen Francs) und wollte bei seiner Festnahme gerade einen gepanzerten Rolls-Royce und ein Anwesen in Var kaufen, das – die Notarkosten nicht eingerechnet – 7,5 Millionen Francs kosten sollte; sein römischer Anwalt hätte ihm das Geld übergeben sollen.
Zudem kursierte ein Gerücht, wonach er in einem Schweizer Tresor einen Doppelzentner Gold und in verschiedenen Ländern wertvolle Immobilien besitze. Offiziell verfügte der *Don* nur über sehr wenige Einnahmequellen. Er vertraute den französischen Polizeibeamten an, seine Schwester überweise ihm jeden Monat 30 000 Francs, die aus Mieteinnahmen von Wohnungen stammten, welche er in Neapel besitze. Dazu kam die Mieteinnahme aus einer Villa in Beverly Drive in Los Angeles, eine Einnahmequelle, die er um so freimütiger erwähnen konnte, weil der Mieter niemand anderes als das französische Konsulat in Los Angeles war, das der Ehefrau des *Don* jeden Monat die stattliche Summe von 6 500 Dollars überwies. Ein vollkommen legales Geschäft, denn im geltenden Strafgesetzbuch Frankreichs galt die Vermietung einer Villa nicht als strafbares Delikt. So sorgte also der Quai d'Orsay seit Jahren für eine der wenigen offiziellen Einkünfte der Familie Zaza!

Die Ehrenmänner vom Élysée Palace

Nizza, seine »Promenade des Anglais«, sein Casino, seine Riviera, sein ruhiger, ein wenig langweiliger Überfluß. Nizza und seine Intrigen, Nizza und seine Fallen . Sollte die Stadt – wie man munkelt – eine Hochburg der organisierten Kriminalität sein? Nennen wir es lieber einen Dreh- und Angelpunkt, den letzten Salon, in dem die *Dons* miteinander plaudern können. Alles ist zu ihrer Bequemlichkeit vorhanden: Luxus, Ruhe, und Sinnesfreuden. Die Fischrestaurants an den Gestaden des Mittelmeeres, die Boutiquen mit italienischen Textilien im Stadtzentrum, das milde Klima, ein internationaler Flughafen und vor allem die Nähe zu Monaco, Brennpunkt aller Korruption und ein Paradies für unternehmungsfreudige *Dons*. Neben diversen Restaurants – Crêperies, vornehme Cafés oder anderer Lokale, die vom Michelin-Führer empfohlen werden – schätzten die Ehrenmänner in Nizza ganz besonders die großen Hotels. Die unpersönliche Diskretion ihrer Salons eignete sich vorzüglich für ihre knallharten Geschäftsbesprechungen.

Die französischen Polizeibeamten konnten sich während der Ermittlungen über Michele Zaza ein Bild von der Vorliebe der italienischen *Dons* für die Luxushotels in Nizza machen. Zeugen hatten ihn bei einer langen, angeregten Unterhaltung mit Dante Sacca in der Halle des Hotels Meridian gesehen. Am 14. Februar 1989 folgten einige Inspekteure, ein Bezirkskommissar des Geheimdienstes und mehrere Beobachter der italienischen Polizei Nunzio Barbarossa, einem Freund von Michele Zaza, aufgrund eines vertraulichen Hinweises unauffällig vom Nizzaer Flughafen aus; der führte sie auf direktem Wege ins Élysée-Palace von Nizza. Vor dem Hotel erblickten die Untersuchungsbeamten eine Reihe Luxuswagen mit Chauffeur und Leibwache. Vom Pförtner erfuhren sie, daß etwa zehn Italiener sich in einem privaten Salon versammelt hatten. Eine Gipfelkonferenz italienischer Paten! Eine Möglichkeit zur direkten Intervention bestand nicht. Man mußte erst Verstärkung anfordern. Aber bis diese eintraf, war das Treffen schon vorbei . . .

Will man den Polizeibeamten glauben, nahm Michele Zaza selbst an der Versammlung im Élysée-Palace teil, so wie er auch schon bei verschiedenen anderen Gipfeltreffen im Hotel Meridian zugegen gewesen war. Unter den anwesenden Personen der organisierten Kriminalität, die am 14. Februar zusammenkamen, war der wichtigste Mann Gaetano Fidanzati, der Chef des palermitanischen Stadtviertels Arenella. Ein *Don*, der beeindruckende Erfolge aufzuweisen hatte: Er war in einige der größten palermitanischen Affären verwickelt sowie am Massaker der Viale Lazio – im Dezember 1969 – und am Verschwinden des Journalisten Mauro de Mauro beteiligt; auch hatte er Hunderte

Kilo Heroin und Kokain nach Mailand und in die Vereinigten Staaten geschmuggelt. Die amerikanische DEA behauptet, er sei einer der Pioniere des Heroin-Kokain-Tausches, den die *Cosa Nostra* und die lateinamerikanischen Kartelle im Laufe der achtziger Jahre zu praktizieren begannen. Gaetano Fidanzati wurde im Maxi-Prozeß von Palermo zu 22 Jahren Gefängnis verurteilt. Als man ihn aus Gründen des Prozeßverfahrens vorläufig aus der Haft entließ, nutzte er die Gelegenheit, um zu verschwinden. Die italienischen Polizeibeamten sagten, er habe sich in Frankreich niedergelassen, wo er zahlreiche große Geschäfte zusammen mit einem französischen Industriellen tätige, der wiederum wegen seiner Vergangenheit als ehemaliger Resistancekämpfer und seiner Bedeutung als Großhändler von Edelsteinen – mit dem Osten – als unantastbar galt.
Wenn auch Gaetano Fidanzati der französischen Polizei entkam, so traf das nicht auf die drei unvorsichtigen *Dons* Nunzio Barbarossa und dessen Freunde Nunzio Guida und Umberto Noviglia zu, die beim Verlassen einer neben dem Élysée-Palace gelegenen Crêperie festgenommen wurden. Umberto Naviglia wurde in Italien wegen Drogenhandels, Entführung und Geldwäsche von Drogengeld gesucht. Auch Nunzio Guida war kein Unbekannter für die Polizei. Die DEA hatte ihn 1983 verdächtigt, von Paris aus, wohin er sich zusammen mit Nunzio Barbarossa und Michele Zaza geflüchtet hatte, einen Kokainhandel zu betreiben. Nach siebenjähriger Unterbrechung franden sich Nunzio Guida und Nunzio Barbarossa erneut in Frankreich ein. Ebenso wie Michele Zaza. Purer Zufall? Dies ist kaum wahrscheinlich, zumal die *Criminalpol* unterstreicht: »Zum gegenwärtigen Zeitpunkt scheinen sich zahlreiche kriminelle Machenschaften anzuspielen, die den derzeit aufgedeckten gleichen.«[9] Die Festnahme von Nunzio Guida, Nunzio Barbarossa und Umberto Naviglia wirbelte in Italien viel Staub auf und bewog eine wichtige Persönlichkeit, von Rom her anzureisen, um den Ermittlungen beizuwohnen. Es handelte sich um den Direktor des Hohen Kommissariats, das mit der organisierten Kriminalität in Italien beauftragt war, den Präfekten Domenico Sica. Michele Zaza sah die Zeit für etwas Luftveränderung gekommen. Der Neapolitaner sprach am Telefon davon, sich in Miami operieren lassen

9 *Criminalpol,* Bericht vom Oktober 1990.

zu wollen. Dazu kam es nicht: Er wurde am 15. März 1989 auf Anordnung von Jean-François Sampieri wegen Tabakschmuggels verhaftet.
»Die Festnahmen von Nizza haben gezeigt, daß sich diese Region Frankreichs in eine feste Operationsbasis gerade für die Form der italienischen Kriminalität entwickelt hat, die eng verknüpft ist mit der gefährlichsten kriminellen ›Bruderschaft‹, die in Italien zugange ist«, stellt ein Bericht von *Criminalpol* fest.

50 Millionen, um Zaza zu befreien

Es besteht kein Zweifel daran, daß Michele Zaza entschlossen war, das Gefängnis so schnell wie möglich zu verlassen. Er leistete sich zuerst die besten Rechtsanwälte oder in deren Ermangelung die bekanntesten. Der *Don* behauptet später vor Zeugen, er habe mehr als 2,5 Millionen Francs an Honoraren bezahlt. Einer der Anwälte – und nicht der unwichtigste – soll als Dreingabe ein Paar Schuhe bekommen haben. Statt eines Kommentars sagte Zaza nur: »Es waren meine Schuhe. Ich hatte sie an den Füßen, sie gefielen ihm, also zog ich sie aus und gab sie ihm. Er hat nicht nein gesagt.« Der Vorfall amüsierte ihn.
Nachdem Michele Zaza an mehr Gerichtshöfen gewesen war, als er jemals gedacht hätte, wußte er, wie wichtig der Beistand einflußreicher Mitglieder der Anwaltschaft sein konnte. Ein abgehörtes Telefongespräch brachte zutage, daß einer von Michele Zazas Anwälten eine Besprechung mit einem hohen Staatsbeamten der »Leitung für Grundrechte« im Innenministerium geführt hatte.
Man darf vermuten, daß der Rechtsanwalt den hohen Beamten wegen eines Details im Prozeßablauf um Rat fragte. Das ist nichts Verwerfliches. Es wäre weder der erste noch der letzte, der einen Verantwortlichen der Place Beauvau um seine Meinung ersuchte. Dagegen erklärte der Verteidiger des *Don* im Laufe eines in der Wohnung Michele Zazas abgehörten Telefongespräches, daß der hohe Beamte »versprach, sich darüber auf dem laufenden zu halten, ob man Michele Zaza ein Haar krümme«. Eine beunruhigende Stellungnahme, die sicherlich in keiner Weise die Denkweise des hohen Staatsbeamten wiedergibt, der, als ihn die Kriminalpolizei (Unterabteilung für wirtschaftliche und finanzielle Angelegenheiten der Direktion) deswegen vernahm, erklärte, so etwas nie geäußert zu haben.

Die italienischen Polizeibeamten begriffen schnell, daß die Rechtsanwälte nicht die einzigen waren, die auf die Freilassung des *Don* hinwirkten. Seit den Festnahmen von Nizza beobachtete die italienische Polizei intensiv die Verzweigungen der Organisation auf der Halbinsel: »Ganz offensichtlich gehen die Aktivitäten in Frankreich nicht ohne ständigen Kontakt mit Italien vonstatten, im wesentlichen von der starken Operationsbasis in San Remo; hier befindet sich eine bedeutende neapolitanische Kolonie, deren aktivstes Mitglied ein weiterer Geschäftsteilnehmer der Organisation namens Giovanni Tagliamento ist«, heißt es in einem Bericht der *Criminalpol*. Giovanni Tagliamento, der »frühreife« *Don*, ist 35 Jahre alt und hat eine belastete Vergangenheit, wie seine umfangreichen Vorstrafen bezeugen: illegales Glücksspiel, Beleidigung und Widerstand gegen die Staatsgewalt, Betrug und Nachahmung von Warenzeichen, Zugehörigkeit zu einer mafiosen Organisation und Drogenhandel. Einem Bericht der *Criminalpol* zufolge gilt er als »ein Stellvertreter von Michele Zaza«; ferner heißt es in besagtem Bericht: »Seine direkten Beziehungen zu den Chefs der Organisation in Neapel und auch seine Funktion als Vermittler zwischen den Geschäftspartnern, die in Frankreich operieren, machen ihn zu einer der wichtigsten Personen innerhalb der Wirtschaftsstruktur der Organisation.«

Giovanni Tagliamento war Geschäftspartner eines Mannes namens Giuseppe Arlotti, dem mehrere Diskotheken in San Remo gehörten. Neben anderen Trümpfen konnte sich besagter Giuseppe Arlotti rühmen, mit einer Monegassin verheiratet zu sein. Sein Schwiegervater René Sangiorgio war in Monaco Notar gewesen und hatte sich dann zur Ruhe gesetzt: was soviel bedeutete, als daß er nun entlang der französischen Riviera Geschäfte betrieb. Giovanni Tagliamento fragte also bei Arlotti an, ob sein Schwiegervater ihm nicht bei der Freilassung einer seiner Freunde behilflich sein könne: Michele Zaza.

»Durch meine Vermittlung wandte sich Tagliamento an Sangiorgio«, erklärte Arlotti den italienischen Polizeibeamten. »Bei ihm fand ein Treffen zwischen mir, Tagliamento und meinem Schwiegervater statt. Tagliamento bat meinen Schwiegervater, sich für Michele Zaza zu verwenden, den er als einen Mann schilderte, der seit zwei Jahren inhaftiert sei und der für ein ›geringfügiges‹ Verbrechen – Tabakschmuggel mit dem Ausland – verurteilt werden sollte; darüber hinaus sei er herzleidend. Mein Schwiegervater sagte, daß sich da sicher etwas machen ließe. Er telefonierte sofort mit dem Richter Pancrazi (*sic*), der damals Vorsitzender Richter beim Berufungsgericht in Aix-en-Provence war. Ich erinnere mich nicht mehr, ob das Gespräch sofort stattfand oder ob er ihn nicht sogleich erreichte und noch einmal anrufen mußte. Wie dem auch sei, er wurde zu einer Besprechung vorgeladen.«

Das Treffen war für den 27. Juni 1990 anberaumt. Einige Stunden zuvor kamen Giovanni Tagliamento, Giuseppe Arlotti und René Sangiorgio mit dem Schwiegervater Michele Zazas, Giuseppe Liguori, in einem Marseiller Hotel zusammen. Nach einem Abstecher zu einem der Anwälte Michele Zazas trennten sich René Sangiorgio und sein Schwiegersohn von den beiden Neapolitanern und fuhren in einem BMW nach Aix-en-Provence. Kaum eine Stunde später trafen sie sich mit Antoine Pancrazi, dem Vorsitzenden Richter der 13. Kammer des dortigen Berufungsgerichts. Ein Bericht der DEA besagt: »Die Beziehungen zwischen dem Richter und den beiden (Männern) schienen weit über das rein Geschäftliche hinauszugehen. Als die drei Personen sich zum ersten Mal begegneten, umarmten sie sich, wie es in Europa in Familien oder unter sehr guten Freunden Brauch ist.«[10]

»Zu Beginn der Mahlzeit redeten wir über nichts Besonderes«, erzählt Arlotti. »Erst gegen Ende kam mein Schwiegervater auf die Affäre Zaza zu sprechen. Er unterstrich zuerst, daß es sich um einen kranken Mann handle, und fragte dann, ob es nicht möglich sei, ihn – mit Hilfe einer Kaution von ein oder zwei Millionen Francs – in seinem eigenen Haus unter Haftstrafe zu stellen. Pancrazi sagte, der Name Zaza sei ihm bekannt, doch hätte er noch keinen Einblick in die Gerichtsakte genommen. Dennoch versprach er, sich zu informieren und mit seinem Schwager darüber zu sprechen, der als Vorsitzender der Kammer einen der Anträge Michele Zazas auf Haftverbüßung im eigenen Haus abgelehnt haben mußte.«

Das Treffen in Aix-en-Provence wurde von französischen Polizeibeamten verfolgt und fotografiert. Anfangs wußten diese noch nicht, wer der Gesprächspartner von Arlotti und Sangiorgio war und hielten alle drei für »Italiener«. In ihrem Protokoll notierten die Inspektoren das Ende der Mahlzeit, 14 Uhr 50, und fuhren dann fort: »Sie kommen

---

10 Notiz von der DEA vom 29. Juni 1990, als »heikel« eingestuft.

heraus und besteigen einen BMW. Die beiden Italiener (*sic*) setzen den dritten Mann vor der Bar de la Rotonde ab. Alle drei umarmen sich zum Abschied. Der BMW fährt in Richtung Ringstraße davon, keine weitere Beschattung. Der dritte Mann geht zu Fuß zum Justizpalast. Er betritt ihn und nimmt den Aufzug, der links gegenüber dem Empfang ist, dann steigt er auf der oberen Außengalerie aus. Von da aus ist er über die großen Treppen zurückgegangen, durch eine Tür (›kleine Treppe, nicht für die Öffentlichkeit zugänglich‹) geschritten und drei Minuten später wieder herausgekommen. Er wurde von drei Rechtsanwälten begrüßt, die sich auf der Außengalerie aufhielten, und ging dann ich Richtung eines Gerichtssaales, blieb einen Moment bei den Garderobenschränken stehen und ging dann links in ein Büro, nachdem er von einem weiteren Anwalt begrüßt wurde, der aus dem Gerichtssaal kam. Einige Minuten später sahen wir, daß auf dem Schild an der Tür stand: Kammervorsitzender – Monsieur Pancrazi.«

Sobald sie wieder in Marseille waren, begaben sich René Sangiorgio und Giuseppe Arlotti zusammen mit Giuseppe Liguori zu einem Rechtsanwalt Michele Zazas. Giuseppe Arlotti erzählt, was sich dann zutrug: »Mein Schwiegervater bat den Rechtsanwalt, im Namen von Michele Zaza ein Ansuchen auf vorläufige Haftentlassung oder Haft unter häuslichem Gewahrsam zu stellen. Der Rechtsanwalt antwortete ihm, daß er bereits fünf oder sechs Anträge gestellt habe und alle abgelehnt worden seien. Er hatte die Angelegenheit beim Gericht von Aix eingebracht, das die Berufung abgelehnt habe. Mein Schwiegervater sagte ihm, er möge ein erneutes Ansuchen stellen, es vom Marseiller Gericht ablehnen lassen und dann vor ein neues Berufungsgericht bringen. Mein Schwiegervater sagte nichts von dem Treffen mit Pancrazi. (. . .) Bei einem erneuten Treffen mit Tagliamento und Liguori sagte mein Schwiegervater, daß die Möglichkeit einer Haft im eigenen Haus für Michele Zaza bestünde, falls eine Kaution von ein oder zwei Millionen gezahlt würde. Ich denke, daß Liguori, der nicht französisch kann, ihn falsch verstanden hat und glaubte, mit dem Geld solle jemand bestochen werden. Meiner Kenntnis nach hat Pancrazi kein Geld erhalten. Auch habe ich nicht den Eindruck, daß er wegen der Freilassung Michele Zazas etwas unternommen hat, da sein Schwager vierzehn Tage später nach Lyon versetzt worden sei, wie er uns wissen ließ, und so nichts mehr zu machen sei.«

In Wirklichkeit war der Schwager von Pancrazi nicht nach Lyon versetzt worden und übte sein Amt noch immer in Aix-en-Provence aus. Jean-François Sampieri hatte, gemäß der Prozeßordnung, die zuständigen Behörden informiert: den Generalstaatsanwalt und den Ersten Vorsitzenden des Berufungsgerichts in Aix-en-Provence; letzterer lud kurze Zeit später Präsident Pancrazi vor.
Antoine Pancrazi wurde nach Veröffentlichung der bei dem Treffen gemachten Fotos durch die Presse, von einem Journalisten interviewt und sagte: »Ich habe bereits vor dem Vorsitzenden des Berufungsgerichts eine Erklärung abgegeben. Zwei Männer aus Monaco, die ich von früher her kannte, hatten mich um ein Treffen gebeten. Ich wußte nicht, daß seitens der Kriminalpolizei gegen sie ermittelt wurde, und hatte keine Ahnung, weswegen sie mich zu sprechen wünschten. Sie informierten mich über den Gesundheitszustand Michele Zazas, der in Baumettes inhaftiert war. In meiner dreißigjährigen Berufskarriere habe ich mich niemals der geringsten Intervention in einem anhängigen Prozeß schuldig gemacht. Ich habe eher den Ruf, repressiv zu sein und bin dem Anliegen selbstverständlich auch nicht nachgekommen.«[11]
Giovanni Tagliamento bemühte sich dennoch weiter um die Freilassung Michele Zazas. Einer seiner Freunde unternahm einen erneuten Vorstoß bei einem hohen französischen Beamten, einem Berater im Matignon, und unterbreitete ihm den Fall Zaza. Im Gegenzug für das Wohlwollen des Beraters beabsichtigte der Freund Tagliamentos, diesem Geld und ein sicheres Auskommen für den Tag zu bieten, wo er seine Amtsgeschäfte nicht mehr führte – was bald der Fall zu sein schien. Obwohl die Namen der Beteiligten bekannt sind, ist der Ausgang des Ansuchens unbekannt; fest steht nur, daß die Begegnung stattfand.
Wie dem auch sei, Michele Zaza wurde vorübergehend in ein Krankenhaus verlegt. Darauf versuchten die Männer Tagliamentos, einen der beiden wachhabenden Polizeibeamten zu bestechen. Doch der Beamte wurde alsbald entlarvt. Ein weiterer Versuch bei einem früheren Staatsbeamten in Nizza blieb ebenfalls erfolglos.
Doch Michele Zazas Mißtrauen gegenüber der Justiz seines Gastlandes war unbegründet. Nachdem er in Marseille verurteilt worden war,

---

11 *Le Canard enchainé* vom 10. Juli 1991.

saß er eine nur dreijährige Haftstrafe wegen Schwarzhandels ab. Drei Jahre: Eine lächerliche Strafe im Hinblick auf die Verdächtigungen, die französische und italienische Polizeibeamte gegen ihn hegten. Im Vergleich dazu: Dante Sacca, einer der mutmaßlichen Stellvertreter des *Don*, mußte eine zehnjährige Haftstrafe antreten. Zaza wurde also am 15. November 1991 freigelassen, nachdem er eine Geldstrafe von einer Million Francs an den französichen Zoll gezahlt hatte und unter Hausarrest gestellt worden war. Er war jetzt der Kriminalpolizei unterstellt, die davon träumte, ihn in flagranti beim Drogenhandel festnehmen zu können.

»Nie werden wir Michele Zaza mit einem Gramm Drogen zu fassen bekommen«, erklärt ein französischer Polizeibeamter. »Er ist viel zu intelligent. Es ist falsch, daß man sich in Frankreich so sehr auf den Drogenhandel konzentriert. Die wahre Gefahr ist wirtschaftlicher Natur. Das Sozialgewebe wird durch die Rückschleusung von Geldern durch die Casinos unterhöhlt.«

Operation Casino

Da Richter Sampieri herausgefunden hatte, daß gewisse Verbindungen zwischen Michele Zaza und dem Casino in Nizza bestanden, bat er die Abteilung Wett- und Glücksspiele des Nachrichtendienstes, die Buchführung dieser Spielbank einmal unter die Lupe zu nehmen.

Von allen französischen Casinos war die Spielbank von Ruhl dem Ansturm der transalpinen organisierten Kriminalität am meisten ausgesetzt. Nachdem in den achtziger Jahren erhebliche Unregelmäßigkeiten in der Geschäftsführung zu den gerichtlichen Streitigkeiten des Casino-Direktors Jean-Dominique Fratoni hinzukamen, wurde das Casino vorübergehend geschlossen. Am 3. April 1987 wurde es dank einer vom damaligen Innenminister Charles Pasqua unterzeichneten Verfügung wieder geöffnet und zog seither fast pausenlos einen Strom italienischer Spieler an, deren Absichten – der Abteilung Wett- und Glücksspiele zufolge – nicht immer harmlos waren.

Die Inspektoren, die sich mit der Buchführung des Casinos näher beschäftigten, stießen auf eine beträchtliche Anzahl italienischer Schecks. Im Jahr 1987 machten diese 60,68 Prozent des Umsatzes aus, der an den Spieltischen erzielt worden war! Um Schikanen der Zollbehörden, des Finanzamtes und der Banken zu vermeiden, profitierten einige Italiener, die ihre Spielschulden lieber per Scheck begleichen wollten, von einem ganz und gar außergewöhnlichen System. Mit Zustimmung der Spielbank stellten die größten, sorgfältig ausgewählten Spieler einen Scheck auf ihren Namen aus, bevor sie ihn indossierten und ihn einem Angestellten des Casinos übergaben. Die Gesamtsummen aus den ausgestellten Schecks wurden anschließend von mehreren Zweigstellen angenommen.

»Oft nimmt ein dem Casino bekannter Geldverleiher alle Schecks und übernimmt es, sie im Ursprungsland auf seinen eigenen Namen einzulösen«, erklärt ein Inspektor des Geheimdienstes. »Für diese Dienstleistung erhebt er eine Kommission von etwa 10 Prozent, wobei er dem Casino 90 Prozent der Summe sofort wieder abtritt. Dieses Verfahren ermöglicht natürlich jeden nur erdenklichen Mißbrauch auf dem Gebiet der Geldwäsche und ist eine ganz einfache Methode, die jedoch nur mit der Komplizenschaft der Angestellten des Casinos funktioniert. In diesem Fall traf das auf einen der Spielverantwortlichen zu.«

Auf den Listen der Personen, die an der Ausfuhr der Schecks beteiligt waren, fand Richter Sampieri einen alten Bekannten, einen gewissen Remo Donada, Geschäftsmann mit Wohnsitz in Lugano und Leiter der Monoval AG Trade, einer der Schweizer Firmen, die im Hafen von Marseille für den Zigarettenschmuggel verantwortlich gewesen und aufgeflogen waren. Es wird später noch einmal von Remo Donada die Rede sein, wenn über die »Pizza Connection« in der Schweiz berichtet wird.

Als die Inspektoren des Geheimdienstes die Exportwege der Schecks verfolgten, stießen sie auf die beiden Italiener, die sich so eifrig um die Freilassung Michele Zazas bemüht hatten: Giuseppe Liguori, Schwiegervater des letzteren, und Giovanni Tagliamento. Und was noch beunruhigender war: Den französischen Polizeibeamten wurde bald klar, daß die beiden Italiener die Protagonisten in einem Ränkespiel waren, das darauf abzielte, das Casino von Menton an sich zu reißen, dessen Besitzer, die SOCAM, durch ein Urteil des Handelsgerichts von Nizza vom 6. Juli 1989 eben zu einem gerichtlichen Vergleichsverfahren gezwungen worden war.

Die beiden Männer traten bei der Transaktion nicht direkt in Erscheinung. Sie hatten ihren Freund in San Remo, Giuseppe Arlotti und dessen Schwiegervater, den monegassischen Notar im Ruhestand,

René Sangiorgio, gebeten, ihnen zu helfen. Anfangs sträubte sich Giuseppe Arlotti. Er wollte Sicherheiten. Giovanni Tagliamento hatte nicht das Format, um eine derartige Operation durchzuführen, ebensowenig sein Geschäftspartner Sergio Corte, ein ehemaliger Croupier des skandalgeschüttelten Casinos von San Remo. Arlotti wollte die Sache schon aufgeben, als er erfuhr, daß der Notar von Alba bereit war, die ganze Operation durch ein Strohmann-System zu dekken. »Die Angelegenheit kam mir unglaublich vor«, erzählt er. »(...) Beruhigt machte ich mich an den Aufbau der Firma, doch nur, was die technischen und betrieblichen Belange betraf, aber ohne Kapitalzufuhr.«

Ende März 1990 trafen sich Giuseppe Arlotti und sein Schwiegervater René Sangiorgio mit Giovanni Tagliamento und Sergio Corte, um das Unternehmen in Angriff zu nehmen. »Im Lauf der Zusammenkunft sagten (uns) Corte und Tagliamento, daß sie im Hinblick auf den Erwerb des Casinos von Menton eine Gesellschaft mit beschränkter Haftung gegründet hätten – die Sofextour, deren Sitz sich im Casino befinde, und daß die Gesellschaft in Frankreich von einem aus der Anwaltskammer ausgeschlossenen Rechtsanwaltes namens Alain Verbyst gegründet worden sei, der in Menton (am Golf von Neapel) eine Pizzeria führe; ferner von Julien Tamini, einem Mann ohne Arbeit, der in seinem Leben mehrmals mit dem Gesetz in Konflikt gekommen sei«, erklärt Giuseppe Arlotti. »Wir wandten ein, daß letztere die Affäre wegen ihrer belasteten Vorgeschichte zum Platzen bringen könnten und daß es gesetzlich nicht möglich sei, ein französisches Casino mittels einer GmbH zu kaufen, sondern daß man dafür eine Aktiengesellschaft gründen müsse.«

Die Mehrheit des Kapitals der Sofextour (15 Millionen Francs) teilten sich ein einflußreicher Wirtschaftsanwalt von Asti, Maître Giuseppe Marinetti, und der Notar von Alba, Vincenzo Topino, der allein 55 Prozent des Gesamtanteiles besaß. Ein neues Problem tat sich auf, denn die Vergangenheit des Notars konnte zum Gegenstand unangenehmer Erkundigungen seitens der italienischen Polizei werden und den französischen Behörden einen allzu guten Grund liefern, die Genehmigung zu verweigern. Ohne zu zögern änderte Giovanni Tagliamento die Zusammensetzung des Aufsichtsrates der Sofextour, indem er den Notar von Alba aus der Liste der Gesellschafter strich. Seine Vorgehensweise, so bezeugen es die Untersuchungsbeamten, war der

eines echten Patrons würdig: Er zögerte nicht, Vincenzo Topino vor versammelter Mannschaft einen geladenen Revolver an die Schläfe zu halten.
Giovanni Tagliamento behielt im Gegenzug die Beteiligung des Rechtsberaters bei und behandelte ihn wie eine der wichtigsten Persönlichkeiten. Alles deutet darauf hin, daß er in ihm den zukünftigen Direktor der Firma sah – zu Unrecht, denn rein rechtlich mußte dieser die französische Staatsbürgerschaft besitzten. Tagliamento gab seinen Plan auf.
Andere Aktionäre teilten sich in die Minoritäts-Anteile der Sofextour. Die Frau von Sergio Corte, Jaqueline Reynaud, besaß 25 Prozent und sein Schwager Alexis Zevereff 10 Prozent. Ihre Beteiligung blieb unverändert, ebenso wie die der beiden anderen Geschäftspartner, die das repräsentierten, was der Geheimdienst die »korsischen Interessen« nannte, ein finanzielles Machtpotential, das in zweifacher Hinsicht unverzichtbar war: wegen der Kontrolle, die die Korsen über die Angestellten von Spielbanken in Frankreich ausübten, aber auch um jede Agitation der leicht erhitzbaren Gemüter zu vermeiden.
Der Pate der Korsen, vertreten durch die Minderheitsaktionäre, war der Verwandte eines Gangsterbosses der »French Connection«, der zu seiner Zeit gemeinsam mit einem bereits erwähnten palermitanischen Ehrenmann, Tommaso Buscetta, mit Heroin handelte. Der Mann, Besitzer mehrerer Hotels auf Korsika, steht ebenfalls unter dem Verdacht, an der Spitze einiger Labors zu stehen, in denen Heroin hergestellt wird. Im übrigen war er in den siebziger Jahren wegen Drogenhandels zu einer schweren Gefängnisstrafe verurteilt worden, die er aus unerklärlichen Gründen nie angetreten hatte. Gewisse rechtliche Übergriffe und einflußreiche Protektionen werden in diesem Zusammenhang genannt.
Die Versteigerung des Casinos von Menton war für Anfang April 1990 festgesetzt worden. Arlotti und seine Freunde hatten sich durch die monegassische Filiale der Banco di Roma einen Scheck über 5 Millionen Francs gegen eine große Summe Bargeld und eine Überweisung bestätigen lassen. Die Sofextour hatte nur einen Konkurrenten: die Firma Gorripier. Tagliamento und seine Freunde fürchteten einen Augenblick lang, die ganze Sache würde ihnen aus den Händen gleiten, doch konnten sie bald mit Erleichterung vernehmen, daß die hohe Prüfungskommission für Glücksspiele beschlossen hatte, die Firma

Gorripier wegen »mangelnder finanzieller Transparenz« von der Versteigerung auszuschließen! Nichtsdestotrotz wurde die endgültige Zuteilung um einige Wochen verschoben.
Währenddessen sahen sich Tagliamento und seine Bande bereits als Geschäftsführer des Casinos von Menton. Man entschied über die Verteilung der Rollen. Sehr schnell kam es zwischen den Italienern, die das Kapital einbrachten, und den Korsen zu Streitigkeiten. Die Gründung der Firma geriet in Verzug. Auf Ungeschicklichkeiten folgten grobe Fehler. Die Männer der Sofextour legten ein beträchtliches Maß von Delettantismus an den Tag, überschritten die gesetzlichen Fristen einiger Schriftstücke und brachten es schließlich so weit, daß die Angelegenheit drauf und dran war, ihnen zugunsten eines neuen Konkurrenten, der Gruppe Lucien Barrière, zu entwischen. Am 11. Mai 1990 ließ sich besagte Gesellschaft vom Gemeinderat in Menton durch Unterschrift eines Lastenverzeichnisses bestätigen, daß sie das Casino von Menton übernehmen und betreiben dürfe.
Giovanni Tagliamento konnte es kaum fassen. In einem Telefongespräch schreckte er nicht davor zurück, die Drohung auszustoßen: »Die Gruppe Barrière wird von einer einzigen Frau geleitet. Es wird nicht schwer sein, sie umzustimmen.« Doch bevor man zum Äußersten schritt, war geboten, alle legalen Möglichkeiten auszuschöpfen. Die Killer des organisierten Verbrechens wissen, daß Mord eine Lösung ist, die man nicht überstrapazieren sollte, insbesondere nicht in Frankreich.
Noch war nicht alles verloren. Der von der Kammer beauftragte Richter des Nizzaer Gerichts, der mit dem Vorgang beauftragt worden war, sowie der für die Abwicklung Bevollmächtigte erhoben Einspruch wegen Rechtsungültigkeit des Beschlusses durch den Bürgermeister von Menton. Sie ließen durchblicken, daß allein sie kraft ihrer Ämter über das Schicksal des Casinos von Menton entscheiden könnten. Diese Behauptungen wurden von Giovanni Tagliamento bereitwilligst aufgenommen. Der war entschlossen, alles ihm Mögliche für die Sofextour zu unternehmen, und erklärte seine Absicht, alle Entscheidungsträger zu kaufen. Und so sollen französische Beamte von den Männern der Sofextour Bestechungsgelder angenommen haben. Wer? Giuseppe Arlotti bringt sehr schwere Anschuldigungen vor.
»Ich habe Corte auf seine Bitte hin 200 000 Francs übergeben«, erklärt Giuseppe Arlotti. »Die Summe war für den Richter des Handelsge-

richtes bestimmt, der mit dem Konkursverfahren beauftragt war; er sollte sich für die Zuteilung des Casinos an die Sofextour aussprechen.« Arlotti behauptet, ganz sicher zu sein, daß Corte die 200 000 Francs durch einen Vertreter der korsischen Geschäftspartner der Sofextour übergeben hat. Er erklärt mit Bestimmtheit, daß »Tagliamento sich dem Richter mit Hilfe eines Freundes genähert habe, der den Nachtclub von Nizza besaß. Bei dem besagten Essen sprach man – ohne auf die Details einzugehen – von der Zuteilung des Casinos an die Sofextour.«

Giuseppe Arlotti fährt mit seinen Anschuldigungen gegen den Beamten fort: »Am darauffolgenden Tag sagte Corte zu mir, er brauche die 200 000 Francs, um ihn ›milde zu stimmen‹«. Er erklärte, er sei ganz sicher, daß der Richter sie auch erhalten habe, denn am Tag nach der Übergabe der Gelder nahm der Richter an der Zusammenkunft im Hause der monegassischen Firma Arlottis teil. »Er versicherte uns, daß das Casino uns zugesprochen werde«, behauptete Arlotti in einem Protokoll. »Er bereitete den Antrag, den er vor das Handelsgericht bringen wolle, vor und sagte uns, er träte für die Sofextour ein und wolle hervorheben, daß wir uns verpflichteten, alle Angestellten mit zu übernehmen. Er fügte noch hinzu, er selber kümmere sich darum, den Konkursverwalter ›milde zu stimmen‹.« Später versicherte Corte Arlotti, er persönlich habe dem Konkursverwalter – in mehreren Übergaben – 300 000 oder 400 000 Francs zukommen lassen; der habe zugunsten der Sofextour gewirkt. So habe er Corte den Antrag auf Teilnahme an der Versteigerung, der nach der gesetzlichen Frist gestellt worden war, zurückgegeben, damit er vordatiert werden könne.

Das Ende der Sofextour

Tagliamento und seine Freunde zogen auch noch andere in diese undurchsichtige Geschichte mit hinein. Man nahm mit einem Funktionär der Sozialistischen Partei Korsikas Kontakt auf. Ein Pariser Rechtsanwalt, der vorgab, einen gewissen Einfluß auf die Unterabteilung Wettspiele und Glücksspiele des Nachrichtendienstes zu haben, versuchte auf sehr ungeschickte Weise, seine Beziehungen spielen zu lassen, indem er eine beträchtliche Summe Bargeld bezahlte. Der Rückkauf des Casinos von Menton schien also unter einem günstigen

Stern zu stehen. Doch zur Bestürzung der Leiter der Sofextour betraute die Stadtverwaltung von Menton die Gruppe Barrière mit dem Lastenverzeichnis.
Manche Freunde Tagliamentos gaben vor, die Verwaltung von Menton in der Hand zu haben, an der man bei der Zuteilung des Casinos nicht vorbei kam. Andere behaupteten, den Bürgermeister, oder Angestelle und Gemeinderäte gekauft zu haben. Sehr schwerwiegende Behauptungen, die vielleicht Gemütern entstammten, die enttäuscht und verbittert darüber waren, daß sie nicht ans Ziel gekommen waren. Wie dem auch sei, gegen die Politiker von Menton wurde wegen Korruption ermittelt; das Verfahren wurde vom Anklagesenat von Aix-en-Provence eingeleitet, der es, der Kriminalpolizei zufolge, nicht sehr eilig zu haben schien, die nötigen Nachforschungen durchzuführen. Das Handelsgericht von Nizza seinerseits erklärte das Angebot der Sofextour für zulässig und vertraute die Inbetriebnahme des Casinos von Menton den Geschäftspartnern von Giovanni Tagliamento an. Ein merkwürdiges Tauziehen begann.
Da die Entscheidung der Stadtverwaltung von Menton die richterlichen Alleinbefugnisse mißachtete, hatte die Sofextour noch alle Chancen, aus der Sache als Gewinner hervorzugehen. Um so mehr, als sie in der Person des Staatsanwaltes einen ebenso unerwarteten wie zweckdienlichen Beistand erhielt, der öffentlich für ihren Plan Partei ergriff. Die irrtümliche Entscheidung der Stadtverwaltung von Menton brachte einen hohen französischen Beamten dazu, die Operation der transalpinen organisierten Kriminalität in gutem Glauben zu unterstützen. Das hätte ein interessantes juristisches Nachspiel geben können.
In Wirklichkeit waren sich die Männer der Sofextour nicht bewußt, daß sie nun Ziel einer breitangelegten Untersuchung waren, die von französischen, italienischen und amerikanischen Polizeibeamten und Geheimdiensten durchgeführt wurde. Sie hätten eigentlich besser auf der Hut sein müssen, da einige von ihnen regelmäßig von Untersuchungsbeamten kontrolliert wurden. Aber professionelle Gesetzesbrecher vom Schlag eines Giovanni Tagliamento hatten es schon lange gelernt, vor den Augen der Polizei zu leben und zu arbeiten.
In San Remo, der Stadt Giovanni Tagliamentos, standen Beamte und Polizei in seinen Diensten. Auch informierte man ihn, wenn sich etwas gegen ihn zusammenbraute. Sollten sich etwa Polizeibeamte aus Genua für seine Angelegenheiten interessieren? Er kannte ihre Namen und die

Immatrikulationsnummern ihrer Wagen, noch bevor sie aus der Hauptstadt Liguriens aufgebrochen waren. Doch der *Don* von San Remo fürchtete nur eines: das Einschreiten von Beamten des Hohen Kommissariats, das mit dem Kampf gegen die organisierte Kriminalität beauftragt ist und unter der Leitung Domenico Sicas steht. Und als eben ein solcher Beamter des Hohen Kommissariats in die Nähe von Giuseppe Arlotti kam und Tagliamento dies erfuhr, schloß er ihn – aus purer Vorsicht – von der Aktion aus.

Die Zuteilung des Casinos von Menton war nur eine Etappe. Die Organisation strebte das Monopol im Leih- und Wechselsystem an, das die Rückschleusung des schmutzigen Geldes der *Cosa Nostra* in Frankreich sichern sollte. In einem Bericht erwähnt die *Criminalpol* »ein ehrgeiziges Projekt«, das dazu bestimmt ist, die Kontrolle über »mehrere andere französische Casinos« zu erlangen. Eine Meinung, die durch die vom Nachrichtendienst abgehörten Telefongespräche bestätigt wird. Zu jener Zeit wurden auch einige andere französische Spielhallen verkauft. Es fanden sogar Treffen zwischen den Leitern der Sofextour und diversen Besitzern französischer Spielhallen statt, die planten, sich aus dem Gewerbe zurückzuziehen. Auch im Immobilienbereich hatte die Organisation ehrgeizige Pläne, insbesondere auf Korsika. Giovanni Tagliamento rühmte sich, für Aktionen wie den Rückkauf des Casinos über die Hilfe von »Sizilianern, Neapolitanern und Kalabresen« zu verfügen, ein unbestreitbarer Vorteil, der durch seine unnachgiebige Entschlossenheit verstärkt wurde: Der Boß von San Remo ließ verlauten, er sei bereit, jeden zu vernichten, der sich ihm in den Weg stelle.

Vom Standpunkt einiger französischer Untersuchungsbeamten aus, durfte man bei den Vorgängen um das Casino von Menton vorerst nicht einschreiten und es zulassen, daß die Männer der Sofextour sich einer französischen Spielhalle bemächtigten. Die Gelegenheit war zu günstig: Zum ersten Mal glaubten die französischen Polizeibeamten, die Machenschaften der Ehrenmänner und ihrer Komplizen ganz aus der Nähe beobachten zu können. Alles war in die Wege geleitet, damit man sehen konnte, wie ein gigantisches Unternehmen der Geldwäsche in Gang käme. Ein paar hohe Beamte des Nachrichtendienstes spielten die Rolle der »Lockvögel« und suchten Annäherung an Giovanni Tagliamento und seine korsischen Geschäftspartner, die immer nach neuen Komplizen Ausschau hielten.

Der ursprüngliche Plan sah vor, die Organisation zwischen der Unterabteilung Wett- und Glücksspiele des Nachrichtendienstes, die die Geldwäsche im Auge behalten sollte, und der lokalen und nationalen Leitung der Kriminalpolizei in die Zange zu nehmen, deren Auftrag der Kampf gegen den illegalen Drogenhandel ist. Doch der Nachrichtendienst war praktisch am Ende seiner Ermittlungen angelangt, was bei der Kriminalpolizei noch lange nicht der Fall war. Vielleicht sollte man an dieser Stelle auf den Krieg der verschiedenen Polizeiapparate hinweisen, bei dem sich Kriminalpolizei und Nachrichtendienste gegenüberstehen, sofern es sich hier nicht um mangelndes Verständnis für die Machenschaften der organisierten Kriminalität handelte, deren Komplexität den Sicherheitsdiensten aufgrund ihrer wohlorganisierten Aufspaltung entging. Fest steht jedoch, daß einige Ermittler den Eindruck gewannen, die Kriminalpolizei weigere sich, in diese Angelegenheit allzu viel Energie zu investieren. Die Direktion des Nachrichtendienstes war tief erschüttert angesichts eines Rechtshilfeersuchens wegen Übertretung der Betäubungsmittelgesetze. Jetzt galt es einzuschreiten, man mußte »die Sache auffliegen lassen«, wie es im Polizeijargon heißt.

In Zusammenarbeit mit seinem neapolitanischen Kollegen Franco Roberti nahm Richter Jean-François Sampieri die Sache in Angriff. Am 15. April 1991 erfolgte – in Frankreich zur selben Zeit wie in Italien – eine erste Verhaftungswelle. Am 23. Juni 1991 konnten bei einer Razzia Dutzende Personen festgenommen werden, unter denen sich auch Giovanni Tagliamento befand.

Jean-François Sampieri war sich seines Handlungsspielraumes wohl bewußt. Es war der Polizei nicht gelungen, die Existenz eines illegalen Drogenhandels nachzuweisen. Folglich war es ihr laut Gesetz unmöglich, das Delikt der Geldwäsche zu beweisen. Dagegen war eine unmittelbare Folge der Ermittlung jedoch, den Rückkauf des Casinos von Menton durch die organisierte italienische Kriminellengruppe verhindert zu haben und den Ermittlern in Frankreich somit zum ersten Mal Einblick in das Funktionieren und die verschiedenen Aktivitäten eines multinationalen kriminellen Unternehmens aus nächster Nähe zu gewähren. Auch konnte man darauf hoffen, daß durch die ganze Angelegenheit Richter, Staatsanwälte und Polizei aufgerüttelt würden, die bis dahin mit Blindheit geschlagen gewesen waren.

Die von Jean-François Sampieri vorgelegte Gerichtsakte war beispiel-

los: Noch nie war eine Ermittlung über die Niederlassung der transalpinen organisierten Kriminalität in Frankreich so weit gegangen. Die Ermittlungsbeamten hatten nach Belieben die diversen Rädchen ein- und derselben Organisation studieren können: von den Zigarettenschmugglern über Strohmänner, bis hin zu den Geldwäschern. Und sie konnten abschätzen, mit welcher Tragweite die Korruption der italienischen Paten das soziale Geflecht einer Region angreifen kann.
Wie wichtig die Affäre auch immer war, sie stellte keineswegs einen Einzelfall dar. Etwa zur selben Zeit waren Pariser Polizeibeamte einem italienischen Paten auf der Spur, der mit osteuropäischen Ländern Handel trieb. Im Norden Frankreichs entdeckte man einen illegalen Fleischhandel, der von italienischen Ganoven betrieben wurde, und in der Region um Lyon arbeiteten die Untersuchungsbeamten schon seit geraumer Zeit an einer großangelegten Ermittlung über einen rechtswidrigen Antiquitätenhandel, hinter dem eine Bande der neapolitanischen *Camorra* stand. Und was noch beunruhigender war: Mehrere Nachforschungen ergaben, daß die Paten der organisierten Kriminalität es sich nicht nehmen ließen, in Frankreich Läden zu eröffnen, mit einer klaren Vorliebe für Pizzerias und Ledergeschäfte, und eine unüberschaubare Anzahl Immobilienbüros zu gründen. Im Grunde war diese Gefahr noch viel größer, wie ein französischer Polizist erklärt: »Oft begehen die nach Frankreich geflohenen Verbrecher kein Delikt gegen unsere Gesetzgebung. Sie begnügen sich damit, ihren Geschäften nachzugehen und dabei Geld, das von Schweizer oder deutschen Banken gewaschen wurde, mehrmals zu investieren. Wenn kein internationaler Haftbefehl gegen sie vorliegt, begnügen wir uns wiederum damit, sie zu überwachen. Und häufig reichen die von den Italienern ausgestellten Haftbefehle – wegen der mangelnden Vereinbarkeit der Gesetze – nicht aus, um die Auslieferung zu erwirken.« Doch nicht alle Polizeibeamten teilten diese Sorge, denn im Laufe des Sommers 1992 behauptete ein leitender Beamter der Kriminalpolizei von Marseille in seinem Bericht, im Süden Frankreichs gebe es keine organisierte Kriminalität, deren Ursprünge im transalpinen Raum lägen. Eine Behauptung, die durch die Anwesenheit zahlreicher italienischer *Dons* in Marseille, darunter Domenico Libri, mutmaßlicher Chef der kalabrischen *'Ndrangheta*, widerlegt wurde.
Der Nachrichtendienst begann, Domenico Libri im Frühjahr 1992 zu beschatten. Man war noch in der Beobachtungsphase, als die italieni-

sche Polizei darauf drang, ihn festzunehmen. Nach einer Welle schmerzlicher Mißerfolge und nach den Morden an den Richtern Giovanni Falcone und seines Nachfolgers Paolo Borsellino, forderte die italienische Regierung Ergebnisse; sie versprach sogar eine Prämie von ca. 670 000 D-Mark wegen der außerordentlichen Wichtigkeit dieser Verhaftung. Doch der französische Nachrichtendienst hatte kein Interesse an einer Beschleunigung der Dinge, er benötigte mehr Zeit, um die Funktionsmechanismen von Libris Immobilienfirmen und seine nach Frankreich geknüpften Kontakte noch gründlicher zu studieren. Die Einschaltung der Kriminalpolizei in die Ermittlung brachte den Stein dann ins Rollen: Der *Don* wurde am 16. September 1992 am Vortag einer Geschäftsreise nach Rumänien festgenommen. Auf diese Weise entging der französischen Polizei erneut die Gelegenheit, ein besorgniserregendes Phänomen genauer zu beobachten: nämlich das, das in der Zukunft all ihre Aufmerksamkeit auf sich ziehen sollte und mit dem sich schon andere europäische Polizeidienststellen beschäftigten.

5
Die Cosa Nostra in Nordeuropa

Die Cosa Nostra in Deutschland – Die großen »Familien« – Die Sklavenhalter des Königreichs Belgien – Die britischen Stützpunkte – Die Mörder des Bankiers Roberto Calvi – Die toten Seelen von Palma di Montechiaro

Die Cosa Nostra in Deutschland

Die organisierte Kriminalität war lange Zeit die geringste Sorge des Bundeskriminalamtes. Erst 1989 wurde es sich klar über die Bedeutung der Unterwanderung durch die *Cosa Nostra*. Nach Abschluß diverser Ermittlungen mußten die deutschen Polizeibeamten zur Kenntnis nehmen, daß eine richtiggehende kleine Armee ihr Quartier zwischen Rhein und Oder aufgeschlagen hatte. Die Ehrenmänner, die seit Jahrzehnten in der Bundesrepublik ansässig waren und zu einer großen Gemeinde italienischer Emigranten gehörten, hatten in den Städten schon lange festen Fuß gefaßt. Die »Familien« kontrollierten bereits Tausende von Läden, Pizzerias, Textilfabriken und Elektrogeschäfte. Außerden schmuggelten sie Waffen, Drogen und Zigaretten, erpreßten italienische Einwanderer und mordeten ebenso schnell wie in Palermo. Und was noch besorgniserregender war: Die Kinder der Ehrenmänner, die Ende der fünfziger Jahre nach Deutschland ausgewandert waren, traten die Nachfolge ihrer Eltern an. Diese zweite Generation war in der Bundesrepublik heimisch und intelligenter und raffinierter als die erste. Sie war in dem begüterten Deutschland zur Zeit des Wirtschaftsbooms aufgewachsen, wohlintegriert, und verstand es so, die geringsten Schwächen des Systems zu nutzen.
Die Vorzeichen für eine Unterwanderung durch die organisierte Kriminalität waren jedoch schon seit Jahren sichtbar. Angefangen beim Anstieg der Delikte in den klassischen kriminellen Sektoren (Auto-

diebstahl, Drogenhandel, Herstellung falscher Papiere, Erpressung, Prostitution) oder auch scheinbar unerklärlichen Rechnungsbegleichungen innerhalb der italienischen Gemeinde.
In einem Bericht des Zentrums für Statistische Untersuchungen Italiens *(CENSIS)* von 1992, das der organisierten Kriminalität in Europa gewidmet ist, kam unverhohlen Besorgnis zum Ausdruck: »Es besteht die Gefahr, daß die organisierte Kriminalität (in Deutschland) ähnliche Merkmale wie die sizilianische aufweist. In einigen deutschen Städten haben sich Skandale abgespielt, die das Schlimmste voraussahnen lassen. 1977 deckte man in Berlin ein illegales Netz auf, das Baulöwen und Senatsmitglieder umfaßte und von der CDU und dem Rotlichtmilieu angeführt wurde.«[12]
Als das BKA im Jahr 1989 durch ungewöhnliche Ereignisse alarmiert wurde, eröffnete es eine breitangelegte Untersuchung über die erschreckende Zunahme von Autodiebstählen. Die deutschen Polizisten entdeckten bald, daß ihr Land des Zentrum eines breitangelegten internationalen illegalen Handels war, der von Banden geführt wurde, die nichts mit denen der vorangehenden Jahrzehnte gemein hatten. Ihre Männer, in der Mehrheit Italiener, bewiesen mehr Grausamkeit, Schläue und Beweglichkeit als die des deutschen Milieus. Sie verstanden es, sich die gegensätzlichen Interessen und konkurrierenden Rivalitäten unter den deutschen, ja sogar unter den europäischen Polizisten zunutze zu machen und konnten zudem hervorragend von den guten Diensten ihrer Rechtsanwälte profitieren. In erster Linie interessierte sich das BKA neben dem illegalen Kraftfahrzeughandel für den Handel mit Drogen, mit Waffen und mit Zigaretten und beschäftigte sich dann mit organisierten Erpressungen und Ermordungen. Jedesmal waren dieselben Banden am Werk.
Dem *CENSIS* zufolge fürchteten die deutschen Polizeibeamten zu Beginn der neunziger Jahre, mitansehen zu müssen, wie »die Paten des organisierten Verbrechens zu Gesprächspartnern von Politikern und anderen staatlichen Verantwortungsträgern« würden. Eine vertrauliche Mitteilung des BKA wies auf Kontakte zwischen zwei führenden Mitgliedern der Kuppel, dem gefährlichen Corleoneser Toto Riina und seiner rechten Hand, Salvatore Provenzano, und Mitgliedern

---

12 CENSIS: »Contro e dentro: criminalita istituzioni società«, 7. Januar 1992.

rechtsgerichteter politischer Parteien hin. Einige sprechen bereits heute von der »Sizilianisierung« Deutschlands. Das *CENSIS* hat seine Gesprächspartner bei der deutschen Polizei gefragt, wie sie der Plage entgegentreten wollen. Die Antwort fiel enttäuschend aus: »Angesichts der organisierten Wirtschaftskriminalität verlangt das BKA Zugang zu den Bankkonten der Verdächtigen, um daraus ihre Herkunft bestimmen zu können, insbesondere wenn sie ihren Ursprung im Ausland hat. Und im Hinblick auf das Europa ohne Grenzen möchte das BKA die Zusammenarbeit in puncto organisierter Kriminalität mit den anderen Staaten verstärken.« Letzteres Ansuchen wirkte eher wie ein frommer Wunsch. Innerhalb der Länder der Europäischen Gemeinschaft fällt es schon den unterschiedlichen Polizeidienststellen schwer, sich hinsichtlich des organisierten Verbrechens aufeinander abzustimmen. Wie sollte man da an ein wirksames Eingreifen auf europäischer Ebene glauben?

Es ist zu spät, die Invasion zu verhindern, meinen die Beamten des BKA in einer detaillierten Studie über die Straftaten der organisierten italienischen Kriminalität in der Bundesrepublik. »Ein in der Geschichte der deutschen Polizei einmaliges Projekt«, laut des *Spiegels*[13], der hervorhebt: »Die Sicherheitsexperten haben diese Untersuchung über die sizilianischen, neapolitanischen und kalabresischen ›Familien‹ mit typisch deutschem Ernst betrieben.« Gut ein Zehntel dieses Berichts, der mehr als 300 Seiten umfaßt, besteht nämlich aus einer Auflistung der Italiener, die in Deutschland wohnhaft sind und Kontakte zum organisierten Verbrechen haben. Von A wie Abate bis Z wie Zumbo.

Die deutschen Polizeibeamten erhielten Hilfe von dem Mafiaaussteiger und Kronzeugen Tommaso Buscetta, den sie lange vernahmen. Dank seiner Aussagen verstanden sie, wie sich die sizilianischen »Familien« seit Beginn der sechziger Jahre auf der rechten Rheinseite niedergelassen hatten. Die Invasion begann im Süden, in Kempten, einer kleinen, anmutigen Stadt, deren Rathaus zwiebelförmige Türme hat und die als Zentrum für Milchprodukte in Süddeutschland gilt. In den sechziger Jahren benötigte eine ihrer Textilfabriken Arbeitskräfte; sie ließ etwa hundert Facharbeiter aus Adrano kommen, einer Stadt an den Hängen des Ätna. Heute zählt man mehr als 1500 Italie-

13 *Der Spiegel,* 24. August 1992.

ner in Kempten. Den Aussagen der lokalen Polizei zufolge sollen davon zehn Prozent zur organisierten Kriminalität gehören.
Handel mit Kokain, falschen Dollars, Erpressungen, Autodiebstähle, Morde: Die »Familie«, welche die Region beherrscht, zeichnet sich nicht gerade durch Originalität aus. Zu Beginn der neunziger Jahre wurde sie von einem Sizilianer angeführt, der in seinem Land wegen zweifachen Mordes gesucht wurde. Seine Verhaftung im Jahre 1990 hinterließ eine Lücke, die rasch von einem Mann namens Vito di Stefano ausgefüllt wurde, Besitzer mehrerer Pizzerias in Deutschland und Belgien, der, als er seinerseits ins Gefängnis kam, den eigenen Brüdern seinen Platz überließ. Letztere bezahlten die Gerichtskosten dank »Spenden«, die aus der italienischen Gemeinde stammten. Es handelte sich in Wirklichkeit um eine »Steuer«, die noch zu den »Abgaben« hinzukam, welche die Erpresser der »Familie« regelmäßig bei den italienischen Geschäftsleuten der Stadt abkassierten. Die meisten schickten sich darein und bezahlten, da sie zu verängstigt waren, um zu protestieren. Doch der Besitzer einer Pizzeria weigerte sich: Sein Lokal wurde durch Brandstiftung zerstört. Auch ein Industrieller sträubte sich: Die Konsequenz war, daß die Bremsen seines Überlandbusses, der zum Transport der Arbeiter diente, beschädigt wurden.
Mit Leichtigkeit könnte man weitere Beispiele für die Gewalt aufzählen, die durch die italienische organisierte Kriminalität nach Deutschland importiert wurde. In diesem Zusammenhang sollte man an die Brandstifter erinnern, die zu hohen Gefängnisstrafen verurteilt wurden, nachdem sie in der Nähe von Hof einen Laden verwüstet hatten. Ferner wäre da der Fall einer Erpresserbande zu nennen, die in der Hamburger Gegend mit Granaten ihr Unwesen treibt; auch sollte nicht unerwähnt bleiben, daß die niedersächsische Polizei infolge einer Einschüchterungskampagne größte Schwierigkeiten hat, italienische Dolmetscher zu finden, und die Worte jenes Frankfurter Polizeibeamten zitieren, der behauptet, daß in seiner Stadt 80 Prozent der Italiener von einer Handvoll Landsleuten erpreßt werden.
Dennoch muß man dem Jesuitenpater Pintacuda, einem militanten Kämpfer gegen die organisierte Kriminalität in Palermo, zustimmen, der meint, die Deutschen hätten unrecht, sich allein auf die Gewalt zu konzentrieren, die in ihrem Land herrsche. Die Kriege gehen vorüber, und die »Familien« sind dann am gefährlichsten, wenn man nicht über sie spricht. Doch Umberto Vecchione, Leiter der *Criminalpol* von

Neapel, widerspricht dem Jesuiten. Glaubt man dem neapolitanischen Beamten, so hat die *Camorra* schon seit Jahren still und heimlich das deutsche Territorium unterwandert. Wenn man ihn um genauere Angaben bittet, beziffert der Beamte die kleine Armee auf deutschem Boden mit 2000 »Soldaten«.

Dem BKA zufolge dient Karlsruhe als Zufluchtsort für einen der größten Bosse der organisierten neapolitanischen Kriminalität namens Lorenzo Nuvoletta, dessen Vermögen sich, wie deutsche Beamte versichern, auf fast 3 Milliarden D-Mark beläuft. Ein anderer *Don* der *Camorra*, Antonio Egizzio, besitzt Dutzende Kleidergeschäfte und Parfümerien in Bayern, hinter denen sich in Wirklichkeit ein gigantischer Drogenhandel verbirgt. Die *Camorristen*, die zu einer der wichtigsten »Familien« in Neapel gehören, der des Multimilliardärs Carmine Alfieri, haben sich in Nürnberg niedergelassen, von wo aus sie Waffen und gestohlene Autos in osteuropäische Länder überführen. Ihre Kollegen des Clans Licciardi besitzen Dutzende von Pizzerias und Textilfabriken in der Berliner Gegend, die ebenfalls Ausgangsbasis für ein riesiges Schmuggelnetz sind, das sich innerhalb eines Jahres, mit einem Abstecher nach Warschau, bis nach Moskau ausgedehnt hat. Die übrigen Organisationen der italienischen organisierten Kriminalität stehen ihnen in nichts nach. Die »Familien« der *'Ndrangheta* haben sich im Rheintal auf den Diebstahl von Luxuskarossen spezialisiert, in Berlin auf den Handel mit Falschgeld und auf die Geldwäsche mittels Immobilieninvestitionen in Schwaben und in Gebieten der früheren DDR. Schlußendlich bringen die Mitglieder der *Sacra Corona Unita* – deren Ursprungsgegend Apulien ist – alle Arten von Drogen nach Deutschland. Die Organisation wird von Antonio Riezzo angeführt, einem siebenundvierzigjährigen Emigranten, der in München Zuflucht gesucht hat, nachdem er in Italien zu neun Jahren Gefängnis verurteilt worden war.

Die großen »Familien«

Das BKA wurde sich dieses Problems am 9. September 1988 bewußt, als zwei sizilianische Ehrenmänner, Pasquale Caruana Junior – ein naher Verwandter und Namensvetter des Chefs der Familie von Siculiana – und Giuseppe Cuffaro in Weil am Rhein, an der deutsch-

schweizerischen Grenze festgenommen wurden. Durch ein Versehen ließ die deutsche Polizei letzteren wieder frei, obwohl er mit demselben internationalen Haftbefehl gesucht wurde wie sein Komplize. Wider Erwarten gelang es der Polizei, ihn am 9. November 1988 in Baden-Baden aufzugreifen. Obwohl er die Möglichkeit gehabt hätte, nach Sizilien zu fliehen, war Cuffaro in der Bundesrepublik geblieben. Wollte er vielleicht Pasquale helfen, einem trotz seines relativ jugendlichen Alters recht korpulenten Ehrenmann? Möglicherweise blieb er, ungeachtet der damit verbundenen Risiken auch im Land, um einen Auftrag zu erledigen. Das BKA war von dem disziplinierten Verhalten, das Giuseppe Cuffaro demonstriert hatte, sehr beeindruckt. Er hatte Deutschland ganz offensichtlich deshalb nicht verlassen, weil er ganz genauen Anweisungen seiner Vorgesetzten bei der *Cosa Nostra* gehorchen wollte.
Was machten Pasquale Caruana und Giuseppe Cuffaro in Weil am Rhein? Dem BKA zufolge gehörten die beiden Männer zu einer »Gruppe, die in den vergangenen zehn Jahren den Transport von 800 Kilo Heroin und 75 Tonnen Haschisch von Indien und Thailand über Sizilien, die Schweiz und Großbritannien nach Kanada organisiert hat. Die Droge war für den amerikanischen Markt bestimmt, hauptsächlich für New York. (...) Caruana und Cuffaro wollten sich in Deutschland niederlassen, um einen Handel mit Drogen aus Südwestasien aufzubauen; die daraus entstehenden Gewinne wollten sie durch legale Wirtschaftsinvestitionen rückschleusen.«
Mit zehnjähriger Verspätung sah das BKA in dieser Affäre die Anfänge einer Invasion, die in Wirklichkeit bereits stattgefunden hatte. Die beiden Ehrenmänner gehörten zur Familie von Siculiana – einer kleinen Ortschaft in der Provinz Agrigent – das heißt zu einem Clan, der an der Spitze eines kriminellen Welt-Imperiums stand, von dem man ohne Übertreibung nach dem Vorbild des einstigen britischen Weltreiches sagen könnte: Hier geht die Sonne nicht unter. Den kanadischen Gerichten zufolge soll die Familie von Siculiana in ihren Reihen »die bedeutendsten Drahtzieher der nordamerikanischen Unterwelt« haben. Ihre Guthaben bezifferte das FBI auf mehr als 500 Millionen Dollar.
Hat eine Verbrechensorganisation einmal diese gigantische Größe erreicht, kann man schwerlich noch von »Familie« sprechen. Das Wort »Agglomeration« wäre passender. Die palermitanischen Beamten er-

läutern deren Struktur: »Eine sehr enge Verflechtung zwischen den verschiedenen ›Familien‹, die in diversen Ländern der Erde wohnen, verbunden mit einer ebenso engen Verflechtung der wirtschaftlichen und industriellen Beziehungen, welche dazu dienen, die Vernetzung für den internationalen Drogenhandel und für die Kapitalrückschleusung zu verbessern.«[14]

Der Kronzeuge Tommaso Buscetta kannte die Caruanas gut. Er hatte sich selbst lange Zeit gefragt, wie sie weiterhin die Familie von Siculiana kontrollieren konnten, obwohl ihre Mitglieder seit Jahrzehnten in alle Winde zerstreut waren. Es war in der Tat merkwürdig, daß ein »Familien«-Chef in Venezuela wohnte, jedoch »Soldaten« befehligte, die in Kanada, der Bundesrepublik und Großbritannien ansässig waren und zugleich dafür sorgte, daß in einem sizilianischen Ort die Regeln der *Cosa Nostra* eingehalten wurden. Diese lokale wie internationale Dimension ist ein grundsätzliches Merkmal für das Funktionieren der großen sizilianischen Verbrecherfamilien. Ohne die Verbindung zur heimatlichen Erde und zu dem Dorf, aus dem sie stammen, zählen die Ehrenmänner nichts, ganz gleich, wie groß ihr Vermögen im Ausland sein mag.

Die Geschichte könnte so beginnen: Es waren einmal vier Ehrenmänner, vier Brüder, Liborio, Pasquale, Paolo und Gaspare; sie waren die Söhne von Giuseppe Caruana, dem *Don* der Familie von Siculiana. Aus Gründen, die wohl in Schwierigkeiten mit der dortigen Kriminalpolizei zu suchen sind, waren sie in den fünfziger Jahren gezwungen, ihre Ortschaft Siculiana überstürzt zu verlassen. Sobald sie sich in Montreal niedergelassen hatten, begannen sie, mit dem kanadischen Zweig der »Familie« der *Cosa Nostra*, deren Chef Frank Coltroni war, Geschäfte zu betreiben und stellten Kontakte zu den wichtigsten amerikanischen *Dons* her, allen voran zum legendären Meyer Lansky. Nachdem sie ihre Stützpunkte errichtet hatten, emigrierten sie nach Brasilien und Venezuela, wo sie das aufbauten, was die sizilianischen Beamten als ein »wirkliches Wirtschaftsimperium« bezeichneten.

Die Brüder Caruana kannten keine wirtschaftlichen Tabus: Sie betrieben Seehandel (mit der Naviera Turistica de Oriente AG Caracas),

14 Tribunale Civile e penale di Palermo, V^{e} sezione, sentenza contro Caruana Pasquale e Cuffaro Giuseppe, 31. Mai 1991.

Baugeschäfte (Comercial Brasil CA, Immobiliaria Tropical, Inversora), Erdgasproduktion (Aceros Prensados SA), Schlallplattenhandel (Cosmos Record AG), Hotelbewirtschaftungen (Inversiones Paogas, Comercial Hotelera), bauten Bars, Restaurants und Diskotheken (Vera Pizza CA) realisierten breitangelegte Finanzgeschäfte (Grupo Financiero Comercial Siculo Caracas), und handelten – last not least – mit Fleisch.

Immer auf der Suche nach neuen Märkten entfalteten sie ihre Aktivitäten auf zwei Kontinenten, in Europa und in Lateinamerika, wobei sie gemeinsam mit der Crème de la crème des internationalen organisierten Verbrechens Firmen gründeten. Im Aufsichtsrat der Granaderia Rio Zapa, SRL von Santa Barbara (im Verwaltungsbezirk Zamora, in Ecuador) entdeckte die Polizei neben Gaspare und Paolo Cuntrera auch John Gambino (den Chef einer der fünf New Yorker *Cosa Nostra*-Familien) und ebenso Salvatore Greco, alias Chicchiteddu, den »kleinen Vogel«, der in den sechziger Jahren in der palermitanischen Kuppel eine wichtige Rolle gespielt hat, bevor er nach Lateinamerika emigrierte.

Die wirtschaftliche Expansion wäre ohne diesen starken familiären Zusammenhalt unmöglich. Die Caruanas verbanden sich auf Gedeih und Verderb mit einer anderen »Familie« aus Siculiana, die ebenfalls nach Kanada ausgewandert war – den Cuntreras. Bald bildeten die beiden »Familien« ein Ganzes, und es wurde unmöglich, sie auseinanderzuhalten. In einem Gewirr neuer, durch Heirat besiegelter Verwandtschaftsverhältnisse wäre die Hochzeit von Antonia Caruana, der Tochter von Giuseppe, mit Paolo Cuntrera zu erwähnen oder die ihrer beiden Schwestern Vincenza und Giuseppina Caruana mit den Brüdern Gerlando und Alfonso, den Söhnen von Carmelo Cuntrera. Das familiäre Labyrinth wird um so verworrener, als die Familien Cuntrera-Caruana, in beständigem Bemühen, ihre Bindungen noch enger zu gestalten, es sich nicht nehmen ließen, ihre Töchter den »mutigsten« Ehrenmännern der Familie von Siculiana zur Frau zu geben.

Die dergestalt vergrößerte »Familie« hatte ihre Einflußzonen untereinander aufgeteilt. Pasquale Caruana und sein Bruder Alfonso erhielten die Schweiz. Sie arbeiteten dort mit Geldwäschern der »Pizza Connection« wie Adriano Corti zusammen. Bis zu seinem vorzeitigen Tod am 25. Juli 1982 war Liborio Cuntrera für die Interessen des Clans in Großbritannien verantwortlich. In Kanada wurde die Familie von Giovanni Caruana, einem Schwager von Giuseppe Cuffaro und von seinem Sohn Giuseppe vertreten; Venezuela war das Revier eines Triumvirats, das aus den Brüdern Gaspare und Pasquale Cuntrera und Paolo Cuntrera bestand (letzterer war ein Schwager von Alfonso und Gerlando Caruana).

Zu Beginn der siebziger Jahre kehrte der Clan Caruana-Cuntrera nach Europa zurück. Die Brüder Paolo und Pasquale Cuntrera gründeten in Frusinate, nicht weit von Rom, ein anfangs bescheidenes Bauunternehmen – die Cantieri Edili Perelli. Doch hatten sie schnell so ungeheuren wirtschaftlichen Erfolg, daß die Ermittlungsbeamten der *Criminalpol* sich über die Schnelligkeit bei der Vergabe von Bankkrediten zu wundern begannen, und sich fragten, wie es wohl zuginge, daß dem Bauunternehmen systematisch alle öffentlichen Bauausschreibungen der Gegend zugeteilt wurden. Um dieses legale Geschäft wehte so etwas wie der Geruch von Drogengeld. Außerdem verdächtigten die Ermittler die Verhandlungspartner der Cuntrera der Korruption und der Amtspflichtverletzung – ohne dies jedoch ganz sicher nachweisen zu können.

Nachdem der Clan Cuntrera in großem Stile in den Fleischhandel eingestiegen war, trat er im römischen Seebad Ostia Lido in Erscheinung. Unter der Schirmherrschaft des alten Frank Coppola, des erstaunlichen »Frank-drei-Finger«, der für die neue Generation der Ehrenmänner bereits so etwas wie eine Legende war, investierten die Cuntrera im Immobiliensektor Summen, die man landläufig als »astronomisch« bezeichnete. Auch die Caruanas waren nicht untätig: Bei ihrer Rückkehr nach Italien kauften sie Kraftfahrzeugwerkstätten und Automobilvertretungen. Kurzum: Zu Beginn der achtziger Jahre zählte man die beiden Familien zu den Neureichen an der italienischen Riviera, wo sie sich ostentativ sehen ließen, im Bewußtsein, niemand könne ihnen wegen ihres immensen Vermögens und ihrer bedeutenden politischen Protektion etwas anhaben.

In Venezuela wurde die Hochzeit einer Cuntrera mit einem »Soldaten« der Familie von Siculiana im staatlichen Fernsehen übertragen. Unter den Gästen war der Staatspräsident. Die Caruanas in Italien erfreuten sich ihrerseits der Unterstützung verschiedener Politiker, unter anderem des christdemokratischen Ministers Calogero Mannino. Jahrelang waren die Beziehungen zwischen den Caruanas und

den Christdemokraten geheimnisumwittert. Die *Carabinieri* begannen Nachforschungen anzustellen, als sie entdeckten, daß der Minister bei der Hochzeit von Gerlando Caruana mit Maria Parisi am 10. Oktober 1977 in der Kirche San Crucifisso de Siculiana Trauzeuge des Ehrenmannes gewesen war.[15] Ein Schreibfehler, sagt Calogero Mannino zu seiner Verteidigung und behauptet statt dessen, Zeuge der Braut gewesen zu sein. Wie auch immer, die Tatsache, daß ein zukünftiger Führer der *Democrazia Cristiana* in Sizilien an der Hochzeit eines Sohnes der Caruanas teilnimmt, gibt durchaus Anlaß zu Klatsch.
Später sollte Calogero Mannino Landwirtschaftsminister und Leiter der AIMA werden, womit er beauftragt war, die landwirtschaftlichen Subventionen der Europäischen Gemeinschaft zu verteilen. Seine Freundschaft mit Caruana hätte ihn in eine heikle Lage bringen können, da die Familie bedeutende Beteiligungen in der Nahrungsmittelindustrie besaß: Die Caruanas und die Cuntreras hatten viel in die Fleischindustrien in Kanada, Italien und Deutschland investiert, wobei sie nebenbei Urheber diverser Betrügereien waren (illegaler Milchpulver- und Rindfleischhandel). Aber augenscheinlich weist bisher keine Ermittlung nach, daß die Familie von der AIMA unberechtigterweise Darlehen erhielt.
Es wird Jahre dauern, bis es der italienischen Polizei gelingt, einen Teil des internationalen Drogenhandels der Caruanas und der Cuntreras zu zerschlagen. 1982 machten die *Criminalpol* von Latio-Umbrien und ihre lombardischen Kollegen ein Drogenhändlernetz unschädlich, das von den Brüdern Giuseppe und Alfredo Bono geleitet wurde; die beiden Männer kamen nach der berühmten Razzia vom 15. Februar 1983, der »Nacht von Saint-Valentin«, hinter Schloß und Riegel. Unter den Angeklagten, die im Rahmen dieser Ermittlungen angeklagt wurden, findet man die Crème de la crème der organisierten Kriminalität, unter anderem die Brüder Bono, Michele Zaza und seine Freunde, aber auch wichtige Vertreter der Familien Caruana und Cuntrera. Doch die Razzia konnte den familiären Geschäften keinen wirklichen Schaden zufügen. Der entstandene Aufruhr legte sich bald: Die Cuntreras und die Caruanas konnten sich immer noch frei bewe-

15 Legione Carabinieri Palermo stazione di Siculiana, Bericht 6696/19 »P«. Datiert: Siculiana, 17. Oktober 1981.

gen. Das war drei Jahre bevor Pasquale Cuntrera und Giuseppe Cuffaro in der Bundesrepublik Deutschland wegen illegalem Drogenhandel verhaftet wurden.

Die Sklavenhalter des Königreichs Belgien

Weit weg von der Hitze Siziliens verfügten die Caruanas und die Cuntreras in Deutschland über ein solides Komplizennetz. Zumeist handelte es sich hierbei um Ehrenmänner aus Siculiana; alle waren ehrenwerte, kleine Ladeninhaber und häufig Besitzer von Pizzerias. Manche hatten nur das Aufenthaltsrecht im Land, andere jedoch besaßen bereits die deutsche Staatsbürgerschaft – was ein unbestreitbarer Vorteil in einem Land ist, das das Delikt der Zugehörigkeit zu einer kriminellen Organisation nicht kennt und diesbezüglichen Auslieferungsanträgen der italienischen Justiz nicht stattgibt, insbesondere wenn es sich um Staatsangehörige handelt.
Die Niederlassung der Familie von Siculiana und die Entfaltung ihrer Geschäfte in Deutschland war so bedeutend, daß der Chef auf Dauer einen Abgesandten beorderte: Die Wahl fiel auf Giuseppe Cuffaro, einen Ehrenmann, der in der Familie von Siculiana einen wichtigen Platz einnahm und um den sich die zusätzlich verstärkte kanadische Polizei schon zu Beginn der siebziger Jahre kümmern mußte, und zwar im Rahmen der größten Untersuchung, die je in Quebec über die Ansiedelung der organisierten Kriminalität in Kanada durchgeführt wurde (»Projekt Benoît«).
Das Projekt Benoît begann mit einer Reihe Abhöraktionen, in der Bar Reggio in Montreal; die Auswahl war eher zufällig, sollte sich jedoch im nachhinein als grundsätzlich für das Verständnis der Strukturen der *Cosa Nostra* erweisen. Zum ersten Mal konnten die Ermittler hören, wie italienische oder italo-amerikanische Ehrenmänner ganz offen über ihre Organisation sprachen. »Familien«, *capidecina, capimandamento,* lokale Vertreter, Provinzberater – die Gespräche aus dem Reggio wurden zu einem wahrhaften Unterricht in »Anti-Staatsbürgerkunde« und sollten später von den großen Kronzeugen bestätigt werden.
Giuseppe Cuffaro wurde am 22. April 1974 zum ersten Mal in der Bar Reggio abgehört. Der Besitzer des Lokals beglückwünschte ihn, »re-

gelmäßig gemacht« worden zu sein, »dieselbe Sache zu sein«, kurz, »Teil der Familie von Siculiana« zu sein. Diese Ehre brachte ihm den engen Kontakt mit Gerlando Caruana ein, dem Sohn des *capomandamento* Leonardo Caruana, genannt Nanà, und mit Giuseppe Settecasi, dem Chef der Familie von Agrigent und Provinzvertreter, der ebenfalls ein Freund des christdemokratischen Ministers Calogero Mannino war.

Vom 27. September 1987 bis zum 9. November 1988, dem Tag seiner Verhaftung, hielt sich Giuseppe Cuffaro in der Bundesrepublik Deutschland auf, die er nur verließ, um nach Thailand, nach Kanada und nach Venezuela zu reisen. Der *Don* stieg in den besten Hotels von Baden-Baden, Frankfurt und Wiesbaden ab. Er bewegte sich mit einem gemieteten Leihwagen von Ort zu Ort, der bei der Rückgabe 33 000 gefahrene Kilometer in 145 Tagen anzeigte, das bedeutet einen Durchschnitt von 227 Kilometer pro Tag. Man kann sich also vorstellen, daß er die gesamte italienische Gemeinde in Deutschland besucht hatte. Von einer Pizzeria zur anderen, von Textilfabriken zu Videogeschäften muß er bei fast allen Ehrenmännern der Bundesrepublik vorbeigefahren sein, mit dem Ziel, die Absatzmärkte für Kokain und Heroin zu verstärken.

Wenn Giuseppe Cuffaro nicht auf deutschen Landstraßen umherfuhr, schloß er sich in seinem Hotelzimmer ein und verbrachte seine Zeit am Telefon; er rief in Thailand, in Kanada, in den Vereinigten Staaten, Venezuela, Belgien, Spanien und Luxemburg an. Auch Pasquale Cuntrera hatte sich – zwischen zwei Spritztouren nach Belgien, Luxemburg und in die Schweiz – 45 Tage in der Bundesrepublik Deutschland aufgehalten.

Als die Untersuchungsbeamten des BKA der Spur der beiden Ganoven folgten, konnten sie die Landkarte einer wahrhaften »Kolonie« von Ehrenmännern erstellen, die allesamt aus der Ortschaft Siculiana stammten. Manche, wie die Brüder Coirazza, lebten schon seit Jahren hier, andere waren Anfang der achtziger Jahre ins Land gekommen. Das traf zum Beispiel auf den Freund des Ministers Calogero Mannino, Gerlando Caruana zu, den Sohn Leonardos, der 1981 im Zentrum Palermos erschossen wurde.

Kurz nach seiner Ankunft in Köln stand Gerlando Caruana bereits an der Spitze eines florierenden Import-Export-Unternehmens, das mit Nahrungsmitteln und Insektiziden handelte; auch die unvermeidliche

Pizzeria besaß er, in der Eichendorffstraße Nr. 49. Seine Aktivitäten hinderten ihn nicht daran, auch in Italien weiterhin seine Interessen zu verfolgen; beispielsweise ist er Direktor des Café centrale von Cupra Maritima und sitzt zudem in Kanada im Aufsichtsrat einiger Firmen der »Familie«, so in dem der Video Select Inc., der Financement Video Select Inc., usw.
Die anderen Kontakte Giuseppe Cuffaros und Pasquale Cuntreras rekrutierten sich aus den Emigranten der alten Stammfamilien. So war zum Beispiel Pasquale Coirazza, Besitzer einer Pizzeria, im Jahr 1968 von Siculiana nach Köln gekommen, um dort in einem Geschäft für italienische Produkte, Graffero, zu arbeiten. Dieses gehörte einem weiteren »reinrassigen« Siculianer. Anfang der neunziger Jahre betrieben die übrigen Brüder Coirazza an der Spitze der Pizzerias ihre kriminiellen Geschäfte mit einer Ausdauer und Beharrlichkeit, die an Monotonie grenzte. Von seinen Hotelzimmern in der Bundesrepublik Deutschland, Thailand oder Kanada aus, rief Giuseppe Cuffaro regelmäßig die deutschen Pizzerias, aber auch ähnliche Lokalitäten in Belgien an, darunter eines in Charleroi namens Chez Pasquale, dessen Besitzer – wie hätte es auch anders sein können – aus Siculiana stammte.
Nachdem die Beamten des BKA festgestellt hatten, daß Pasquale Caruana in regelmäßigen Abständen nach Belgien fuhr, fragten sie sich, ob die Familie von Siculiana dort nicht über dieselben Möglichkeiten verfüge wie in Deutschland. Die zahlenmäßig große italienische Gemeinde ließ das Schlimmste erahnen. Verbargen sich hinter den Pizzerias, Trattorias und anderen italienischen Restaurants, von denen es im Königreich nur so wimmelte, ebenfalls »Familien« der *Cosa Nostra*? Sollten die Repräsentanten der Organisation in Nordeuropa sämtlich im Gaststättengewerbe tätig sein? In Anbetracht der belgischen Kontakte Pasquale Caruanas waren sich die Polizeibeamten des BKA fast sicher. Das Organisationsschema, das von den deutschen Untersuchungsbeamten erstellt wurde, schreibt die Leitung der belgischen Branche einem Pizzeriabesitzer – einem Verwandten von Pasquale Cuntrera – zu, der von zwei weiteren Sizilianern, einem Bauunternehmer und einem Textilindustriellen unterstützt wird.
In der Gegend von Charleroi zählte Pasquale Caruana auf die Hilfe eines anderen Sizilianers, dessen Lebensstil auch den arglosesten belgischen Polizisten hätte stutzig machen müssen. Als arbeitsloser Fa-

brikarbeiter besaß er ein prachtvolles Schloß von 1 600 Quadratmeter, das vor nicht langer Zeit aufwendig renoviert worden war und das auf einem riesigen Grundstück stand, dessen Instandhaltung nichts zu wünschen übrig ließ. In der Gegend redeten böse Zungen über diesen plötzlichen Reichtum, den der Betreffende mit seiner außergewöhnlichen Fortune beim Glücksspiel erklärte.

Doch der arbeitslose Fabrikarbeiter hatte nicht nur Glück; er hatte auch einen angeborenen Sinn für Gastlichkeit. Die Beamten des BKA, die sich in der Nähe des Anwesens zu dessen Beobachtung versteckt hatten, erlebten eine wahrhafte Parade bekannter Persönlichkeiten (Angehörige der Familien Caruana und Cuntrera) und anderer Leute, die der italienischen Polizei angehören mußten, sahen aber auch belgische und deutsche Staatsangehörige, die über jeden Verdacht erhaben waren. Nach einer kurzen Nachforschung begriffen die Beamten des BKA, wozu das Schloß von Charleroi der Familie von Siculiana diente.

»Es ist offenkundig«, so heißt es in einem Bericht, »daß die Gipfeltreffen (der organisierten Kriminalität) in bestimmten Anwesen stattfinden, die nur schwer zu beobachten sind. Im allgemeinen werden sie zu diesem Zweck von Mittelsmännern gekauft und unterhalten.« Sollte das auch beim Anwesen von Charleroi der Fall sein? Ja, antwortete das offenbar gut informierte BKA. Das herrschaftliche Haus, das regelmäßig von Ehrenmännern aufgesucht wurde, war Giuseppe Cuffaro anscheinend in so guter Erinnerung geblieben, der nach seiner Festnahme nichts Besseres zu tun wußte, als aus dem Gedächtnis seine Wassergräben, Türme und Mauern nachzuzeichnen.

Im übrigen war der Besitzer des Schlosses von Charleroi für die belgische Polizei kein Unbekannter, auch wenn es der königlichen Staatsanwaltschaft nie gelungen war, ihn vor Gericht zu bringen. Die belgischen Ermittler hatten ihn im Verdacht, an der Spitze von gedungenen Verbrechern zu stehen, die von zwei Großindustriellen des Baugewerbes, den Brüdern Allatta, angestellt worden waren, um im Milieu der »Arbeitsneger- und Sklavenhalter« für Geheimhaltung zu sorgen.

Zum Skandal um die »Sklavenhalter« kam es am 26. Januar 1989 nach der Ermordung eines Journalisten der *Nouvelle Gazette* von Charleroi namens Stéphane Steigner. Unmittelbar bevor er erschossen worden war, hatte der junge Journalist über einen riesigen illegalen Handel mit Arbeitskräften in Zentralbelgien recherchiert, der von einem Sizilianer aus Caltanisetta, Carmelo Bongiorno, betrieben wurde; es handelte sich um einen Skandal größten Ausmaßes, der vornehmlich den Bau- und Textilsektor betraf. Die »Sklavenhalter« lassen fast 10 000 Personen in ganz Belgien schwarzarbeiten. Sie beliefern die größten Baustellen des Königsreiches mit illegalen Arbeitskräften, wodurch der Staatskasse mittels eines Systems von Scheinfirmen enorme Geldsummen entzogen werden. Die Firmen machen Konkurs »mit dem Ziel, sich die durch eine Hauptbeschäftigung ergebenden Geldforderungen zu indossieren[16]«. Die Angestellten werden im allgemeinen bar bezahlt, erfreuen sich aber nichtsdestotrotz der vom Gesetz vorgesehenen Sozialleistungen, und zwar dank eines Korruptionsnetzes, das bis hin zu unterschiedlichen Rentenkassen und Sozialversicherungen reicht.

Die Angelegenheit sah sehr nach *Cosa Nostra* aus; das Gesetz des Schweigens, Attentate, Erpressungen, gedungene Killer, die extra aus Sizilien kamen und, um allem die Krone aufzusetzen, ein Dutzend Morde. Weiter beunruhigende Fakten: die Flucht Carmelo Bongiornos nach Sizilien, den man hinter dem Mord an dem Journalisten Steigner vermutet, und das Auftauchen eines der größten sizilianischen Baulöwen, mutmaßlichen Kokainhändlers, Wäschers von Narco-Dollars und Besitzers von Spielhallen in den Ermittlungsakten; man nahm an, daß er eng mit der Familie der *Cosa Nostra* von Catania verbunden sei. Auch konnten die Ermittler nicht die geringste gesetzliche Schlußfolgerung aus der Nationalität der Drahtzieher dieses Arbeitskräftehandels ziehen, die alle aus Italien stammten. Kurz, bis zu diesem Tag hatte die belgische Justiz, trotz einer ganzen Reihe von Vermutungen, keine Zusammenhänge zwischen dem Skandal um die »Sklavenhalter« und der transalpinen organisierten Kriminalität herstellen können.

Und doch existierten diese Verbindungen. Ganz zufällig hatte das BKA eine aufgedeckt, als es über den arbeitslosen Schloßbesitzer ermittelte. Aber noch fehlte den belgischen Untersuchungsbeamten das von der deutschen Polizei gesammelte Informationsmaterial. Es war noch nicht in ihren Händen, als die Grenzen der Europäischen Gemeinschaft abgeschafft wurden.

---

16 Siehe *Le Soir* vom 4. bis 7. Juni 1992.

Die britischen Stützpunkte

Im Mai 1985 stießen die britischen Zollbehörden auf einen illegalen Drogenhandel, der vom Clan Caruana-Cuntrera organisiert wurde. Es handelte sich dabei um 60 Kilo weißes Heroin, das aus Thailand kam und in verschiedenen Möbelstücken, die sich auf dem Weg nach Kanada befanden, versteckt waren. Nach der Bundesrepublik Deutschland und Belgien war nun das Vereinigte Königreich Zielscheibe der Familie von Siculiana.

Die Organisation, die mit der Beförderung des Heroins beauftragt war, wurde Anfang Dezember 1980 von englischen Polizeibeamten ausfindig gemacht, nachdem in einem Lastwagen, der Tomaten und Saubohnen geladen hatte, 350 Kilo aus Sizilien stammendes Haschisch gefunden und sichergestellt worden war. Vier Jahre später brachte die Entdeckung von 250 Kilo Haschisch in Möbelstücken, die aus Kaschmir am Hafen von Folkestone eintrafen, die Ermittler auf die Spur des Geschäftspartners der Caruanas und Cuntreras in Großbritannien, eines sizilianischen Ehrenmannes namens Francesco Di Carlo, der vor gut zehn Jahren in London Zuflucht gesucht hatte. Dieser wurde schließlich nach der Beschlagnahmung von mehr als 37 Kilo Heroin, das in einem Möbelcontainer an Bord eines Frachtschiffes aus Thailand versteckt worden war, am Hafen von Southampton verhaftet.

Als Repräsentant einer kleinen Mafia-»Familie«, die über die Ortschaft Altofonte herrscht, welche in dem Gebiet liegt, das direkt von den Männern Luciano Leggios kontrolliert wird, war Francesco Di Carlo natürlich einer der Vertrauensleute der Corleoneser. Der Ehrenmann, der zumindest in seinem Milieu sehr gefragt war und Mitte der siebziger Jahre kaum seinesgleichen hatte, wenn es um den illegalen Handel von Haschisch, Heroin oder auch Morphinbase ging. Er war in Kontakt mit dem »Gotha« der *Cosa Nostra*, mit Pasquale Caruana, mit Leonardo Greco senior (dem Chef der Familie von Bagheria), und nicht zu vergessen mit Nunzio Barbarossa, dem Partner von Michele Zaza, und mit dem Kassenwart der *Cosa Nostra*, Pipo Calo, dem Chef der Familie von Porta Nuova.

Der Schmuggler war zudem ein Liebhaber alter Steine. Hätte Francesco Di Carlo das Schloß von Ganci nicht restauriert, hätte Luchino Visconti vielleicht dort nicht manche Szenen seines Filmes *Der Leopard* drehen können. Auch stellte einer seiner Freunde, der Prinz

Alessandro Vanni Calvello Mantegna di San Vincenzo, dem Regisseur eines seiner Palais zur Verfügung, damit er dort eine der besten Szenen des Filmes drehen konnte: die des Schlußballes.
Francesco Di Carlo stand sehr gut mit dem Prinzen, einem auf die schiefe Bahn geratenen Aristokraten, der mit demselben Eifer Umgang mit Ehrenmännern der *Cosa Nostra* pflegte wie mit Königin Elizabeth II. von England, die er, während die königliche Familie in Palermo weilte, bei sich beherbergte. Bei Di Carlos Hochzeit im Jahre 1967 war der Prinz Trauzeuge gewesen. Als Geschäftspartner hatten die beiden Männer das Schloß von San Nicola l'Arena in einen Nachtclub verwandelt, der dem palermitanischen Jet-set als Vergnügungsstätte diente.
In der Ortschaft Altofonte spricht man heute noch mit großer Achtung von Francesco Di Carlo.Die Bankiers der Landesspar- und Darlehenskasse hatten nie Grund gehabt, sich über ihren Kunden zu beklagen, der immer pünktlich zahlte und nie seine Konten überzog. Selbstverständlich hatten sie von den Gerüchten der Drogen-Geldwäsche erfahren und zu Beginn der achtziger Jahre war sogar eine Untersuchung eingeleitet worden. Aber da war Francesco Di Carlo schon aus Altofonte – ja sogar aus Sizilien – verschwunden.
Der Erfolg war ihm zu Kopf gestiegen. 1977 wurde er von der *Cosa Nostra* beauftragt, den Transport diverser Heroinfrachten für sie zu organisieren. Francesco Di Carlo nahm sich selbst einen Teil davon und behauptete, die Droge sei von der Polizei beschlagnahmt worden. Eine typisch neapolitanische Gaunerei, die jeder andere mit seinem Leben bezahlt hätte. Doch wegen seiner Freundschaft mit den Corleonesern wurde Francesco Di Carlo geschont. Die Beleidigung konnte jedoch nicht ungestraft bleiben. Kraft einer Entscheidung durch die Kuppel wurde der Chef der Familie von Altofonte »abgesetzt«, das heißt er verlor seinen Titel als Ehrenmann und alle Rechte, die damit verbunden waren. Und noch schlimmer: Die *Cosa Nostra* begnügte sich nicht damit, ihn auszustoßen, sondern verbot ihm, sich weiterhin auf Sizilien aufzuhalten, und forderte ihn auf, sich einen anderen Wohnort zu wählen. Da seine Geschäfte ihn bereits in Kontakt mit Großbritannien gebracht hatten, beschloß Di Carlo, sich in London niederzulassen, was er schließlich am 26. September 1977 auch tat.
Offiziell begann Francesco Di Carlo daraufhin mittels seiner Firma »Trading as Buying and Selling Antiques« einen Möbelexport. Die

Ermittler schrieben ihm den heimlichen Besitz von Dutzenden Import-Export-Firmen zu, die ihren Sitz in der Londoner Innenstadt hatten und von denen einige Zweigniederlassungen in Liverpool besaßen; zudem nannte er ein Hotel, ein Restaurant, einen Pub und ein Reisebüro sowie diverse Finanzgesellschaften sein eigen, deren Verzweigungen bis nach Nord- und Südamerika reichten.

»Ein von der *Cosa Nostra* ausgestoßener Mensch kann keine Beziehungen zu Ehrenmännern mehr unterhalten«, erklärt der Kronzeuge Francesco Marino Mannoia. »Die Sanktionen sind unterschiedlich: Ein Ehrenmann kann für eine begrenzte Zeit abgesetzt werden, doch weiß er selbst nichts über die Dauer der Maßnahme. Ferner gibt es die Ausweisung aus dem gesamten italienischen Staatsgebiet, wie es bei Francesco Di Carlo der Fall war. Und schlußendlich gibt es die Eliminierung.«

Wie rigid die Regeln der *Cosa Nostra* auch sein mögen, so besteht doch zuweilen die Möglichkeit, sie, je nach Bedeutung der betreffenden Person, zu ändern. Kein Zweifel, offiziell konnte Francesco Di Carlo nicht nach Italien zurückkehren; aus Furcht vor Repressalien zog er es vor, eine 25jährige Haftstrafe in einem britischen Gefängnis unter extrem harten Haftbedingungen abzusitzen, als Häftling in einer der italienischen Haftanstalten zu sein, die doch im allgemeinen als komfortabler gelten. Vor seiner Festnahme gestattete er sich jedoch einige ebenso kurze wie unauffällige Abstecher, wie Salvatore Contorno, ein »Soldat« der Familie von Santa Maria del Gesù und späterer Kronzeuge, bezeugt; er versichert, ihn zu Beginn der achtziger Jahre in den Geschäftsräumen eines Luxuswagenhändlers in Rom getroffen zu haben.

Die Tradition will es, daß ein *posato*, ein »Abgesetzter«, nicht das Recht hat, mit irgend jemandem über die Geschäfte der *Cosa Nostra* zu sprechen. Doch das hinderte Di Carlo nicht daran, Salvatore Contorno von seinen beruflichen Problemen zu erzählen. Auch gilt die Bestimmung, daß ein des Landes Verwiesener in gar keinem Fall mit Ehrenmännern Geschäftsbeziehungen unterhalten darf; doch Contorno ließ sich von Di Carlo 140 Kilo Haschisch, ein Kilo Heroin und diverse Waffen anvertrauen.

Tatsache ist, daß Contorno selbst zu jener Zeit bei den Corleonesern schon nicht mehr gut angeschrieben war, denen es am liebsten gewesen wäre, seinen Namen auf der langen Liste ihrer Opfer zu sehen. Doch

traf dies nicht auf die Brüder Caruana zu; sie waren zwar treue Vasallen der corleonesischen Killer, hatten aber gemeinsam mit Francesco Di Carlo noch nie so viele Heroingeschäfte gemacht, wie seit dessen »Absetzung« durch die *Cosa Nostra.*
Zwei der Brüder Caruana, Alfonso und Pasquale, ließen sich – wie man weiß – in Großbritannien nieder und mieteten sich reizende Landhäuser in Surrey. Dank ihrer freundlichen Empfehlung bei einem ortsansässigen, sicherlich sehr honorigen Immobilienbüro, wurde Francesco Di Carlo bald ihr Nachbar. Nach Aussagen mehrerer Zeugen waren die Familien Caruana, Cuntrera und Di Carlo so eng miteinander liiert, daß viele in Sheila Cuntrera, der Frau von Pasquale, die Schwester oder Schwägerin von Francesco Di Carlo sahen.
Die Gärtner, die Kammerdiener, die Putzfrauen und die Gouvernanten, die zum Haushalt der kleinen Gemeinschaft von Ehrenmännern in Surrey gehörten, werden sich noch lange an die geheimen Zusammenkünfte dieser wohlhabenden Männer erinnern. Matthew Robertson, der Gärtner von Bromfield Manor Goldaming, wo Alfonso Caruana mit seiner Familie wohnte, sah mindestens alle vierzehn Tage einen brandneuen Ferrari vorfahren, der vom besten Freund des Hausherrn gefahren wurde, »Onkel Dino«, wie die Sprößlinge Caruana ihn nannten – und der kein anderer war als Francesco Di Carlo.

Die Mörder des Bankiers Roberto Calvi

Die Scheinisolierung von Francesco Di Carlo beweist, daß für die Regeln der *Cosa Nostra* dasselbe gilt wie für manche Gesetze, die unterschiedlich angewandt werden, je nachdem, ob ein Mensch reich und mächtig oder . . . bar jeglicher Ehre ist. Nun, reich war Di Carlo dank seines illegalen Handels. Was seine Macht betrifft, so resultierte sie aus seiner Verwicklung in eine der verworrensten Geschichten Italiens in den achtziger Jahren, dem Mord an dem Bankier Roberto Calvi.
Am Morgen des 18. Juni 1982 fand man einen der bedeutendsten italienischen Bankiers, Roberto Calvi, erhängt unter der Brücke der Schwarzen Brüder in London auf. Der Direktor der bedeutendsten italienischen Privatbank, der berühmten Banco Ambrosiano, war eine Woche zuvor aus Italien geflohen. Sein Tod war die Folge des betrüge-

rischen Bankrotts seines Unternehmens, dem einzigartigen Bankkrach in der Nachkriegsgeschichte Europas (mehr als eine Milliarde Dollar), der zwei von Calvis wichtigsten Finanzpartnern in Schwierigkeiten brachte: den Vatikan und die *Cosa Nostra*.
Nur ganz wenige Ehrenmänner wußten, daß Roberto Calvi mit den Chefs der palermitanischen »Familien« Beziehungen unterhielt. Da Francesco Marino Mannoia sich des Vertrauens seines *capofamiglia*, des verstorbenen Stefano Bontate, und dessen späterer Mörder, der Corleoneser, erfreut hatte, wurde er in sämtliche Geheimnisse eingeweiht. Ihm war also nicht unbekannt, daß Roberto Calvi den Posten von Michele Sindona, einem anderen italienischen Bankier, übernommen hatte, der seinerseits ein Freund der sizilianischen »Familien« und des Vatikans und der auch verantwortlich für den Zusammenbruch einer Bank war, der in Italien viel Aufsehen erregte.
Wie jedermann hatte Francesco Marino Mannoia die juristischen Streitigkeiten Roberto Calvis verfolgt; seine Verhaftung hatte am 20. Mai 1981 stattgefunden, nachdem man ein Loch von mehreren hundert Millionen Dollar in den Kassen der Banco Ambrosiano entdeckt hatte; dann war ein Prozeß in Mailand eröffnet worden, darauf erfolgte sein Verschwinden und kurz danach sein Tod. Einige Monate später herrschte Gewißheit darüber, daß es sich um einen auf Befehl der Kuppel verübten Mord gehandelt hatte. Die Neuigkeit wurde Marino Mannoia vor Zeugen in einem ländlichen Anwesen, dem Fondo Trapani, verkündet, und zwar anläßlich eines Mittagessens, das ein Vertrauter der Corleoneser, Ignazio Pullara, gab; er war Mitglied der Familie von Santa Maria del Gesù, ein Judas, dessen Verrat zum Mord an seinem Chef, Stefano Bontate, geführt haben soll.
Während man in den Küchen ein sizilianisches Mahl vorbereitete – Nudeln mit Sardinen und gegrillter Schwertfisch – sahen sich die Ehrenmänner im Fernsehen die Nachrichten an. Der Moderator sprach gerade von der Londoner Ermittlung, die wegen des Todes von Roberto Calvi aufgenommen worden war. Ein medizinisches Gutachten bestätigte die Selbstmordthese. Ignazio Pullara, der anscheinend sehr gut informiert war, entfuhr der Satz: »Ein Selbstmord. Ein Selbstmord? Aber was für ein Selbstmord denn? Der hier ist doch von Francesco Di Carlo erwürgt worden.«
Marino Mannoia, der sich über die unglückliche Lage, in der sich der ehemalige Chef der Familie von Altofonte befand, durchaus bewußt

war, war dennoch erstaunt über dessen Rolle beim traurigen Ende der Mailänder Bank. »Ein Ehrenmann, der von der *Cosa Nostra* ausgeschlossen wird, kann durch seinen Repräsentanten wieder für Aufgaben eingesetzt werden«, erklärt der Kronzeuge. Das heißt im Klartext: Man verläßt die *Cosa Nostra* nie, auch wenn man verstoßen wird. Selbst in seinem Londoner Exil war Francesco Di Carlo sozusagen Reservist der *Cosa Nostra* geblieben.

Marino Mannoia glaubte Ignazio Pullara aufs Wort. Ein Ehrenmann ist es sich – gemäß den Regeln der *Cosa Nostra* – schuldig, immer die Wahrheit sagen. Außerdem war es keineswegs üblich, daß Ehrenmänner Auskünfte dieser Art ausposaunten, um sich in Gesellschaft hervorzutun. Marino Mannoia fragte also, welche Gründe für den Mord an dem Bankier vorgelegen hätten. Ignazio Pullara antwortete:

»Calvi hatte sich einer großen Geldsumme bemächtigt, die Licio Gelli und Pipo Calo gehörte.«

Daß Pipo Calo in diese undurchsichtige Affäre verwickelt war, wird Fachleute kaum erstaunen. Der Mann, Chef der Familie von Porta Nuova, wird von den Ermittlungsbeamten als eine Art Schatzmeister der *Cosa Nostra* betrachtet. Es ist klar, welche Verbindung zwischen Pipo Calo und der Banco Ambrosiano bestand; einer der letzten Verbündeten Roberto Calvis war Flavio Carboni, ein unredlicher Geschäftsmann und Geschäftspartner von Pipo Calo. Was Licio Gelli betraf, so war sein Name nicht zum ersten Mal in die Affäre der Banco Ambrosiano verwickelt. Seit dem Beginn der achtziger Jahre gab der Großmeister der Freimaurerloge P 2 (Propaganda 2) unter anderem wegen seiner Mittäterschaft an der Veruntreuung von zig Millionen Dollar aus den Kassen der Banco Ambrosiano Anlaß zu Gerede. Auch hatte man viel über die Verbindungen zwischen dem Meister vom Stuhl und Terroristengruppen der äußersten Rechten gesprochen, ebenso über die Art und Weise, mit der er den italienischen Staat unterwanderte. Doch auch wenn sein Name bei verschiedenen Ermittlungen, die in Rom, Kalabrien und Palermo durchgeführt wurden, in schöner Regelmäßigkeit auftauchte, gab es noch zahlreiche Grauzonen, vor allem was seine Beziehungen zum organisierten Verbrechen betraf.

»Ich war nicht überrascht, als ich erfuhr, daß Licio Gelli mit Pipo Calo Geschäfte machte«, sagte Francesco Marino Mannoia. »Stefano Bontate hatte mir erklärt, daß neben Pipo Calo auch zahlreiche andere

Ehrenmänner, darunter Salvatore Riina und Francesco Madonia, durch Vermittlung von Licio Gelli in Rom Geld investiert hatten. Man sagte, ein Teil dieses Geldes befinde sich in der Bank des Vatikans.«
Francesco Marino Mannoia wußte, daß jede »Familie« der *Cosa Nostra* ihre Kanäle für die Geldwäsche hatte. Salvatore Inzerillo oder Stefano Bontate bedienten sich dazu lange Zeit des Bankiers Michele Sindona und nun hatten die Corleoneser die Dienste Licio Gellis in Anspruch genommen, was natürlich eine äußerst delikate Angelegenheit war. Marino Mannoia erwähnte sie nur bei den für die Finanzen Verantwortlichen seiner »Familie«. Das wenige, was sie ihm sagten, hätte in den italienischen Zeitungen lange für Schlagzeilen gesorgt.
Francesco Marino Mannoia wußte, daß die *Dons* sehr gefährliche Geheimnisse kannten. Über den Chef der Familie von Santa Maria del Gesù war er im großen und ganzen mit Tommaso Buscetta einer Meinung, der einmal gesagt hatte: »Die Geheimnisse von Sindona wiegen nicht viel im Vergleich zu denen von Bontate.«
Da sich Roberto Calvi auf britischem Boden »erhängt hatte«, erscheint es Francesco Marino Mannoia logisch, daß dies das Werk des höchstrangigsten Ehrenmannes war, der sich damals auf Boden Ihrer Majestät, der Königin von England befand.
»Ich habe niemals geglaubt, daß der Mord ohne direkte Mittäterschaft von Di Carlo verübt worden sein könne«, sagt Marino Mannoia. »Innerhalb der *Cosa Nostra* kann man nicht zulassen, daß eine derartige Mission irgendwelchen Ehrenmännern anvertraut wird, ganz gleich wem.« Marino Mannoia glaubt sogar zu wissen, auf welche Weise Roberto Calvi umgebracht worden ist, da die Killer der *Cosa Nostra* nicht mit besonders viel Phantasie zu Werke gehen. Der Mailänder Bankier wurde erhängt aufgefunden: Er war also erwürgt worden. »Ich bin absolut sicher, daß Di Carlo nicht allein gehandelt hat«, sagt Marino Mannoia. »Um einen Menschen zu erwürgen, braucht man mindestens drei Personen.«
Die Affäre Caruana-Cuntrera-Di Carlo war sowohl in Deutschland als auch in Großbritannien auslösendes Element für weitergehende Maßnahmen. Anfang November 1990 verfaßten der erste Sekretär der britischen Botschaft in Rom, John Ashton, und der Chefinspektor von Scotland Yard, Gus Johnes, einen Bericht, um die Behörden Ihrer Majestät, der Königin von England, vor der Gefahr zu warnen, die das organisierte Verbrechen für das Vereinigte Königreich darstellte. Eine

Bedrohung, die, so schätzten britische Beamte, nach der Errichtung des europäischen Marktes 1993 brisant werde, da die damit verbundene Abschaffung der Zollschranken die Infiltration krimineller Elemente ins Land erleichtert.
Dieser Bericht, der ausschließlich für die Leiter des Foreign Office von Scotland Yard abgefaßt worden war, war das Ergebnis einer Dienstreise, die britische Beamte nach Sizilien unternommen hatten. Von den palermitanischen Richtern alarmiert, wurde den beiden Reisenden erschreckend klar, daß die Gefahr für das Vereinigte Königreich alles nur Vorstellbare bei weitem übertraf. Die Engländer hatten immer angenommen, die Infiltration des organisierten Verbrechens auf ihre Insel beschränke sich allein auf die einschlägigen Stadtviertel wie Soho oder auf Sektoren, die traditionell vom »Milieu« überwacht wurden, wie die der Prostitution oder Spielhallen. Dies hatte sich als fataler Irrtum erwiesen. Einige Rückschleusungsaffären, beispielsweise die der »Pizza Connection«, die zur Gründung mehrerer Gesellschaften und Firmen der *Cosa Nostra* in der Londoner Innenstadt geführt hatte, brachten zutage, daß die organisierte Kriminalität die von Großbritannien gewährten finanziellen Erleichterungen sehr wohl zu nutzen gewußt hatte. Ebenso beunruhigend war die Affäre Di Carlo. Seine problemlose Niederlassung in Sussex, seine Firmen in England und seine mutmaßliche Mittäterschaft am Mord des Bankiers Calvi bewiesen hinreichend, daß die Killer des organisierten Verbrechens sich nun ebenso unter einer Londoner Brücke wie in den Vororten Palermos zu Hause fühlten.

Die toten Seelen von Palma di Montechiaro

Nach der Festnahme von Pasquale Caruana und Giuseppe Cuffaro Ende 1988 konzentrierte die deutsche Polizei ihre Ermittlungen auf die Mitglieder der »Familien«, die in der Bundesrepublik Deutschland ansässig waren. Sobald die Beamten des BKA die Reiserouten Pasquale Caruanas in Deutschland rekonstruiert hatten, waren sie im Besitz der gesuchten Namen und Kontakte: Es handelte sich um mehrere hundert Siculianer und zig Deutsche. Die Beamten glaubten, endlich die neuen Absatzmärkte für das Kokain und Heroin der *Cosa Nostra* in ihrem Land zu kennen. Doch wie den Beweis erbringen? Die

Sizilianer waren vorsichtig, und die Ermittlungen kamen nur schleppend voran. Da den Beamten des BKA nicht genug Beweise zur Verfügung standen, um eine großangelegte Aktion einzuleiten, begnügten sie sich mit Hausdurchsuchungen bei einem Waffenhändler in Solingen, bei einem Großhändler in Köln und in einem Café in Leverkusen. Ohne Erfolg.

Das BKA blieb auf der Lauer nach einem Grund, um die Familie Caruana zu Fall zu bringen. Vito Triassi, ein in der Bundesrepublik ansässiger »Soldat« des Familienclans, bot ihnen um ein Haar eine einmalige Gelegenheit. Der Boxer Vito Triassi, der in Sankt Ingbert an der Saar wohnte, war gerade von seiner Frau, einer Deutschen namens Carmen, verlassen worden. Sie war mit ihrem einzigen Sohn zu ihren Eltern zurückgekehrt und ahnte nichts Böses, als ihr Mann sie bat, ihm das Kind zu bringen, damit er es seiner Großmutter väterlicherseits zeigen könne, die eigens aus Siculiana angereist sei. Seit diesem Tag sind Carmen und ihr Kind spurlos verschwunden. Als die Polizei von dem mysteriösen Vorfall erfuhr, meinte sie, hier einhaken zu können: Versicherte nicht ein Informant, die Unglückliche sei getötet und das Kind gekidnappt worden? Sie ordneten bei Triassi eine Hausdurchsuchung an, stellten den Keller der Pizzeria San Marco, dem Treffpunkt der »Familie« in St. Ingbert, auf den Kopf. Vergeblich. Das BKA fand die Leiche Carmens nicht, und auch die Spur des Kindes verlor sich. Die Ermittler erkannten allerdings die Bedeutung des palermitanischen Wortes: weiße *lupara*.

Man beschloß, die Telefone der wichtigsten »Soldaten« der »Familie« abzuhören. In Dillingen sprach Angelo Bellavia, ein Schwager von Gerlando Caruana, mit seinen sizilianischen und deutschen Gesprächspartnern recht offen am Telefon. Von dieser Unvorsichtigkeit profitierten die deutschen Beamten, denn dank dieses Plauderers erfuhr das BKA von der Existenz eines illegalen Arbeitskräftehandels, der von den »Sklavenhaltern« der Cuntreras kontrolliert wurde, und sie vervollständigten ihre Kenntnisse über die Drogenabsatzmärkte, die von der Organisation eröffnet worden waren.

Anfang September 1990 telefonierte Angelo Bellavia häufig wegen eines »bevorstehenden Geschäftes« mit Sizilien. Von »Vertrauensleuten« war die Rede, die »von oben nach unten« reisten, um »zu tun, was getan werden mußte«. Am Vormittag des 21. September 1990 sagte ein sizilianischer Gesprächspartner zu einem Ehrenmann: »Ich habe die

Freunde getroffen, alles geht in Ordnung«, ein Codesatz, der bedeutete, daß die Sache eben erledigt worden war. Einige Stunden davor war der Richter von Agrigent, Rosario Livatino, ermordet worden. Seither ergaben die vom BKA abgehörten Gespräche einen Sinn: Die »Vertrauensleute«, die von »oben nach unten« reisten, waren Killer, die von Deutschland nach Sizilien fuhren, um ihr blutiges Geschäft zu verrichten.

Die Rekonstruktion des Tathergangs durch die italienische Polizei ergab, daß sechs Personen am Mord des Richters Livatino beteiligt gewesen waren. Drei wurden rasch identifiziert: Domenico Pace, Gaetano Puzzangaro und Paolo Amico, drei Sizilianer aus Palma di Montechiaro, einem Ort in der Nähe von Siculiana. Der Richter war in dem Augenblick ermordet worden, als er sich anschickte, einen großen Coup gegen die Familie von Palma di Montechiaro zu landen. Der italienischen Polizei zufolge lebten die drei mutmaßlichen Killer in der Kölner Gegend und waren häufige Gäste der Pizzeria Portofino in Dormagen, deren Besitzer aus derselben Ortschaft stammte.

Seit der Affäre Caruana kannte das BKA die Vorliebe der Ehrenmänner für Pizzerias. Also ließ die deutsche Polizei alle von den Sizilianern gewöhnlich besuchten Lokale überwachen. Auf diese Weise wurden zwei mutmaßliche Killer, Gaetano Puzzangaro und Domenico Pace, in der Pizzeria Ai Trulli in Leverkusen festgenommen, wo – dem BKA zufolge – im Jahr 1986 ein Versöhnungsessen zwischen verschiedenen sizilianischen »Familien« stattgefunden hatte, an dessen Ende einer der Gäste auf einem Holzstoß lebend verbrannt wurde.[17]

Diese Festnahmen lenkten die Aufmerksamkeit des BKA auf eine große Anzahl von Bürgern aus Palma di Montechiaro, die durch ihre Rechnungsbegleichungen und eine Serie anscheinend unerklärlicher Attentate von sich reden machten. Wenn die deutschen Polizeibeamten verstehen wollten, was sich bei ihnen zutrug, mußten sie sich vor Ort umsehen und eine Führung durch Palma di Montechiaro machen. Die Heimat des *Leoparden* glich in nichts mehr der Sommerfrische, deren Besitz Giuseppe Tomasi di Lampedusa dem Fürst von Salina zugeschrieben hat. Zur Stunde des europäischen Einheitsmarktes war sie nichts weiter als eine kleine Stadt von etwa dreißigtausend toten

---

17 In: Bericht des BKA, zitiert in *Der Spiegel*, 4. August 1992.

Seelen, denen es fast an allem mangelte: Ihre Häuser hatten im allgemeinen keine sanitären Anlagen, in den Sträßchen standen keine Laternen, und es fehlte jegliche Kanalisation. In einem geheimen Bericht spricht das Hohe Kommissariat, das mit dem Kampf gegen das organisierte Verbrechen in Italien beauftragt ist, von »hygienischen Verhältnissen, die in anderen Breiten die sofortige Evakuierung der Bevölkerung zur Folge hätten« und zitiert als Beispiel »einen Pfuhl, der als städtischer Abwasserkanal fungiert.« »Palma di Montechiaro«, so das Hohe Kommissariat, »ist ein Beispiel für ein dem Staat entwendetes Territorium, das mittels Stammesregeln regiert wird.«[18]

Hier gibt es keine Hoffnung, man kann nur auswandern. Nun gab es aber bereits Tausende Exilanten in Mannheim, Berlin und Köln, die immer noch Verbindungen mit ihrem Heimatort unterhielten. Die Gastarbeiter hatten den Ehrenmännern, die sich um die Kontrolle über die ärmliche sizilianische Stadt stritten, das Tor nach Deutschland geöffnet. Seit 1984 standen sich dort in einem blutigen Bandenkrieg Anhänger der Corleoneser und ein Bündnis gegenüber, das von den sieben Brüdern Ribisi angeführt wurde – Großhändlern, die sowohl mit Öl als auch mit Spielzeug handelten. Innerhalb einiger Monate wurden in den Straßen der kleinen sizilianischen Stadt gut vierzig Personen umgebracht. Dann dehnte sich der Krieg auch auf Deutschland aus – ein Schwerverletzter in der Ludwigshafener Gegend, ein Toter und ein Schwerverletzter in Mannheim, eine Schießerei in Kaiserslautern. Das war der Auftakt. Von nun an wagten sich die »Soldaten« von Palma di Montechiaro nur noch mit kugelsicheren Westen auf die Straße.

Der erbittertste Gegner der Ribisi war niemand anderes als Gaetano Puzzangaro, einer der mutmaßlichen Mörder des Richters Livatino. Während man annahm, er halte sich definitiv in Deutschland auf, wurde er in Sizilien gesichtet – in Camastra, wo er in eine Schießerei verwickelt war; einige Zeit später griff er zwei der Brüder Ribisi mit dem Revolver in der Hand an. Bei seiner Rückkehr nach Deutschland nahm Puzzangaro seine Strafexpeditionen gegen die Feinde der Corleoneser wieder auf. In der Morgendämmerung des 14. April 1992 verprügelte er mit Hilfe von drei Helfershelfern Giocchino Schembri,

---

18 Zitiert von Nando Dalla Chiesa in *Il Giudice ragazzino*, Einaudi, 1992.

den Besitzer der Pizzeria Goldener Kegel. Giocchino Schembri konnte sich mehr tot als lebendig in seine Pizzeria schleppen, verbarrikadierte sich dort und bewaffnete sich mit zwei Straßenkampfwaffen. Als die Untersuchungsbeamten des BKA kamen, um ihn zu verhören, empfing er sie mit Schüssen durch die Türe, da er meinte, die Killer von Puzzangaro seien gekommen, um ihre Tat zu vollenden. Sobald er in den Händen der Polizei war, erklärte sich Giocchino Schembri zur Zusammenarbeit bereit. Er wurde unter anderem von dem palermitanischen Richter Paolo Borsellino »bearbeitet«.

Doch nicht sehr lange, denn Paolo Borsellino wurde am 19. Juli 1992 mit seiner Begleitmannschaft getötet, zweifelsohne, weil er sich zu sehr für die Machenschaften der sizilianischen Ehrenmänner in Deutschland interessierte[19]. Sein Tod war u. a. von Giacomo Ubaldo Lauro angekündigt worden, einem Kalabresen der *'Ndrangheta*, der in einem nordeuropäischen Land Zuflucht gesucht hatte und dort den italienischen Konsul davon in Kenntnis setzte, daß in Palermo ein Attentat gegen Borsellino geplant würde. Die Information, die am 14. Juli 1992 nach Rom weitergeleitet wurde, erreichte Palermo erst am 25. Juli, fünf Tage nach der Ermordung Borsellinos. Weitere Attentate wurden in Deutschland geplant; so erfuhr man im Januar 1993, daß das BKA einige Ehrenmänner verhaftet hatte, die drauf und dran waren, nach Italien zu reisen, um Leoluca Orlando, den früheren Bürgermeister von Palermo, zu ermorden. Dieser Christdemokrat war zu einem Symbol für den Kampf gegen das organisierte Verbrechen geworden.

Sobald es Leichen gibt, bedeutet dies im Zusammenhang mit der organisierten Kriminalität, daß es bereits zu spät ist zum Intervenieren. Da dies auch die Deutschen nicht ändern konnten, beschlossen sie einen ersten Maßnahmenkatalog, um den Schaden wenigstens zu begrenzen. Einige Monate vor der Abschaffung der Grenzen 1993, kündigte Hans-Ludwig Zachert, der Direktor des BKA, die Inkraftsetzung eines speziellen Programmes an, das die organisierte Kriminalität italienischen Ursprungs bekämpfen soll und unter anderem den Einsatz modernster Technologien wie dem der elektronischen Bespitzelung vorsieht. Auch in grenzüberschreitender Hinsicht kamen die

---

19 Siehe Kapitel 9.

Dinge in Bewegung, da der deutsche Bundesnachrichtendienst (BND) sich nun für die europäischen Verbindungen der italienischen Verbrecherfamilien interessierte.

Schon teilten manche Beamten, die von der Schnelligkeit, mit der die *Cosa Nostra* in den Norden vordrang, entsetzt waren, die Befürchtungen des Schriftstellers Graham Greene, der sich wegen der hochgefährlichen italienischen Kriminalität gegen eine europäische Integration ausgesprochen hatte. Nach der Abschaffung der europäischen Grenzen im Januar 1993, so ihre Annahme, bestehe die Gefahr, daß die *Dons* zu den Herren Europas aufstiegen. Sie irrten sich. Die organisierte Kriminalität hatte die Einrichtung des europäischen Einheitsmarktes der Europäischen Gemeinschaft nicht erst abgewartet, um sich dort niederzulassen, wo es ihr passend erschienen war. Wenn die sizilianischen *Dons* sich Europas bemächtigen wollten, was noch zu beweisen ist, dann war dies in Wirklichkeit bereits geschehen.

6
Die Schweiz –
Wo keine Ermittlungen möglich sind

Die Schmuggler-Internationale – Ein klassischer Weg der Einschleusung – Die Operation Eiger – Die »Libanon Connection« – An den Ufern des Genfer Sees – Schweizer Schleichhändler

Die Schmuggler-Internationale

Die Schweizer Eidgenossenschaft, ihre Nummernkonten, ihre Ruhe, ihre Gastfreundschaft... In der Schweiz kann man hinsichtlich der organisierten Kriminalität nur im Plural sprechen: Italiener, Türken, Kolumbianer und auch Chinesen sind in den verschiedenen Kantonen zu Hause. Die Schweizer Polizei weiß das sehr wohl. Schon seit Jahren beobachtet sie die Niederlassung wahrhafter Kolonien von Kriminellen, die aus Italien, der Türkei, Lateinamerika oder von anderswoher kommen. Die zuletzt Gekommenen, die Kolumbianer, sind jedoch keinesweg am schlechtesten dran. Vor den Augen der ohnmächtigen Polizei gehen sie in den Luxushotels von Genf, Lausanne oder Zürich ein und aus, kaufen Villen in den Bergen von Montreux, vergnügen sich auf den Skipisten von Sasfee, Sankt Moritz oder Crans-sur-Sierre, wenn sie ihre Tage nicht in den Privatsalons der Union der Schweizer Banken und anderer Schweizer Kreditinstitute verbringen. Ihre Kinder gehen, zusammen mit den Kindern von Prominenten, auf die besten Privatschulen. Die Söhne der Paten sitzen neben den Söhnen von Ministern auf der Schulbank. Ihre Drogenkartelle sind besser organisiert als die der Industrie oder der Finanz: Der Schulbesuch der Sprößlinge der Direktoren von ein und derselben Organisation wird häufig auf indirekte Weise von demselben Wirtschaftsanwalt oder Treuhänder geregelt.
Wann hat die Invasion begonnen?
In den siebziger Jahren, sagen die Schweizer Polizeibeamten. Doch

behaupten sie, dies erst zehn Jahre später wahrgenommen zu haben, als es bereits zu spät war.
Die Gefahr kam zuerst aus dem Osten Europas. Der Mordversuch an Papst Johannes-Paul II. vom 13. Mai 1981 lenkte die Aufmerksamkeit auf die Existenz einer türkischen Gemeinde in der Schweiz, die auf dem Heroinmarkt sehr aktiv war, was ein Jahr später durch eine großangelegte italienisch-amerikanische Ermittlung, die »Pizza Connection« getauft wurde, bestätigt wurde; einer ihrer Verdienste bestand darin, die Verbindungen des organisierten Verbrechens in Europa zwischen den Italienern und den Türken aufzuzeigen. Im Mittelpunkt der »Pizza Connection« stand ein schwerreicher Türke in den Fünfzigern mit gepflegtem Schnurrbart und Adlernase, eine Art Fantomas des Schmuggels, ein Mann mit tausend Identitäten, dessen richtiger Name zweifelsohne Yasar Avni Karadurmus Mussullulu lautet.
Vergeblich wird man nach Spuren von seiner Durchreise in Zürich suchen. Die Stadt hat so schnell wie möglich den Aufenthalt dieses gefährlichen Türken vergessen, der Anfang der achtziger Jahre ein gefragter Lieferant von Morphinbase für die *Cosa Nostra* gewesen war. Dennoch lebte dieser Mann keinesfalls im Verborgenen und tat nichts, um sich bei seinen Aufenthalten in der Schweiz zu verstecken. Der einzige Beweis von Mussullulus Anwesenheit an den Ufern der Limmat ist eine Fotoserie, die in einem Züricher Nachtlokal aufgenommen wurde, in dem er einen Abend als Privatmann verbrachte. Er trug einen hellen Anzug, der Abend war warm, und er hatte seine Weste über eine Stuhllehne gelegt. Er sitzt da mit einem aufgeknöpften Hemd, das seine behaarte Brust freigibt. Seine Tischnachbarn haben nur Augen für die Verrenkungen einer Tänzerin mit einem etwas rundlicheren Bauch, der jedoch den Gebräuchen entspricht. Sie trägt ihr Haar geknotet und bewegt sich dicht neben einem Tisch, dessen Reste auf ein üppiges Mahl schließen lassen. Mussullulu schaut direkt in die Kamera. Er hat keine Angst vor ihr. Mit freundlicher Miene und einem leicht ironischen Blick trägt er die Sicherheit eines Mannes zur Schau, der weiß, daß man ihm nichts anhaben kann.
Woher nahm er diese Sicherheit? Wußte er nicht, daß sein Foto auf allen Plakaten mit den von Interpol am meisten gesuchten Verbrechern abgebildet war, gleich unter denen des Logenmeisters der italienischen Loge P 2, Licio Gelli und dem des internationalen Terroristen Carlos Lehder? Oder wußte er vielleicht, daß eine wohlmeinende

Hand auf das Plakat von Interpol, das an die Grenzposten und an die Schweizer Polizei verteilt wurde, gestempelt hatte: »Nicht festnehmen, nur das eidgenössische Polizeibüro unterrichten«? Wer unter der helvetischen Polizei wollte denn nicht, daß Mussullulu hinter Gitter kam? Und warum?
Mussullulus Organisation, die im gesamten Mittelmeerraum präsent war, verfügte über eigene geheime Transportnetze, die das Interesse mehr als eines Geheimdienstes hätten wecken müssen. Die Protektionen Mussullulus hingen vielleicht auch mit seinem beträchtlichen Vermögen zusammen. Schätzungen der DEA zufolge soll Mussullulu der *Cosa Nostra* innerhalb mehrerer Jahre nahezu 8 Tonnen Morphinbase geliefert haben, und das für eine Gesamtsumme von mehr als 90 Millionen Dollar, von denen mehr als die Hälfte auf seinen Privatkonten gelandet sein soll.
Die Morphinbase stammte aus dem Goldenen Halbmond: aus Pakistan, Afghanistan oder dem Iran. Die Organisation nahm sie in der Türkei in Empfang. Sie wurde in Frachtschiffen in 500-Kilo-Ladungen weiterbefördert. Die Sizilianer nahmen es vor der Küste Sardiniens im Niemandsland entgegen. Die Ankunft von Mussullulus Frachtschiffen wurde durch eine Unterwasserbake angekündigt. Nach dem Auslösen des Signals überflog ein Flugzeug das Frachtschiff im Tiefflug, die Mannschaft konnte sogar das Gesicht des Piloten erkennen; wenn nichts Verdächtiges festzustellen war, wurde die Ware auf kleinere Boote der *Cosa Nostra* umgeladen.
Zu Beginn der achtziger Jahre besaß Mussullulu vier Frachter, deren Bewegungen er von seinem Büro in Zürich aus lenkte. Die *Norsum*, die *Dusk*, die *Bamboori* und vor allem die *Sunny Beach*, ein altes 100-Tonnen-Schiff, das bisher für den Zigarettenschmuggel verwendet worden war und hauptsächlich die *Cosa Nostra* beliefert hatte. Offiziell war Mussullulu Reeder, der sich auf den »Import-Export aller Arten von Waren« spezialisiert hatte. Merkwürdige Zusammenkünfte fanden in den Züricher Geschäftsräumen des Schwarzhändlers statt, der dort seine sizilianischen Kunden empfing. Da war zunächst einmal Nunzio La Mattina, der Zigarettenschmuggler, der nun auf weißes Pulver umgestiegen war. In seinem Fall kann man sogar von einem exemplarischen Umsteigen sprechen: Zu Beginn der achtziger Jahre schuldete Nunzio La Mattina Mussullulu 11 Millionen Dollar. Doch der Sizilianer weigerte sich, seine Schuld zu begleichen, ehe er neue

Morphinbaselieferungen erhalten habe. Mussullulu lehnte ab. Nunzio La Mattina versuchte, die Situation zu entschärfen, indem er einen gemeinsamen Bekannten, Paul Waridel, um Vermittlung bat.
Paul Waridel war dem Türken mit Leib und Seele ergeben; er war es auch, der bei der Niederlassung des Reeders auf Schweizer Boden eine Schlüsselrolle gespielt hatte. Mussullulu hatte volles Vertrauen in diesen hünenhaften Schweizer türkischer Herkunft, einen Mann in den Fünfzigern, der zwei EDV-Firmen besaß. Gemeinsam hatten sie eine Menge Coups gelandet, angefangen vom Schwarzhandel mit gefälschten Antiquitäten 1972 in der Türkei, bis hin zu Heroinhandel in Rom im Jahre 1976. Zudem hatte Waridel sich bewährt: Als er in Rom nach der Beschlagnahmung von mehreren Kilo Heroin festgenommen wurde, hatte er den Versender – das war Mussullulu – nicht denunziert, was ihm einige Jahre im römischen Gefängnis Regina Coeli eingebracht hatte. Dieser nutzbringende Aufenthalt ermöglichte ihm die Bekanntschaft mehrerer Ehrenmänner, darunter Nunzio La Mattina. Im Gefängnis hatten die beiden Ganoven natürlich über Mussullulu gesprochen. Nunzio La Mattina wußte, daß Waridel dem Türken nahestand, aber er überschätzte den Einfluß dieses Mannes.
Paul Waridel: »Ich sah beide in Zürich. Zürich ist eine kleine Stadt. Sie besuchten Bars, die im Zentrum lagen. Also traf ich mich mit jedem einzeln, zu verschiedenen Tageszeiten. Aber ich wußte, daß beide in Zürich waren. (...) Nachdem Nunzio La Mattina begriffen hatte, daß ich nichts für ihn ausrichten konnte, mied er mich wie der Teufel oder besser – wie die Pest[20].
Paul Waridel kennt die Bedeutung von Streitigkeiten in der internationalen Schmugglerszene besser als jeder andere. Sie sind ebenso alltäglich und banal wie die Aufsichtsratversammlung einer Schweizer Bank. Einige Zeit später übergoß er selbst Mussullulu in einem bulgarischen Luxushotel – wegen einer offenen Schuld von 466 000 Dollar – mit Benzin und zündete ihn dann an; jedoch ohne große Folgen für den letzteren.
Um die Überlebenschancen von Nuzio La Mattina stand es also äußerst schlecht. Der sizilianische Schwarzhändler versuchte sich zu rechtfertigen, indem er finanzielle Probleme geltend machte. Als er

---

20 Vernehmung Paul Waridels vom 14. Juni 1985 durch das New Yorker Gericht.

immer mehr in Schulden geriet, behauptete er unter anderem, einer seiner Laufburschen habe 1,3 Millionen Dollar veruntreut. Die sizilianischen Geschäftspartner glaubten ihm nicht, und Nunzio La Mattina wurde ermordet. Bald nahm ein anderer seinen Platz ein, ein gewisser Antonio Rotolo, genannt »die Ente«, ein Killer, der den Corleonesern nahestand.

Anfang 1982 stellte sich Rotolo in den Geschäftsräumen von Mussullulu vor und gab ihm einen verbindlichen Auftrag über 400 Kilo Morphinbase, für mehr als 5 Millionen Dollar. Bevor der Türke das Geschäft abzuschließen bereit war, forderte er die Rückzahlung der 11 Millionen Dollar, die La Mattina ihm noch schuldete. Schließlich gehörte Rotolo zum selben Konsortium. Für den Türken ging es hierbei um die conditio sine qua non. Nach zwanzigtägigen Verhandlungen waren die Zahlungsmodalitäten endlich geregelt.

Am Karfreitag begaben sich Waridel und ein Verwandter Mussullulus nach Lugano, um einen Teil der Summe entgegenzunehmen. Sie fanden Rotolo in einem Büro der Stadt. Im Raum waren noch ein halbes Dutzend italienischer Ehrenmänner, darunter Leonardo Greco, einer der Chefs der Familie von Bagheria, von dem später noch die Rede sein wird, Geschäftsleute und ein Schweizer Bankier sowie Remo Donada, ein alter Bekannter, dem wir bei der Affäre Zaza in Frankreich begegnet sind. Mitten im Raum stand ein Tisch, auf dem sich beeindruckende Stapel von 20- und 50-Dollar-Scheinen befanden; eine Zählmaschine benötigte eine ganze Weile, um sie zu sortieren: Das waren gut und gerne 5 Millionen Dollar. Die Banknoten wurden in sechs riesigen Koffern verstaut.

Danach, am Steuer seines geräumigen Pontiac und mit den im Kofferraum und auf dem Hintersitz geladenen Koffern, konnte Waridel seine Gefühle nicht verbergen. Und auch sein Nachbar zeigte sich tiefbewegt. Noch nie hatten die beiden Männer so viel Geld gesehen. Bevor sie losfuhren, hatten die Sizilianer ihnen vorgeschlagen, eine Waffe mitzunehmen, aber sie hatten abgelehnt.

»Das Geld kommt von einer Bank am Paradeplatz in Zürich!« rief der Wageninsasse aus. »Wie haben sie es angestellt, so viel Geld in kleinen Scheinen zu bekommen, ist das etwa eine sizilianische Bank?«

Mussullulu nahm die Koffer in seiner Züricher Villa in Empfang. Obwohl er über eine solche Dollarflut ein wenig überrascht war, gab er keinen Kommentar von sich. »Mussullulu war ein Mann, der wenig sprach«, erinnert sich Paul Waridel, »er sagte immer nur das Nötigste. War es nicht unbedingt erforderlich, sprach er nie über das, was er tat.«

Ein ebenso mundfauler Mussullulu nahm die Restsumme bei diversen Treffen auf dem Parkplatz des Züricher Hotels Alexander oder auf freiem Feld in Empfang; immer wurde er dabei von Waridel begleitet. Die Schweizer Bankiers, denen Mussullulu einen Teil der Banknoten zurückgab, waren auch nicht gesprächiger. Hier hat Geld weder Geruch noch Geschichte. So wie es die Diversifikation gebietet, nahmen einige Millionen Dollar ihren Weg über Bulgarien in die Vereinigten Staaten.

»Mussullulu hatte viele Freunde in Bulgarien«, sagt Paul Waridel, »insbesondere Leiter von staatlichen Firmen. Er sagte, daß er auf all die Geldsummen, die er via Bulgarien in die Vereinigten Staaten schickte, eine Gebühr von 9 Prozent bezahlen müsse.«

Ende 1983 nahmen Polizisten in Italien und den Vereinigten Staaten im Rahmen der »Pizza Connection« etwa zehn Geschäftspartner Mussullulus fest. Zum ersten Mal flogen ganz Netze auf, angefangen bei der Herstellung, dem Transport und der Verteilung der Drogen bis hin zur Rückschleusung der Narco-Dollars. Schon begannen die Beschuldigten in der Schweiz vor den Untersuchungsrichtern auszusagen. Manche kannten Mussullulu. Der Türke war sich seiner Gefährdung bewußt. Von nun an konnte ihm irgendein kleines Geständnis zum Verhängnis werden. Vielleicht wußten die Untersuchungsbeamten bereits, daß er den Sizilianern mit dem Frachter *Sunny Beach* Morphinbase lieferte.

»Als ich Mussullulu zum letzten Mal sah, war er gerade am Telefon«, erinnert sich Paul Waridel. »Er wollte, daß sein Gesprächspartner sofort die *Sunny Beach* verschwinden ließ; er wollte, daß man sie untergehen ließe oder daß sie an einen Schrotthändler verkauft würde. Er hatte es sehr eilig damit, sein Schiff wegzuschaffen. Zu dieser Zeit lag der Frachter im türkischen Teil von Zypern vor Anker.«

Die Ermittlung der DEA, der italienischen und Schweizer Polizeibeamten über die »Pizza Connection« änderte Mussullulus Gewohnheiten in Zürich. Nach der Festnahme Paul Waridels in Lugano flüchtete der Türke nach Bulgarien, von dort nach Spanien, wo wir ihm in einer prächtigen Villa, nicht weit von Malaga, wiederbegegnen werden, und seine Schweizer Konten bestanden immer noch.

Die Schweizer Untersuchungsbeamten waren von den Ergebnissen der Ermittlung enttäuscht. Die verschiedenen Netze der Heroinschmuggler, von denen man annahm, sie versorgten einige Märkte mit mehreren hundert Kilo, waren kaum angeschlagen. Einzig die amerikanischen und italienischen Zweige der »Pizza Connection« hatten zerschlagen werden können. Natürlich wurden mehrere Bankkonten der Sizilianer beschlagnahmt. Einige Bankiers und ein paar Börsenmakler wurden gerichtlich belangt. Aber sie waren nur kleine Fische. Die Lieferanten aus dem Mittleren Orient waren nicht gefaßt worden. Sie operierten noch von der Schweiz aus, wo sie Millionen Dollar mit undurchsichtigen Geschäften machten und auf wichtige Komplizen zählen konnten, sowohl auf politischer Ebene als auch innerhalb der Banken. Die helvetische Geldwäsche lief immer noch auf vollen Touren. Die Schweizer Polizeibeamten wußten das. Jedoch war ihr Wissen damals so präzise wie die Karten des afrikanischen Kontinents in der Antike. *Africa: hic sunt pantherae*. Afrika: Hier sind die Leoparden. Helvetia: Hier sind die Geldwäscher.

Ein klassischer Weg der Einschleusung

Im Juni 1986 lebte die Affäre plötzlich wieder auf, als ein Informant der Tessiner Polizei, ein Geldwäscher namens Adriano Corti, der in die »Pizza Connection« verstrickt gewesen war, von einem kleinen italienischen Ganoven angesprochen wurde, der einen Abnehmer für 600 Kilo Morphinbase und Heroin suchte. Adriano Corti verständigte sofort die Tessiner Polizei. Die Angelegenheit ließ sich bis nach Bern zurückverfolgen. Die betreffenden Geheimdienste beschlossen, die Transaktion solle unter ihrer Aufsicht abgewickelt werden. Eine klassische Einschleusungsoperation, die die Schweizer Polizei jedoch nicht allein durchführen konnte.
Das Eingreifen der amerikanischen Drogenfahndungsbehörde, der DEA, schien angebracht, deren Lockspitzel bereit sind, sich in die Netze der internationalen Drogenhändler einschleusen zu lassen und die bei ihrer Arbeit oft an die Grenzen der Legalität stoßen. Es genügt dabei, an manche ihrer punktuellen Abmachungen mit den Baronen der Drogenkartelle zu denken oder an ihre Aufforderung zur Denunziation, für die sie als Gegenleistung eine teilweise Straffreiheit ver-

sprechen. Die DEA, deren Millionenbudget und modernste elektronische Ausrüstung den Neid aller Drogenfahnder dieser Erde erwekken.

Die schweizerischen Polizeibeamten erklären, daß sie – wie auch ihre europäischen Kollegen – nicht gerne die Dienste der DEA in Anspruch nehmen. Das ist eine Frage der Mentalität, aber auch der Interessen. Schließlich werden die amerikanischen Polizisten dafür bezahlt, daß sie internationale Drogenhändler vor amerikanische Gerichte bringen und verhindern, daß Drogen in die Vereinigten Staaten geschafft werden. Doch diesmal konnte die schweizerische Polizei nicht auf die technischen Mittel und das weltweite Geflecht der DEA verzichten.

Die DEA interessierte sich für die Angelegenheit. Der Händlerring schien bedeutend genug, damit sie ihre Hebel in Bewegung setzte. Noch besser: Nach ersten Informationen stammte die Morphinbase aus dem Iran. Gewisse Ayatollahs sollten hinter der Transaktion stehen, um amerikanische Kriegswaffen kaufen zu können, die sie damals zur Fortsetzung des Krieges gegen den Irak benötigten. Zu jener Zeit tat die Regierung Teherans alles, um das Embargo der Vereinten Nationen zu umgehen; zuweilen geschah dies sogar mit der Komplizenschaft mancher amerikanischer Geheimdienste, darunter auch die CIA, wie der Skandal Irangate später bewies. Die DEA sah in dieser Aktion vielleicht auch die Möglichkeit, Pluspunkte in dem Kampf zu sammeln, den sie seit Jahren schon gegen ihre feindliche Schwester, die CIA, führte.

Das gewagte Spiel begann mit dem Eintreffen von Sam de Rosa, genannt der »Blonde Sam«, einem Einschleusungsbeamten der DEA, der eine italienisch-amerikanische Käufergruppe vertreten sollte. Am 24. Juni 1986 fand ein erstes Treffen zwischen dem Blonden Sam und den Drogenhändlern statt, das zu großen Hoffnungen Anlaß gab. Die Organisation erklärte sich bereit, ihm monatlich 400 Kilo Morphinbase zu besorgen – lieferbar auf offenem Meer, vor der spanischen Küste. Der Transport auf festem Boden sowie die Beförderungskosten gingen zu Lasten des Käufers. Doch die Verkäufer verlangten Sicherheiten. Der Blonde Sam nahm einen Abgesandten mit in eine Schweizer Bank, um ihm 2 Millionen Schweizer Franken zu zeigen, die in einem Safe deponiert waren. Nachdem die Bosse der Organisation somit von der Zahlungsfähigkeit des DEA-Agenten überzeugt waren,

verlangte einer von ihnen, mit Sam zusammenzukommen. Das Treffen fand am 4. August 1986 in Istanbul statt. Und sicherlich hätte man sich gewundert, wenn der Bandenchef kein Türke gewesen wäre. Es war Haci Mirza, ein alter Bekannter des DEA.
Die amerikanischen Polizeibeamten beschuldigten Haci Mirza, einer der sechs oder sieben Drahtzieher des organisierten Verbrechens in Istanbul zu sein. Die DEA suchte ihn seit Anfang der siebziger Jahre. Ein Schweizer Inspektor, der belesener war als die anderen, bemerkte, daß dieser Name bereits in dem ersten Buch, das vom internationalen Drogenschäft handelte, vorkam – *The Heroin Trail* –, das seinen Autoren, einem Team aus vierzehn Journalisten der New Yorker Tageszeitung *Newsday*, den Pulitzerpreis einbrachte. Um den Blonden Sam zu decken, mobilisierte die DEA ihre Außenstelle in Istanbul, und es wurde beschlossen, eine Gruppe Schweizer Inspekteure in diese Stadt zu schicken. Die türkische Polizei wurde durch die Interpol von ihrer Ankunft in Kenntnis gesetzt. Doch die Paten der Hauptstadt hatten ihre Spitzel im Hauptquartier der Istanbuler Polizei. Die Drogenhändler wurden also von der Ankunft der Schweizer Untersuchungsbeamten gewarnt. Sie teilten es dem Blonden Sam umgehend mit und empfahlen ihm, äußerst vorsichtig zu sein. Der eingeschleuste Agent der DEA bewegte sich auf vermintem Boden. Und das um so mehr, als die Drogenhändler ihm eröffneten, der Chef der Rauschgiftbrigade in Istanbul stehe in ihren Diensten. Der Agent hatte Glück, daß die türkischen Polizisten nicht wußten, warum ihre schweizerischen Kollegen diese Reise unternahmen.
Am 10. September 1986 kehrte der Blonde Sam in die Schweiz zurück, um eine Probe der Droge in Empfang zu nehmen. Bei diesem Anlaß erhielt er einen weiteren Beweis für die Ausmaße des Korruptionsnetzes der Händler, als er erfuhr, daß der Kurier der Organisation am Istanbuler Flughafen Yeslikoy mit dem Heroin festgenommen und dann wieder freigelassen worden war, nachdem der Boß der Organisation interveniert hatte.
Der Kurier traf also mit der Warenprobe und einer schlechten Nachricht in der Schweiz ein: Haci Mirza war noch immer mißtrauisch. Er habe gesagt, er zweifle nach wie vor an der Glaubwürdigkeit der Käufer und wolle sich selbst von der Zuverlässigkeit ihrer Infrakstruktur in der Schweiz überzeugen.
Haci Mirza kam am 7. Januar 1987 in der Schweiz an. Die schweizeri-

schen Polizeibeamten improvisierten eine quasi offizielle Reise. Wollte der Drogenhändler vielleicht ein wenig Tourist spielen und das Land sehen? Sie würden es ihm gerne zeigen. Die als Schmuggler verkleideten Inspekteure luden ihn also zu einer Führung ein und begannen mit einem kleinen Abstecher in eine Bank; dann führten sie ihren Gast in ein Heroinlabor. Der glückliche Zufall wollte es, daß die eidgenössische Polizei eben einige französische Chemiker – unter ihnen François Scapula und Charles Altieri – in einem Landhaus auf frischer Tat ertappt hatten. Die Polizeibeamten zeigten Haci Mirza das Labor. Der Türke war beeindruckt: Die Ausstattung war von erstklassiger Qualität.
Nachdem der türkische Pate somit beruhigt worden war, wurde der Handel abgeschlossen. Am 9. Januar 1987 wurden 80 Kilo Morphinbase und 20 Kilo reines Heroin auf einem Parkplatz im Westen Istanbuls, der für die TIR-Lastzüge reserviert ist und ganz in der Nähe des Flughafens Yeslikoy liegt, in einen Lastkraftwagen verladen. Am 21. Februar 1987 parkte der Lastwagen schließlich auf dem Mövenpick-Rastplatz von Bellinzona im Tessin. Polizeibeamte in Zivil luden die Ware in Polizeiautos, die als Privatwagen getarnt waren. Haci Mirza befand sich ebenfalls in der Schweiz; die Polizeibeamten beobachteten ihn einen Tag lang, ehe sie ihn im Hotel Excelsior von Lugano, in Begleitung der Lastwagenchauffeure und eines seiner Stellvertreter, festnahmen.
Eine rundum gelungene Aktion. Aber auch der Auftakt für einen der größten Skandale, den die Schweiz je erlebt hat.

Die Operation Eiger

Der Skandal begann mit der Beschlagnahmung einer elektronischen Agenda, die bei den Festnahmen in Lugano konfisziert wurde und die Telefonnummer einer Privatsuite in einem Luxushotel von Zürich, dem Nova Park, enthielt. Die Suite war von zwei Brüdern, Jean und Barkev Magharian, gemietet – deren Namen im Heer der Geldwäscher der organisierten Kriminalität keine Unbekannten waren.
Ein Polizeibeamter erinnerte sich, daß die beiden Brüder einige Monate vor der Beschlagnahmung der 100 Kilo Drogen in Bellinzona beschuldigt worden waren, einen Armenier angestellt zu haben, der

mit 2 Millionen Dollar am Flughafen von Los Angeles verhaftet worden war. Glaubt man der DEA, so stammte das Geld aus riesigen Kokainverkäufen, die von den kolumbianischen Drogenkartellen getätigt worden waren. Das war nicht die erste Geldsendung: Ein Informant sprach von mehr als 34 Millionen Dollar, die den Brüdern Magharian durch Kuriere zugetragen und in der Schweiz weißgewaschen worden waren, bevor man das Geld auf Bankkonten nach Panama transferiert hatte.

Die Magharians lebten seit zwei Jahren in einer Suite des Nova Park, wo sie ihre Wechselbüros eingerichtet hatten. Die Schweizer Polizeibeamten beschlossen, sie nicht sofort festzunehmen. Es war besser, sie aus der Nähe zu beobachten, sie zu überwachen und, falls möglich, jemanden einzuschleusen, um in ihre Arbeitsweise Einblick zu gewinnen.

Die Schweizer Außenstelle der DEA »manipulierte« ihrerseits einen orientalischen Drogenhändler, der mit den Brüdern Magharian zusammenarbeitete. Eine bessere Möglichkeit der Kontaktaufnahme hätte man sich gar nicht wünschen können. Im Frühjahr 1987 trafen die Magharians mit dem Händler und zwei seiner »Freunde« zusammen, die in Wirklichkeit ein Agent der DEA und ein Schweizer Polizeibeamter waren. Ziel des Zusammentreffens war die Gründung einer Firma, in der Geld gewaschen werden sollte. Zum ersten Mal nahm die Polizei den »Gipfel« der Schweizer Drogengeldwäsche in Angriff, weshalb die Operation unter dem Decknamen »Eiger« geführt wurde. Die Untersuchung erforderte Mut, grenzte aber auch an Provokation. Innerhalb weniger Monate konnten die Geldwäsche-Beamten ein ansehnliches Adressenheft füllen, in der Hoffnung, in nicht allzu ferner Zeit Hunderte Haftbefehle auszustellen. Dem Plan schien nichts entgegenzustehen. Zumindest theoretisch.

Die Brüder Magharian hatten einige Monate zuvor in aller Form einen Antrag auf Aufenthalts- und Arbeitserlaubnis in der Schweiz gestellt; sie konnten sich hierbei auf eine dreifache Empfehlung stützen – seitens einer großen Bank und zweier Schweizer Geschäftsleute, die über jeden Verdacht erhaben waren. Um die Ermittlung der Polizei nicht zu behindern, gab die Fremdenpolizei dem Antrag alsbald statt und bewilligte ihnen die Erlaubnis, in der Schweizer Eidgenossenschaft zu wohnen und zu arbeiten. Die Brüder Magharian und die eingeschleusten Polizeibeamten konnten somit ihre Geldwaschfirma, die JBM, ins Leben rufen.

Die erste Überraschung der Polizeibeamten: Die Magharians sorgten nicht nur für die Rückschleusung der Narco-Dollars der lateinamerikanischen Drogenkartelle. Ihre Kuriere versorgten sie regelmäßig auch mit Dollarpaketen aus Istanbul – mit schmutzigem Geld, das aus dem Heroinhandel stammte. Die Handelskette war perfekt: Eine stattliche Anzahl von Autos verließ, mit Geldscheinpaketen voll beladen, die Ufer des Bosporus, um zunächst nach Bulgarien zu fahren. In Sofia, dem Mekka der orientalischen Schmuggler, nahmen Finanziers und bulgarische Staatsbeamte die Devisen in Empfang und schickten sie per Flugzeug nach Zürich zum Hauptsitz der Schweizer Kreditanstalt, bei der die Brüder Magharian mehrere Konten besaßen. In weniger als einem Jahr wurde der Gegenwert von etwa 2 Milliarden D-Mark auf diesem Weg befördert.

Da die beiden Polizeibeamten die Geschäftsräume der Magharians teilten, lernten sie bald die wichtigsten Geschäftspartner der beiden Brüder kennen. Sie trafen mit einer Reihe Waffen- und Drogenhändler zusammen, wie mit jenem Türken armenischer Herkunft, der bei ihrer ersten Begegnung ohne Umschweife zugab, mit Haschisch, Morphinbase und mit Kalaschnikows zu handeln. Er operierte von Amsterdam aus und schätzte sich glücklich, daß das holländische Strafrecht für Schleichhandel so geringe Strafen vorsah. Das Europa der Schmuggler nahm durch rechtliche Unzulänglichkeiten der Europäischen Gemeinschaft erst Gestalt an.

Nach und nach entdeckten die eingeschleusten Polizeibeamten das Ausmaß der Waffen- und Drogennetze des Mittleren Orients sowie ihre politischen Komplizen. Zum Beispiel verfügten die Brüder Magharian über Geschäftszweige, die bis ins Zentrum der libanesischen Bekaa-Ebene reichten, wo sich eine richtiggehende Fabrik zur Opium-, Morphin- und Heroinherstellung unter syrischer Überwachung befand. Die Untersuchungsbeamten erklären, daß die diversen terroristischen Vereinigungen, die in der Ebene operieren, die Produktion der dort befindlichen riesigen Opiumfelder kontrollieren und damit den Ankauf von Waffen finanzieren. Auch Palästinenser der PLO sind in diesen Handel verwickelt, dessen Geflecht sich über die ganze Welt erstreckt.

Zu Beginn der neunziger Jahre verfolgten Polizeibeamte und amerikanische Zöllner noch immer die Spur der mit den Narco-Dollars getätigten PLO-Finanzierungen. Von den Magharians ausgehend waren sie

bis zu Armenieren in Los Angeles vorgedrungen, die u. a. unter dem Verdacht stehen, mit Hilfe des Drogengeschäfts eine PLO-Gruppierung zu finanzieren. Die Ermittlungen waren um so chaotischer und komplizierter, als das Netz der armenischen Geldwäscher Verästelungen bis nach Japan und Südkorea aufwies.
Glaubt man den Polizeibeamten, so erreichten die Magharians vom Libanon aus bald den Eiger-Gipfel der Geldwäsche. Da die Magharians Armenier waren, erstaunt es nicht, daß sie mit anderen armenischen Geldwäschern Kontakte hatten, deren Sitz sich in Los Angeles befand, und daß die beiden in eine der größten Geldwaschoperationen verwickelt waren, die je von lateinamerikanischen Kartellen in den Vereinigten Staaten durchgeführt wurde und die »Mina« genannt wurde.
Zu Beginn des Frühjahres begann die Operation Eiger gerade die ersten Früchte zu tragen. Während die Tessiner Polizei sich um die praktischen Aspekte der Ermittlung kümmerte, oblag den eidgenössischen Geheimdiensten die technische Seite. Die eingeschleusten Agenten häuften dokumentarisches Material an, die geringfügigsten Aktionen der Magharians wurden von den Polizeibeamten registriert und ihre Gespräche aufgenommen. Doch Anfang 1988 begannen die Dinge schiefzulaufen. Die Polizei erfuhr beläufig, daß einige Geschäftspartner der Magharians Mißtrauen hegten. Ein Schwarzhändler riet den beiden Brüdern davon ab, mit »gewissen Personen zusammenzuarbeiten, die von der Polizei eingeschleust sein könnten«. Die Operation wurde auf Eis gelegt. Der Eiger lief Gefahr, eine Maus zu gebären.
Im Laufe des Sommers 1988 ließen die beiden Ganoven vernehmen, daß sie nach Kanada emigrieren wollten. Große Bestürzung in den Büros der schweizerischen Polizei! Kaum ein Jahr nach ihrer Eröffnung drohte die Geldwasch-JBM ihrer Kontrolle zu entgleiten. Nolens volens drangen die Polizeibeamten am 7. Juli 1988 in den Sitz der JBM ein und nahmen die beiden Brüder Magharian fest und beschlagnahmten eine Unmenge Dokumente. Mehrere Monate vor dem beabsichtigten Datum begann die zweite Phase der Operation Eiger mit den Verhören der Verdächtigen und der Auswertung der beschlagnahmten Dokumente.
Leider erwiesen sich die Verhöre als enttäuschend. Das interessanteste stammte von einem Komplizen der Magharians, einem Türken, der

in Sofia lebte und als Vermittler zwischen den türkischen Händlern und der bulgarischen Regierung diente. Der Mann, der seit zwölf Jahren in Sofia wohnte, kannte alle Schmuggler des Mittleren Orients, die in der bulgarischen Hauptstadt ansässig waren. Er handelte mit den staatlichen bulgarischen Firmen, der Holding Kintex und der Gesellschaft Globus, die sie unter sich »die Firma« nannten. Waffen-, Drogen-, Zigarettenschmuggel: Die Firma nahm, gegen einen beträchtlichen Gewinnanteil, jeden Warentransport an. Die Verhöre mit dem türkischen Schmuggler erlaubten den Schweizer Polizeibeamten, sich eine genaue Vorstellung von den Aktivitäten und Lebensgewohnheiten bestimmter Personen zu machen, die als »hochinteressant« eingestuft wurden: bulgarische Beamte und ihre Komplizen innerhalb der türkischen organisierten Kriminalität. Doch was noch beunruhigender war: Das Ende des Kommunismus in Bulgarien hatte nichts daran geändert. Die Paten von Istanbul hatten dort immer noch ihre Wohnsitze, und der Staat selbst glich das Defizit in der Bilanz mit illegalem Handel aus. Angeregt duch die Zeugenaussage des türkischen Schwarzhändlers versuchten manche Schweizer Polizeibeamte, das bulgarische Sakrosanktum anzugreifen. Vergeblich.
Eine derartige Passivität wirft Fragen auf. Zuallererst: Welche Gründe gab es dafür? Grobe Nachlässigkeit? Inkompetenz? Unentschlossenheit einer auf Lebenszeit unabsetzbaren Beamtenschaft? Angst, wichtigen Interessen in die Quere zu kommen? Es ist schwer zu sagen, vielleicht war es von allem ein wenig. Weder die Kantone noch die eidgenössischen Behörden setzten ihre Nachforschungen fort. Und hätten sie es dennoch getan, wären sie bei der geringsten Fehlentwicklung in Bedrängnis gekommen, wie dies im Zuge der gerichtlichen Folgen der Operation Eiger der Fall war.
Letzten Endes wurden die Brüder Magharian nur wegen ihrer amerikanischen Straftaten verurteilt, das heißt für die 2 Millionen Dollar, die man am Flughafen von Los Angeles beschlagnahmt hatte. Nachdem sie einige wenige Jahre im Gefängnis verbracht hatten, wurden sie 1992 freigelassen. »Technische« Pannen, die im Laufe der Ermittlung im Tessin wiederholt aufgetreten waren, hatten während des Prozesses die vollständige Unterschlagung aller Informationen über die türkische und mittelorientalische Kundschaft von Jean und Barkev Magharian zur Folge! Zum Beispiel erklärte sich kein einziger vereidigter Übersetzer bereit, die Verhöre der beiden Brüder, die vor dem Rich-

ter stattgefunden hatten, zu bestätigen. Darauf aufbauend, fiel es der Verteidigung nicht schwer, diese Schriftstücke anzufechten und für ihre Ungültigkeit zu plädieren.
Die Magharians waren nur kleine Fische. In ihrer dreijährigen Aktivität hatten sie von ihrer Hotelsuite des Nova Park aus Geschäfte für umgerechnet ca. 2,6 Milliarden D-Mark getätigt. Eine Kleinigkeit im Vergleich zu den Großen im Geschäft, die zehnmal besser und zehnmal mehr Geld waschen. Durch die Magharians hatten die Polizeibeamten die Namen dieser Mammut-Geldwäscher erfahren, doch mußten sie auf der Schwelle zu deren Büros kehrtmachen. Für manche Schweizer Untersuchungsbeamte lag der wirkliche Skandal darin, daß sie ihre Aufgabe aus Gründen der Staatsräson und aus Mangel an gesetzlichen Voraussetzungen nicht zu Ende führen durften.

Die »Libanon Connection«

Örlikon ist eine kleine Stadt nicht weit von Zürich. Inmitten von Baumgruppen befindet sich in der Siewerstraße ein kleines Haus mit der Nummer 69. Eine Kamera überwacht den Eingang, der von einer schweren Metalltür geschützt wird. Im dritten Stock, hinter gepanzerten Türen ermöglicht ein Bedienungspult mit Bildschirmen und Telefonen die Kontaktaufnahme mit Geschäftspartnern in der ganzen Welt. Hier befindet sich das Hauptquartier eines der größten Geldwäscher der Schweizer Eidgenossenschaft, Mohammed Shakarchi. Für die helvetischen Polizeibeamten ist es eben dieses Büro, das dem Gipfel des Eiger am nächsten kommt.
Mohammed Shakarchi, ein forscher Mann in den Fünfzigern, korpulenter Libanese, gläubiger Sunnit, ist ein Geschäftsmann, ein Kämpfer, der sich über die schweizerische Gastfreundschaft keinerlei Illusionen macht. »Ich bin immer noch ein dreckiger Ausländer«, bekennt er später der Presse gegenüber.[21] Ein dreckiger Ausländer, das war er bereits, als er sich zu Beginn des libanesischen Bürgerkriegs mit seinem Vater und seinen Brüdern in der Schweiz niederließ. Er handelte

21 Bilanz, Juli-August 1989.

mit Haselnüssen, mit Linsen, aber vor allem mit Perlen, Gold und Devisen; 1989 überstieg seine Jahresbilanz umgerechnet weit über 300 Millionen D-Mark, bei einem täglichen Umsatz von 33 Millionen. Doch seine wirkliche Spezialität war und blieb der weltweite Handel mit Devisen.
Der Mann hatte die einzigartige Gabe, in kürzester Zeit große, nicht auf dem Markt vorhandene Devisenmengen aufzutreiben, wie zum Beispiel Metikal, die Währung Mozambiques. So hat er auch mehreren Geheimdiensten aus der Patsche geholfen. Im Rahmen des afghanischen Konfliktes beispielsweise half er den Amerikanern, indem er ihnen die nötigen Banknoten zukommen ließ, die sie zur Finanzierung ihres Guerillakrieges benötigten. Auch mit den Schweizer Geheimdiensten stand er in Kontakt – wie eine parlamentarische Untersuchungskommission feststellte.
Zu Mohammed Shakarchis Revieren gehörte an erster Stelle Bulgarien, das für den Export ausländischer Geldscheine äußerst wichtig war. Der Libanese verhandelte direkt mit einer staatlichen Gesellschaft, bei der er 200 Kilo Gold auf Dauer deponiert hatte, die er mittels gepanzerter Fahrzeuge von Zürich ins Land geschafft hatte. Für sein Gold kaufte er in großen Mengen ausländische Devisen, die er in seinen Schweizer Safes aufbewahrte. Es kümmerte ihn wenig, ob diese Geldscheine »sauber« oder »schmutzig« waren. Er behauptete, stets mit der bulgarischen Regierung zu verhandeln, jedoch nie mit den größten Kunden des sozialistischen Staates: mit den türkischen Schmugglern.
Dieses einträgliche Geschäft ist, nach Aussagen der Polizei, eine richtiggehende Einladung zur Geldwäsche. »Wie hätte ich unter den 1000 Dollar, die ich wechselte, die 10 Narco-Dollars erkennen können?« fragte Shakarchi entrüstet. »10 von 1000 – das ist nichtsdestotrotz eine ganze Menge Geld«, entgegneten die Polizeibeamten. »Nun einmal Spaß beiseite«, sagte der Geldwechsler: »Verglichen mit anderen ist unser Markt klein. Sollte irgend etwas nicht stimmen, erfahre ich es unverzüglich.«
Mohammed Shakarchi kann noch so oft erwähnen, er habe die verdächtigen Bankkonten in aller Eile aufgelöst – die Schweizer Polizeibeamten werden ihre Zweifel behalten. Dieses Mißtrauen entstand durch die Untersuchung über die »Pizza Connection«, bei der zum ersten Mal die geschäftlichen Beziehungen zwischen dem Geldwechs-

ler und den türkischen Drogenhändlern hergestellt wurden. Die Geschäfte Shakarchis wurden nicht gerade vertrauenerweckender, als die DEA einige Jahre später im Laufe einer der größten Ermittlungen zu Beginn der neunziger Jahre über die Weißwäsche von Narco-Dollars (Polar Cap.) auf ihn stieß. Shakarchi wurde verdächtigt, durch Zusammenarbeit mit einem armenischen Geldwäscher 300 bis 500 Millionen Dollar in die Vereinigten Staaten in den Safe der Republic National Bank transferiert zu haben.
Die Prüfung der Banknoten von einigen Gesellschaften Shakarchis gab den Schweizer Polizeibeamten allen Grund zur Beunruhigung. Shakarchi hatte Geschäftsbeziehungen mit einer beträchtlichen Anzahl internationaler Drogenhändler. Da war zunächst Haci Mirza, der Pate von Istanbul, den man nach der Beschlagnahmung der 100 Kilo Drogen in Bellinzona festgenommen hatte. Desweiteren ließen die mannigfaltigen Bankverbindungen zwischen seinen Firmen und Drogen- und Waffenhändlern, die man in Deutschland oder Italien verhaftet hatte, Schlimmes ahnen.
Durch die Ermittlung über die Brüder Magharian hatte man eine beeindruckende Anzahl von Verdächtigungen gegen Shakarchi sammeln können, die die Eröffnung eines gerichtlichen Ermittlungsverfahrens zweifeslohne gerechtfertigt hätten. Schon am 13. Januar 1988 verfaßte Jacques-André Kaeslin, Drogenfahnder bei der Schweizer Bundesanwaltschaft, einen Bericht bezüglich des Verfahrens gegen die Brüder Magharian, worin er die Shakarchi Trading erwähnt, die »man in Verdacht hat, Geld zu waschen, das aus dem Drogenhandel stammt«.[22] Doch Bundesanwalt Gerber entschloß sich, nichts zu unternehmen, und zwar unter dem Vorwand, daß die Rückschleusung von Geldern in die Schweiz Sache der Kantone sei, womit er in den Kreisen der Schweizer Polizei großes Erstaunen hervorrief.
Doch hinter der falschen Argumentation des Bundesanwalts verbarg sich eine sehr verständliche Sorge: Denn die Ermittlung ergab, daß der Vizepräsident der Shakarchi Trading AG niemand anderes als Hans Kopp war, der Ehemann von Elisabeth Kopp, damalige Schweizer

---

22 Parlamentarische Untersuchungskommission zur Klärung der Umstände des Rücktritts von Bundesrätin Elisabeth Kopp. Die folgenden Zitate stammen aus diesem Bericht.

Justizministerin und in dieser Eigenschaft Vorgesetzte des genannten Bundesanwalts. Am 1. September 1988 veröffentlichte die Lausanner Tageszeitung *24 heures* einen Artikel über den »Supermarkt Kopp«, in dem die Verbindungen von Hans Kopp zu Mohammed Shakarchi erwähnt wurden. Der Schweizer Watergate-Skandal begann. Am 8. September 1988 legte Jaques-André Kaeslin seinen Vorgesetzten zur Weiterleitung »ein detailliertes Schreiben über die Beziehungen zwischen dem Tessiner Gerichtsverfahren gegen die Magharians und anderen Firmen, insbesondere die Shakarchi Trading AG« vor. Der Bundesanwalt schickte das Schreiben kommentarlos an ihn zurück.
Jaques-André Kaeslin ließ nicht locker. Da er Genaueres über den rechtlichen Aspekt der Angelegenheit wissen wollte, setzte er sich am 17. Oktober mit einer Angestellten des eidgenössischen Justizministeriums in Verbindung und bat sie um größte Diskretion. Eine Woche später zeigte die besagte Angestellte die Berichte von Jaques-André Kaeslin einer engen Mitarbeiterin von Elisabeth Kopp. Sobald die Bundesrätin am 27. Oktober von der Sache Kenntnis hatte, rief sie ihren Mann an und bat ihn, unverzüglich von seinem Posten bei der Shakarchi Trading AG zurückzutreten. Lassen wir die Schweizer parlamentarische Enquêtekommission die folgenden Ereignisse erzählen: »Unmittelbar nach dem Telefongespräch ruft Hans W. Kopp die persönliche Referentin seiner Ehefrau an. Im Verlauf eines ziemlich langen Gesprächs setzt diese ihn über das, was sie erfahren hat, in Kenntnis. Hans W. Kopp tritt vom Aufsichtsrat der Shakarchi Trading AG zurück. Er informiert Mohammed Shakarchi und den Direktor der Tureva AG, dem Prüfungsorgan der Shakarchi Trading AG, darüber.
Was dann folgte, ist bekannt. Als die Öffentlichkeit erfuhr, daß Elisabeth Kopp ihren Mann gewarnt hatte und damit ihr Amtsgeheimnis verletzt hatte, kam es zu einem beispiellosen Skandal. Elisabeth Kopp, die am 7. Dezember 1988 zur Vizepräsidentin des Bundesrates gewählt worden war, legte am 12. Januar 1989 ihre Ämter nieder, nicht ohne dem Parlament freigestellt zu haben, ihre parlamentarische Immunität aufzuheben. Der friedlichen Schweiz war ganz plötzlich bewußt geworden, in welchem Ausmaß ihre Institutionen von der Unterwanderung bedroht sind.

An den Ufern des Genfer Sees

An den stillen Ufern des Genfer Sees, von Genf bis Montreux, über Morges und Lausanne haben die levantinischen Schwarzhändler Dutzende von Firmen gegründet, die trotz aller Anstrengungen der Schweizer Polizei aktiv bleiben, auch Jahre nachdem sie aufgedeckt wurden. In Geschäftsvierteln oder in ruhigen Vororten gelegen, bilden sie die Drehscheiben der Kapitalrückschleusung.

Die Schweizer Polizei kennt ihre Namen. Die parlamentarische Untersuchungskommission vermerkt, daß Jacques-André Kaeslin am 15. September 1988 »formell« darum ansuchte, »ein gerichtliches Ermittlungsverfahren gegen die Direktoren der Firmen Shakarchi Trading AG, Mirelis AG, Mecattef AG, El Arris AG, Guardag AG zu eröffnen, da sie alle im Verdacht der Geldwäsche stehen.« Vierzehn Tage später gab der Dienstleiter der polizeilichen Hauptdienststelle einen negativen Bescheid, dieselbe Reaktion zeigte der Leiter des Zentralbüros der Schweizer Polizei, der dem Bundesanwalt nahelegte, den Antrag zurückzunehmen. »Das wichtigste angeführte Motiv: Die Hauptdienststellen seien in unmäßiger Weise überarbeitet.«

Sollten die Verantwortlichen der Schweizer Polizei etwa Angst gehabt haben vor dem, was sie entdecken könnten, wenn sie sich mit der Zusammensetzung der Aufsichtsräte gewisser Firmen beschäftigten? In der Tat wissen sie, daß zig Wirtschaftsanwälte, Notare, Treuhänder und ehemalige hohe Staatsbeamte der Schweiz nicht davor zurückschrecken, für teures Geld ihre Namen – und warum nicht ihre Seele – dem Teufel, in diesem Fall den Geldwäschern der Drogenkartelle, zu verkaufen. Die Affäre Kopp war nur die Spitze des Eisberges.

Der Skandal war noch nicht wirklich an die Öffentlichkeit gedrungen, als manche Leute schon von panischer Angst erfaßt wurden, so ein Mitglied des Aufsichtsrates der Guardag AG, das überstürzt alle Ämter niederlegte, als es von der Amtsaufgabe Hans W. Kopps bei der Shakarchi Trading AG erfuhr. Nach einem kurzen Augenblick der Erstarrung nahmen die unredlichen Geschäftsleute der Schweizer Eidgenossenschaft sofort nach Beendigung des Skandals ihre unsauberen Aktivitäten schnell wieder auf. Das war auch der Grund, warum die Ermittlungen der Kriminalpolizei zu Beginn der neunziger Jahre immer alle in der Schweiz endeten. Die Zahl der italienischen »Gesetzlosen«, angefangen bei Michele Zaza bis hin zu Santo Pasquale Morabi-

to, die noch immer Zugang zu den Schweizer Banken hatten, selbst wenn sie sich nur fadenscheinig hinter Strohmännern verbargen, war enorm. 1991 ermittelte die Polizei in den palermitanischen Vororten Resuttana und Acquasanta über eine Lieferung von 600 Kilo Kokain und nahm in Mailand Giuseppe Lottusi fest, einen Geschäftsmann der Familie von Madonia, der beschuldigt wurde, mehr als 70 Millionen Dollar für die *Cosa Nostra* und das Medellin-Kartell weißgewaschen zu haben. Überrascht es da wirklich, wenn man erfährt, daß Giuseppe Lottusi täglich mit einer Schweizer Firma aus Chiasso in Kontakt stand? Sollte man tatsächlich erstaunt sein, einen Schweizer Abgeordneten im Aufsichtsrat eben dieser Firma zu finden? Und nimmt es wirklich wunder, zu hören, daß die Untersuchung, noch ehe sie überhaupt begonnen hatte, auf Schweizer Seite eingestellt wurde?
Die helvetischen Polizeibeamten waren ebenso ohnmächtig, wenn es um die Zerschlagung des Geldwäschekreislaufs von Narco-Dollars ging, wie beim Abschluß mancher Untersuchungen über die Machenschaften der großen Drogenhändler. So hatten sie zum Beispiel eine große Firma an den Ufern des Genfer Sees seit Beginn der Operation »Eiger« im Visier. Die 20 Kilo Heroin und die 80 Kilo Morphinbase, die man im Februar 1987 in Bellinzona beschlagnahmt hatte, waren in einer 12-Tonnen-Ladung Glas versteckt gewesen, die offiziell für diese Firma bestimmt war. Als man die Leiter des Unternehmens diesbezüglich verhörte, antworteten sie, der Spediteur habe ihre Fracht für seine Zwecke mißbraucht. Zwei Jahre später erschien der Name der Firma erneut im Rahmen eines Drogentransports, der diesmal aus der Türkei kam. Am 25. November 1989 beschlagnahmte die französische Polizei mit Hilfe der Pariser Zweigstelle der DEA in der Pariser Region 91 Kilo Heroin, die in drei türkischen Lastwagen versteckt waren. Bevor die LKW die französische Grenze passierten, hatten sie bei der besagten Firma Halt gemacht. Die polizeiliche Untersuchung endete mit diesen Feststellungen.

Seit dem Mißerfolg der Operation »Eiger« vermied die ängstliche Schweiz es, sich allzuviele Fragen zu stellen. So als fürchte man, schändliche Geheimnisse und faule Kompromisse zu entdecken, wenn man erst anfinge, über gewisse Firmen Untersuchungen anzustellen. Das Terrain ist tatsächlich vermint, und die kleinste Ermittlung droht nun auszuarten. Infolge der Beschlagnahmung einer kleinen Menge

Heroin (500 Gramm) in Lausanne, am 6. Januar 1989, stießen die Schweizer und italienischen Polizeibeamten erneut auf die Spur der Brüder Magharian; doch insbesondere gerieten sie an eine friedliche Genfer Firma, die von einem in den Fünfzigern stehenden Iraner geleitet wurde.
Die Untersuchungsbeamten erfuhren bald, daß die besagte Firma auch in einige internationale Drogengeschäfte verwickelt sei, beispielsweise in jene des Brasilianers Nieto di Roa, den man im Verdacht hatte, Hunderte Kilo Kokain nach Europa importiert zu haben, oder in die der merkwürdigen Irrfahrt eines Containers, der am 30. März 1989 von venezianischen Carabinieri abgefangen worden war. Die Affäre roch stark nach Drogen. Der Container, der in Karatschi verladen worden war, war nach Deutschland befördert worden und kam – auf einem Umweg über Jugoslawien – nach Italien. Bei seinem Eintreffen fehlte ein Teil der Ladung. Als Empfänger des Containers war ein Genfer Postfach angegeben. Besagtes Postfach, das ursprünglich von einem türkischen Staatsangehörigen eingerichtet worden war, war auf den Namen eines indischen Milliardärs umgemeldet worden, der ein Freund von Margaret Thatcher und Radschiv Ghandi war, und der im Mittelpunkt eines Schmiergeldskandals stand, welcher den indischen Kontinent noch immer erschütterte. Wiederum ein zu heißes Eisen für die Schweizer Polizei. Wiederum eine Ermittlung, die keine Chance auf einen erfolgreichen Abschluß hat.

Schweizer Schleichhändler

Die »dreckigen Ausländer«, Libanesen, Türken, Armenier, Kolumbianer und Italiener, sind keineswegs die einzigen, die ungestraft auf dem Boden der Schweizer Eidgenossenschaft ihren unsauberen Geschäften nachgehen können. Die helvetische Polizei weiß seit langem, daß es besser ist, den respektablen Mitbürgern nicht in die Quere zu kommen, die sich nach Maßstäben mancher ausländischer Gesetzgebungen des Schwarzhandels schuldig machen, jedoch in den Augen ihrer eigenen Justiz untadelige Geschäftsleute sind. So gereichen die europäischen Grenzen einigen skrupellosen Ladenbesitzern ganz entschieden zum Vorteil.
Für Adolf Weitnauer, einen reichen Baseler Geschäftsmann und Erben

der Weitnauer Trading Company (WTC, 1865 in Basel gegründet), schienen manche Waren genausowenig »zu stinken« wie Geld. Der Mann tat sich auf dem Markt mit zollfreien Produkten hervor und hatte den Ehrgeiz, mit allem Handel zu treiben, was »das tägliche Leben angenehm macht«. In seinem Katalog bot er alle Schätze aus der Räuberhöhle Ali Babas an, von rohem Tabak über Parfüms und Alkohol bis hin zu gewöhnlichen Konsumartikeln. Gut tausend Angestellte, davon 300 allein in der Schweiz, drei Niederlassungen in der ganzen Welt. Seine Kunden sind die Duty-free-Shops der internationalen Flughäfen, sind Diplomaten, Freihäfen und große internationale Organisationen. Und außerdem unzählige Gesellschaften, die als Exklusivlieferanten der großen Schwarzhändler dieser Erde fungieren.
Zwei Schweizer Journalisten, Pascal Auchelin und Frank Garbely, haben versucht, über die verborgene Seite der WPC zu rechechieren. Nicht ohne erhebliche Schwierigkeiten. »Adolf Weitnauer hat Journalisten noch nie gemocht«, schreiben sie in ihrem Buch *Contre-enquête* (Gegenermittlung) »Alle, die sich bei ihm um ein Statement oder Interview bemühten, sahen sich schnell von einem Prozeß bedroht. Er intervenierte umgehend beim Verleger oder beim Aufsichtsrat einer Zeitung oder eines Magazins. Im Gegensatz zur französischen und deutschen Presse hat die Schweizer Presse Weitnauers Namen auf der Liste der Schwarzhändler noch immer ausradiert.«[23]
Die Gegenermittlung der beiden Journalisten schlug eine wahre Bresche in die Mauer des Schweigens. Die Schriftstücke, auf die sie sich stützten, waren äußerst belastend: Ein Bericht der Kriminalpolizei der deutschen Zollbehörden, Zeugenaussagen früherer Angestellter der WTC und französischer Geheimagenten; und das alles war um so erdrückender, als sich seit Jahren auch verschiedene europäische Polizeidienststellen für die Aktivitäten der WTC interessierten. Jedoch ohne den geringsten Erfolg!
Einer der Informanten der beiden Journalisten, ein früherer Stellvertreter Weitnauers, weiß wohl, daß sein früherer Chef sich jenseits der Gesetze bewegt und daß ihn nie jemand behelligen wird. »Ich habe alles, was ich über die dubiosen Geschäfte Weitnauers wußte, der Polizei erzählt«, sagte er. »Aber man wollte mir gar nicht zuhören. Sie

---

23 Pascal Auchelin und Frank Garbely, *Contre-enquête*, Edition Favre, 1990.

haben mir verboten zu reden, sie wollten noch nicht einmal ein Protokoll aufnehmen.«
Was wird Weitnauer eigentlich vorgeworfen? Offiziell nichts. Und doch sprechen die Zeugen von illegalem Zigarettenhandel, von Waffenschmuggel und mehr oder weniger zulässigen Aktivitäten, die indes von den Behörden toleriert werden; denn denen liegt wenig daran, eines der bedeutendsten Unternehmen, das mit steuerfreien Produkten handelt, anzugreifen.
Auch der Tod Adolf Weitnauers im Jahr 1983 änderte nichts daran. An Bewerbern um seine Nachfolge fehlte es nicht. Vorneweg Georges Kastel, ein früherer Lehrling und Tabaklieferant der großen Schmuggler dieser Erde. Georges Kastel, den mehr als ein Polizeibeamter wegen Drogenhandels für immer hinter Gittern sehen möchte, scheint über unerklärliche Protektion zu verfügen, wie man später noch sehen wird.
Die Schweizer Journalisten hierzu: »Schweizer LKW-Fahrer, die illegal Zigaretten über die Grenze brachten, hatten in ihren Lastwagen verstecktes Heroin entdeckt. Da sie nicht in Drogengeschäfte verwikkelt werden wollten, hatten sie die Polizei benachrichtigt, womit sie eine großangelegte Nachforschung auslösten. Die Polizeibeamten von neun Kantonen, die Staatsanwaltschaft und zwei Zollbezirksdirektionen beteiligten sich daran. Der Beweis für illegalen Drogenhandel schien erbracht zu sein. Als die Nachforschungen sich auf die Basileo AG von Georges Kastel konzentrierten, der Polizei zufolge die Spitze des Eisbergs, wurde die Untersuchung 1981 plötzlich eingestellt.«
»Sprechen Sie mit florentinischen Richtern über diesen Mann, die ihn in Abwesenheit wegen illegalen Kokainhandels zu 24 Jahren Gefängnis verurteilt haben und immer noch darauf warten, ihn im Gefängnis zu sehen. Germain Sengelin, Untersuchungsrichter in Mühlhausen und Störenfried von Schmugglern aller Art aus Frankreich und Navarra wird Sie in diesem Zusammenhang an die ›Peseten Connection‹ erinnern. Vergessen Sie auch nicht, seinen Namen zu erwähnen, wenn Sie dem Marseiller Richter Jean-François Sampieri begegnen, der die kriminellen Umtriebe der *Cosa Nostra* in Frankreich anprangert. Tun Sie ihm den Gefallen und lenken Sie das Gespräch auf eines seiner Lieblingsthemen: auf Michele Zaza, den Kaiser des Zigarettenschmuggels, der ein alter Bekannter des Schweizer Schwarzhändlers ist.

Wenn Sie alle diese Staatsbeamten sehen, vergessen Sie nicht, ihnen die Namen weiterer Geschäftspartner des Schmugglers zu nennen, wie Patrick Laurent oder Claude Cabot, von denen später noch die Rede sein wird. Alle werden hörbar aufseufzen und auf die Eidgenossenschaft der Schmuggler hinter der weißen Alpenlinie hinweisen. Ein Beweis, daß entgegen der Behauptung Arkadins von Orson Welles, die Jahrhunderte des Friedens in der Schweiz nicht nur die Kuckucksuhr hervorgebracht haben.«

7
Spanien – Die Halbinsel des Schleichhandels

Der europäische Drogenspeicher – Der Mann mit dem weißen Rolls-Royce – Warum einer ins Exil geht – Die »Familie« emigriert – Der Schuhkönig – Die »Peseten Connection« – Zweitwohnsitze – Der Don von Palma de Mallorca

Der europäische Drogenspeicher

Von den Küsten des Baskenlandes bis zum äußersten Süden Andalusiens, von Asturien bis zur Costa del Sol: Spanien ist am Boden und Opfer eines wahrhaftigen Maastrichtvertrages der organisierten Kriminalität. Spanien, in dem 40 Prozent aller Drogen in der Europäischen Gemeinschaft beschlagnahmt wurden, ist am Vorabend des europäischen Einheitsmarktes *der* Lagerplatz für Betäubungsmittel. Dafür gibt es mehrere Gründe: wirtschaftliche Faktoren – der industrielle Aufschwung des Landes – oder auch politische – die Toleranz der Nach-Franco-Ära gegenüber dem Drogenkonsumenten. Doch die tiefer liegenden Ursachen sind auch geographischer Art: Die Iberische Halbinsel, natürliche Brücke zwischen Afrika und Europa, Bindeglied zwischen der Alten und der Neuen Welt, bot verschiedentliche Vorteile, deren Gesamtheit sich als verheerend erwies: Hier konnten die Schmuggler der lateinamerikanischen Kartelle problemlos kommunizieren, da sie sich ihrer eigenen Sprache bedienen konnten, und ihre Kollegen der *Cosa Nostra* oder der türkischen *Mafia* fanden hier den mediterranen Charme ihrer Heimatprovinzen wieder.
Zum Beispiel weiß man, daß die kolumbianischen Kokainkartelle die Exklusiv-Lieferanten der galizischen Clans des spanischen Nordwestens geworden waren, insbesondere der Region von Rias Bajas (Provinz Pontevedra), den gefährlichsten unter den iberischen Gangs. Ihre kleinen Flotten aus Schnellbooten brachten die Drogen zu einer zer-

klüfteten Küste, die nur schwer zugänglich war. Von dort aus beförderte eine ganze Kolonne TIR-Lastzüge die Ware in alle Ecken Europas. Das Ergebnis: ein wahrhaftes Wirtschaftswunder und ein Finanzboom, von dem die ganze Region profitierte. Die Todeshändler der türkischen Verbrechersyndikate kassierten ihrerseits im »goldenen Dreieck« ab, einem Gebiet, das von der Costa del Sol bis zum südlichen Andalusien reicht und auch Madrid und Barcelona mit einschließt. Zu Beginn der neunziger Jahre beobachtete man einen jähen Anstieg von Heroinbeschlagnahmungen, – jedoch keine oder nur sehr wenige Festnahmen türkischer *Paten*, von denen sich einige hier derselben Straffreiheit wie in der Schweiz oder in Holland erfreuen. Die Italiener der *Cosa Nostra* und der *Camorra* bevorzugen insbesondere die Gegend um Alicante, ohne deswegen Aufenthalten in der spanischen Hauptstadt abgeneigt zu sein. Einige ließen sich dort festnehmen, wie Gaetano Badalamenti, der frühere Boß der palermitanischen Kuppel. Andere, wie Antonio Bardellino, *Don* der neapolitanischen *Camorra*, entflohen dank der Komplizenschaft einiger Staatsbeamten.

Leider übertreibt man nicht, wenn man sagt, daß Spanien das neue Eldorado der organisierten Kriminalität geworden war. Malaga und Alicante schienen zu den Badeorten von Palermitanern, Türken und Mitgliedern des Medellin-Kartells geworden zu sein. Orientalische Schmuggler aus Istanbul, aus Beirut, Alep oder anderen Orten, Schleichhändler aus palermitanischen, neapolitanischen und kalabresischen »Familien«, Abgesandte der kolumbianischen, venezolanischen, peruanischen oder zentralamerikanischen Kartelle – alle lebten hier und setzten bei Gelegenheit ihre Ware sogar auf dem lokalen Markt ab. Die Händler aus den Mittelmeerstaaten mußten keine allzu großen Wege zurücklegen, um ihre Produktion zu transportieren; und die Lateinamerikaner behalfen sich aus dem Nachteil der großen Entfernung mit gigantischen Depots, in denen sie mehrere Tonnen Kokain auf Dauer lagerten. In ihren Villen am Meer fanden endlose Versammlungen statt, auf denen die Geschäftsreisenden in Sachen Drogen über Heroin und Kokain diskutierten.

Wann kam den Spaniern das Problem zum Bewußtsein? Im Jahr 1985, mit den ersten Festnahmen italienischer und lateinamerikanischer *Dons*? Oder 1990, als einige amerikanische und europäische Polizeibeamte ihnen die Niederlassung bedeutender Verbrecherkolonien längs der Riviera signalisierten? In jedem Fall war es zu spät. Und doch hatten die Alarmzeichen seit Jahren rot aufgeleuchtet. Doch hatte es die Franco-Diktatur unmöglich gemacht, zu beobachten, wie die organisierte italo-amerikanische Kriminalität seit den fünfziger Jahren mit der Iberischen Halbinsel liebäugelte. Die Errichtung des Rechtsstaates trug dazu bei, das Phänomen ins Bewußtsein zu rücken, doch sollte es mehr als zehn Jahre dauern, bis die nationale Polizei sich entschloß, den Kampf aufzunehmen.

Der Mann mit dem weißen Rolls-Royce

Stellen wir uns den Beginn der Invasion vor. Es ist September 1979. Selbst die Ferien können dieses Spanien, das sich mitten in politischen Umwälzungen befindet und die ersten freien Kommunalwahlen seit 1936 erlebt, kaum ablenken. Die Costa del Sol ist noch schwarz von Touristen. In den Badeorten der Gegend um Alicante schießen die Häuser wie Pilze aus dem Boden.
Die Ankunft eines weißen Rolls-Royce in den Straßen von Benidorm bleibt nicht unbemerkt. Der Wagen, der auf Hochglanz poliert und in Mailand gemeldet ist, wird von einem Playboy gefahren, dem 35jährigen Rodolfo Azzoli. Ein reinrassiger Mailänder, den nichts von den anderen Feriengästen unterscheidet. Wie jeder in der Gegend verbrachte er seine Nächte gerne in Diskotheken und döste tagsüber am Strand. Doch der Mann ist nicht zum Faulenzen nach Spanien gekommen. Man sagt, er sei Juwelier oder handle mit Luxusartikeln. Sein abenteuerliches Benehmen sorgt für Unruhe: Er liebt das leichte Geld – und für Rodolfo Azzoli ist es immer leicht, Geld zu verdienen.
Genau das begriff der Direktor der Zweigstelle der Banco de Bilbao schnell. Das Konto, das der Mailänder in seiner Niederlassung eröffnete, wurde regelmäßig durch große Überweisungen aufgefüllt, die sich manchmal auf mehr als eine Million Peseten beliefen. Das Geld kam aus der Schweiz, aus den Zweigstellen der Banco di Roma, der Schweizerischen Kreditanstalt und des Schweizerischen Bankvereins in Lugano und Zürich. Respektable Geldinstitute. Warum hätte der spanische Bankier Verdacht schöpfen sollen? Zu jener Zeit war es noch vollkommen unüblich, den Begriff der Geldwäsche mit der Welt der Finanz in Verbindung zu bringen. Warum hätte er diesem charmanten, selbstsicheren Italiener mißtrauen sollen, der nur nach Spa-

nien gekommen war, um hier sein Geld zu investieren? Sollte schlußendlich nicht auf diese Weise das neue Europa entstehen? Der Mailänder kaufte zuerst das Hotel Sierra Dorada für 50 Millionen Peseten, die er seinem deutschen Besitzer ohne mit der Wimper zu zucken bezahlte. Nun war er Hotelier.

Er ließ seinen Bruder Roberto nach Benidorm kommen, dann kaufte er ihm ein Lokal im Centro Rojo, einem modernen Gebäude, wo er einen Schmuckladen eröffnen wollte. Plötzlich überschlugen sich die Transaktionen; der Mailänder kaufte eine Immobilie nach der anderen, so als spielte er Monopoly: zwei Wohnungen im Wolkenkratzer Santa Maria in der Avenue de la Mediterrannée (11 Millionen Peseten), vier weitere in einem Gebäude mit dem Namen Sedavi (14 Millionen), eine weitere Immobilie in der Nähe von Galeon (2 Millionen) und dann noch ein Landhaus in der Wohnanlage Rocas Blancas (14 Millionen). Kaum drei Jahre nach seiner Ankunft in Benidorm war Rodolfo Azzoli im Begriff, einer der größten, wenn nicht der größte Grundbesitzer am Ort zu werden.

Er war nicht der einzige, der hier investieren wollte. Er stellte dem Bankier seinen »Freund« Salvatore Termini vor, einen wortkargen Italiener, der eine bedeutende Rolle bei seinen Geschäften zu spielen schien, da er über eine Unterschriftsvollmacht für seine Konten verfügte. Bei allen Finanzoperationen, die Azzoli tätigte, war er anwesend. Obwohl er sehr wenig sprach, hatte er immer das letzte Wort und nickte im allgemeinen mit dem Kopf, um sein Einverständnis kundzutun.

Wenn den Bankier die Machenschaften der beiden Italiener stutzig machten, so behielt er es für sich. Schließlich war er kein Polizist. Auch schenkte er dem Personalausweis, den Salvatore Termini vorzeigte, keine besondere Beachtung: das war nichts als eine unerläßliche Formalität, damit Termini die Vollmacht über Azzolis Konten erhielt. Wie hätte er ahnen sollen, daß es sich um ein gefälschtes Papier handelte? Und wie erraten können, daß sich hinter Termini in Wirklichkeit ein Ehrenmann aus einer palermitanischen »Familie« mit Namen Salvatore Grado verbarg?

Warum einer ins Exil geht

Die fünf Brüder Grado, Vincenzo, Salvatore, Gaetano, Giacomo und Antonio – alle Mitglieder der Familie von Santa Maria del Gesù – handelten mit Heroin. Die Geschichte ist gewöhnlich, doch nicht das Datum, an dem sie beginnt: Im Jahr 1975, daß heißt in dem Augenblick, wo die ersten Ehrenmänner in den internationalen Drogenhandel einstiegen. Wenn die Brüder Grado vielleicht auch nicht die ersten Sizilianer waren, die mit den türkischen Heroin- und Morphinhändlern Kontakte geknüpft hatten, so wurden sie schnell zu ihren besten Kunden. Ihr Hauptlieferant, ein Syrer namens Wakkas Salah Al Din, tätigte Geschäfte für die Familie Cil, die eine der einflußreichsten Banden der organisierten Kriminalität Istanbuls kontrolliert. Heroin, Morphinbase, Opium: Wakkas Salah Al Din verkaufte alle oder fast alle Mohnderivate, und zwar in unbegrenzter Menge.

»Die Ware wurde in den TIR-Lastzügen transportiert, die aus der Türkei kamen; sie wurde in Obst- und Lederladungen versteckt, die in verschiedene europäische Länder unterwegs waren«, gestand Wakkas Salah Al Din. »Jede Morphinbasefracht war mindestens 50 Kilo schwer. Die Reisen fanden alle zwei oder drei Wochen statt. Das Morphin wurde in Mailand an Totuccio (Salvatore Grado) ausgehändigt, der es nach Sizilien, nach Palermo, schickte. Anschließend wurde es in die Vereinigten Staaten weitertransportiert.«[24]

Von allen Staatsbeamten, die sich mit der Karriere der Grados beschäftigten, war Richter Falcone ihr bester Kenner: »Die Brüder Grado spielten eine zentrale Rolle bei der Belieferung von sizilianischen Laboratorien mit Morphinbase, aber auch im Heroingroßhandel in Norditalien; sie operierten gemeinsam mit den Familien Ciulla und Fidanzati.«[25]

Das Hauptquartier der Organisation in Norditalien, die Villa von Vincenzo Grado in Besvano, nicht weit von Varese, diente als Zufluchtsstätte für Ganoven, die heimlich die Schweizer Grenze passieren wollten, aber auch als Versammlungsort. Man weiß, daß dort zu Beginn der achtziger Jahre ein Treffen zwischen den wichtigsten Män-

---

24 Vernehmung von Wakkas Salah Al Din, Oktober 1982

25 In: Ordinanza-sentenza contro Abbate Giovanni + 706

nern der Organisation stattfand. Vincenzo Grado eröffnete die Debatte, indem er eine eindrucksvolle Bilanz der letzten Monate erstellte: Der Clan hatte gerade drei Tonnen Heroin in den Handel gebracht und beabsichtigte, in den Kokainhandel einzusteigen. Es war davon die Rede, die Transportmittel für die Ware zu perfektionieren, und man hörte aufmerksam einem sizilianischen Ehrenmann zu, der ausführlich von einem »einzigartigen und sicheren« System der Kokainbeförderung berichtete. Der Redner war ein Ehrenmann, der in den Kreisen der *Cosa Nostra* ein gewisses Ansehen genoß. Es handelte sich um einen nahen Verwandten der Grados, Salvatore Contorno, den späteren großen Kronzeugen.

Bald besaßen die Brüder Grado mehrere Villen in ganz Italien, verschiedene Deckfirmen in der Türkei und wohlgefüllte Konten bei den größten Schweizer Banken. Sie behaupteten, sich selbst um die Geldwäsche des Drogengeldes zu kümmern, wobei sie eine gewisse Naiviät an den Tag legten, als sie deswegen ganz direkt bei mehreren italienischen Kreditinstituten vorstellig wurden, in der Meinung, selbst unangreifbar zu sein. Um so härter traf sie der Fall.

1981 brach der Krieg zwischen den »Familien« in Palermo aus und läutete den Anfang vom Ende der Grados ein. Ihre Geschäfte hatte zu viele neidisch gemacht, auch die Corleoneser. Noch schlimmer: Sie waren Verwandte von Salvatore Contorno, dem unnachgiebigen Feind von Luciano Leggio und Toto Riina, und machten mit den Familienmitgliedern von Stefano Bontate, dem verstorbenen Boß der Familie von Santa Maria del Gesù, gemeinsame Sache. Sie wurden zu *personae non gratae* erklärt und ins Lager der »Verlierer«, der Feinde der Corleoneser, verbannt. Sie mußten sterben.

Die Stunde der Rechnungsbegleichungen war angebrochen. Es war Zeit, »sich die Füße zu säubern«, um es in der Sprache der »Familien« zu sagen. Pino Greco, »Kleiner Schuh«, machte sich die Situation zunutze und versuchte, sich seines langjährigen Rivalen Salvatore Contorno zu entledigen. Nach einem mißglückten Versuch bat er die Regenten der Familie von Santa Maria del Gesù, das Problem zu regeln. Diese befahlen Antonio Grado, ihnen seinen Cousin, Salvatore Contorno, auszuliefern. Indem sie dem Befehl der Corleoneser gehorchten, wollten sie gleich zwei Fliegen mit einer Klappe schlagen und sich zur selben Zeit Antonio Grados wie seines Verwandten entledigen – der eigentlich ihr Freund war.

Da Antonio Grado die Falle witterte, gab er vor, keinen Kontakt mehr mit Contorno zu haben, doch wurde seine dreiste Lüge durch Beschattung aufgedeckt. Contorno floh nach Rom, wo er verhaftet wurde. Darauf beschlossen die Corleoneser, Antonio Grado umzubringen; doch der verließ nur noch in Begleitung das Haus und bewegte sich ausschließlich in den Terraingrenzen der Familie von Santa Maria del Gesù oder von Ciaculli. Gemeinsam mit einem anderen Ehrenmann wurde er von den »tapfersten« Killern der Familie von Ciaculli – »Kleiner Schuh«, »Lucchiseddu«, »Brennender Berg« und »Aubergine« – aufgegriffen. Die beiden Glücklosen wurden erwürgt und ihre Leichen in einer Säure aufgelöst, die gewöhnlich zum Bearbeiten von Silberzeug verwendet wird.
»Nach dem Mord an Antonio Grado wurden alle anderen Brüder Grado von einem hochrangigen Ehrenmann in seine Villa am Meer, nahe Palermo, eingeladen«, schreibt Richter Falcone. »Doch sie nahmen die Einladung nicht an, da sie sicher waren, es handle sich um eine Falle, einen Hinterhalt, um sie alle zu töten.[26]
In der Tat war es höchste Zeit, daß die Überlebenden ihr Heil in der Flucht suchten. Doch wohin sollten sie gehen? Der Clan hatte eine Idee.

Die »Familie« emigriert

1975 hatte Rodolfo Azzoli in Mailand die Bekanntschaft der Brüder Grado gemacht. Schnell hatte er begriffen, welche finanziellen Vorteile sich ihm durch den Umgang mit der Familie boten, vorausgesetzt er überwände seine letzten Skrupel. Der Drogenhandel war zweifelsfrei rentabler als jedes andere Geschäft: Rodolfo Azzoli sagte sich, daß er keinen Grund habe, erschreckt oder angewidert zu sein. Gewiß, dieses Metier hatte seine Nachteile, so die Rechnungsbegleichungen und die Ermordungen. Aber der Mailänder war talentiert, sehr talentiert. Er wurde Drogengroßhändler und war damit beauftragt, in Norditalien den Heroinvertrieb der Brüder Grado zu übernehmen, was keine leichte Aufgabe war. Er nahm an den Verhandlungen mit

26 In: Ordinanza-sentenza contro Abbate Giovanni + 706

den Abgesandten der organisierten Kriminalität aus Istanbul teil. Er bekam das weiße Pulver direkt von den Türken und den Sizilianern und verteilte die Ware an Grossisten, die die Dealer in Norditalien zu beliefern hatten.
1979 trat Rodolfo Azzoli von seinem Posten als »Generaldirektor« für Norditalien zurück, verkaufte seine Luxusvilla mit Schwimmbecken bei Novarra und seine wichtigsten mailändischen Beteiligungen, nahm seinen weißen Rolls-Royce und verschwand nach Spanien. Die Gründe für diese überstürzte Abreise bleiben im dunkeln. Offiziell wollte Azzoli sich von einem Milieu distanzieren, das ihm lästig zu werden begann. Doch spielte ein Haftbefehl der Mailänder Justiz wegen internationalen Drogenhandels bei seiner Flucht ins Exil sicherlich eine Rolle. Gewissermaßen eine vorzeitige Pensionierung. Aber eine »Familie« verläßt man nicht so einfach, insbesondere, wenn man dank ihrer Hilfe zu Vermögen gekommen ist. Rodolfo Azzoli konnte nicht mit den Grados brechen, und sein Aufbruch nach Spanien geschah natürlich mit ihrer Einwilligung. Er unterrichtete sie über seinen Entschluß, sich in Benidorm niederzulassen, und sie regten ihn dazu an, das Hotel Sierra Dorada zu kaufen.
Seit den ersten Anzeichen des Krieges der palermitanischen »Familien« begriffen die Grados, wie wichtig es war, über einen Stützpunkt in Spanien zu verfügen. Alles deutet darauf hin, daß Rodolfo Azzoli rasch zu ihrem Abgesandten in Benidorm wurde. Warum kamen die Grados mit der Tarnkappe nach Spanien? Warum bedienten sie sich Rodolfo Azzolis als Lotsenfisch? Die palermitanischen Richter hatten da ihre Vermutungen. Ihnen zufolge geschah dieses weniger aus Angst vor der Polizei, als vor den Corleonesern, die sie schnell in Benidorm ausfindig gemacht und vertrieben hätten. Die »Familie« hatte große Pläne, sie hatte sogar schon Geschäftspartner für ihre iberischen Investitionen gefunden.
Im Sommer 1981, nach dem Tod Antonio Grados, traf sich Azzoli mit dem Rest der »Familie« in der Familienvilla in Besano (Varese). Sämtliche Würdenträger der Organisation waren anwesend. Ziel der Versammlung war die Abreise der »Familie« nach Spanien und ihre Niederlassung in Benidorm. Alles wurde ganz methodisch vorbereitet. Reisen, Unterkunft, Sicherheitsvorkehrungen, Planung legaler und illegaler Geschäfte. Sobald die Versorgungsprobleme geregelt waren, wurde das Abreisedatum festgesetzt. Die »Familie« würde Weihnach-

ten in Benidorm verbringen. Ein Vertrauensmann der Grados machte im November eine Erkundungsreise, und der Rest traf kurze Zeit später an einem kalten Morgen ein. Über den Strand von Benidorm fegte ein eiskalter Wind, und niemand in den von Touristen verlassenen Straßen des Badeorts bemerkte den Zug der Luxuskarossen, der sich in Richtung des Kaps bewegte, wo die pseudomaurische Architektur des Hotels Sierra Dorada neben einem bewegten Meer aufragte.
Die Brüder Grado, Gaetano, Giacomo, Salvatore und Vincenzo betraten als erste die Hotelhalle. Man kann sich vorstellen, wie sie Rodolfo Azzoli auf palermitanische Art beide Wangen küßten, auf diskrete, männliche Art, bei der man sich kaum berührte. Dann trafen weitere vierzig Personen ein: die Frauen, die Kinder, die »kleinen Fische« und die Vertrauensmänner der Familie. Die Grados brachten ihre Eltern sowie die Eltern ihres Verwandten, des zukünftigen Kronzeugen Salvatore Contorno und dessen jüngeren Bruders, mit. Aus Gründen, die nur er wußte, hatte Salvatore Contorno sich geweigert, sich dem »Familien«-Exodus auf die Iberische Halbinsel anzuschließen.
Rodolfo Azzoli hatte ganze Arbeit geleistet. Von ihrer Ankunft an wurde die »Familie« in den schönsten Hotelsuiten untergebracht und konnte bereits nach wenigen Tagen moderne, perfekt eingerichtete Wohnungen beziehen. Sobald die Mitglieder des Clans in den eigenen vier Wänden untergebracht waren, stellten sie Putzfrauen ein. Eine von ihnen wird sich noch lange an ihre sizilianischen Arbeitgeber erinnern: »Ich habe sofort gesehen, daß sich da seltsame Dinge abspielten«, sagte sie. »Das waren sehr komische, sehr reservierte Leute. Wenn sie Besuch hatten, jagten sie alle aus dem Haus. Sogar die Frauen. Einmal hatte ich fürchterliche Angst. Ich putzte die Wohnung, als mein Blick auf eine offene Tasche fiel, die voller Banknotenbündel war. Und über den Bündeln lag eine Pistole. Da wußte ich genau, daß es gefährliche Leute waren.»[27]
Andere Zeugen erinnern sich an Gesprächsfetzen, die durch die geschlossenen Türen drangen. Von Feinden der »Familie« war die Rede, die als »Leute von Greco« bezeichnet wurden. Man sprach viel von »Kleiner Schuh«, »Lucchiseddu«, von »Brennender Berg« und »Au-

---

27 In: Jordi Bordas Eduardo Martin de Pozuelo, *La Cosa Nuestra,* Ediziones B.

bergine« – ein Beweis, daß der Clan bereits wußte, wer die Henker Antonio Grados waren. Zwei weitere Namen tauchten ebenso häufig wieder auf, die der Feinde der Corleoneser, Tottucio und Zu Tano. Zwei Namen, die den Leuten im Haus der Grados nichts sagten: Zu jener Zeit mußte man Mitglied der *Cosa Nostra* sein, um zu wissen, daß es sich um Salvatore Contorno und Gaetano Badalamenti handelte.
Die »Familie« hatte ein wenig von der Atmosphäre ihres Stadtviertels mitgebracht, als klebe ihnen der aufgeweichte Asphalt von Brancaccio noch an den Schuhsohlen. Alle trugen noch Trauer wegen Antonio Grado. Die Frauen gingen nur schwarzgekleidet auf die Straße, und die Männer trugen Trauerflor oder schwarze Plaketten am Knopfloch. Der ganze Clan trug Betrübtheit zur Schau.
Einige Wochen nach ihrer Ankunft waren die Brüder Grado bereits an der Arbeit. Ankauf von Wohnungen, Gebäuden, Läden – die erste Etappe ihrer Niederlassung verlief plangemäß. Doch hatten sie nicht vor, sich damit zu begnügen. Um besser Fuß zu fassen, beabsichtigten sie, ihre Aktivitäten noch vielseitiger zu gestalten, indem sie ins Baugeschäft einstiegen. Im Frühjahr 1982 gründeten sie daher eine Immobilienfirma, in deren Firmenbezeichnung die Errichtung von Ferienhäusern längs der Küste, zwischen Benidorm und Alicante, verankert war. In ihrem Aufsichtsrat saßen neben Rodolfo Azzoli (dem Vertreter der Grados) ein mailändischer Geschäftsmann mit Wohnsitz in Monte-Carlo, ein mailändischer Wirtschaftsanwalt, ein italienischer sozialdemokratischer Abgeordneter und der italienische Bauminister, Franco Nicolazzi, auch er Sozialdemokrat. Eine feine Gesellschaft!
Der Minister, der Geschäftsmann, der Rechtsanwalt und der Abgeordnete waren von einem Freund Rodolfo Azzolis, dem auf die schiefe Bahn geratenen Sohn einer gutbürgerlichen mailändischen Familie, hergebracht worden. Sie hatten nicht davor zurückgescheut, mit den Sizilianern gemeinsame Geschäfte zu machen, und hatten keine Miene verzogen, als sie erfuhren, daß der Grundstock des Firmenkapitals aus verschiedenen Finanzgesellschaften stammte, deren Spuren sich in Luxemburg und in Panama verloren. Der Grund: Einige Geschäftspartner der Grados wollten ebenfalls verheimlichen, woher ihr Geld kam. Bauminister Franco Nicolazzis Spezialität bestand darin, Staatsgelder zu seinen Gunsten mittels eines Systems gefälschter Rechnungen zu veruntreuen, das in Italien in den Skandal der »goldenen Gefängnisse« und in den Skandal bei der Vergrößerung des Mailänder

Flughafens von Lincate mündete. Die Sizilianer befanden sich in bester Gesellschaft.
Seit die Grados ihren iberischen Stützpunkt hatten, beabsichtigten sie eine anti-corleonesische Front zu bilden, um ihre Insel wieder im Sturm zurückzuerobern. Sie erfreuten sich eines gewichtigen Verbündeten in der Person Gaetano Badalamentis, des Bosses der Familie von Cinisi, eines ehemaligen Chefs der Kuppel, der von den Männern Luciano Leggios abgesetzt und ebenfalls ins Exil getrieben worden war. Gaetano Badalamenti, der immer noch den Flughafen von Palermo kontrollierte, ließ es sich nicht nehmen, weiterhin mit den New Yorker *Dons* der »Pizza Connection« mit Heroin zu handeln. Anläßlich einiger Gipfeltreffen – von denen nichts durchsickerte – besuchte er die Grados mehrmals in ihren Wohnungen in Benidorm. Sicher ist, daß der ehemalige Chef der Kuppel seinen Stützpunkt ebenfalls nach Spanien verlegt hatte. Er verfügte zudem über einige Schlupfwinkel in Madrid, wo er 1984 verhaftet wurde.
Auch wenn die Grados bedeutende Geldsummen in Benidorm investiert hatten, beabsichtigten sie nicht, sich hier definitiv niederzulassen. Nach einigen Monaten Sommerfrische in dem Badeort zog der Clan die »sizilianischere« Diskretion eines ebenfalls spanischen Ortes namens Altea vor und ließ Rodolfo Azzoli an Ort und Stelle, damit er die »Familien«-Geschäfte weiterführen und die Spuren verwischen konnte. Und sie hatten gut daran getan: Infolge einer Indiskretion trafen im Dezember 1982 zwei italienische Polizeibeamte mit Haftbefehlen gegen die Grados in Benidorm ein, die von Richter Falcone unterschrieben waren. Rodolfo Azzoli, der sich bei der spanischen Polizei auf Komplizen stützen konnte, erfuhr rechtzeitig von der Ankunft der italienischen Ermittler. Er verließ Benidorm nicht, sondern begnügte sich damit, die Wohnung zu wechseln. So wurde er am 17. Dezember 1982 festgenommen. Doch war die Ermittlung für die Polizei ein halber Mißerfolg, da sich die Spur der Grados in Altea verlor.
Die Suche ging noch sieben Jahre lang erfolglos weiter. Die Familie hielt sich irgendwo in Spanien versteckt und verstärkte ihre Aktivitäten, ohne deswegen den Kontakt mit Sizilien zu verlieren, wo die »Verlierer« der *Cosa Nostra* den Kampf gegen die Corleoneser organisierten. Unter der Leitung von Francesco Fricano übernahm es eine Killergruppe, die »im Andenken an Stefano Bontate« agierte und sich »Soldatenkompanie« nannte, die Freunde von Luciano Leggio nie-

derzumetzeln. Innerhalb von zwei Jahren wurden etwa zehn Corleoneser umgebracht, ohne daß die Polizei verstanden hätte, was sich abspielte. Am 27. September 1988 reagierten die Corleoneser und ermordeten Francesco Fricano.[28] Ein neuer Bandenchef trat also an die Spitze der »Soldatenkompanie«; es war Gaetano, der Älteste der Brüder Grado, genannt »der Kleine mit den blauen Augen«.
Die erste Heldentat der neuen »Soldatenkompanie« bestand darin, einen Killer ihres verstorbenen Bosses in einen Hinterhalt zu locken. Der Mann kam schwerverletzt davon. Doch Gaetano Grado war dennoch zufrieden. Er hatte bewiesen, daß seine Kompanie immer noch funktionstüchtig war. Er mußte die gute Nachricht seinen Verwandten und möglichst vielen Bekannten mitteilen, damit auch die übrigen Mitglieder der *Cosa Nostra* davon unterrichtet waren. Am Telefon verlieh er seinem Glück lauthals Ausdruck: »Wir haben ganze Arbeit geleistet. Das haben wir phantastisch gemacht.« Welch verhängnisvolles Bedürfnis nach Anerkennung! Da Gaetano Grado dank der Telefonüberwachung durch die palermitanische Polizei ausfindig gemacht werden konnte, wurde er am 26. Mai 1989 in einer Villa verhaftet, in der Waffen in großen Mengen gelagert waren und wo man – was für eine Überraschung! – den Kronzeugen Salvatore Contorno fand. Letzterer wurde rasch wieder freigelassen, während Gaetano Grado ins Gefängnis geschickt wurde, jedoch nicht nach Ucciardone, wo er sicherlich von den Corleonesern umgebracht worden wäre. Inoffiziell erhielt er von Zeit zu Zeit Postkarten aus Spanien, wo sich die übrigen Überlebenden der »Familie« noch immer aufhielten, mit Ausnahme eines Bruders, der in Sardinien festgenommen wurde.

Der Schuhkönig

Zur Glanzzeit der Brüder Grado in Benidorm suchten zahlreiche spanische Besucher sie in ihrer Villa auf. Unter ihnen war ein hochgewachsener, recht gut aussehender Mann, der sich gern mit Gold schmückte – mit Goldketten, Armbändern und Ringen. Er war immer

28 In: »Bericht über das Gleichgewicht im Inneren der Cosa Nostra«, Questura di Palermo, 8. Mai 1990

in schwarzes Leder gekleidet und trug zu allen Jahreszeiten einen sonderbaren Pelzmantel. Der gepflegte Vierziger, mit seinen schwarzen, immer sorgsam wassergewellten Haaren war Victoriano Molina Chacon, der Schuhkönig von Elche, einer Stadt in der Nähe von Benidorm. Durch seinen Umgang mit den Ehrenmännern hatte sich der spanische Industrielle zu einer wahrhaften Karikatur seiner selbst entwickelt; er fuhr einen riesigen roten Ford, der nur mit Mühe durch die engen Gäßchen der kleinen spanischen Ortschaften paßte. Die Anwesenheit Victoriano Molina Chacons in den iberischen Salons der Brüder Grado war keineswegs deplaciert. Schon seit Ende der siebziger Jahre pflegte der spanische Industrielle Umgang mit italo-amerikanischen Ehrenmännern. Anläßlich der Eröffnung eines Schuhgeschäftes in New York machte er die Bekanntschaft eines *consigliere* der Gambinos, der wichtigste der fünf »Familien« in der Stadt. Mit Hilfe von New Yorker Ganoven hatte der Spanier drei Firmen gegründet, die Mintor Shoes Inc., die Vicky Moda und die Katia Footwear. Unter seinen Geschäftspartnern waren Männer der Familie Gambino, aber auch ein Sizilianer, ein waschechter Palermitaner und Heroingroßhändler vor dem Herrn: Gaetano Giuffreda.

Ohne im eigentlichen Sinne ein *Don* zu sein, nahm Gaetano Giuffreda einen beachtlichen Rang in der Organisationsstruktur des palermitanischen organisierten Verbrechens ein: Er war die rechte Hand von Tommaso Spadaro, einem Ehrenmann der Familie von Porta Nuova, König des Stadtviertels der Kalsa, aber vor allem erster Schmuggler der Stadt, der sich auf den Schwarzhandel mit leichten Zigaretten und weißem Pulver spezialisiert hatte.

Für Victoriano Molina Chacon »stank« das Geld des Sizilianers nicht. Der Palermitaner wollte in Spanien investieren? Der Schuhkönig war gerne bereit, ihm dabei zu helfen. Wo wollte er sein Geld anlegen? Im Grundstückshandel? Kein Problem. Brauchte er vielleicht einen Strohmann? Der spanische Industrielle stand ganz zu seiner Verfügung. Wo wollte er kaufen? Benidorm. Nein, so etwas!

Gaetano Giuffreda war tatsächlich ein naher Verwandter der Grados. Nachdem er mehrere große Anwesen in der Gegend um Benidorm gekauft hatte, stellte er ihnen den Schuhkönig aus Elche vor, der auch andere palermitanische *Dons* kennenlernte, die geschäftlich auf der Durchreise in Spanien waren, darunter Tommaso Spadaro selbst. Und diese kleine Welt fand sich im Salon der Grados zusammen, um

über Geschäfte zu reden, das heißt über Heroinhandel. Der Schuhkönig hatte beschlossen, in ein anderes Gewerbe einzusteigen, eines, das rentabler war als der Schuhhandel, obwohl er damit in den besten Geschäftsstraßen von Manhattan hervorragende Profite erzielte.
Am 23. Januar 1983 begab sich Victoriano Molina Chacon nach Italien, nach Florenz, um die Ankunft von 80 Kilo Heroin zu beaufsichtigen; sie waren im Laderaum eines Lastwagens, der aus Sizilien kam, inmitten einer Ladung von 1 880 Paar Schuhen versteckt worden. 80 Kilo weißes Pulver, das bedeutete 80 Millionen Dollar. Empfänger der Ware: die Mintor Shoes Inc. (New York) von Victoriano Molina Chacon. Käufer des weißen Pulvers: die Familie Gambino. Absender: Tommaso Spadaro.
Doch die Schmuggler waren von der amerikanischen Drogenfahndungsbehörde aufgespürt worden. Diese alarmierte die italienische Polizei, und der Lastwagen mit der teuren Fracht wurde von den Carabinieri konfisziert. Victoriano Molina Chacon hatte Glück. In dem Augenblick, wo der Fisch ins Netz ging, saß er im Flugzeug nach New York. Nachdem er bei seiner Ankunft in Manhattan von der Beschlagnahmung der Drogen erfahren hatte, nahm er sofort ein anderes Flugzeug in Richtung Spanien und seiner Villa in Elche. Die Idee war gar nicht schlecht. Der Industrielle konnte in seiner Stadt auf bedeutende Protektionen innerhalb des Polizeiapparates zählen und war dort so gut wie unantastbar. Doch die DEA war noch nicht am Ende ihres Lateins. Der Schuhkönig hatte eine Geliebte in den Vereinigten Staaten, ein puertorikanisches Zimmermädchen. Die Frau wurde von den Männern der Bundesbehörde bearbeitet und dazu gebracht, Molina Chacon auf die Bermudas zu locken, also in ein Land, das mit den Vereinigten Staaten ein Auslieferungsabkommen hatte. Victoriano Molina Chacon wurde bei seiner Ankunft verhaftet und auf Antrag eines New Yorker Richters ausgeliefert. Man verurteilte ihn wegen Drogenhandels zu einer 25jährigen Gefängnisstrafe; sein Zellennachbar im Bundesgefängnis von New York war ein palermitanischer *Don*, der im Rahmen eines anderen Heroinhandels, der »Pizza Connection«, gefaßt worden war. Auch er war ein Besucher im spanischen Salon der Grados gewesen: Gaetano Badalamenti, der soeben von Spanien ausgeliefert worden war. Die Welt ist klein.

Die »Peseten Connection«

Die italienischen, amerikanischen und warum nicht auch die spanischen Polizeibeamten konnten stotz sein: 80 Kilo beschlagnahmtes Heroin, der Schuhkönig unschädlich gemacht, seine sizilianischen und New Yorker Freunde ebenfalls. Der einzige – durchaus erkannte – dunkle Fleck im ansonsten positiven Gesamtbild: der Schweizer Zweig der Organisation war nicht einmal angetastet worden. Gewiß, das florentinische Gericht hatte ihren Boß, den König des helvetischen Schmuggels, Georges Kastel, zu 24 Jahren Gefängnis verurteilt. Aber es handelte sich hierbei um eine Verurteilung in Abwesenheit des Angeklagten, der seine Strafe wohl nie antreten würde: Von seinem Basler Refugium aus machte sich der Schwarzhändler über das Urteil der italienischen Richter lustig, und das mit dem Segen der Schweizer Justiz, für die die Zugehörigkeit zu einer kriminellen Vereinigung kein Verbrechen darstellt – und genau das war der Hauptanklagepunkt, den das florentinische Gericht gegen ihn erhoben hatte. Was die Geldwäsche anging, die man ihm vorwarf, so vermochte sie seine Landsleute nicht über Gebühr aufzuregen – worüber sich niemand wundern wird.
Die Verbindungen zwischen Georges Kastel, Tommaso Spadaro und Gaetano Giufredda schienen nur die Italiener zu interessieren. Der Schweizer machte im übrigen keinen Hehl aus seinen zweifelhaften Bekanntschaften. Seine regelmäßigen Beziehungen zu anderen *Dons* des organisieren italienischen Verbrechens – um hier nur Michele Zaza zu nennen – hielt er mitnichten geheim. Die *Dons*? Er kannte sie sogar schon seit langem und machte mit ihnen ausgezeichnete Geschäfte. Was für Geschäfte? Schmuggel von Leichtzigaretten, nichts als Leichtzigaretten. Und Drogen? Er dachte gar nicht daran.
Georges Kastel kannte sich im Zigarettenschmuggel bestens aus, und nichts, was den Schwarzhandel im allgemeinen betraf, war ihm fremd. Nach jahrelanger Lehrzeit in einem der bedeutendsten multinationalen Unternehmen für steuerfreien Verkauf, der Firma Weitnauer Trading Company, waren ihm die Windungen und Schleichwege des grauen Marktes wohlvertraut. Er besaß mehrere Firmen, die Basileo und die San Marco Trading Company, von denen man annahm, sie seien mit der Gruppe Weitnauer verbunden, ohne daß man genau sagen konnte, bis zu welchem Grade. Wie dem auch sei, Georges

Kastel betrieb Zigarettenschmuggel, und zwar mit dem Segen der Schweizer Behörden, die dagegen um so weniger einzuwenden hatten, als seine Delikte in Frankreich, Italien und Spanien begangen wurden.
Georges Kastel hatte einen erbitterten Gegner in der Person des Untersuchungsrichters von Mülhausen, Germain Sengelin. Dieser war schon seit Jahren davon überzeugt, daß Kastel hinter dem unerlaubten Handel mit amerikanischen Leichtzigaretten andere, brisantere Aktivitäten verbarg, eventuell Waffenhandel, vielleicht auch Drogenhandel, aber sicherlich die Geldwäsche von Drogeneinkünften des organisierten Verbrechens. Er war zu dieser festen Überzeugung gekommen, nachdem am 31. Januar 1978 an der französisch-schweizerischen Grenze ein Lastwagen entdeckt worden war, der bis oben hin mit geschmuggelten Zigaretten beladen war.
Die Geschichte war ungeheuer verworren; schweizerische, spanische und italienische Schmuggler spielten darin eine Rolle, aber auch Geheimagenten und hohe französische Staatsbeamte, die man beschuldigte, die Schmugglernetze unterwandert, manipuliert und vielleicht sogar gedeckt zu haben. Aber die Untersuchungsrichter hatten damit bereits die Protagonisten der großen Schwarzhandelsgeschäfte des folgenden Jahrzehnts vor sich. Georges Kastel natürlich, aber auch sein Geschäftspartner Patrick Laurent, ein Franzose, der als der »geistige Sohn Adolf Weitnauers« betrachtet wurde, und auch Claude Cabot, ein ehrbarer Berichterstatter des französischen Geheimdienstes, der im Rahmen der bereits erwähnten Zigarettenschmuggelaffäre kurze Zeit später von einem Marseiller Gericht zu einigen Jahren Gefängnis verurteilt werden sollte. [29]
Doch die Geschichte wurde begraben, ein Begräbnis allererster Güteklasse, dank einer unglaublich großen Anzahl französischer Beamter, die in die Netze des Schwarzhandels verstrickt waren. Germain Sengelin hatte jedoch die Bedeutung Spaniens für Georges Kastel und seine Geschäftspartner erkannt: Die meisten ihrer Unternehmungen führten sie jenseits der Pyrenäen. Der Beamte hatte noch nicht sein letztes Wort gesprochen. Die Affäre flammte am 21. Oktober 1980 im Anschluß an eine wahnsinnige Verfolgungsjagd zwischen einem TIR-

---

29 Siehe Kapitel 6.

Lastzug und Polizisten der französischen Gendarmerie, in der Nähe von Mülhausen wieder auf. Der Fahrer des Lastzuges mußte gute Gründe haben, um der Kontrolle der Gendarmen um jeden Preis entgehen zu wollen und seine selbstmörderische Fahrt fast fünfzig Kilometer fortzusetzen, all den Schüssen zum Trotz, die die Reifen seines Wagens jederzeit zum Platzen bringen konnten. Nachdem der Lastwagen die Zollschranken am Flughafen Mülhausen-Basel zerschmettert hatte, kam er, sicher vor den Franzosen, an einer Böschung auf Schweizer Boden zum Stehen. Der Grund für seine Raserei befand sich im Laderaum des TIR-Lastzuges unter einigen Tonnen Katzenstreu: 120 Millionen Peseten, fast 200 Kilo Banknoten.
Sobald der Fahrer des Lastzuges, ein spanischer Staatsangehöriger, die schweizerische Grenze mit heftigem Getöse überschritten hatte, verschwand er in einer Telefonkabine, aus der er seinen Rechtsanwalt und Kommanditär anrief: Georges Kastel. Der Vorgang blieb ohne Folgen. Der Fahrer wurde nach einigen Stunden Inhaftierung freigelassen und in das nächste Flugzeug in Richtung Spanien gesetzt. Aufgrund des Haftbefehls, den Richter Germain Sengelin soeben gegen ihn erlassen hatte, durfte er sich künftig nicht mehr auf französischem Boden aufhalten. Was das Geld betraf, so wurde es am darauffolgenden Tag seinem »rechtmäßigen« Eigentümer, Georges Kastel, zurückgegeben.
Germain Sengelin wußte seit langem, daß Georges Kastel mit Schmugglerringen aus Galizien zusammenarbeitete. Doch seine vorhergehenden Ermittlungen hatten ihm nur ermöglicht, sich den spanischen Standorten des Schweizer Schwarzhändlers aus der Distanz zu nähern. Die Affäre des TIR-Lastzuges stachelte seinen Ehrgeiz an. Er wartete auf seine Stunde, und im Jahr 1987 rüstete er sich, mit Hilfe von Jörg Schild, Oberstaatsanwalt und Chef der Basler Drogenbrigade, zum Sturm auf die spanische Festung – er initiierte die Operation Barca, bekannter noch unter der journalistischen Bezeichnung: »Peseten Connection«.
Die Ermittler sollten zwei Jahre benötigen, um diese Schmugglerbande aufzustöbern, die in Spanien festen Fuß gefaßt hatte. Offiziell schmuggelte sie nur leichte Zigaretten. Doch ihr Umsatz war so beeindruckend, daß die spanischen Schmuggler nun ihre Valuten nach Gewicht berechneten! Jede Woche schickten sie mehr als 300 Kilo Banknoten an ihre Schweizer Banken, das entsprach einem Gegen-

wert von 2 Millionen Dollar, welche per Auto und mittels TIR-Lastzügen befördert wurden und die schweizerische Grenze im allgemeinen weniger geräuschvoll überschritten als am 21. Oktober 1980.
Germain Sengelin war sich seiner Sache sicher: Wie in anderen Fällen auch, so wurde auch auf der iberischen Tabakroute mit Waffen und Drogen gehandelt. Die alten baskischen Schmuggler aus der Bande hatten das im übrigen rasch begriffen. Manche hielten mit der Entwicklung des Marktes Schritt, andere nicht. Und unter den letzteren suchte sich der französische Richter seine Informanten. Sie gaben ihm einen äußerst besorgniserregenden Überblick über die Lage. Auf lokaler Ebene profitierten alle von dem Manna, das durch Drogen- und Waffenhandel auf sie herniederging. In den kleinen galizischen Häfen waren die Schmuggler über die zusätzliche Arbeit froh, während die baskische Separatistenorganisation ETA, in nächster Nachbarschaft, dadurch zusätzliche Einnahmequellen fand und sich mit neuen Waffen eindecken konnte. Kurz, die »Peseten Connection« war im Begriff, zu einem der größten Industriezweige der Region anzuwachsen.
Die Ermittlung machte nur langsam Fortschritte. Die verschiedenen Branchen innerhalb der Organisation waren streng voneinander getrennt. Wie sollte man also beweisen, daß die Netze der Zigarettenschmuggler und die Kokainringe für ein und dieselbe Person arbeiteten? Die Tatsache, daß sich Schmuggler und Bandenbosse kannten, genügte nicht, ebensowenig wie die häufigen Reisen eines Geldwäschers der »Peseten Connection« ins Allerheiligste der lateinamerikanischen *narcotraficantes*.
Wenn die spanischen Behörden sich etwas kooperativer gezeigt hätten, wären Germain Sengelins Bemühungen vielleicht von Erfolg gekrönt gewesen. Man hätte sogar davon träumen können, die Verbrecher auf frischer Tat zu ertappen: Doch vergeblich lieferte die amerikanische DEA die Namen der Frachtschiffe mit dem Kokain, ihre Route und das Datum ihres Auslaufens aus lateinamerikanischen Häfen. Die Spur verlor sich jedesmal vor den Küsten Galiziens. Man war geneigt zu glauben, die spanischen Zöllner machten sich ein diebisches Vergnügen daraus, die Kokainschiffe zu verpassen. Doch die Komplizenschaft, derer sich die Schwarzhändler ganz offensichtlich erfreuen konnten, beschränkte sich nicht auf die Iberische Halbinsel: Ein französischer Zöllner informierte die Schmuggler regelmäßig, und bei einem von ihnen fand man sogar die vertrauliche Telefonnummer des

Schweizer Beamten, der damit beauftragt war, die Telefongespräche des helvetischen Zweiges der Bande abzuhören! Offenbar verfügte die Bande bei den verschiedenen betroffenen Behörden über Informanten.
Die Operation »Barca« schlug also fehl und endete nur mit der Festnahme zweier Schwarzhändler, der Brüder Arietta, sowie eines ihrer Komplizen – ein französischer Zöllner – und eines Schweizer Geldwäschers, Michael Hänggi. Kleine Fische. Der französische Beamte hatte nur einen winzigen Teil der Organisation zu fassen bekommen. Er wußte, daß er, würde er die Fährte Hänggis verfolgen, einen ehemaligen Mitarbeiter der Weitnauer Trading Company, Patrick Laurent, finden würde und daß sein Komplize Georges Kastel sich ebenfalls in diesem Umfeld bewegte. Doch der Richter begriff bald, in welchem Ausmaß Spanien und die Schweiz von den Schmugglern unterwandert waren. Im erstgenannten Land kam die Ermittlung nie in Gang, im zweiten endete sie abrupt im Sommer 1989 nach einer ersten und einzigen Verhaftungswelle. Der Zorn des Beamten angesichts dessen, was ihm wie ein Aufgeben gegenüber dem organisierten Verbrechen erschien, war nur um so größer. Seiner Meinung nach herrschte in Bern und Madrid eine ebenso unheilvolle Atmosphäre wie in Palermo, Neapel und Mailand.

Zweitwohnsitze

Zu Beginn der achtziger Jahre schien es in manchen Kreisen zum guten Ton zu gehören, längs der spanischen Riviera einen Zweitwohnsitz zu besitzen. Es waren Traumvillen, für die *Dons* gebaut, die es gewöhnt waren, in Millionen Dollars zu rechnen. Die schönste Villa befand sich in La Menga del Mar Menor, nicht weit entfernt von Murcia und Alicante. Das Anwesen, das neben dem örtlichen Ruderverein lag, war am Hang eines Hügels errichtet worden, was drei Bedürfnisse stillte: Luxus, Ruhe und Sinnenfreude. Es ist unmöglich, das Anwesen von der Straße oder den umliegenden Feldern einzusehen. Nur von der kleinen Bucht aus ist es erkennbar: zwei Stockwerke, die sich im satten Grün verlieren, ein Privatstrand, ein Garten, eine Terrasse, die von Palmen und Säulen gesäumt ist, die zu glatt sind, um antik zu sein; so sah das iberische Refugium eines alten Bekannten aus. Yasar Avni

Karadurmus, genannt Mussullulu, der türkische Schwarzhänder, durch den es zum Kopp-Skandal in der Schweiz gekommen war.
Wie war Mussullulu hierher gekommen? Es scheint, daß einer seiner Geschäftsfreunde, ein türkischer Reeder, ihm die Gegend empfohlen hatte; auch er hatte sich auf Waffen- und Drogenhandel im Mittelmeerraum spezialisiert und war bereits Ende der siebziger Jahre als einer der ersten gekommen, um die Möglichkeiten auszutesten, die die spanischen Küsten boten. Vielleicht hatte auch ein schweizerischer Geldwäscher, Georges Kastel, ihm die Vorzüge Spaniens gepriesen. Oder er hatte durch seine guten Kunden, die Brüder Grado, davon gehört, die er seit Jahren schon regelmäßig mit Morphinbase und Heroin belieferte. Übrigens hatte sich Mussullulu in La Menga del Mar Menor niedergelassen kurz nachdem die Brüder Grado ihre Residenzen in Benidorm bezogen hatten, nur wenige Kilometer nördlich. Hat er sie besucht? Hat er sie wiedergesehen nach ihrem Wegzug nach Altea? Zeugen dafür gibt es nicht, aber man kann es sich durchaus vorstellen.
Nach seiner Erkundungsreise mit zwei Vertrauensleuten, unter denen sich der Schweizer-Türke Paul Waridel, seine rechte Hand, befand, war Mussullulu überzeugt. 1982 kaufte er die Villa und verkaufte sie dann sofort wieder an Paul Waridel. Nach Schätzung der Polizei handelte es sich um einen fiktiven Verkauf, da der türkische Schwarzhändler seine Villa für 750 000 Dollar hergab, was weit unter der Summe lag, die er selbst aufgewendet hatte.[30]
Die Villa von La Menga del Mar Menor war mehr als ein gewöhnlicher Zweitwohnsitz; sie fungierte sozusagen als Mussullulus spanisches Büro. Hätte es einen besseren Ort geben können, von wo aus er die Ankunft seiner Frachtschiffe in den spanischen Häfen verfolgen konnte? Auch eignete sich das Anwesen vorzüglich, um sizilianische Kunden, türkische Geschäftskollegen und Schweizer Geldwäscher zu empfangen. Eines der ersten Geschäfte, die Mussullulu dort abwickelte, war die Lieferung von 300 Kilo Morphinbase an einen *Don* aus der Familie von Catania namens Giuseppe Ferrera, genannt »Kleines Pferd« – *Cavadduzzu*.
Auf Einladung Mussullulus kamen der *Don* und einer seiner Vertrau-

30 Vernehmung Paul Waridels vom 14. Juni 1985 durch das New Yorker Gericht.

ensleute nach La Menga, um die Modalitäten der Lieferung zu klären. Sie stiegen im Hotel Galua ab, einem schmucken Gebäude, das direkt am Meer lag und nur wenige Autominuten vom Anwesen des türkischen Schwarzhändlers entfernt lag. Vor dem Treffen nahmen die Türken die Sizilianer in einen kleinen Hafen, östlich von Carthagena, mit. Auf der Spazierfahrt sollte den Besuchern eines von Mussullulus Frachtschiffen, die *Dusk*, vorgeführt werden, ein altes Schiff, das offiziell für den Transport von Phosphaten bestimmt war, aber in Wirklichkeit für geschmuggelte Frachten verwendet wurde: leichte Zigaretten und weißes Pulver. Seit Jahrzehnten schon hatte die *Dusk* das Mittelmeer durchquert, ohne je den Dienst zu versagen. Sie wäre hervorragend geeignet für den Zweck, den ihr Besitzer ihr zudachte: die Umladung von 300 Kilo Morphinbase von einem größeren Schiff, der *Alexandros T.*, um die Fracht seinen sizilianischen Kunden vor die kalabresischen Küsten zu liefern.
Danach fanden sich Sizilianer und Türken in der Villa von Mussullulu ein, wo sie die letzten Einzelheiten der Operation klärten. Man einigte sich auf Längen- und Breitengrad des Treffpunktes, auf die Frequenzen, die verschlüsselten Funksprüche und die Alarmzeichen. Es war ein lauer Märzabend. Der Badeort war fast menschenleer. Wer hätte ahnen können, daß hinter den hohen Mauern einer Luxusvilla eine Gipfelkonferenz zwischen sizilianischen und türkischen *Dons* stattfand?
Die *Dusk* lief plangemäß aus. Doch wurde die ganze Sache in allerletzter Minute abgeblasen, weil die ägyptische Polizei 200 Kilo Heroin und einige Waffen auf einem anderen Frachtschiff der Organisation, der *Alexandros G.*, beschlagnahmt hatte. Da die Catanier fürchteten, entdeckt zu werden, nahmen sie die Ware nicht in Empfang, sondern flüchteten *in extremis* nach Albanien. Kurz darauf war die *Dusk* wieder in ihrem Heimathafen Carthagena. Ihre Laderäume waren leer. Man weiß, daß sie die Morphinbase einige Zeit später, als wieder Ruhe eingekehrt war, erneut einlud und daß der Stoff letztlich an der Costa del Sol gelöscht und an Sizilianer geliefert wurde, die in Spanien wohnten. Was Mussullulus Frachtschiff betraf, so fuhr es noch viele Jahre auf allen Routen des Schwarzhandels – unter anderem Namen; man hatte es in *Melita* umgetauft.
Und Mussullulu? Nach dem Kopp-Skandal in der Schweiz machte er die Villa in La Menga zu seinem Hauptwohnsitz. Er mußte den Ort

vorübergehend verlassen, nachdem ein internationaler Haftbefehl gegen ihn erlassen worden war. Doch trotz allem war er nun auf der Iberischen Halbinsel zu Hause und verfügte hier über bedeutende Protektionen innerhalb des Polizeiapparates. Andere türkische Paten folgten ihm bald nach und kauften sich in Torremolinos und in Malaga ein, ohne daß irgend jemand daran dachte, sie zu vertreiben.

Der Don von Palma de Mallorca

Palma de Mallorca hatte alles, um den *Dons* der *Cosa Nostra*, die auf der Suche nach einer zweiten Heimat waren, zu gefallen. Das lag sicherlich ebenso an der geographischen Lage wie an der Kultur: Was eignete sich besser als eine Mittelmeerinsel, um eine andere zu vergessen? Hier scheint alles wie für das Schmugglerglück geschaffen zu sein: ein internationaler Flughafen, dazu so viele Strände zum Ausschiffen, daß man nicht weiß, welchen man nehmen soll, und vor allem eine mit französischen Häfen vergleichbare Situation. Dazu kamen zwei Branchen, mit denen viel Geld zu machen ist: der Tourismus und das Baugewerbe und als Dreingabe eine permissive Gesetzgebung, die zur Geldwäsche einlud.

Diese nicht zu verachtenden Vorteile waren einem ca. fünfzigjährigen Italiener mit kantigem Gesicht, gelocktem Haar und einem graumelierten Schnurrbart nicht entgangen. Er nannte sich Davide Ricci, hieß in Wirklichkeit jedoch Natale Rimi. Auch war er keineswegs der Römer, für den ihn seine gefälschten Papiere ausgaben, sondern waschechter Sizilianer und seines Zeichens Familienboß der *Cosa Nostra* in Alcamo, einer Stadt der Provinz Trapani. Wäre es nicht die lästige Gewohnheit gewesen, nur in Begleitung einer zehnköpfigen Leibgarde auf die Straße zu gehen, die aus jungen, wie aus dem Ei gepellten Sizilianern in Anzug und Krawatte bestand, die die Augen immer hinter einer klassischen amerikanischen Sonnenbrille versteckten – nichts hätte auf einen *Don* im spanischen Exil hingedeutet.

Die Polizeibeamten von Palma fanden an seiner Anwesenheit auf der Insel nichts auszusetzen, auf der er sich vor ungefähr zehn Jahren mit seiner zweiten Frau niedergelassen hatte. Vor sechs Jahren hatte sie einen Sohn geboren. Der Junge ging auf die beste Schule des Ortes. Natale Rimi wohnte mit seiner Familie in einer »Hollywood«-Villa im

Touristenort Porto Pollenza. Offiziell lebte er natürlich vom Tourismus. Er besaß zwei große Geldwechselstuben, einen Luxuspub, das Fizzi, das einer vermögenden Kundschaft vorbehalten war, sowie ein Reisebüro Anatolli, dessen Kundschaft sich aus der bürgerlichen Oberschicht rekrutierte. Der *Don* hatte sich vollkommen in den mallorquinischen Jet-set integriert, und es gab keine böse Zunge, die behauptete, seine Aktivitäten seien im Grunde hervorragend für die Geldwäsche geeignet.

Die Spanier, die Kontakt zu Natale Rimi hatten, sahen keinen Grund, sich über ihn zu beklagen. Sie waren nicht die einzigen. In der sizilianischen Stadt Alcamo gab es viele, die des Lobes voll waren, wenn die Rede auf ihn kam; man erinnerte sich an einen »gepflegten« und sogar sehr gefragten, ja »gesuchten« Mann. Nun, gesucht wurde er in wortwörtlichem Sinn: von der Bürgerschicht Alcamos, die auf die Familie Rimi stolz war, da sie ihnen über mehrere Jahrzehnte hinweg Gewalt und Kleinkriminalität ersparte – aber auch von der Polizei, was die Rimis nicht daran hinderte, sich auf einer Jacht in der Bucht von Marina (Alcamo) und in den besten Restaurants der Stadt zu zeigen. Wahrlich ein schöner Erfolg, der dem fulminanten Aufstieg seines Vaters Don Vincenzo würdig war; dieser ehemalige Fuhrknecht war bei seinem Tod Besitzer eines auf mehrere Milliarden Lire geschätzten Vermögens. Vincenzo Rimi, Boß der Familie von Alcamo, war ein Pate alten Schlages: intelligent, geschickt, erbarmungslos. Es ist schwierig, diesen Patriarchen zu beschreiben, ohne auf altbekannte Klichees zurückzugreifen; er war eine seltsame Mischung aus Bauer und Killer, den die lokale Presse mit dem Spitznamen »Boß mit den eiskalten Augen« versehen hatte. Don Vincenzo war einer der Pioniere der *Cosa Nostra*. Er gehörte zu jener Generation von Ehrenmännern, die ihre Macht in Sizilien nach dem Zweiten Weltkrieg ausgebaut hatten und sich dabei zuerst auf die Hilfe der Amerikaner stützen konnten, denen sie im Kampf gegen die faschistischen Truppen geholfen hatten, und dann auf die der Politiker, deren Wahlmänner sie wurden.

Don Vincenzo hatte zwei Söhne. Der erste, Filippo, war aus dem Stoff seines Erzeugers gemacht – ein Ehrenmann, der der Ansicht war, daß »befehlen besser ist als schmusen«. In den sechziger Jahren war die unglückliche Serafina Battaglia die erste Frau, die sich gegen die *Cosa Nostra* zu erheben wagte und Filippo Rimi beschuldigte, ihren Mann und ihren Sohn getötet zu haben; doch die Gerichte weigerten sich, ihr

zu glauben. Natale, der jüngere Sohn, schien zurückhaltender zu sein. Mit seiner offenkundigen Intelligenz und seiner auffälligen Freundlichkeit wirkte er wie das schwarze Schaf der Familie. Aber Blut verleugnet sich nicht, und Natale ergriff dieselbe Laufbahn wie die übrigen Familienmitglieder, und zwar offensichtlich unter der Leitung des legendären »Frank-drei-Finger« (Frank Coppolli), des berühmten Bandenchefs der *Cosa Nostra*, der in Rom seßhaft geworden war.
Ende der sechziger Jahre wurde Natale Rimi nach der Verhaftung seines Vaters und seines Bruders Filippo an die Spitze der Familie von Alcamo gesetzt. Zu jener Zeit wurde Italien von der »Strategie der Spannung« in Atem gehalten. Diverse Staatsstreichversuche waren im Gange, die durch eine ganze Reihe besonders blutiger Attentate ihre Höhepunkte erlebten. Dazu zählte der des »Schwarzen Prinzen«, des Fürsten Valerio Borghese, der die *Cosa Nostra* bei der Organisation eines Putsches um Hilfe bat. Als Gegenleistung für den Beistand der Ehrenmänner versprach der Fürst Straffreiheit und Freilassung der inhaftierten *Dons,* wobei er mit den Verwandten von Natale Rimi anzufangen gedachte. Doch die ganze Sache war äußerst heikel. Denn der »Schwarze Prinz« war ein hoher Würdenträger des Mussolini-Regimes gewesen, welches das organisierte Verbrechen aufs heftigste bekämpft hatte; zudem verlangte er die Mitgliederliste der verschiedenen »Familien« und forderte von ihnen, einfache Polizeidienste zu versehen. Die Leitung der *Cosa Nostra* erklärte sich bereit, bei dem Staatsstreich mitzuwirken, weigerte sich jedoch, ihre Mitglieder namentlich zu nennen und an Razzien teilzunehmen.
Da Natale Rimi sehr viel an dem Gelingen eines Staatsstreichs lag, gehörte er zu den Ehrenmännern, die sich an den Verhandlungen mit dem »Schwarzen Prinzen« beteiligten. Am Vorabend des Putsches befand er sich in Rom inmitten einer Schar »Operettensoldaten« und war wie sie mit einer Maschinenpistole bewaffnet. Die Aktion wurde in allerletzter Minute abgeblasen, nachdem einige Kommandos bereits mehrere strategisch wichtige Plätze eingenommen hatten, darunter das Innenministerium. Nach seiner Rückkehr nach Sizilien erstattete Natale Rimi Bericht: Er hatte nichts gesehen und nur einige Schüsse gehört, wußte jedoch nicht, auf wessen Konto sie gingen.[31]

---

31 Siehe dazu die Aussagen von Antonio Calderone in L'Ora 3./4. 10. 1988 und Pino Arlacchi, *Mafia von innen,* Frankfurt 1993.

Als angeheirateter Verwandter von Gaetano Badalamenti, dem Boß der Familie von Cinisi und Erzfeind der Corleoneser, gehörte Natale Rimi ins Lager der »Verlierer« des großen Bandenkrieges der achtziger Jahre. Innerhalb von sechs Monaten brachten die Corleoneser etwa fünfzehn Ehrenmänner aus Alcamo um. Daher suchte Natale Rimi in den Vereinigten Staaten, in einer abgeschirmten Villa in Long Island Zuflucht. Da er fürchtete, bald von seinen Gönnern der amerikanischen *Cosa Nostra* fallengelassen zu werden, kam er nach Frankreich, wo er – wie es den Anschein hat – von gewissen Kreisen in Marseille geschützt wurde. Nach einem kurzen Aufenthalt in Italien ließ er sich zuletzt in Spanien nieder, einem Aufnahmeland für »Verlierer«; hier war er wieder in Gesellschaft seines Verwandten, des Paten Gaetano Badalamenti und dessen engster Verbündeten, der Familie Grado, die Benidorm zu ihrem Fluchtpunkt auserkoren hatte, das bekanntlich gegenüber von Palma de Mallorca liegt.
Natale Rimi wurde am 6. März 1990 von der spanischen Polizei festgenommen, als er gerade seinen Sohn mit dem Wagen zur Schule brachte. Die italienischen Polizeibeamten, die zu seiner Beschattung gekommen waren – drei Carabinieri aus Trapani und Geheimagenten des Hohen Kommissariats – freuten sich ein wenig zu früh. Der *Don* wurde zwar acht Monate später der *Audiencia nacional* überantwortet, aber wieder freigelassen, da der spanische Staatsgerichtshof die Anklagen, die der Präfekt Sica, Direktor des Hohen Kommissariats gegen das organisierte Verbrechen in Italien, in eigener Person vorbrachte, als zu wenig stichhaltig erachtete. So kehrte der *Don* nach Pollenza in seine Villa zurück. Zwei Jahre später wurde er erneut verhaftet. Diesmal schienen die Italiener sich ihrer Sache sicherer zu sein. Der Kronzeuge Francesco Marino Mannoia beschuldigte Natale Rimi, am Handel von 100 Kilo Morphinbase und einem Mord beteiligt gewesen zu sein. Richter Giovanni Falcone traf mit Natale Rimi im Madrider Gefängnis Carabanchel zusammen, um ihn als Kronzeugen zu gewinnen. Doch der *Don* weigerte sich kategorisch, ein Entschluß, zu dem er sich acht Monate später beglückwünschte, als die *Audiencia nacional* neuerdings seine Auslieferung verweigerte und trotz der entrüsteten Proteste der italienischen Regierung seine sofortige Freilassung befahl.
Die *Audiencia nacional* war an Kritik gewöhnt. Schon 1985 hatte sie einen *Don* der neapolitanischen *Camorra*, Antonio Bardellino, gegen

Kaution freigelassen, der die Gelegenheit zur Flucht genutzt hatte. Das hatte zu einem nationalen Skandal geführt, in dessen Verlauf zwei Richter der Korruption angeklagt, vom obersten Gerichtshof jedoch freigesprochen wurden.

Die Staatsbeamten dieser Gerichtsbarkeit sind mit allen Angelegenheiten des Terrorismus, mit Finanzdelikten, Drogenhandel und Auslieferungsverfahren beauftragt. In dieser Eigenschaft oblag es ihnen, im August 1992 Portugal um die Auslieferung eines italienischen *Dons,* Emilio di Giovine, zu ersuchen, der an der Algarve festgenommen worden war und in Spanien wegen Drogenhandels (10 Tonnen Haschisch) und wegen Bestechung eines Leiters der Guardia civil von Puerto de Santa Maria (Cadix), eines seiner Stellvertreter und vier weiteren Beamten gesucht wurde. Ein Beweis dafür, daß die Richter der *Audiencia nacional* sehr wohl um die Gefahr wissen, die von den Emigranten des italienischen organisierten Verbrechens für die Iberische Halbinsel ausgeht.

8
Europaten und Eurokraten

Salvo Lima, Europaabgeordneter der »Familien« – Die Unterschlagung von EG-Subventionen – »Ein gesättigter Markt« – Der Bürgermeister, das Todesdreieck und die holde IDA – Korruption – Wo man von der »Pizza Connection« spricht – Ein achtbarer internationaler Geschäftsmann – Die Ermordung von Pio La Torre

Salvo Lima, Europaabgeordneter der »Familien«

In Straßburg, im Herzen Europas, wird die Niederlassung palermitanischer »Familien« in den Ländern der Europäischen Gemeinschaft von den Eurokraten noch nicht als Gefahr empfunden. Von der *Cosa Nostra* spricht man im Parlament nur anläßlich besonders blutiger Attentate in Italien. Und auch dann scheint all das weit, weit weg und irgendwie exotisch zu sein. Als sei das organisierte Verbrechen nur eine abstrakte Theorie, die von einigen Euro-Gesetzgebern auseinandergepflückt wird.
Natürlich prangern die Abgeordneten des Europäischen Parlaments die Komplizenschaft einiger Politiker und italienischer Beamter mit der *Cosa Nostra* an. Sie zögern nicht, für Anträge zu stimmen, um »alle politischen Parteien (Italiens) zu ersuchen, ihre Reihen von jenen zu säubern, die durch ihre Passivität oder durch Errichtung von Hindernissen das organisierte Verbrechen unterstützen«. Doch sind dies rein formelle Bekundungen, und man hütet sich, den geringsten Namen auszusprechen.
Doch ist der Wurm auch schon seit Jahren in den Straßburger Früchten. Die *Cosa Nostra* hatte in der Person des christdemokratischen sizilianischen Deputierten Salvo Lima einen mächtigen Freund im Europäischen Paralment, ein »Vasall« und Proconsul des Ministerpräsidenten Giulio Andreotti. Etwas an ihm erinnerte an die Figuren von

Dick Tracy, natürlich an die Bösen, mit ihren weißen, gewellten und nach hinten gekämmten Haaren, der allzu weißen Haut, dem ironischen Blick, der Arroganz und der ewigen Zigarettenspitze zwischen den Zähnen; doch trotz seines Erscheinungsbildes hatte Salvo Lima nichts von einem Gangster aus einem comic strip: Er war um einiges besser! Er war der Inbegriff eines sizilianischen Politikers.
Kannte Straßburg die Wahrheit über Salvo Lima? Anläßlich eines Besuches, den die Parlamentariergruppe der Europäischen Volkspartei (PPE), der Salvo Lima angehörte, nach Palermo unternahm, erhielt der Vorsitzende der Gruppe, Egon Alfred Klepsch, die folgende Warnung vom kommunistischen Deputierten Pancrazio di Pasquale, dem Präsidenten der Kommission für Regionalpolitik beim Europaparlament: »In letzter Zeit bestätigen neue Untersuchen der sizilianischen Staatsanwaltschaft die besorgniserregende Ausweitung des Einflusses der *Mafia* und ihrer Beziehungen zum herrschenden politischen System in Sizilien. Manche dieser Informationen betreffen Salvo Lima, der der parlamentarischen Gruppe angehört, die Sie leiten. Die Tatsache, daß derartige Anschuldigungen sowohl für die Vergangenheit existierten als auch für die Gegenwart fortbestehen, erfordert eine politische Klarstellung vor dem Europaparlament. Daher ersuche ich Sie, Herr Vorsitzender, dem Deputierten Lima in einer der nächsten Vollversammlungen die Gelegenheit zu einer klärenden Stellungnahme zu geben.«[32]
Die Schroffheit von Egon Klepschs Antwort wirkte wie ein abschlägiger Bescheid. Der Vorsitzende der PPE wollte nichts davon wissen. Als sei ein Zusammenhang Limas mit der *Cosa Nostra* einfach unvorstellbar. Und doch war der mustergültige Abgeordnete Freund so mancher *Dons* aus Palermo, von Angelo Labarbera, mit dem er in den fünfziger Jahren Umgang pflegte, bis hin zu Stefano Bontate, an dessen Seite er sich zwanzig Jahre später in aller Öffentlichkeit zeigte. Doch um das wahre Gesicht Salvo Limas, des Unantastbaren, zu entdecken, hätte der Parteivorsitzende der PPE nur im Archiv der ersten parlamentarischen Anti-Mafia-Kommission nachblättern oder die vollständigen Geständnisse mancher Kronzeugen der *Cosa Nostra* lesen müssen. Außer er wußte nicht recht, worum es eigentlich ging.

---

32 Pancrazio di Pasquale, Brief an Egon Klepsch vom 17. März 1988

Denn es kam sogar vor, daß Salvo Lima seine Verbindungen zur organisierten Kriminalität bei ungezwungenen Unterhaltungen ganz freimütig eingestand. So beispielsweise bei jenem Gespräch, an dem ich gemeinsam mit dem Sonderkorrespondenten einer großen italienischen Tageszeitung in der Hotelhalle des Polteama in Palermo nur wenige Wochen nach dem Mord an dem General-Präfekten Dalla Chiesa teilnahm.

Salvo Lima ließ seufzend verlauten: »*Cosa Nostra*. Sie wollen wissen, was die *Cosa Nostra* ist. Ich werd es Ihnen sagen. Auch wenn das nichts nützt. Jedenfalls haben Sie sich schon eine gewisse Vorstellung davon gemacht. Und die werden Sie nicht ändern. *Cosa Nostra* ... Wenn Sie Abenteuergeschichten schreiben wollen, meine Herren Journalisten, schreiben Sie Abenteuergeschichten. *Cosa Nostra*, das ist etwas anderes. Nach dem Ende des Zweiten Weltkrieges, als ich meine ersten Schritte in die Politik machte, brauchte ich Stimmen, um mich oder meine Freunde wählen zu lassen. Ich ging in die kleinen Dörfer und verlangte, den Boß der örtlichen *Cosa Nostra* zu sprechen. Ich bat ihn um seine Stimmen. Und er gab sie mir.«

»Und heute?«

»Heute ... Ich weiß noch nicht einmal, wer die Bosse der *Cosa Nostra* sind«, sagt Salvo Lima nach einer langen Pause.

Und bei dem Lachen, das diese letzte Behauptung begleitete, wußte jedermann Bescheid. Einige Jahre später brachte der Kronzeuge Leonardo Messina ganz präzise Anschuldigungen gegen Salvo Lima vor: »Er war der Kontaktmann zu einem anderen Politiker«, erklärte Leonardo Messina. »Lima hatte Verbindungen zu den Ehrenmännern. Gewisse Dinge erledigte er selbst, doch bei heiklen Fragen wandte er sich an die nächsthöhere politische Instanz, an einen Vertreter (der *Democrazia Cristiana*). So hatte er uns garantiert, daß der oberste Gerichtshof (der für den Maxi-Prozeß in Palermo zuständig war) sich zu unseren Gunsten entscheiden würde.«[33]

---

33 Vernehmung von Leonardo Messina vom 6. Dezember 1992 vor der parlamentarischen Kommission, die mit dem organisierten Verbrechen beschäftigt ist. Im vorliegenden Fall sprach sich der Kassationshof nicht zugunsten der *Cosa Nostra* aus. Doch in anderen Fällen kam es zu überraschenden Richtersprüchen, die eine Unterwanderung auf höchstem Niveau vermuten ließen.

Da der Europaabgeordnete sich seiner Straffreiheit gewiß war, sagte er gewöhnlich: »Wer *Cosa Nostra* nicht kennt, geht kein Risiko ein. Wer *Cosa Nostra* um sich hat, setzt sich der Gefahr aus.«
Und wenn man ihn fragte, was die *Cosa Nostra* heutzutage in Palermo machte, antwortete Salvo Lima, geheimnisvoll: »Geschäfte.«
In Palermo wie in Straßburg werden keine Geschäfte ohne Politik und keine Politik ohne Geschäfte gemacht. Der Abgeordnete wußte das wohl; er hatte ein einzigartiges Talent, öffentliche Verwaltung und private Interessen zu verquicken. Von seinem palermitanischen Hauptquartier aus brachte er seine Leute in den Gemeinderäten und im Regionalparlament unter. Ziel der Operation: die Kontrolle über die Zuschläge für öffentliche Ausschreibungen und über öffentliche Subventionen. Was die Zuschlagserteilungen an Freunde anging, erwiesen sich Salvo Lima und sein Komplize Vito Ciancimino als Profis. Was die Subventionen betraf, so boten sie ein noch interessanteres Revier, da es über die Grenzen der Halbinsel hinaus reichte.
Es ist unklar, warum Salvo Lima nach Straßburg ging. Manche Untersuchungsbeamte behaupten, daß er als Verbündeter der von den Corleonesern dezimierten »Familien« am Vorabend des großen Bandenkrieges 1979, sein Heil in einer überstürzten Flucht aus Sizilien suchte. Doch selbst von Straßburg aus spielte Salvo Lima noch eine maßgebliche Rolle im wirtschaftlichen Leben Siziliens. Wie es jene öffentliche Versammlung beweist, der er im Sommer 1991 im Badeort Mondello beiwohnte. Das Thema der Debatte lautete: »Sizilien und die Europäische Gemeinschaft.« Im wesentlichen war von Geld die Rede. Für die Sizilianer war die Europäische Gemeinschaft vor allem ein phantastisches Manna an Subventionen, Milliarden Lire, die vom Europäischen Fond für regionale Entwicklung, dem Europäischen Sozialfond und dem Fond für landwirtschaftliche Ausrichtung und Sicherstellung verteilt wurde.
»Nicht immer gelingt es uns, aus diesen Geldkanälen zu bekommen, was uns eigentlich zusteht«, sagte Salvo Lima. »Man muß mehr tun. Wir müssen die zahlreichen bürokratischen Hindernisse, Kontrollen und lästigen Prozeduren abschaffen, um Verzögerungen zu vermeiden, die nie mehr aufzuholen sind. Wir müßten mehr von der EG erhalten.«
»Wir«: Wer verbarg sich hinter diesem »wir«? Kein Zweifel, der Europaabgeordnete sprach von den Sizilianern in ihrer Gesamtheit.

Doch muß man hinzufügen, daß die nach Sizilien geleiteten europäischen Subventionen die »Familien« des italienischen organisierten Verbrechens nicht gleichgültig ließen. Die Frage dieser Subventionen, die sich jährlich auf mehrere Tausend Milliarden Lire belaufen, erlaubt es ein weiteres Mal, sich von den entschieden pro-europäischen Gefühlen der Männer der *Cosa Nostra* zu überzeugen: Die sizilianischen *Dons* begnügen sich nicht damit, mit großem Eifer den Aufbau ihrer diversen europäischen Netze voranzutreiben – mit dem erschreckenden Erfolg, den man in Frankreich, Deutschland, Spanien, Großbritannien und der Schweiz beobachten konnte –, sie verfolgen ebenso aufmerksam die Politik in Brüssel und sind einzigartig, wenn es um die Veruntreuung der Subventionen zu ihren Gunsten geht. Das Phänomen war von Straßburg aus kaum wahrnehmbar, da die *Cosa Nostra* die Strukturen der Gemeinschaft von unten her unterwandert hat. Um zu verstehen, auf welche Weise die Ehrenmänner sich unrechtmäßig die Gelder der europäischen Fonds aneignen, muß man von neuem ins Zentrum des Italiens der organisierten Kriminalität vorstoßen.

Die Unterschlagung von EG-Subventionen

Die Nahrungsmittelsubventionen der Europäischen Gemeinschaft in Italien stellten zu Beginn der neunziger Jahre einen stark expandierenden Markt dar. Sie betrafen in erster Linie Ölfrüchte, dann Tabak und Olivenöl und beliefen sich 1988 auf 7520 Milliarden Lire, gegenüber 323 Milliarden im Jahr 1972. Im Januar 1992 schätzte man in einem Bericht vom CENSIS (Centro studii investimento sociale) über die Kriminalität auf der Halbinsel, daß die Unterschlagungen von Geldern der EG mehr als 300 Milliarden Lire[34] betrugen, wobei eingestanden wurde, daß die angegebene Zahl »weit unter der tatsächlichen liegt«: Der größte Teil der veruntreuten Gelder wird der Europäischen Gemeinschaft noch nicht einmal gemeldet, die nur Betrügereien zur Kenntnis nimmt, bei denen es um mehr als 1000 Ecus geht! Wie dem auch sei, vom einen Ende des Stiefels zum anderen geben zahlreiche

34 CENSIS, »Centro e Dentro Criminalità istituzioni Società«, 7. Januar 1992.

Beispiele dem CENSIS recht. In Reggio di Calabria, Bari und Marsalla kassieren Phantom-Firmen mit Hilfe gefälschter Rechnungen zig Milliarden Lire. In Sizilien hinterzogen skrupellose Nahrungsmittelerzeuger 50 Milliarden Lire, indem sie Orangenfrachten, die zur Vernichtung bestimmt waren, mit Sand und Wasser aufblähten.

Es war also vorhersehbar, daß »die kriminellen Organisationen sich mehr und mehr für den Sektor der finanziellen Hilfe interessieren, der gegen abschätzbare Risiken in unstatthafter Weise beträchtliche Profite bietet«,[35] erklärt das Hohe Kommissariat, das mit dem Kampf gegen das organisierte Verbrechen betraut ist. Seit Beginn der achtziger Jahre haben *Cosa Nostra, Camorra* und *'Ndrangheta* in Italien das Monopol auf die Subventionsunterschlagungen der EG. Nachdem sie es unter größten Anstrengungen errungen haben, müssen sie es nun verteidigen. Kalabrien erlebte zu Beginn des darauffolgenden Jahrzehnts eine ganze Serie von Rechnungsbegleichungen, bei denen sich zwei Clans gegenüberstanden, die um die Kontrolle über die Verteilung finanzieller Hilfen der EG an die Olivenölhersteller rangen. Die Auseinandersetzung erreichte am 17. Dezember 1990 mit der Ermordung des stellvertretenden Bürgermeisters von San Lorenzo, eines Angestellten der Provinzialen Vereinigung der Olivenölhersteller (AIPO), seinen Höhepunkt; darauf kam es am 4. Juni 1991 noch einmal zu einer Schießerei aus dem Hinterhalt mitten in Reggio di Calabria, in deren Verlauf der Vorsitzende der AIPO getötet und seine beiden Mitarbeiter schwer verletzt wurden.

»Die Summen, die auf dem Spiel stehen, sind so hoch, daß der Kampf im voraus verloren ist«, erklärte der italienische kommunistische Abgeordnete Pancrazio di Pasquale. »Der Boß der *Cosa Nostra*-Familie von Porta Romama, Pipo Calo, vertrat in Italien die Interessen einer deutschen Nahrungsmittelfirma, die in die Unterschlagungen der Gemeinschaftsgelder verwickelt ist. Die italienischen Behörden fürchten, die mächtigen Lebensmittellobbies gegen sich aufzubringen. Da wäre zunächst einmal die »Vereinigung der Eigenbewirtschafter«, die der Europaabgeordnete Lo Bianco leitet. Diese Organisation, die eine Million Mitglieder zählt, schlägt der DC ihre eigenen Kandidaten vor, von denen sie mit Sicherheit annehmen kann, daß sie – dank ihres

35 Bericht des Hohen Kommissariats (Dezember 1989).

mächtigen politischen Einflusses – ins Europaparlament gewählt werden.
Obwohl das organisierte Verbrechen im großen Stile Finanzhilfen der EG unterschlug, hat man jahrzehntelang nicht darauf reagiert. Und Pancrazio di Pasquale bemerkt dazu: »All unseren Warnungen zum Trotz haben die Brüsseler Kommission und die zuständigen Abteilungen immer eine permissive Haltung an den Tag gelegt und nie die notwendigen Kontrollen veranlaßt – weder in Italien noch in anderen Ländern.«
Erst im Februar 1989 schlug Margaret Thatcher Alarm, der jedoch ohne Folgen blieb. Die britische Premierministerin, die von ihren Geheimdiensten alarmiert worden war, erklärte, daß ebenso mächtige Organisationen wie die *Cosa Nostra* jedes Jahr den Gegenwert von 6 Milliarden Pfund Sterling in ihre eigenen Taschen steckten.
Zu Beginn der neunziger Jahre war Italien Weltmeister, wenn es darum ging, auf alle nur erdenklichen Arten europäische Subventionen zu veruntreuen. Den Statistiken der Europäischen Gemeinschaft zufolge wurden von 192 registrierten Unterschlagungsfällen allein 137 auf der Halbinsel gezählt. Nach Jahren der Toleranz schienen die Instanzen der EG jedoch entschlossen, einzugreifen. Manche Eurokraten in Brüssel forderten die Einführung elektronischer Dateien und die Intervention von Interpol, ja sogar die Schaffung einer europäischen Spezialeinheit, die gegen die Betrügereien eingesetzt werden sollte. Radikale Maßnahmen, deren Wirksamkeit wegen der Größe des europäischen Subventionsmarktes fraglich war: Zum Beispiel wurden 60 Prozent des sizilianischen Weines (nahezu 7 Milliarden Hektoliter jährlich) mittels europäischer Subventionen destilliert.
Das System der Finanzhilfen der EG soll die Agrar- und Lebensmittelproduktion auf europäischer Ebene regeln, um die Preise konstant zu halten und die Produktion durch Vorgabe von Quoten festzulegen. Die Rücknahme der Überschüsse des Marktes oder ihre industrielle Umwandlung führen zu einem System von Ausgleichszahlungen, das die Voraussetzung für die vom italienischen organisierten Verbrechen arrangierten Betrügereien bildet.
Die Ausgleichzahlungen der EG werden auf EG-Ebene vom FEOGA (Europäischer Fond für landwirtschaftliche Orientierung und Sicherstellung) zusammengefaßt, bevor sie zur italienischen *CIPE* (interministerieller Ausschuß), dann zur *AIMA* (Azienda di Stato per gli

Interventi sul Mercato Agricolo), einem staatlichen Unternehmen für die Interventionen auf dem Landwirtschaftssektor, transferiert werden, bei der eine Filiale für die Zuteilung der Tabakzuschüsse zuständig ist. Einzig die Zucker- und Reiszuschüsse sind vor der AIMA sicher, da deren Ausgleichzahlungen über die *Cassa Conguaglio Zucchero* und die *Ente Nazionale Risi* gehen.
Die *Cosa Nostra* interveniert auf der Ebene der *AIMA* und ihrer Schwesterorganisationen, und das mit um so größerer Leichtigkeit, als – dem Hohen Kommissariat zufolge – die Unzulänglichkeit der Kontrollsysteme eine richtiggehende Einladung zum Betrug darstellt. Die *AIMA* ist in dieser Hinsicht völlig ineffizient, und die Aufsichtsbeamten der AGECONTROL scheinen nur eben imstande zu sein, die statistischen Absurditäten zusammenzutragen, die sich aus der Phantasie der Betrüger ergeben. Beispielsweise erfaßte die Datei der *AIMA* 110 Millionen Olivenbäume, wohingegen sich die Subventionen auf 150 Millionen bezogen. Ebenso vervielfachten die sizilianischen Landwirte schamlos die Zahl ihrer Milchkühe, die von der EG bezuschußt wurden: Der tatsächliche Viehbestand lag bei 80000 Tieren und die Subventionen bezogen sich auf 220000 Tiere.
Und doch glaubten die europäischen Gesetzgeber, sie könnten diese Unterschlagungen vermeiden, indem sie ausdrücklich dafür eintraten, die Zuschüsse mittels eines Netzes von Kooperativen oder Vereinigungen zu verteilen. Das bedeutete, die Vorliebe krimineller Organisationen vom Ausmaß der *Cosa Nostra* für Vereinigungen außer acht zu lassen, die seit geraumer Zeit schon sämtliche landwirtschaftlichen und industriellen Verbände unterwandert hatten. Ein um so fatalerer Irrtum, als die EG-Norm, die das Interventionssystem regelt, selbst eine wahrhafte Einladung zum Betrug darstellte.
Die Runderlasse 1035/1972 und 1305/1980 der EG und die italienische Regierungsverordnung vom 8. August 1980 billigen den Erzeugerverbänden das Recht zu, ihre landwirtschaftlichen Produkte zurückzunehmen, wenn der Markt gesättigt und das Preisniveau unter der von der EG festgesetzten Mindestgrenze liegt. Die palermitanischen Beamten, die sich speziell mit den Unterschlagungen von EG-Subsidien befassen, betonen, daß »die Entscheidung, wann die Rücknahme erfolgt, keinerlei Genehmigung unterliegt; sie ist ein autonomer Akt, der einzig von der Erzeugervereinigung abhängt, die gegebenenfalls

aus einer einzigen Kooperative bestehen kann.«[36] Dazu muß der Verband nur die regionalen Behörden, das Landwirtschaftsministerium und die *AIMA* informieren.

Sind die Produkte vom Markt genommen, braucht man nur mehr Entschädigungen von der AIMA zu fordern. »In den ärmsten Gegenden Süditaliens erheben die kleinen Erzeuger die Forderung, den ganzen Betrag – oder zumindest einen Teil davon – sofort zu kassieren. Aus Gründen der finanziellen Disponibilität werden die Verbände oder Kooperativen deshalb von einer begrenzten Anzahl Wirtschaftsverwalter geführt, so als handle es sich um ganz gewöhnliche, Gewinn erwirtschaftende Firmen, die das zurückzunehmende Produkt den Erzeugern selbst abkaufen, welche schlußendlich, gegen bares Geld, niedrigere Preise akzeptieren, als die von der EG festgesetzten; so verwalten diese Firmen die großen Geldsummen der Verbände wie private Gesellschaften.«

Da die *AIMA* jedes Jahr Milliarden Lire verwaltet, stellt sie eine industrielle Macht dar, die es sich nicht nehmen läßt, manche ihrer Geschäfte an große Gruppen zu vergeben. Der italienische Rechnungshof, die Polizeidienststelle für Hinterziehungen bei der EG (UCLAF) und eine Enquetekommission des italienischen Parlaments prangerten abwechselnd die Laxheit der *AIMA* an. Der italienische Landwirtschaftminister Giovanni Goria ging so weit, daß er erklärte: »Die *AIMA* gehört zu jenen Katastrophen, die jedem Menschen in seinem Leben begegnen.« Dazu muß gesagt werden, daß die Arbeitsweise dieser Institution vor allem auf einer erbärmlichen Unordnung basiert, die von den Betrügern vorsätzlich und geschickt herbeigeführt wird. Sobald zum Beispiel der Alkohol in einige ihrer Lager gelangt, »verflüchtigt« er sich aus den immerhin versiegelten Containern, das Olivenöl verschwindet aus seinen Magazinen, während das Rindfleisch in den Kühlhäusern sich in Kalbfleisch verwandelt.

Diese zum Schaden der EG verübten Betrügereien werden von fast allen Kunden der *AIMA* begangen. Doch könnten sie nicht ohne die Komplizenschaft ihrer Verwalter geschehen. So mußte der italienische Rechnungshof Anfang der neunziger Jahre gegen vier hohe Beamte

---

36 Procura della Repubblica di Palermo, Procedimento Penale contro Aiello Michelangelo ed. Altri. N 1539/88C. PM.

der *AIMA* Anklage erheben und forderte von ihnen die Rückzahlung von 166 Milliarden Lire, die sie unrechtmäßig verteilt hatten.
An erster Stelle der Angeklagten fungierte dabei Calogero Mannino, ein christdemokratischer Politiker, mehrmaliger Minister und Vorsitzender der *AIMA* vom 13. April 1988 bis zum 19. Mai 1989. Calogero Mannino wurde verschiedentliche Male der geheimen Absprache mit der *Cosa Nostra* angeklagt. Im Sommer 1991 beschuldigte ihn ein Kronzeuge der Familie von Trapani, Rosario Spatola, sogar, ein Ehrenmann zu sein, doch man ging der Sache nicht nach. Bei dieser Gelegenheit entdeckte man, daß Calogero Mannino bei der Hochzeit von Gerlando Caruana aus der Familie von Siculiana als dessen Trauzeuge aufgetreten war.[37]
In einem Bericht über die *AIMA* prangerte eine Gruppe Abgeordneter der PDS die »Sizilianisierung« der Institution unter dem Vorsitz Calogero Manninos an.[38] So waren zwölf der achtzehn Angestellten der Aufsichtsbehörde Sizilianer. Doch das Einstellungsschreiben sagte nichts über ihren genauen Heimatort aus. Es stellte sich jedoch heraus, daß alle aus Städten oder Dörfern stammten, die zum Wahlkreis Manninos gehörten. Auch wurden weder ihre Diplome noch ihre beruflichen Erfahrungen erwähnt. Zudem waren die Günstlinge des Ministers wesentlich häufiger krank gemeldet als der Durchschnitt, im allgemeinen waren sie es kurz nach den Ferien oder während der Wahlperioden. Das hieß: immer oder nahezu immer. Mit einer derartigen Aufsichtsbehörde war Betrug natürlich an der Tagesordnung. Und daran hat sich nichts geändert.

»Ein gesättigter Markt«

Giovanni Restuccia, Besitzer einer Fabrik für die Verarbeitung von Zitrusfrüchten in der Gegend von Messina, enthüllt, auf welche Weise dieser allgemein verbreitete Betrug – unter der Führung der *Cosa Nostra* – von allen Großindustriellen des Mezzogiorno praktiziert wird. Ohne die Gefahr zu achten, der er sich selbst aussetzte, sagte er

---

37 Siehe Kapitel 5.

38 »All'ombra dell'AIMA: frodi, truffe, sprechi, clientellismo negli all'agricoltura«.

vor den palermitanischen Beamten aus – nicht ohne ihnen vorher die Gründe für sein Geständnis erklärt zu haben: »Ich war nicht mehr bereit, in einer ständigen Spannung zu leben. Deshalb werde ich Ihnen trotz der Drohungen und der Ängste um das Leben meiner Familie die Mechanismen des Betrugs erläutern. Wir müssen einen produktiven und gesunden Wirtschaftssektor reinigen, der durch den Mißbrauch von gesetzgebenden Instrumenten, die der Unterstützung dienen sollten, vergiftet wurde.«[39]

Nachdem er dies klargestellt hat, kommt Giovanni Restuccia zum Kern der Sache: »Ich bin ein ehrenhafter Industrieller. Nach der Bereitstellung von Zuschüssen 1974 war ich gezwungen, kriminelle Delikte zu begehen; das war in dem Augenblick, wo der Obst- und Gemüsemarkt gesättigt war. Bis 1974 war es mir gelungen, auf ehrliche Weise und den Gesetzen des Marktes entsprechend zu arbeiten. Ich besaß ein großes, modernes Unternehmen, eines der bedeutendsten in der Gegend von Messina. Nach Schaffung der AIMA zwischen 1974 und 1975 wurde ich aus dem Frischzitronenmarkt gedrängt. Was die Substanz der Zitrusfrüchte und teilweise auch der Säfte betraf, so war ich gezwungen, präzise Regeln zu respektieren, zu denen auch die Überfakturierung der gekauften Produkte gehörte. Wenn ich mich an diese eisernen Regeln nicht gehalten hätte, wäre ich zur Schließung meiner Firma gezwungen gewesen. Leider bin ich darauf eingegangen.«

Der Industrielle war in ein verhängnisvolles Räderwerk geraten. Aus Existenzgründen zum Betrug gezwungen, mußte er außerdem seine Ausgabenbücher der *Cosa Nostra* vorlegen. Sein Leben entwickelte sich zu einem Alptraum, nachdem ihm ein übler sizilianischer Geschäftemacher, Giovanni Sidoni, einen Besuch abgestattet und verkündet hatte, daß sich die Gesetze des Marktes geändert hätten. »Sidoni gab mir unzweideutig zu verstehen, daß ich vom selben Tag an unter keinen Umständen mehr direkt mit den kleinen Erzeugern handeln dürfe; von nun an mußte ich mich an die Erzeugerverbände wenden«, erklärt Restuccia.

Giovanni Sindoni hatte durch den Kontakt mit den Männern der *Cosa*

39 Procura della Repubblica di Palermo. Procedimento Penale contro Aiello Michelangelo ed Altri. N 1539/88C. PM.

Nostra viel gelernt. Beispielsweise wickelte er seine heikelsten Geschäfte von öffentlichen Telefonzellen aus ab. Nach dem Vorbild der palermitanischen *Dons* konnte er überzeugend auftreten, wenn es sein mußte, und brauchte nicht einmal auf Drohungen oder auf irgendeine andere Form der Gewalt zurückgreifen, um sich als Mittelsmann zwischen Restuccia und die Genossenschaft zu drängen. So hatte er es auch nicht nötig, weiteren Druck auszuüben, damit der unglückselige Messiner Industrielle seine Bedingungen akzeptierte. Es gibt Vorschläge, die man nicht ablehnen kann.

Restuccia kaufte also seine landwirtschaftlichen Produkte zu den Bedingungen der Genossenschaften ein. Sindoni ließ ihn pro Kilo einen Pfennig mehr bezahlen, als auf den Verträgen der zur Verarbeitung bestimmten Produkte angegeben war. Die Preise waren an die Mindestgrenze der *AIMA* angeglichen, ohne den Schwankungen des Marktes Rechnung zu tragen. So wie Restuccia akzeptierten Dutzende Industrielle ähnliche Bedingungen. Manche um so bereitwilliger, als sie diesen Markt durchschauten.

»Die Differenz, die zusätzlich von dem verarbeitenden Industriellen an den Mittelsmann und den Erzeuger bezahlt wurde, wurde reichlich durch Rückschleusungen kompensiert«, erklärte Giovanni Restuccia. »Bis zum Jahre 1979 lieferte man ein und derselben Fabrik mehrmals dieselbe Ware. Ein Lastwagen brachte die Ware an und entlud sie in Anwesenheit eines Beamten des *ICE* (Handelsinstitut, für Kontrollen zuständig) in die Silos. Sobald der gegangen war, wurde die Ware erneut auf den Lastwagen geladen und zu einer anderen Fabrik gefahren oder einige Tage später erneut in dieselbe Fabrik zurückgebracht.«

Das System hatte einzig den Nachteil, daß man eine beträchtliche Anzahl Lastwagen benötigte, um die Ware in Gang zu halten. Die Betrüger lösten das Problem, indem sie immer dieselben Wagen vorfahren ließen, ohne sie vor den gefälligen Inspektoren überhaupt erst zu entladen. »Später wurde das System raffinierter«, fährt Giovanni Restuccia fort. »Es genügte, den Beamten des *ICE* – oder später der Kontrollkommission – die Nummernschilder der Lastwagen anzugeben. Die Lastwagen brauchten sich noch nicht einmal mehr von der Stelle zu bewegen. Natürlich bedurfte es dafür der Komplizenschaft der Aufsichtsbeamten. (...) Die Ware existierte nur noch zum Schein.«

Wie man sich leicht vorstellen kann, trug der Scheinhandel dazu bei, daß sich die Qualität der gelieferten Produkte rasch verschlechterte. »Das ist leicht erklärbar: Die Ware war zu anderen Verarbeitern gebracht worden, wo sie, zur Hintergehung der EG, mehrmals entladen und wieder aufgeladen wurde«, sagt Restuccia. »Außerdem wurden viele Früchte vernichtet, weil das den Fälschern mehr einbrachte, als ihre Verarbeitung. Als sich in letzter Zeit die Justiz für den Sektor zu interessieren begann, kamen wieder frische Produkte, Öle und Zitrussäfte zu niedrigeren Preisen auf den Markt. Der Grund für dieses Phänomen ist, daß die Erzeugerverbände, die den Markt monopolieren, heute erneut frische Produkte an die verarbeitende Industrie liefern. Früher zogen es die Verbände vor, nur winzige Mengen frischer Produkte auf den Markt zu werfen und den größten Teil der Vernichtung vorzubehalten (das heißt der Rücknahme seitens der *AIMA*), was mehr einbrachte.«

Aber Giovanni Restuccia wußte, daß die geringste Kontrolle ihm zum Verhängnis werden konnte. »Wegen des Systems der Überfakturierung, das Sidoni von mir verlangte, hatte ich auf dem Papier mehr Waren als in meinen Lagern«, erklärt er. Infolge einer anonymen Anzeige wurde er vor die Richter von Messina zitiert und aufgefordert, seine Geschäftsbücher vorzulegen. Er mußte seine Situation mit den Vorschriften in Einklang bringen. Sindoni übernahm es damals, einen Kunden zu finden, der einwilligte, die nicht existierenden Waren zum Schein zu kaufen. Aber, wie Restuccia bemerkt: »Sindoni gehörte nicht zu den Personen, die einem einen Dienst erweisen. Alles mußte seinen Interessen dienen.«

Welchen? Das wußte Restuccia nicht. Die Antwort auf diese Frage ist in den Geschäftsbüchern der Firma – der *IDA* – zu finden, die ihm seine vorgeblichen Zitrusfrüchte abkaufte und insbesondere in der Person ihres Besitzers, Michelangelo Aiello; er ist einer der mächtigsten Männer der Insel, verantwortlich für den »Andreotti-Flügel« der *Democrazia Cristiana*, zu dem auch Salvo Lima, der Europaabgeordnete der »Familien« gehörte. Michelangelo Aiello war ein langjähriger Freund palermitanischer Ehrenmänner und Bürgermeister von Bagheria, einer der Hochburgen des organisierten Verbrechens.

Michelangelo Aiello, ein imposanter Mann in den Fünfzigern mit harten Gesichtszügen schien für die Macht geschaffen. Man leitet nicht drei Jahre (1970–1973) lang die Geschicke einer so schwer zu verwaltenden Gemeinde wie Bagheria, ohne für den Rest des Lebens ein Stigma davonzutragen. Bagheria, das auf dem Scheitel des berühmten »Todesdreiecks« liegt, dem Hauptschlachtfeld des Bandenkrieges der achtziger Jahre, war ebenso wie Corleone oder Ciaculli eine Hochburg sizilianischer Ehrenmänner.
Es war nicht leicht, in diesem Flecken die Oberhand zu behalten, der sukzessive zuerst vom Run nach dem gelben Gold der Zitronen, das seinen Reichtum in den fünfziger Jahren begründete, dann vom grauen Betongold der sechziger Jahre und dem weißen Gold des Heroins überrollt wurde, welches den Grundstein für die Vermögen der folgenden Jahrzehnte legte. Da brauchte ein Mann viel Durchsetzungsvermögen und Ansehen, um seine Autorität in diesem Ballungsgebiet mit seiner chaotischen und unfaßbaren Städtelandschaft durchzusetzen, wo zwischen zahlreichen barocken Villen noch das Anwesen der Prinzen von Palagonia mit seinen Ungeheuern aus Stein steht – zum Gedenken an das Jahrhundert der Aufklärung, in dem sie entstanden, und die nun langsam verwittern, als seien sie ein Symbol für den Zusammenbruch des Staates in diesem Hoheitsgebiet der *Cosa Nostra*.
Als Sohn einer begüterten Familie am Ort machte Michelangelo Aiello seiner Großmutter, der »Heidin« alle Ehre. Der Enkel vermehrte das von ihr ererbte Familienvermögen um ein Vielfaches, und zwar mit derselben Skrupellosigkeit und geschäftlichen Rücksichtslosigkeit, die für letztere so typisch gewesen war. Zu Beginn der achtziger Jahre war Michelangelo Aiello Herr über ein Vermögen von umgerechnet 1,6 Milliarden D-Mark. Die ganze Stadt sprach nur von seinem Reichtum, seinen beiden Privatkliniken in Palermo, seinen Hunderten Hektar Zitronenhainen im Umland von Bagheria, seinen Weinbergen in der Nähe von Ragusa und seine anderen landwirtschaftlichen Besitztümern, die über die ganze Insel verstreut waren. Aiello, der längs des Außenrings von Palermo gut dreißig Hektar Bauland besaß, spekulierte mit Grundstücken und kontrollierte mit Hilfe des Konsortiums für Wasserwirtschaft in Bagheria, dem er vorstand, den umkämpfte-

sten Reichtum der Insel: das Wasser. Und schließlich nannte Aiello diverse Nahrungsmittelfirmen sein eigen, darunter die *IDA* (Industrie für Zitrusderivate), das größte Unternehmen für die Verarbeitung von Gartenbauerzeugnissen auf der Halbinsel – das Kleinod seines Imperiums.

Hold – und gewinnträchtig, das war die *IDA* für Michelangelo Aiello ganz gewiß. Bei ihrer Gründung 1976 erreichte der Umsatz umgerechnet gerade eben 330000 D-Mark, vier Jahre später überstieg er 65 Millionen. Als die Polizeibeamten sich in die Rechnungsführung der *IDA* vertieften, entdeckten sie, daß sie auf einen großangelegten Schleichhandel mit falschen Rechnungen gestoßen waren, zu dessen Nutznießer auch Giovanni Restuccia gehörte. Wenn sich die Firma, die regelmäßig durch eine ganze Kette italienischer Erzeuger mit frischen oder teilweise verarbeiteten Produkten beliefert wurde, solcher Methoden bediente, dann geschah dies – den Untersuchungsbeamten zufolge – eben deshalb, um den Betrug an den Subsidien der EG zu verschleiern.

Im Rekordland des Betrugs war die *IDA* Königin. Ihre Manager verstanden es meisterlich, mit der Definition ihrer Produkte zu spielen. Ein Wort mehr auf dem Etikett, und der Gewinn wurde mehr als verzehnfacht. Der Staatsanwalt Lo Forte, der mit der Akte IDA betraut war, erklärt, wie sie vorging: »Es genügt, sich zu vergegenwärtigen, daß, wenn der Preis für ›Zitrusöl‹ sich 1982 zwischen 33 und 66 D-Mark bewegt, der Preis für eine ähnliche Menge von ›ätherischem Zitrusöl‹ 800 D-Mark erreicht. Es genügt also, wie die Steuerfahnder nachweisen, geringe (in Wirklichkeit inexistente) Mengen ›von Ölgemischen, im wesentlichen aus Zitrusfrüchten bestehend‹ anzugeben, um die ansehnlichen Rabatte einstecken zu können, die den Händlern der zum Export bestimmten Früchte rechtens zustehen.«

Die IDA schaltete sich nur in der Endphase des Verarbeitungsprozesses und des Exports verarbeiteter Produkte ein, was den Betrug erschwerte. Wenn Michelangelo Aiello ohne Schwierigkeiten neue Firmenketten einrichten konnte, um den Kauf fiktiver, mit EG-Zuschüssen bedachter Produkte zu rechtfertigen, so mußte er doch auch noch die Kontrollen umgehen, die bei realen landwirtschaftlichen Produkten oder ihren Derivaten in dem Augenblick erfolgten, in dem sie – tatsächlich oder vermeintlich – auf den italienischen Markt kamen. Wenn Michelangelo Aiello also über die notwendige Gefälligkeit sei-

tens der Kontrollorgane verfügte, so lag es in seinem Interesse, daß die nicht existierenden Waren für den Export zugelassen wurden. Die fehlende Kontrolle über die Waren nach Überschreiten der italienischen Grenzen und die Schwierigkeit, im Labyrinth des europäischen Bankensystems die Spur von Zahlungen zu verfolgen, brachte den Krösus von Bagheria dazu, sich Komplizen im Ausland und insbesondere in den osteuropäischen Ländern zu suchen.
Michelangelo Aiello reiste regelmäßig in die Sowjetunion, nach Bulgarien und Rumänien. Er setzte sich sogar vehement für Handelsbeziehungen mit Albanien ein. Fragte man diesen erklärten »Antikommunisten«, was ihn dazu veranlaßte, sich hinter den Eisernen Vorhang zu begeben, so lautete die Antwort jedesmal: »Sie kaufen auf der Stelle und zahlen gut.« Er hätte noch hinzufügen können, daß manche Balkanstaaten derart korrupt waren, daß sie alle Arten Betrügereien erlaubten – wie es der Skandal der ICE-FRUTEX-PORT, einer rumänischen Gesellschaft, beweist.
Die hauptsächlichen Kunden der ICE-FRUTEX-PORT waren zwei Firmen aus Bagheria, die *IDA* und die *IDAO* (Industrie für Derivate von Zitrusfrüchten und Gartenerzeugnissen), die ihr regelmäßig Tonnen von Tomatenmark zuschickten. Schiffe unter libanesischer Flagge nahmen die Warenlieferung in einem italienischen Hafen entgegen, um sie an den Küsten des Schwarzen Meeres zu entladen. Am 23. Dezember 1981 begann die *Haj Abulsatter Issa* mit dem Verladen von 3846 Plastikkanistern, die dreifach konzentriertes, von der *IDAO* produziertes Tomatenmark enthalten sollten. Anfangs machten sich die Zollbeamten nicht die Mühe, den Inhalt der Fässer zu überprüfen. Am 28. Dezember fiel ein Kanister jedoch durch die Ungeschicklichkeit eines Entladers mit voller Wucht zu Boden, und sein Inhalt ergoß sich über den Boden: Es war Wasser. Eine Kontrolle war angezeigt und führte zu der Entdeckung, daß die Fracht nur zu 75 Prozent aus dreifach konzentriertem Tomatenmark bestand.
»Die Bukarester ICE-FRUTEX-PORT konnte unmöglich in Unkenntnis darüber sein, daß nur ein Teil der Kanister dreifaches Tomatenmark enthielt«, sagt Staatsanwalt Lo Forte, »doch sollte sie ja erst nach Lieferung der Ware bezahlen.«

Wie alle Betrüger von Hilfsgeldern der EG, so mußte auch der Krösus von Bagheria seine gesamte Erfindungsgabe entfalten, um die Scheinproduktionen abzusetzen. Selbst wenn es ihm gelang, mehrmals denselben Inhalt seiner Warenlager an ausländische Firmen zu verkaufen, mußte er doch für den Fall einer Überprüfung glaubhafte Kunden anführen. So vermerkten die Geschäftsbücher der *IDA* zwischen dem 19. Januar und dem 7. März 1985 den Verkauf eines Warenpostens Zitrussaft im Wert von umgerechnet 10 Millionen D-Mark an das Kommando der Nato-Streitkräfte in Bagnoli.
Der palermitanischen Fahndungsstelle für Finanzdelikte fiel es nicht weiter schwer, nachzuweisen, daß der Verkauf des Produktes nur zum Schein erfolgt war. Oberst Vincenzo Montagna Granato, Kommandant des italienischen Hauptquartiers *AFSOUTH* bei der NATO, brachte ans Licht, daß die *IDA* nie zu seinen Lieferanten gezählt hatte, und infolgedessen die NATO niemals die Südfrüchte erworben hatte, welche auf den falschen, von Michelangelo Aiello ausgestellten Rechnungen aufgelistet waren. Die Stempel und die Unterschriften unter den Empfangsbescheinigungen der *IDA* waren glatte Fälschungen. An einem Betrug bestand kein Zweifel.
Der ehemalige Bürgermeister von Bagheria versuchte, sich zu entlasten, indem er die Untersuchungsbeamten an seinen Buchhalter Giacomo Cina verwies; der verfing sich in einer unwahrscheinlichen Geschichte. Er übernahm die gesamte Verantwortung für die Operation und behauptete, das Geschäft sei ihm von einem neapolitanischen Verbindungsmann, einem gewissen Alfonso Siano, vermittelt worden. Doch Cina konnte keine Zeugen nennen, um seine Version zu stützen. Ungeachtet der offensichtlichen Unwahrscheinlichkeit seiner Behauptung gab er an, er wickle seine Geschäfte mit Siano im allgemeinen an der Autobahnausfahrt Salerno-Neapel ab. Und als die Polizeibeamten ihn aufforderten, ihnen die Abrechnungsbelege zu zeigen, erklärte er, er sei gewohnt, die Neapolitaner bar zu bezahlen.
Alfonso Siano seinerseits erklärte den Polizeibeamten, er verhandle mit einem amerikanischen Offizier des NATO-Stützpunktes, dessen Namen er nicht kenne und den er gewöhnlich auf einem Platz in Pompeji treffe. Viel zu viele Mysterien und unnötige Vorsichtsmaßnahmen kreisten um diesen, an sich wenig spektakulären Verkauf.

Nun war Alfonso Siano den Polizeidienststellen von Kampanien wegen diverser Betrügereien bereits bekannt, bei denen er sich falscher Dokumente mit dem Briefkopf des NATO-Kommandos von Bagnoli bediente.

Das System der Subventionsunterschlagungen, wie Michelangelo Aiello es entwickelt hatte, war perfekt. Der Krösus von Bagheria versteckte sich hinter einem Netz von aus Landwirten bestehenden Genossenschaften (Olea, Sicilia, Ciab, Copas, usw.) und Finanzgesellschaften (die Spadas und die Sipas), um sich ungerechtfertigterweise Millionen Lire anzueignen. Man könnte meinen, der Einsatz von Genossenschaften stelle unüberwindliche Hindernisse dar. Da derartige Verbände eigentlich von ihren Mitgliedern verwaltet werden, hätte Michelangelo Aiello also mit der Komplizenschaft Tausender, ja Zehntausender Menschen rechnen müssen. Doch die Wirklichkeit sah anders aus.

»Die Führung der Genossenschaften ist auf eine Handvoll Verwalter konzentriert, die ohne jegliche Kontrolle durch ein Gewerkschaftsgremium, und somit ohne die Kontrolle der einzelnen Teilhaber handeln, sei es aus Ignoranz oder aus Gefälligkeit«, erklärt Staatsanwalt Lo Forte.

Die mit Aiello verbündeten Genossenschaften waren gesunde Unternehmen mit beachtlichen Umsätzen und in ganz Italien verstreut. Im Prinzip lief der Bürgermeister von Bagheria keinerlei Gefahr, entdeckt zu werden. Nur wenn der Fahndungsstelle für Finanzdelikte direkte Informationen zugespielt worden wären, wäre sie überhaupt auf die Idee gekommen, beispielsweise über die Geschäftsbeziehungen zwischen der *IDA* und der *Contratada Strizzi* in Brindisi Ermittlungen anzustellen. Und wenn sie dies ab 1984 getan hätte, hätte sie entdecken können, daß zwei Drittel der Geschäftsoperationen, die zwischen beiden Firmen abliefen, fiktiv waren und daß das übrige Drittel sich auf Produkte bezog, die von minderer Qualität waren als auf den Rechnungen angegeben.

Michelangelo Aiello war sich seiner Straffreiheit sicher. Er hatte Angestellte der *AIMA* und Beamte der *ICE* bestochen, die mit der Prüfung der Anträge auf Subventionsanspruch betraut waren. Ohne ihre Mithilfe wäre der Betrug schnell herausgekommen. Die Untersuchungsbeamten konnten das Ausmaß der Korruption nicht genau feststellen, aber die wenigen Tatbestandsaufnahmen, die sie hatten machen müssen, waren beunruhigend genug.

Die Fahndungsstelle für Finanzdelikte überprüfte die Bankkonten von etwa zehn AIMA-Angestellten, die die Vergabe von EG-Subsidien zu kontrollieren hatten. Zwei von ihnen, Mitglieder diverser Landwirtschaftsgenossenschaften, zogen die Aufmerksamkeit der Untersuchungsbeamten auf sich. Da das Gesetz diese merkwürdige Ämterhäufung erlaubte, konnte nichts gegen sie unternommen werden. Ein weiterer Beamter der *AIMA* hatte Schecks über mehrere Millionen Lire von Michelangelo Aiello erhalten. Er rechtfertigte sich mit der Behauptung, er mache mit der *IDA* Geschäfte, was mit seiner Stellung als Aufsichtsbeamter durchaus vereinbar war. Auch mußten die Richter auf die Strafverfolgung eines anderen Angestellten, eines Immobilienbesitzers aus Palermo, verzichten, der vorgab, seine Gebäude mit Hilfe privater Darlehen und Anleihen erworben zu haben. Die Angestellten der *AIMA* hatten wahrhaftig kraft ihres Status einen außerordentlichen Handlungsspielraum.

Zu jener Zeit gehörte Aiello, trotz der Gerüchte, die über ihn im Umlauf waren, noch zur Kaste der Unberührbaren. Der Kronzeuge Salvatore Contorno hatte ihn noch nicht beschuldigt, ein Ehrenmann zu sein, der nach den Regeln »eingeführt« wurde, und zwar vom Boß der Familie von Bagheria, Leonardo Greco. Die Liste seiner Mitglieder ließ jedoch bereits das Schlimmste vorausahnen. Kontrollierte er die *Derivati Elaborati di Agrumi* nicht gemeinsam mit dem »Papst« Michele Greco, dem Boß der Familie von Ciaculli Croce Verde und dem Generalsekretär der Kuppel? Anläßlich einer Hausdurchsuchung beim »Papst« der *Cosa Nostra* entdeckten die Untersuchungsbeamten die Geschäftsbücher von *Derivati Elaborati di Agrumi* und handschriftliche Schriftstücke, die auf Unterschlagungen und die Bestechung von ICE-Beamten hinwiesen. Mittels dieser Beweisstücke konnten die palermitanischen Polizeibeamten feststellen, daß zwei Beamte der ICE goldene Uhren und große Geldsummen erhalten hatten, um die fiktive, tonnenweise Vernichtung von Zitrusfrüchten zu erleichtern und eine EG-Ausgleichszahlung von umgerechnet 3,3 Millionen D-Mark zu ergattern.

Niemandem fiel ein sonderbarer Zufall auf: Die *Derivati Elaborati di Agrumi* wies dieselben Initialen auf wie die amerikanische Drogenfahndungsbehörde, der es obliegt, die großen Drogenhändler der *Cosa Nostra* zu bekämpfen: *DEA*. Das wirkt unfreiwillig komisch, wenn man weiß, daß Michelangelo Aiello und Michele Greco hinter den

Unterschlagungen von EG-Geldern Operationen verbargen, für die sich die amerikanische DEA in höchstem Maße interessierte.

Wo man von der »Pizza Connection« spricht

Die Ermittler entdeckten, daß die Unterschlagung der EG-Subventionen indirekt einer anderen bevorzugten Aktivität der *Cosa Nostra* Vorschub leistete, wie der Stellvertretende Staatsanwalt von Palermo, Lo Forte, erklärte: »Das Prinzip des Betrugs mittels exportierter landwirtschaftlicher Produkte bestand in der Überdeklaration der tatsächlichen Warenbestände. Von dem Moment an, wo Michelangelo Aiello Waren ins Ausland verkaufte, deren Mengen er als höher angab, als sie tatsächlich waren, wies seine Zahlungsbilanz fatalerweise einen Minusbetrag auf. Damit seine geschäftliche Situation wieder ins Lot kam, mußten seine Käufer ihm Summen bezahlen, die über dem reellen Wert der gekauften Waren lagen. Aiello gab ihnen die Differenz in bar zurück. Ein besseres System für die Geldwäsche als diese Scheinverkäufe kann es gar nicht geben.«
Eine Untersuchung über die Entwicklung des Umsatzes der *IDA* brachte einen merkwürdigen Zufall zutage. 1979 setzte die Firma umgerechnet 2,3 Millionen D-Mark um, siebenmal mehr als im vorangegangenen Jahr; im darauffolgenden Jahr wurde fast ein 15,6-Millionen-Umsatz erreicht, und 1981 überstieg er die 33-Millionen-Grenze. Das war genau zu der Zeit, als die Labors für Morphinbaseumwandlung, die von der *Cosa Nostra* in Sizilien eingerichtet worden waren, auf vollen Touren zu laufen begannen: Die Expansion der *IDA* fiel also mit einem massiven Export sizilianischen Heroins in die Vereinigten Staaten zusammen. Zu jener Zeit war Bagheria eine Hochburg der Heroinproduktion in Sizilien. Michelangelo Aiello war dies sicherlich bekannt. Nichts, was sich auf dem Boden seiner Stadtgemeinde abspielte, war ihm fremd, ob es um öffentliche Angelegenheiten oder um die, nur wenige Leute betreffenden Geschäfte der *Cosa Nostra* ging, die sich in dieser palermitanischen Küstenregion niedergelassen hatten. Denn der Bürgermeister war ein intimer Freund eines der einflußreichsten Ehrenmänner der Gegend: Leonardo Greco.
Leonardo Greco, der im allgemeinen als der »geheime Boß« der Familie von Bagheria galt, war einer der größten Heroinproduzenten

auf der Insel. Als Salvatore Contorno ihn in Begleitung amerikanischer Käufer in einem Heroinlabor der Stadt sah, war er gerade dabei, 40 Kilo weißes Pulver einzupacken, das dann in Mailand beschlagnahmt wurde. Ein anderer Kronzeuge, der Chemiker Francesco Marino Mannoia, erzählt, wie Leonardo Greco sich weigerte, ihm mehrere Kilo Heroin abzunehmen, da die Droge nur zu 70 Prozent rein und somit unter dem Reinheitsgrad der amerikanischen Marktnormen war. Leonardo Greco hatte gute Gründe, so hohe Ansprüche zu stellen. Er exportierte in großem Stile Heroin in die Vereinigten Staaten, was seine Rolle bei der berühmt-berüchtigten »Pizza Connection« beweist, die mehr als 900 Kilo Heroin im Wert von 1,65 Milliarden Dollar nach Nordamerika einführte.
Leonardo Greco begnügte sich nicht mit der Warenlieferung, er reiste zudem regelmäßig selbst in die USA, um seine Frachten zu überwachen. Und ebenso kümmerte er sich um die finanzielle Abwicklung. Der italo-schweizerische Geschäftsmann Remo Donada sah, wie er Paul Edward Waridel 5 Millionen Dollar übergab.[40] Der Schweizer türkischer Abstammung war, wie wir gesehen haben, Sonderbeauftragter des türkischen Händlers Mussullulu Yasar Avni, der Hauptlieferant für Morphinbase war.
Als allumfassender »Dirigent« verschmähte Leonardo Greco es auch nicht, sich an der Geldwäsche von Narco-Dollars zu beteiligen. Er übernahm es, kleine Geldmengen auf dem Konto Santa Flavia zu waschen (der Name einer Ortschaft in der Nähe von Bagheria), das er bei der Schweizer Kreditanstalt in Bellinzona eröffnet hatte. Unter allen verdächtigen Kapitalbewegungen, die man auf den Konten Leonardo Grecos feststellte, sollen hier nur jene Beispiele angeführt werden, die mit dem Konto Alfonso Caruanas in Verbindung stehen, der, wie wir gesehen haben, zwischen Venezuela und Europa ein Kokainhandelsnetz aufgebaut hatte.[41]Doch die Organisation nahm viel mehr Dollars ein, als der Ehrenmann weißzuwaschen vermochte. Daher betraute er Oliviero Tognoli mit dem Hauptteil der Geldwäsche; Tognoli, ein Industrieller, der mit Beton handelte, galt in der norditalienischen Stadt Brescia als ebenso tatkräftige wie bedeutende Persön-

---

40 Siehe Kapitel 6.
41 Siehe Kapitel 5 und 6.

lichkeit. Als auch er nicht mehr ausreichte, wandte sich Leonardo Greco an seinen Freund Michelangelo Aiello.

Ein achtbarer internationaler Geschäftsmann

Seit der zweiten Hälfte der achtziger Jahre war London nach Meinung von Experten zum idealen Ort für die Deponierung von unrechtmäßig erworbenen Geldern geworden. Das europäische Finanzzentrum bot seinen Kunden beträchtliche Vorteile. Denn die englische Justiz, immer darum besorgt, das freie Unternehmertum nicht anzutasten, war wesentlich liberaler als andere Gesetzgebungen, wenn es um geschäftliche Transaktionen ging. Das Bankensystem legte fast schweizerische Diskretion an den Tag, und die Gründung von Firmen war sozusagen keinerlei Kontrolle unterworfen. Zudem wimmelte die City von Experten, die imstande waren, die Spuren schmutzigen Geldes zu verwischen, indem sie es vom Steuerparadies der Britischen Inseln in die Karibik umleiteten und danach in irgendeinem Bankinstitut des Alten Kontinents verschwinden ließ. All das war Michelangelo Aiello wohlbekannt; er machte regelmäßig in London Geschäfte, wo Raymond Charles Kingsland als Berichterstatter für ihn fungierte, »ein achtbarer internationaler Geschäftsmann«.

Schiffsassekurant, Spediteur, Beifahrer – Raymond Charles Kingsland besaß ebenso in der Londoner City wie in Falmouth in Cornwall Grundbesitz. Dieser kleine, gutmütig wirkende Mann betrieb über mehrere Jahre hinweg mit dem Herrn aus Bagheria Geschäfte. Er kaufte ihm regelmäßig tonnenweise fiktive Zitrusfrüchte ab und übernahm es auch, in London diverse Bankkonten für ihn zu eröffnen, »nur, um ihm einen Gefallen zu tun«, erklärte er Scotland Yard. Raymond Charles Kingsland gab an, er wisse nicht, aus welchen Quellen die Gelder kamen, mit denen die besagten Konten aufgefüllt wurden.

Der römische Richter Aurellio Galasso, der mit der Anklage gegen die »Pizza Connection« betraut war, hatte mit der Zeit eine präzise Vorstellung über den wahren Ursprung der Gelder entwickelt, die die britischen Konten Aiellos füllten: »Kraft seines Images als Industrieller und als ehrbarer hoher Staatsbeamter hatte Aiello bei mehreren Schweizer Banken Girokonten eröffnet, die er der Organisation zur

Überweisung großer Summen Narco-Dollars zur Verfügung stellte, die hinter den betrügerischen Import-Export-Operationen der *IDA* verschleiert nach Italien zurückflossen«, schreibt der Richter.[42]
Bei den Geschäften von Michelangelo Aiello und Charles Raymond Kingsland waren Anomalien an der Tagesordnung. Zum Beispiel stand auf den Zollpapieren, daß angeblich von der IDA gelieferte Zitrusfrüchte und andere Derivate an nicht zur EG gehörende Länder, wie den Libanon, Algerien und Marokko, weiterverkauft worden seien, die jedoch selbst große Mengen Obst und Gemüse exportieren. Bemerkenswert war ferner, daß zwei Firmen von Raymond Charles Kingsland, das Brite-juice Establishment und die Versola, vorgebliche Abnehmer von Tomatenmark *made in Bagheria*, nie irgendwelche Waren nach Großbritannien importierten; die Kaymaritime, eine weitere Firma, die dem Briten gehörte, handelte mit Versicherungen. Was die *Banderola Compania Naviera* betraf, ein angeblicher englischer Großkunde der *IDA*, so stand sie noch nicht einmal im Londoner Handelsregister; dasselbe galt für die Progenco Group, die nie in Großbritannien tätig wurde. Außerdem waren die Adressen, die auf den Zollpapieren standen, reine Erfindungen. Und wenn das Schiff, die *Litrix*, die vorgeblich Zitrusfrüchte der *IDA* befördert haben sollte, auch tatsächlich existierte, so transportierte sie in Wahrheit chemische Erzeugnisse vom Mittelmeer nach Westafrika. Schlußendlich hätten die Zollbehörden Ihrer Königlichen Majestät auf ihren Karten den Zielhafen für die Waren der *IDA* vergeblich gesucht; der mysteriöse »AH Range«, der auf den Zollpapieren von Kingslands Firmen stand, taucht in keinem ihrer Atlanten oder Verzeichnisse auf.
Auch die Finanzkreisläufe waren nicht minder sonderbar. »Im wesentlichen wurden die Exporte der *IDA* mit Geld bezahlt, das direkt von Michelangelo Aiello selbst stammte«, vermerkt Staatsanwalt Lo Forte. »Es ist absurd, daß ein Exporteur seine eigene Ware bezahlt, die er exportiert. Es handelt sich also um fiktive Operationen, deren einziges Ziel die Rückführung großer Summen von Narco-Dollars

---

42 Aurelio Galasso, Ordinanza di rinvio a Giudizio contro Aiello + 33 N°5851/84A+, 230/85A+, 2936185A+, 5574/84A.

nach Italien ist«.[43] Beispielsweise hatte Michelangelo Aiello auf diese Weise allein im Jahr 1982 zwölf Millionen Dollar rückgeschleust.
All diese Anomalien wurden erst nachträglich entdeckt. Die von Michelangelo Aiello praktizierte Geldwäsche war äußerst geschickt. Die Unterlagen der *IDA*, die sich auf die Warenexporte bezogen, waren so abgefaßt, daß sie Routinekontrollen unbeschadet überstehen konnten. Die britischen oder italienischen Zollbeamten konnten daran nichts aussetzen: Die Rechnungen, die Aiellos Firma an die ausländischen Firmen oder ihre Vertreter schickten, waren immer in der richtigen Form ausgestellt. Ebenso wurden alle Überweisungen ins Ausland unter strikter Einhaltung aller Vorschriften des italienischen Währungssystems getätigt. Aiellos System wäre nie aufgedeckt worden, hätte nicht die amerikanische Polizei, die mit der Zerschlagung der »Pizza Connection« betraut war, gezwungenermaßen begonnen, sich für die Bankkonten Aiellos zu interessieren.
Tatsächlich entdeckten die DEA und das FBI bei näherer Untersuchung der Konten der »Pizza Connection« (Graziano, Traex, Frater, Bahamas, Ecaton), daß sie in regelmäßigen Zeitabständen verschiedene Schweizer Bankguthaben Aiellos speisten. Die amerikanischen Polizeibeamten nahmen also eine Ermittlung über mehrere Konten auf, die von Aiello in der Schweiz geführt wurden – »631770« (Schweizerische Bankgesellschaft in Bellinzona), »Agricole« (Private Kredit Bank in Lugano) und »Conserve« (BSI, Banca della Swizzera Italiana, Mendrisio). Zwei Kronzeugen, die sich früher als Geldwäscher betätigt hatten, Francesco dalla Torre und Salvatore Amendolito, erklärten den Untersuchungsbeamten, daß Michelangelo Aiello in dieser Angelegenheit nur als Strohmann fungierte; die wahren Nutznießer der verdächtig gewordenen Bankkonten waren zwei sizilianische Bosse der »Pizza Connection« – Antonino Rotolo, ein gefürchteter Ehrenmann aus der Familie von Pagliarelli und der Freund des früheren Bürgermeisters von Bagheria, der unumgängliche Leonardo Greco.[44]
Aiello war ein wahrer Meister im Verwischen von Spuren der Narco-Dollars. Die Art und Weise, wie es ihm Mitte der achtziger Jahre

43 Procura della Repubblica di Palermo. Procedimento Penale contro Aiello Michelangelo ed Altri, a.a.O.

44 Siehe Kapitel 6.

gelang, auf eine Schlag mehr als 12 Millionen Dollar weißzuwaschen, war in seinem Genre einmalig. Nachdem die *IDA* eine riesige Menge Tomatenmark gekauft hatte, die der weißzuwaschenden Summe entsprach, verkaufte sie die Ware an eine andere Firma Aiellos, an die *SAC* weiter, die sie an die Versola von Raymond Charles Kingsland absetzte. Diese sollte die Rechnung mittels Wechseln begleichen. Der Herr aus Bagheria schützte einen dringenden Bedarf an Barmitteln vor und ließ die Summe von der *Italtrade*, der Finanzgesellschaft der Geschäftsstelle für den Mezzogiorno, diskontieren, die den Vertrag einlöste. So wurde der italienische Staat dazu gebracht, die Narco-Dollars von Michelangelo Aiello weißzuwaschen.

Die Geschäftsführung der *Italtrade* war eine derartige Katastrophe, daß manche sich fragen, ob ihre Manager Komplizen Aiellos waren oder von ihm geprellt wurden. Gaetano Liccardo, ihr Vorsitzender, war ein Mann im Hintergrund, der im Verdacht stand, Mitglied der *Logo P 2* zu sein. Er antwortete den Untersuchungsbeamten, daß Michelangelo Aiello zu jener Zeit auf die Bürgschaft der Banco di Sicilia und Kingsland auf die Garantien mehrerer ebenso wichtiger britischer Bankinstitute zählen durfte. Dann schloß er: »Im übrigen bezahlte uns die Firma aus London nur zwei Wechsel über knapp eine Million Dollar.« Wenn man dem Vorsitzenden der *Italtrade* glaubt, war Aiello neben einem Geldwäscher auch noch ein Betrüger.

Was niemanden in Bagheria erstaunen würde, wo man sich keinerlei Illusionen über die wahre Natur des Mannes machte. Und wenn keiner seiner Mitbürger es gewagt hätte, sich über das sittliche Bewußtsein des ehemaligen Bürgermeisters auszulassen, so sprach dies für seine Unantastbarkeit. Nie hätte es jemand für möglich gehalten, daß das Unvorstellbare geschehen könne: seine Verhaftung. Sie erfolgte am 25. Januar 1985, nachdem die ersten großen Kronzeugen der *Cosa Nostra* Anschuldigungen gegen ihn erhoben hatten. Der Herr aus Bagheria, der vor ein italienisches Gericht zitiert wurde, konnte sich von diesem Schlag nie mehr erholen. Er wurde aus gesundheitlichen Gründen vorläufig freigelassen und starb nach langer Krankheit im Dezember 1988. Doch die Unterschlagungen von EG-Subventionen und der Einsatz fiktiver Märkte zum Zwecke der Geldwäsche überlebten ihn.

Die Ermordung von Pio La Torre

Von dem Skandal der Unterschlagung von EG-Subventionen waren alle politischen Gruppierungen in Sizilien betroffen. Sogar die kommunistische Partei wurde mit hineingezogen. Sekretär Ceruso vom *PCI*-Verband der palermitanischen Ortschaft Ficarazzi, schickte den provinziellen und regionalen Dachorganisationen der nationalen Kontrollkommisson der *PCI* 1981 einen Bericht, in dem die Ordnungswidrigkeiten bei der Verwaltung mancher kommunistischer Genossenschaften angeprangert wurden, wobei er sie beschuldigte, unrechtmäßig Zuschüsse der EG zu kassieren. Die aktiven Mitglieder der Parteibasis, zum größten Teil aus arbeitslosen Landarbeitern bestehend, schlossen sich seinen Aussagen an und behaupteten, die Vernichtung der Zitrusfrüchte sei nun vollständig in den Händen der *Cosa Nostra*. Denselben Parteianhängern zufolge erhielten nur Leute, die bei den Ehrenmännern gut angeschrieben waren, Arbeit. Die Partei versuchte, die Affäre zu vertuschen, und die Anhänger, die den Skandal angeprangert hatten, wurden einfach aus den Rängen der *PCI* ausgeschlossen.
Doch ein Hauch von Revolte strich durch die Ränge, wie Ugo Minichini, ein kommunistischer Aktivist, der dem Abgeordneten Pio La Torre nahestand, bezeugt: »Die Nominierung von La Torre als Regionalsekretär der *PCI* war unerläßlich, um im Inneren der Partei aufzuräumen. Deswegen drängte ich ihn so, die Aufgabe zu übernehmen. Seit zwei Jahren grassierten Gerüchte über die Leitung der kommunistischen Landwirtschaftsgenossenschaften in Sizilien, die immerhin eine nicht zu unterschätzende ökonomische Macht bildeten.«
Unmittelbar nachdem Pio La Torre an die Spitze der sizilianischen *PCI* gekommen war, leitete er eine Untersuchung über die Korruption ihrer Führungsmitglieder ein. Maria Fais, eine kommunistische Aktivistin, erklärte mir: »Pio La Torre wollte um jeden Preis in den landwirtschaftlichen Genossenschaften Ordnung schaffen, die der *PCI* in Villabate, Ficarazzi und Bagheria nahestanden. Genossen aus der Gemeinde Ficarazzi, darunter zweifelsohne der Lokalsekretär der Parteisektion, teilten ihm in allen Einzelheiten mit, in welcher Weise eine in den Skandal verwickelte Genossenschaft von Ciaculli von den Männern Michele Grecos manipuliert wurde.«
Der Boß der Familie von Ciaculli Croce Verde, der Leiter der paler-

mitanischen Kuppel, Michele Greco, war damals einer der größten Landbesitzer der Region und kontrollierte Dutzende landwirtschaftliche Genossenschaften, die in ganz Italien verstreut waren.

»Die Genossen von Ficarazzi erzählten Pio La Torre, daß die besagten Genossenschaften die EG betrogen, indem sie die Mengen der zerstörten Südfrüchte künstlich aufblähten«, fährt Maria Fais fort. »Einer der führenden Betrüger war der stellvertretende kommunistische Bürgermeister von Villabate, Fontana, der von seinen Genossen Mister Milliardi genannt wurde.«

Danach kündigte Pio La Torre an, er wolle reinen Tisch machen und alle Korrupten aus ihren Ämtern jagen. Einige kommunistische Beamte, darunter Mister Milliardi, wurden vor die Disziplinarinstanzen der Partei zitiert. Auch war von der Auflösung der korrupten Genossenschaften die Rede. Pio La Torre wußte, daß er damit gewaltige Machtinteressen angriff.

»In den letzten Monaten vor seinem Tod war Pio La Torre sehr beunruhigt«, erläutert Maria Fais. »Er fürchtete, ermordet zu werden. Anfang April 1982 stellte er eine Antrag auf Genehmigung des Tragens einer Schußwaffe. Er bewegte sich nur mehr bewaffnet und vermied es, sich aus Angst vor Heckenschützen am Fenster zu zeigen. Er besaß in Palermo eine geheime Wohnung, die er in aller Eile verlassen mußte, nachdem sie die *Cosa Nostra* entdeckt hatte.«

Pio La Torre wurde am 30. April 1982 zusammen mit seinem Leibwächter, Rosario di Salvo, im Zentrum von Palermo ermordet. Die Untersuchungsbeamten versichern, die beiden Killer des kommunistischen Politikers identifiziert zu haben (Pino Greco und Giuseppe Zaccheroni, beide bereits verstorben), können jedoch nicht ausschließen, daß die Corleoneser den Mord angestiftet haben. Für wen? Der Staatsanwalt von Palermo hat seine Vermutungen: »Im Laufe der Untersuchung gaben verschiedene Leute (im allgemeinen gegenwärtige oder frühere Mitglieder der *PCI*) an, daß einer der möglichen Beweggründe des Mordes die Säuberungsaktion sei, die Pio La Torre durchführte oder durchzuführen gedachte, auch gegen alle Widerstände innerhalb der Kommunistischen Partei Siziliens.[45] Paolo Serra,

45 Procura della Repubblica di Palermo. Procedimento Penale contro Greco Michele ed Altri. N 3162/89A. PM), Band 3.

ein kommunistischer Aktivist der Basis, beschuldigte als erster öffentlich einige hohe Würdenträger der sizilianischen *PCI* – so zum Beispiel Elio Sanfilipo, den Verbandsekretär in Palermo – hinter dem Mord ihres eigenen Politikers zu stehen. Dann meldeten sich andere zu Wort, und bald kamen dem Richter die Schandtaten einiger kommunistischer Politiker zu Ohren. Es war die Rede von Verbindungen zwischen einem Senator, Mitglied des nationalen Dachverbandes der Partei und »Ritter der Arbeit« in Catania, einem Unternehmer, dem man Affinitäten zur *Cosa Nostra* nachsagte. Auch ging das Gerücht, das organisierte Verbrechen habe die Vermögensstruktur der prokommunistischen Tageszeitung *L'Ora* durchdrungen. Pio La Torre hatte sich vorgenommen, diese Dinge ans Licht zu bringen. Seine Ermordung machte mit einem Schlag alle Hoffnungen auf Veränderungen innerhalb der Kommunistischen Partei zunichte. Kaum jemand sprach mehr über die Auflösung der Genossenschaften, die sich der Veruntreuung von EG-Subventionen schuldig gemacht hatten; und noch viel weniger war die Rede davon, die korrupten Genossen gerichtlich zu belangen, die so ihre Aktivitäten ungestraft wieder aufnahmen, gleichzeitig jedoch immer dann heiße Krokodilstränen vergossen, wenn von Pio La Torre gesprochen wurde; sein Name war noch lange ein Symbol für den Kampf gegen das organisierte Verbrechen in Italien.

Dritter Teil

Die Schattenseiten eines ungleichen Kampfes

9
Ein fragwürdiger Kampf

Gestörtes Gleichgewicht – Ein angekündigter Tod – Der unmögliche Kampf – Die Phantome des Hohen Kommissariats – Die Kronzeugen – Vom Kampf gegen die organisierte Kriminalität in Europa

Gestörtes Gleichgewicht

Sieben Monate vor Öffnung der Grenzen innerhalb der Europäischen Gemeinschaft hat Europa eine vielleicht entscheidende Schlacht im Krieg gegen das organisierte Verbrechen verloren. In einem heruntergekommenen Italien scheint das organisierte Verbrechen die Oberhand zu haben und sich durch immer skandalösere Handlungen auszuzeichnen. »Nur aus geographischen Gründen sind wir keine Bananenrepublik«, ironisierte der *Corriere della Sera.*

Wir müssen nach Palermo zurückkehren, dorthin, wo alles beginnt und endet. Seit Winterbeginn 1992 kündeten unmerkliche Zeichen unmittelbar bevorstehende, unwiderrufliche Ereignisse an. Eine beispiellose militärische Konfrontation wurde vorbereitet. Die Vorzeichen eines Sturms: Seit Winterbeginn herrschte eine unglaubliche Spannung in der Stadt, die bereit schien, in tausend Stücke zu zerspringen. Man spürte, wie nervös und besorgt die Einwohner waren. In den Straßen wirkten ihre Mienen nicht ernster als gewöhnlich, doch die Stadt schien ganz und gar mit sich selbst beschäftigt zu sein. Abends hatte man den Eindruck, es sei eine Ausgangssperre verhängt oder Staatstrauer angesagt worden. Was für ein Unterschied zu Catania, wo es noch brutaler und gewalttätiger zuging und eine Vielzahl bewaffneter Banden ihr Unwesen trieb, das jedoch von der *Cosa Nostra* »vernachlässigt« wurde, und nur durch eine einzige »Familie« hier vertreten war.

Um zu verstehen, warum der Kampf gegen die organisierte Kriminali-

tät in Italien zum Mißerfolg verdammt zu sein scheint, muß man den Gerüchten nachgehen, die in der brodelnden Hauptstadt kursieren und auf den Klatsch hören, den die *anonimi* verbreiten. Denn mitten auf dem Terrain der *Cosa Nostra* landen regelmäßig anonyme Briefe auf den Schreibtischen der höchstrangigen Behörden der Stadt. Ob sie nun von gewissen Ehrenmännern stammen, die ihre Rivalen bei den Behörden denunzieren wollen, oder von hohen politischen Würdenträgern, die kein Gehör finden – sie sagen oft die Wahrheit. Im Juli 1992, als die Auseinandersetzung ihren Höhepunkt erreicht hatte, erhielten 39 hochgestellte italienische Persönlichkeiten einen zehnseitigen maschinengeschriebenen Text, der ganz offensichtlich von einem Fachmann des Kampfes gegen die organisierte Kriminalität verfaßt worden war, einem Richter oder Polizeibeamten. Der Briefschreiber, der sein Schreiben als »Beschwerdeheft« bezeichnete, behauptete, sein einziger Ehrgeiz sei die Aufdeckung »trauriger Wahrheiten«. Indem er sich auf polizeiliche Ermittlungen, Geständnisse von Kronzeugen und öffentliche Gerüchte stützte, breitete er eine Geschichte aus, in der zwischen den Zeilen die Gründe für die Niederlage des italienischen Staates und insbesondere für die Ursachen, die ihn noch lange vom Zentrum Europas ausschließen werden, zutage treten.
Nach Aussagen des Briefschreibers kulminierten die Ereignisse in der Ermordung des christdemokratischen Europaabgeordneten Salvo Lima am 13. März 1992 im Badeort Mondello bei Palermo. Lima wurde in einen Hinterhalt gelockt, was deutlich den Stempel der *Cosa Nostra* trägt. *Requiescat in pace*. Salvo Lima, Abgeordneter des Europäischen Parlaments, christdemokratischer Prokonsul für Sizilien, Freund der Freunde, Freund der »Familien«. Seine befremdliche Gestalt wird nicht mehr gemessenen Schrittes durch die Flure des Europäischen Parlaments schreiten, wo er seit 1979 ohne Unterbrechung einen Sitz hatte. Ein unglaublicher, undenkbarer, ja unmöglicher Mord, da das Opfer doch der *Cosa Nostra* nahestand.[46]
Die ganze Stadt wußte um die gesetzeswidrigen Beziehungen, die der Europaabgeordnete mit den *Dons* der ältesten »Familien« Palermos unterhielt: Freundschaften, die sich in den unruhigen Nachkriegsjahren herausgebildet hatten. Die *Dons* lieferten Wahlstimmen, die von

46 Siehe Kapitel 7.

den »Familien« kontrolliert wurden, der Politiker revanchierte sich mit seiner Gunst. Hunderttausende Wahlzettel gegen phantastische Auftragsvergaben. Die Sache hatte Hand und Fuß. Nachdem Salvo Lima den *Dons* gestattet hatte, sich des palermitanischen Grundstücksmarktes zu bemächtigen, war er gewissermaßen zu einem der wichtigsten Magnaten der Christdemokraten geworden, aber auch zur »verdammten Seele« des umstrittensten Politikers der Halbinsel, des Ministerpräsidenten Giulio Andreotti, dessen Prokonsul er auf Sizilien war.

Was sagte der anonyme Briefschreiber über den Mord an Salvo Lima? Eines ist eindeutig: Der Tod des Prokonsuls konnte nur die Folge eines tiefen Risses im fragilen Gleichgewicht der Beziehungen zwischen organisierter Kriminalität und Politik sein. Um seine Beweisführung zu stützen, brachte der Anonymus Tatsachen und eine zuweilen verblüffende Argumentation vor.

Ihm zufolge mußte man einige Monate zurückgehen, zum Vorabend der Auflösung des italienischen Parlaments und der Ankündigung vorgezogener Parlamentswahlen; dies war die Folge einer heftigen politischen Krise, die bis ins Innere der *Democrazia Cristiana* spürbar wurde. Damals standen sich in einem offenen Krieg Präsident Andreotti und mehrere Magnaten gegenüber, die entschlossen waren, ihm sein Wahlmonopol in Süditalien zu entreißen. Prokonsul Lima war sein letztes Bollwerk. Ihm sollte die heikle Aufgabe obliegen, die Schlacht des Mezzogiorno zu führen.

»Lima rief auf direktem Wege verläßliche Freunde, Magistraten, Industrielle, Polizeibeamte, leitende Bankmanager, Journalisten, Wahlmänner und Bosse der *Cosa Nostra* – ob gesucht oder nicht gesucht – zusammen. Im Fall der gesuchten Bosse sah sich Lima mit etwas völlig Neuem konfrontiert: Man verweigerte ihm den Gehorsam. Was die Corleoneser betraf, so war ihre Weigerung noch verletzender. Sie wollten ihn nicht einmal treffen, wofür sie Sicherheitsgründe geltend machten. Ein beispielloser Vorfall, der Lima beunruhigte, aber nicht in dem Maße, daß er Vermutungen darüber angestellt hätte, was wohl hinter der Weigerung stecken könnte« schrieb der Anonymus. Dem Briefschreiber zufolge verlor Salvo Lima eine entscheidende Schlacht, als sich der Magnat Cassina, einer der mächtigsten Industriellen Siziliens, der auch eine wirtschaftliche und finanzielle Stütze des Prokonsuls gewesen war, auf die Seite seiner Gegner schlug.

»Cassina wollte sich von Lima nicht mehr erpressen lassen«, fährt der anonyme Briefschreiber fort. »Letzterer kontrollierte seit fast vierzig Jahren die Beziehungen der Cassina-Gruppe zur öffentlichen Verwaltung und verfügte damit über die notwendigen Mittel, ihn vor Gericht bringen zu können.«

Die Fortsetzung der Geschichte ist rein fiktiv. Es ist da von einer Begegnung in einer Kirche die Rede, die zwischen Calegero Mannino, einem christdemokratischen Minister, Freund einiger *Dons* und insbesondere politischer Erzfeind Andreottis, mit dem Boß der Kuppel, dem Corleoneser Toto Riina, stattgefunden haben soll.

Der anonyme Briefschreiber: »Der Minister bat die Corleoneser um ihre aktive Mitarbeit im Wahlkampf und um die Rückgabe der Stimmen an die *DC*, die bei den vorangegangenen Wahlen an die *PSI* gegangen waren (...) Ihre Stimmen sollten innerhalb der *DC* den von Mannino bezeichneten Kandidaten gegeben werden. Im Gegenzug bot er den Ganoven, im Namen seiner »Freunde«, die Möglichkeit, ihre Situation über einen Mittelweg wieder zu legalisieren: die Garantie, erneut offiziell die Kontrolle über ihre riesigen Vermögen zu übernehmen sowie die Möglichkeit, mittels ihrer eigenen Unternehmen bei der Vergabe von Auftragszuschlägen mitzumischen. Riina gab zu verstehen, daß Lima bezüglich des letzten Punktes bereits Versprechen gegeben habe und daß er sicher sei, seine Verpflichtungen einhalten zu können, dank der Kontakte mit der Firma Tor di Valle – auch wenn eine gerichtlich angeordnete Ermittlung der *Carabinieri* zu Verhaftung des Direktors besagter Firma und einiger Industrieller führen sollte, die allesamt Freunde der Corleoneser waren. Mannino erklärte, daß er damit rechnen müsse; Lima und Andreotti seien nun entlarvt und Gegenstand eines neueren polizeilichen Berichts. Die Wiedereingliederung der Ganoven sollte also im Gegenzug zu Limas Verschwinden, natürlich seines physischen Verschwindens, erfolgen. »Kein Problem«, meinte Riina, der genaue Angaben über seine Wiedereingliederung und der seiner Freunde verlangte. Der Minister erklärte ihm, sie erfolge in zwei Zeitabschnitten: Nach großangelegten Protestaktionen in der Bevölkerung wären spezielle Gesetze zu genehmigen; eines bezöge sich auf die Straffreiheit der Kronzeugen, die den Ordnungskräften ermöglicht hätten, aufsehenerregende Erfolge zu erzielen. Zur selben Zeit würden Riina und die wichtigsten Ganoven festgenommen, was den neuen Männern bei der

DC erlaube, sich in der öffentlichen Meinung als Sieger über die *Mafia* zu präsentieren. Mit Hilfe eines derartigen Sieges könnten sie bei vorgezogenen Parlamentswahlen fordern, zwanzig Jahre lang zu regieren und zwar mit allen Vorteilen, die sich aus einer Parlamentsmehrheit ergäben. Einem Informanten zufolge ging Riina auf die Abmachung im Namen der *Catanier* von Santapaola, der Familie von Agrigent ein, auf die der Minister nach eigenen Angaben ebenso zählen könnte, wie auf die »Familie« in der Region von Trapani. Die Ermordung Limas wurde von gedungenen Mördern verübt, die eigens nach Sizilien beordert worden waren, und zwar von Bernardo Provenzano, der die rechte Hand und Geschäftspartner Riinas war. Einer von ihnen kam aus der Toskana. Sie trafen drei Tage vor dem Mord in Palermo ein und verließen die Stadt zehn Tage später wieder. In diesen zwei Wochen waren sie in einem Haus von San Lorenzo untergebracht.«
Was ist von einem solchen Bericht zu halten? Sind das nur Hirngespinste eines Mythomanen? Ist es die willkürliche Denunziation eines Geschichtenerzählers? Und doch gibt es nicht wenige Leute in Palermo, die einige seiner Behauptungen für plausibel halten. Schließlich ist die Begegnung eines Ministers mit dem Boß der Kuppel ebenso schockierend wie sein Auftreten als Trauzeuge bei der Hochzeit eines *Dons* von Agrigent zehn Jahre zuvor.
Kurze Zeit, nachdem der Anonymus seinen Brief verschickt hatte, ließ Toto Riina – wie, um ihm recht zu geben – auf ungewöhnliche Weise von sich hören. Durch die Vermittlung seines Rechtsanwalts ließ der Feind Nummer eins in Italien wissen, daß er, trotz intensiver Suchaktionen seitens der Polizei, noch immer in Palermo lebe. Prahlerei? Nicht nur. In einer Welt, in der jede Geste kodiert ist, konnte es sich ebenso um eine Art Vorspiel für eine mehr oder weniger angekündigte Verhaftung handeln.[47] Einige Monate später versicherte Leonardo Messina, ein ehemaliger Ehrenmann, der zum Kronzeugen geworden war, gegenüber einer parlamentarischen Enquetekommission, daß die *Cosa Nostra* in ihrem Inneren eine wahrhafte Revolution erlebe. Salvo Lima war bei weitem nicht das einzige Opfer dieses gestörten Gleichgewichts innerhalb des organisierten

---

47 Siehe Kapitel 7.

Verbrechens: Nach der Ermordung des Europadeputierten wurde Ignazio Salvo, auch er ein Freund der »Familien« und ehemaliger Steuereinnehmer der Insel, in einem Hinterhalt getötet. »Ignazio Salvo und Salvo Lima sind tot, weil es keine Spuren mehr, keine Erinnerung an die Vergangenheit geben darf« erklärt der Kronzeuge, bevor er äußert: »Die *Cosa Nostra* häutet sich.«

Leonardo Messina zufolge waren die neuen Kleider der *Cosa Nostra* in den geheimen Freimaurerlogen nach der Muster der Loge P2 zugeschnitten worden, dem Bindeglied zwischen dem organisierten Verbrechen und den Politikern, den hohen Staatsbeamten und den Industriellen. Es ging nicht nur darum, den Schnitt zu wechseln. Leonardo Messina spricht von einer neuen politischen Linie, einem »separatistischen Plan«, der von den *Dons* ausgeheckt worden war. »Bis heute haben die Ehrenmänner den Staat beherrscht; jetzt wollen sie selbst zum Staat werden. Die *Cosa Nostra* will nicht nur Sizilien abtrennen, sondern auch die anderen Regionen, die sie kontrolliert: Kalabrien, Kampanien, Apulien.«

Es war nicht das erste Mal, daß die *Cosa Nostra* der separatistischen Versuchung erlag. Am Ende des Zweiten Weltkrieges träumten einige *Dons* davon, die Insel vom Kontinent zu lösen – damals jedoch, um daraus den neunundvierzigsten Stern der amerikanischen Flagge zu machen. Bei der Landung der Streitkräfte am 10. Juli 1943 hatte das Alliierte Oberkommando in der *Cosa Nostra* einen hervorragenden Verbündeten gesehen. Das Projekt war jedoch nicht durchführbar: Nachdem die *Cosa Nostra* eine zwielichtige »Befreiungsarmee« (die *EVIS*) unterstützt hatte, ermordete sie ihren Chef, den Banditen Salvatore Giuliano, und besiegelte mit einigen mächtigen Politikern in Rom ein Bündnis. Würde sich die Geschichte vierzig Jahre später wiederholen? Wenn das der Fall war, so konnte es nur mit der Komplizenschaft sehr hochgestellter Persönlichkeiten geschehen. Als die Parlamentarier Leonardo Messina fragten, wer die italienischen Politiker seien, mit denen die *Cosa Nostra* Verbindung aufgenommen hatte, um ihr separatistisches Projekt auszuführen, behauptete der Kronzeuge, seine Enthüllungen seien den Richtern und Staatsanwälten vorbehalten. »Aber«, fügte er hinzu, »ich kenne ihre Namen. Zur Unterstützung des separatistischen Planes hat die *Cosa Nostra* mit jemandem Kontakt aufgenommen, der in den letzten Jahren wichtige politische Siege errungen hat. Er hat abgelehnt, obwohl er den Mann kannte, der

ihm den Vorschlag unterbreitet hat. Aber andere Politiker haben zu dem separatistischen Plan ja gesagt.«
War Salvo Lima wegen der tiefgreifenden Änderungen, die im Inneren der *Cosa Nostra* vor sich gehen, umgebracht worden? Leonardo Messina ist davon überzeugt. »Lima war Gefangener einer Struktur der *Cosa Nostra*, die im Begriff ist, sich vollständig zu erneuern, und das geht bis hin zu ihren Beziehungen zu den Politikern. Er konnte nichts mehr ausrichten, und die *Cosa Nostra* mußte zeigen, daß diejenigen, die ihre Abmachungen nicht respektierten, zum Tode verurteilt waren.«

Ein angekündigter Tod

Die Nachricht von der Ermordung Salvo Limas versetzte die Stadt in eine Art Starre. Wie zahlreiche andere Sizilianer, so verstand auch Giovanni Falcone, der zum Symbol des Kampfes gegen die organisierte Kriminalität in Sizilien geworden war, daß der Tod des Europaabgeordneten der Beweis für eine Störung des Gleichgewichts innerhalb der *Cosa Nostra* war. Lima mußte wichtige Stützen im Inneren der Kuppel verloren haben, wenn man es wagte, sich an ihm zu vergreifen. Da es in dieser Sache keine Kronzeugen oder Informanten gab, wußte der Richter noch nicht, was geschehen war. Er bekannte selbst, er hinke immer sechs Monate hinter dem aktuellen Stand des organisierten Verbrechens zurück.
Zuviel Unausgesprochenes verband Giovanni Falcone mit Salvo Lima. Während zehnjähriger Ermittlungen hatte der Staatsbeamte es sorgfältig vermieden, den Abgeordneten des Europäischen Parlaments direkt anzugreifen, obschon ihm dessen dubioser Ruf bekannt war. Doch er sagte sich, daß man hier nichts überstürzen dürfe, daß man sehr vorsichtig vorgehen müsse und die Zusammenhänge beobachten müsse, da die Ermittlung ansonsten Gefahr lief zu versanden. Giovanni Falcone wußte, bis wohin er gehen konnte. Er konnte manchen Unantastbaren, so den Brüdern Salvo, den »Finanzministern« der *Democrazia Cristiana*, zu Leibe rücken oder auch dem ehemaligen Bürgermeister von Palermo, Vito Ciancimino. Aber nicht Salvo Lima. Der Europaabgeordnete stand im Genuß zu hoher Protektionen, als daß es sinnvoll gewesen wäre, vorzeitig die Konfrontation mit ihm zu

suchen. Das war Falcone sehr deutlich vor Augen geführt worden, als er versuchte, einen dem Deputierten Nahestehenden, den Kronzeugen Tommaso Buscetta, zum Sprechen zu bewegen. Bei der Antwort des früheren Ehrenmannes hatte es ihn eiskalt durchfahren: »Sehen Sie, Herr Richter«, hatte Tommaso Buscetta zu ihm gesagt, »als ich beschloß, mit der italienischen Justiz zusammenzuarbeiten, habe ich Ihnen gleich zu Beginn angekündigt, daß ich über die Beziehungen zwischen der *Cosa Nostra* und der Politik erst zum gegebenen Zeitpunkt sprechen würde. Bis heute hat der Staat – nach allem, was ich gesehen habe – keinen ernsthaften Willen gezeigt, die *Cosa Nostra* zu bekämpfen. Auch ich lese die Zeitungen, was glauben Sie? Es wäre übereilt, über gewisse Dinge zu sprechen, die den Kern der Mafia-Frage ausmachen, wo doch die Personen, von denen ich sprechen müßte, noch aktiv im politischen Leben stehen. Ich werde Ihnen nicht einmal sagen, ob ich den Herrn Abgeordneten Lima kenne. Glauben Sie mir, der Augenblick ist noch nicht gekommen. Sprechen wir lieber über etwas anderes, wenn es Ihnen recht ist.«

Später wiederholte Buscetta seine Weigerung, über Politiker zu reden, und sagte: »Spielen wir eine Partie Schach, versuchen wir zu erraten, wer von uns beiden als erster sterben muß. Wenn ich antworte, werde ich in einer psychiatrischen Anstalt enden und Sie, Sie werden aufhören Richter zu sein.«

Falcones Bedachtsamkeit wurde auf eine harte Probe gestellt. Ein wenig übereilt und ohne stichhaltige Beweise beschuldigte ein anderer Kronzeuge, Giuseppe Pellegritti, Salvo Lima, direkt für den Mord an zwei sizilianischen Politikern verantwortlich zu sein. Mußte man ihn ernst nehmen und das Risiko eingehen, mit dem geringsten Fauxpas Jahre harter Arbeit aufs Spiel zu setzen? Andererseits konnte der Staatsbeamte sich nicht taub stellen und die Angelegenheit auf sich beruhen lassen. Er mußte einen Standpunkt vertreten: Deshalb verklagte er den Kronzeugen wegen Verleumdung. Schon bemängelten kritische Stimmen in Palermo, daß Falcone bedeutend weniger Skrupel an den Tag legte, wenn die Kronzeugen weniger einflußreiche Bürger beschuldigten.

Doch auch andere inhaftierte Ex-Ehrenmänner beschuldigten Salvo Lima. Antonio Calderone, aus der Familie von Catania, sprach von Treffen mit dem Europadeputierten, in deren Verlauf er um die Versetzung eines besonders lästigen Polizeibeamten gebeten haben soll.

Antonio Calderone war wichtiger als Pellegritti; Falcone forderte deshalb eine zusätzliche Untersuchung, womit die Gefahr verringert werden sollte. Ein dritter Kronzeuge, Francesco Marino Mannoia, brachte noch präzisere Anschuldigungen gegen den Abgeordneten vor, der sich, seiner Aussage nach, regelmäßig mit palermitanischen *Dons* traf. Diese Aussagen wurden aus den Vernehmungsprotokollen des Kronzeugen, die man verschiedenen Gerichten zugeleitet hat, gestrichen. Der Richter zog es vor, sie in Erwartung von stichhaltigeren Beweisen unter dem Siegel der Verschwiegenheit zu halten.
Trotz seiner Umsicht handelte der Beamte entschlossen und brachte seine Ermittlungen fast immer zum Abschluß. Bei seinem Vorgesetzten, dem Staatsanwalt von Palermo, Pietro Giammanco, war dies nicht der Fall; er war 1990 in die sizilianische Hauptstadt gekommen. Giovanni Falcone geriet bald mit ihm in Konflikt. Sie vertraten völlig unterschiedliche Ansichten. Die einstige Harmonie ging verloren, und was von der geeinten und solidarischen Beamtengemeinschaft noch übrig war, brach auseinander. Es ist in der Tat wichtig zu wissen, daß unter der Leitung Giammancos nur eine von fünf Ermittlungen erfolgreich zu Ende geführt wurde. Und wenn man ihn nach all diesen ad acta gelegten, folgenlosen Untersuchungen fragte, brauste der Beamte auf. Die Verbindungen zwischen der *Cosa Nostra* und gewissen Politikern? »Dafür gibt es keine Beweise«, behauptete der Staatsanwalt in entschiedenem Ton. Die Beziehungen zu den großen Unternehmen im Norden, die dank einer großangelegten polizeilichen Ermittlung festgelegt worden waren? »Es besteht kein Grund, sie gerichtlich zu belangen, sie sind Opfer von Verleumdungen.«
Da Falcone der Meinung war, daß es von nun an unmöglich sei, in Ruhe zu arbeiten, wartete er auf die erstbeste Gelegenheit, um seine Entlassung einzureichen. Diese bot sich, als der Justizminister ihn im März 1991 bat, als Leiter der Abteilung Strafrecht im Justizministerium nach Rom zu kommen. Da er sicher war, in Rom mehr ausrichten zu können, nahm er den Posten an, der ihm – theoretisch – erlaubte, über alle internationalen Ermittlungen über die organisierte Kriminalität auf dem laufenden zu sein. Er ermöglichte ihm vor allem, die Grundlagen für eine neue Gerichtsstruktur zu schaffen, deren Leitung er selbst zu übernehmen gedachte: die *Supraprocura* (*DNA, Direzione nazionale antimafia*), eine Zentralstelle zur Bekämpfung der Mafia. Das war in den Augen von Falcone die unverhoffte Gelegenheit, die

Ermittlungen wieder aufzunehmen, die Palermo nicht mehr durchführen wollte oder konnte. Der Mord an Salvo Lima beschleunigte die Dinge. Giovanni Falcone sah hier endlich eine Möglichkeit, die Politiker zu entlarven, die freundschaftlich mit der *Cosa Nostra* verkehrten.

»Falcone nimmt seine Arbeit auf, ohne auf die *Supraprocura* zu warten«, erzählt der anonyme Briefschreiber, »andere übernehmen es, darauf hinzuwirken, daß er ihren Vorsitz erhält. Aber Rom ist nicht Palermo, und ihre ausführenden Organe sind nicht mehr einfache Polizeibeamte, unter denen er immer einen verläßlichen Freund fand. Nun handelt es sich um Ministerialbeamte, um das überpolitisierte Hohe Kommissariat, um einen Polizeichef, der es bisher gewohnt war, auf seine politischen Protektoren Rücksicht zu nehmen, und um hohe Offiziere bei den *Carabinieri*, die ihrerseits von den Politikern protegiert werden.«

Da Rom ein bevorzugter Ort für Gerüchte und Indiskretionen ist, konnte die Ermittlung Falcones nicht lange geheim bleiben. Die Zeitungen sprachen von seiner unmittelbar bevorstehenden Reise in die Vereinigten Staaten, wo er erneut die Kronzeugen Tommaso Buscetta (»Wer von uns beiden wird als erster sterben müssen?«) und Francesco Marino Mannoia zu vernehmen gedachte; er tat dies mit der geheimen Hoffnung, daß die Ermordung des Europaabgeordneten ihre letzten Hemmungen beseitigt haben würde und sie dazu bringe, endlich von den Beziehungen zwischen der italienischen Politik und der organisierten Kriminalität zu sprechen. In Rom munkelte man, daß der Richter, der die Akte Lima bearbeitete, sich ganz besonders für eine große internationale Firma interessierte, die Kapitalverwaltung betrieb.

Natürlich wußte Giovanni Falcone seit langem, daß seine Stunde kommen würde. Er verglich das organisierte Verbrechen mit einer Bank, die immer bar bezahlt, und sagte in diesem Zusammenhang: »Ich habe mich schuldig gemacht – ich werde dafür bezahlen müssen. Schulden werden immer bezahlt.« Zweimal schon war er dem Tode entronnen: Anfang der achtziger Jahre verbarrikadierte er sich im parlermitanischen Gefängnis *Ucciardone* in einem Vernehmungsraum, um einem mit einer Pistole bewaffneten Häftling zu entgehen; 1989 entdeckte man unweit seines Landhauses in der Addaura an der palermitanischen Küste eine Tasche mit einer Sprengstoffladung. Die Angst war schon lange zum festen Bestandteil seines Lebens geworden. Zu Menschen, die ihm nahestanden, sagte er: »Ich bin ein wandelnder Kadaver.« Er wollte keine Kinder: »Man zeugt keine Waisen.«

Wenn er auch wußte, warum man ihn töten würde, so wußte er noch lange nicht, wann der Tod ihn treffen würde. Zumindest bis zur Ermordung Salvo Limas. Kurz nach dem Attentat sagte Falcone zu einem Freund: »Jetzt bin ich an der Reihe.« Er wußte, daß sich sein Termin näherte, der Wettlauf mit dem Tod begann, daß der so gefürchtete und so oft verschobene Countdown ausgelöst worden war. Tommaso Buscetta stimmte ihm zu: »Nur Menschen, die kein regelmäßiges Leben führen, haben da eine Chance. Keine Wohnung, keine Gewohnheiten, kein Büro. Falcone hat die *Cosa Nostra* über Jahre hinweg studiert, aber er weiß noch immer nicht, mit wem er es zu tun hat.«

Giovanni Falcone mied seit langem schon öffentliche Verkehrsmittel. Am 23. Mai 1992, einem Samstag, verließ er in Begleitung seiner Frau und seiner Leibwächter das Justizministerium in der Via Arenulla an den Ufern des Tiber in einem gepanzerten Wagen und von mehreren Polizeiautos eskortiert. Mit heulenden Sirenen raste das Gefolge zum Militärflughafen Ciampino. Von dort aus flogen sie mit einer Maschine des italienischen Geheimdienstes nach Palermo.

Der Flughafen, das »weinfarbene« Meer, das ockergelbe Gebirge von Punta Raisi mit seinen vom warmen Wind verwitterten Hängen – hier war er zu Hause. Er konnte sich nicht dazu entschließen, seine sizilianische Heimat aufzugeben. Schon einige Tage zuvor war er in Palermo gewesen, um sich mit Freunden, Richtern und Staatsanwälten zu treffen. Ein »geheimer« Besuch, von dem die ganze Stadt im voraus Kenntnis hatte. Nun war er wieder zurückgekommen, wieder »halboffiziell«, um der *tonnara*, der Tötung riesiger Thunfische im Hafen von Favignana beizuwohnen – einem beeindruckenden Nahkampf zwischen Fischen und Fischern, die ihre Stangen in das vom Blut immer röter werdende Wasser tauchen. Die *tonnara* ist ein prächtiges Schauspiel, farbig, voller Gerüche und Empfindungen, die beim Anblick dieses archaischen Gemetzels wachwerden, eine Art sizilianische *corrida*, eine Metapher für das Leben auf der Insel.

Die Autobahn, das Grün der Zitronenhaine, die malvenfarbene Pracht der Bougainvilleen, der weiße duftende Jasmin, die knorrigen Olivenbäume. Schenkte der Jurist diesen vertrauten Eindrücken, die

einen beim Verlassen des Flughafens umgeben, überhaupt noch Beachtung? Cinisi, der kleine Hafen von Gaetano Badalamenti, dem allmächtigen und schweigsamen *Don,* den er in dem New Yorker Gefängnis vergeblich zum Sprechen zu bringen versucht hatte, nachdem er ihn durch halb Europa gejagt hatte.
Isola delle femine. Carini ... Alles begann nicht weit von hier, mit der Entdeckung des ersten Heroinlabors, in dem ein Marseiller Chemiker zusammen mit Don Gerlando Alberti seines Amtes waltete. Die erste internationale Ermittlung, die ihn mit dem Marseiller Richter Michel zusammengebracht hatte, der inzwischen ermordet worden war. Das war nun schon mehr als zehn Jahre her. Falcone war damals noch ein kleiner unbekannter Untersuchungsrichter, ein Neuling im Kampf gegen das organisierte Verbrechen. Das war noch vor den Kronzeugen, vor dem Maxi-Prozeß, vor seiner internationalen Anerkennung. Das war nicht weit von hier, in einem Hotel. Falcone hatte dessen ersten Besitzer nur sehr flüchtig gekannt, einen armen Kerl, der ihm die Entdeckung des Labors und damit die Verhaftung des als Chemiker fungierenden *Dons* und des Marseillers ermöglicht hatte. Der Hotelbesitzer wurde kurz danach umgebracht. Wie hieß der Ort nur gleich? Capaci.
Die Wagenkolonne fuhr gerade über einen kleinen Tunnel, nicht weit von Capaci, als sie von etwa einer Tonne Sprengstoff buchstäblich in tausend Stücke gerissen, und Hunderte von Metern in alle Richtungen zerstreut wurde. Um 18.08 Uhr blieben die Zeiger der Uhr von Francesca Morvillo, der Frau Giovanni Falcones, für immer stehen.
Giovanni Falcone und die drei Polizisten seiner Eskorte waren auf der Stelle tot. Der Todeskampf seiner Frau zog sich noch einige Stunden hin. Doch schon ertönte in den Straßen von Palermo ein langes Hupen. War es ein Zeichen der Trauer, der Wut oder der Verzweiflung? Die Mutigsten hängten weiße Laken an ihre Fenster, um ihren Zorn oder vielleicht auch ihre Trauer kundzutun, doch sicherlich demonstrierten sie nicht ihre Ergebung. Im selben Augenblick ging ein unmißverständliches Freudengeheul durch die Zellen des palermitanischen Gefängnisses Ucciardone. Die ganze Nacht feierten die inhaftierten *Dons* und »Soldaten« das Ereignis und tranken auf die Vernichtung ihrer Feinde und auf den Tod der »Hoffnung der ehrenhaften Palermitaner«.

Der unmögliche Kampf

Nach vier Jahren des Exils am Gericht von Marsalla war, kurz vor der Ermordung Giovanni Falcones, ein alter Bekannter nach Palermo zurückgekehrt. Der Staatsanwalt Paolo Borsellino, der Inbegriff eines Sizilianers und Paladin des Kampfes gegen die organisierte Kriminalität, schritt wieder durch die Flure des Justizpalastes. Wie soll man seine immer leicht amüsierten Augen hinter der Goldbrille vergessen oder seinen Schnurrbart, den sein mokantes Lächeln so oft hob? Es ist unmöglich, einen Freund als wandelnden Leichnam zu betrachten. Auch Paolo Borsellino lebte seit langem mit dem Damoklesschwert eines vorzeitigen, gewaltsamen Todes. Er sagte, er habe ihn gezähmt. »Er hat nicht mehr Bedeutung als ein Knopf an meiner Jacke.« Und doch war er am Tag nach der Ermordung seines Freundes Giovanni Falcone ein anderer Mensch; seine Bewegungen wirkten langsamer und seine Redeweise schwerfälliger.

Ein weiterer »lebender Toter«, der oberste Untersuchungsrichter von Palermo, der *consigliere* Rocco Chinnici hatte uns 1981 miteinander bekannt gemacht. Seine Ermordung am 28. Juli 1983 durch die Explosion eines mit 100 Kilo TNT-Sprengstoff beladenen Autos hatte uns einander näher gebracht. Einige Monate später floh Borsellino auf die sardische Insel Asinara. Auf dieser Teufelsinsel verfaßte er hinter den Mauern, die bis dato die gefährlichsten Terroristen ganz Italiens in Schach gehalten hatten, zusammen mit Giovanni Falcone die 8 607 Seiten des endlosen Verweisungsbeschlusses zur Aburteilung von 707 mutmaßlichen Ehrenmännern im Rahmen des ersten Maxi-Prozesses, der am 10. Februar 1986 eröffnet wurde. Gepanzerte »Ferien« im Familienkreise unter höchster Bewachung von Schiffen, Scharfschützen sowie Hubschraubern der *Carabinieri*. Eine seiner Töchter hielt dem Druck nicht stand und wurde magersüchtig.

Die Familie Borsellino wohnte in einer modernen Siedlung am Stadtrand, an der Grenze zu einem unbebauten Gelände. Hier herrscht eine heimelige, kleinbürgerliche Atmosphäre, und die Straßen sind nach großen Musikern benannt. Doch die Umgebung ist von einem polizeilichen Kontrollnetz überzogen, mit dessen Hilfe in Bomben verwandelten Autos und wilden Heckenschützen aufgelauert werden soll. Neben seinem Haus, im Erdgeschoß hinter den hohen Gittern, befindet sich ein Kinderhort mit einem englischen Namen, etwas wie Peter

Pan oder Kensington Gardens. Wie oft haben die Kinder, wenn sie draußen spielten, bis an die Zähne bewaffnete Polizisten in Zivil gesehen, die den hohen Beamten zu seinem gepanzerten Fahrzeug geleiteten? Wie oft waren sie wie benommen von den ohrenbetäubenden Sirenen der Wagenkolonne, die ihn in den Justizpalast geleitete?
Wenn Paolo Borsellino seine Tür öffnete, die auf den Treppenflur im achten Stock führte, forschte er mit unruhigem Blick nach Schatten von Besuchern. Ein Reflex: sich vergewissern, daß sich niemand irgendwo in dem düsteren Gang versteckt hielt. Im Gegensatz zu Giovanni Falcone hätte Paolo Borsellino nirgendwo anders als in Sizilien leben können. Sein Haus ist das eines Inselbewohners: lebendig, kostbar eingerichtet, behaglich. Die Engländer haben dafür ein Wort, das es besser als jedes andere ausdrückt: *cosy*. In einem Zimmer neben dem Salon ein improvisierter Schreibtisch, leise ertönt das rhythmische Tick-Tack einer Pendeluhr – ein Geschenk seiner Stellvertretenden Staatsanwälte in Marsalla. An der Wand die Fahne des Königreiches Italien, eine Erinnerung an den verstorbenen Vater, daneben eine sizilianische Marionette, ein Ritter, ein Recke, ein Paladin aus einem Heldenepos. Das Regal in seiner Bibliothek, das den Büchern über die organisierte Kriminalität gewidmet ist, enthält nur wenige Bände.
Paolo Borsellino, der der neofaschistischen Bewegung *MSI* nahestand, glaubte, der Zweck heilige die Mittel. Darin konnten wir nicht einer Meinung sein. Bevor er vor fünf Jahren seinen Posten als Oberstaatsanwalt von Marsalla angetreten hatte, hatte er mir erklärt, dieser Schritt sei für ihn die beste Möglichkeit, eine gleichwertige Stellung in Palermo zu erhalten, von wo aus er die *Cosa Nostra* am effektivsten bekämpfen könne. Er hatte unerwähnt gelassen, daß er einzig wegen seiner Verdienste als Fachmann des Kampfes gegen die organisierte Kriminalität berufen worden war und damit ein anderer Beamter, der nach dem Ancienniätsprinzip auf diesen Posten eigentlich ein Anrecht gehabt hätte, leer ausging. Der Schriftsteller Leonardo Sciascia hatte sich über diese Blitzbeförderung entrüstet und sah darin eine Gelegenheit, die Fachleute der Anti-Mafia anzuprangern: »Die Anti-Mafia ist ein Machtinstrument, das weder Zweifel noch Uneinigkeit noch Kritik erlaubt« – um daran zu erinnern, daß in einem Rechtsstaat das Gesetz vor allem Formsache ist.
Wie bei all unseren Begegnungen erging sich Borsellino des langen und

breiten über die Art und Weise, mit der die *Cosa Nostra* das soziale Gefüge durchdringt, über ihre Heimatverbundenheit, die Entwicklung ihrer Struktur, darüber, wie die verschiedenen »Familien« die einzelnen Territorien unter sich aufteilen und über die Bedeutung des Drogenhandels für die palermitanischen »Familien«. Wir tauschten nur den Eingeweihten vorbehaltene Informationen aus, erinnerten an manche Ehrenmänner, als sprächen wir von alten Bekannten, und stellten Hypothesen über den Zustand der *Cosa Nostra* auf.
Jedesmal brannte mir eine Frage auf den Lippen. Aber nie wagte ich ihn zu fragen: Warum machen Sie weiter? Ist es sinnvoll, sein Leben zu riskieren, wenn man so isoliert ist? Er hätte mir sicherlich geantwortet, daß er für die kommenden Generationen arbeite, auf die er seine ganze Hoffnung setzte. Wie seine Kollegen so war auch Paolo Borsellino in eine tödliche und unlösbare Falle geraten. Er sollte ein politisches System – muß man Staat schreiben? – verteidigen, das bis in die höchsten Ebenen vom organisierten Verbrechen durchsetzt ist, ein Wirtschaftssystem, das vom Geld der *Cosa Nostra* gespeist wird. Paolo Borsellino – oder der unmögliche Kampf.
Borsellino verfolgte sehr genau die Ermittlungen über die Morde an Lima und Falcone. Er dachte, daß beide Todesfälle miteinander zusammenhingen. Er sagte, daß die Lösung bei den sagenhaften, von Lima kontrollierten Zuschlagserteilungen zu suchen sei, über die Falcone unmittelbar vor seinem Tod ermittelt hatte. Ihm war bewußt, daß er der nächste auf der Liste war. Im Dezember 1991 war ein Ehrenmann, der den Auftrag hatte, ihn zu ermorden, reuig geworden, war niedergekniet und hatte ihm die Hand geküßt. Dann hatte er ihn um Verzeihung gebeten. Der Killer sprach von einer unwiderruflichen Verurteilung, deren Gründe auch außerhalb der Landesgrenzen zu suchen seien. Er sagte, daß der Richter sterben müsse, weil er sich an mächtige Waffen- und Drogenhandelsnetze gewagt hatte, deren Sitze in Sizilien und Deutschland seien. Würde Borsellino zum ersten Opfer eines Europa der organisierten Kriminalität? Der Richter war sich darüber klar, daß die Ausführung des von der *Cosa Nostra* verkündeten »Urteilsspruchs« infolge der Enthüllungen des Kronzeugen nur verschoben war. Der Gipfel der Grausamkeit: Am 13. Juli 1992 teilte Borsellino ein Informant mit, daß der für ihn bestimmte Sprengstoff in der Stadt eingetroffen sei.
Paolo Borsellino war über seine eigene Reaktion auf diese Ankündi-

gung erstaunt. Beinahe ärgerte ihn das Fehlen jeglicher Emotion – es war, als handle es sich um jemanden anderen, als sei hier nicht von seinem persönlichen Tod die Rede. Vielleicht hatte er zu viel gesehen, um noch das geringste Selbstmitleid zu empfinden? Wenn Tomasi di Lampedusa von seinen Landsleuten sprach, nannte er sie ein heidnisches Volk.

Ich möchte meinen hochgeschätzten Freund Paolo Borsellino in Erinnerung behalten, wie er etwas gebückt im Halbdunkel seines Büros sitzt, eine Zigarette nach der anderen raucht und durchdrungen ist von der Leidenschaft für seinen Beruf, der immer mehr einem heiligen Amt, einem Kreuzzug, ja vielleicht sogar einer ganz eigenen Art, den Tod zu wählen, glich. Andere Bilder drängen sich meinem Gedächtnis auf: Seine amüsierte Gereiztheit über den Verkehrsstau, den die Sirenen seines Geleitwagens hervorriefen, die ihm doch eigentlich im palermitanischen Straßenverkehr freie Bahn schaffen sollten. Ich sehe ihn vor mir, wie er in seinem Büro des Justizpalasts dabei ist, sich auf das Verhör eines Ehremannes vorzubereiten, der eben verhaftet worden ist. Und ich erinnere mich eines Borsellino, der hinter Bergen von Bankbelegen und Durchsuchungsprotokollen beinahe verschwindet und versucht, Licht in die Geschäfte der »Familien« zu bringen.

An alles denken, nur nicht an seinen verkohlten Körper mit dem abgerissenen rechten Arm, der auf der Außentreppe des Gebäudes liegt, in dem seine Mutter wohnt – in der Stille nach der Explosion und einen Augenblick bevor die Benzintanks der in der Straße parkenden Autos in die Luft gehen und die Tausende Trümmer aus Metall, Glas, Stein und menschlichen Körpern im Umkreis niedergehen, überall Flammen lodern und endlich die Sirenen ertönen; einen Augenblick bevor die Stadt erfährt, daß Staatsanwalt Paolo Borsellino und seine aus fünf Leibwächtern bestehende Eskorte am Sonntag, den 19. Juli 1992, kurz vor 17 Uhr, von Dutzenden Kilo Sprengstoff im Marktviertel Palermos getötet wurden.

Nach zwei Monaten begann der Alptraum von neuem. Die Stadt wurde von den Sirenen der wie wahnsinnig dahinrasenden Polizeiautos betäubt, dann ertönte wie ein Echo das wilde hundertfache Hupen trauernder Palermitaner. Die weißen Laken erschienen wieder an den Fenstern und auf den Balkonen. Mit Wut im Bauch gingen Zehntausende Menschen auf die Straßen, um gegen die Herrschaft der *Cosa Nostra* zu demonstrieren. Dann folgte die Beerdigung, auf der die

aufgebrachte Menge die Politiker und die Polizeichefs auspfiff und anrempelte.
Junge Richter und alte, im Dienst ergraute Polizeibeamte schrien ihre Verzweiflung heraus. Borsellino war ihre letzte Stütze gewesen. Einer der letzten Überlebenden des Krieges der achtziger Jahre gegen das organisierte Verbrechen, eine der letzten Größen des Justizapparates. Auch war er einer der wenigen Richter gewesen, die sich imstande gezeigt hatten, einen Gegenangriff gegen die *Cosa Nostra* zu organisieren. Mit seiner Ermordung erlischt die Hoffnung: Die Rechtsfront gegen die palermitanischen »Familien« zerfällt in tausend Stücke. »Alles ist zu Ende«, kommentierte der ehemalige Staatsanwalt von Palermo, Antonio Caponnetto, Begründer des einstigen »Antimafia-Pools« des Palermer Justizpalastes.

Die Phantome des Hohen Kommissariats

In der sommerlichen Hitze leckte Palermo seine Wunden und verfluchte Rom, auf das sich seine Verbitterung konzentrierte. Rom, wo der Kampf gegen die organisierte Kriminalität aufgenommen – und wieder abgeblasen wurde. Rom mit seiner Kurzsichtigkeit. Rom, wo man nicht vorausdenken kann, wo man völlig improvisiert in den Tag hineinlebt. Hier regiert ebenso wie in Palermo ein einziges Motto: Alles ändern, damit sich nichts ändert.
Auf der Piazza Cola di Rienzo, einem Platz in einem volkstümlichen Stadtviertel, ein paar Meter vom Tiber entfernt, stehen zwei vierstökkige Gebäude im Schutz eines schweren Metallgitters: Bis zum Herbst 1992 befand sich hier das Hohe Kommissariat, das mit dem Kampf gegen die organisierte Kriminalität beauftragt war. Bewaffnete Polizisten, Videokameras in allen Ecken, doch kein Türschild. Absolute Diskretion für ein offenes Geheimnis – die ganze Stadt wußte, was sich hier verbarg.
Der Sitz des Hohen Kommissariats ist unweit von dem der Gegenspionage (*SISDE*) und des staatlichen Fernsehens, der *RAI* entfernt. Das hat geradezu symbolischen Charakter. Denn noch nie wurde ein Geheimdienst mehr von den Medien in Beschlag genommen, insbesondere seit Richter Domenico Sica 1988 an seine Spitze berufen wurde. Der Posten hätte eigentlich Richter Falcone zugestanden, doch Innen-

minister Antonio Gava zog einen römischeren Beamten vor, einen Spezialisten für Intrigen des Justizpalastes, der vertraut war mit Ermittlungen, die zu heikel waren, um zu wirklichen Ergebnissen führen zu können (von der Affäre Aldo Moro bis zu den Geheimnissen der Loge P 2). Böse Zungen konnten den Machiavellismus dieses neapolitanischen Politikers nur loben, der durch die Berufung des Richters Sica an die Spitze des Hohen Kommissariats die Pläne eines anderen Richters, Falcone, durchkreuzte. Gava selbst stammte übrigens aus einer Politikerdynastie, deren Wurzel in einem Land der *Camorra* zu suchen waren.

Anfang der neunziger Jahre schien das Hohe Kommissariat der Geheimdienst zu sein, der für den Kampf gegen die Beherrschung der EG durch die organisierte Kriminalität am besten geeignet war. Das Hohe Kommissariat, das in allen großen Städten der Halbinsel über Außenstellen verfügte, hatte theoretisch Zugang zu den geheimsten Akten aller italienischen Gerichte, der verschiedenen Polizeiorgane und der Spionage- und Gegenspionagedienste. Er besaß seine eigenen Datenbanken und Karteien und hörte alle Telefongespräche ab, die als aufschlußreich erachtet wurden. Eine Handvoll Richter und Archivare wurde eingestellt, um die Geheimagenten, die man aus den verschiedenen Polizeiorganen Italiens rekrutiert hatte, zu unterstützen.

Doch nach und nach wurden dem Hohen Kommissariat seine Befugnisse genommen. Sica befand sich bald in derselben Situation wie General Dalla Chiesa kurz vor seinem Tod: Er hatte »eine Pistole ohne Munition« in den Händen. Die Richter, die ihn umgaben, wurden auf ihre jeweiligen Staatsanwaltschaftsposten zurückgeschickt oder mit dem hochtrabenden Titel eines »Beraters« in den Schränken des Innenministeriums abgestellt. Danach reduzierte man drastisch die Quote der erlaubten Abhöraktionen. Und schlimmer noch: Ermittlungen über Politiker und Industrielle, die der *Cosa Nostra* nahestanden, wurden wegen zu häufiger Indiskretionen undurchführbar. Nachdem der Präfekt Sica seine Leute auf die Jagd nach Rosario Spadaro geschickt hatte, einem mächtigen sizilianischen Geschäftsmann, der festen Fuß auf der Insel Saint Martin, dem Paradies der Kokainhändler, gefaßt hatte, wurde ihm allmählich klar, daß dieser ihn betreffende Berichte vom Hohen Kommissariat erhielt.

Das Hohe Kommissariat war bereits nicht mehr als irgendein Geheimdienst unter anderen, als die italienische Regierung ihm im Herbst

1991 den Gnadenstoß versetzte, indem sie eine völlige Umstrukturierung aller Körperschaften ankündigte. Eine jahrelange Arbeit wurde durch eine Ministerunterschrift zunichte gemacht, Ermittlungen vereitelt und das Team von 200 Leuten, das Sica nach Kräften zusammengeschweißt hatte, in alle Winde verstreut. Jeder ging zu seiner ursprünglichen Institution zurück, die meisten somit zur korrupten und unzuverlässigen Gegenspionage (*SISDE*), während andere in die neue Organisation eintraten, die sich nun dem Kampf gegen die organisierte Kriminalität widmen sollte: die *DIA*, die fast ausschließlich aus Polizeibeamten bestand, welche bereits fürchteten, ihre Institution erleide dasselbe Schicksal wie das Hohe Kommissariat: mitten in den Ermittlungen von römischen Politikern zerstört zu werden.
Im Frühjahr 1992 gab es nur noch einige wenige Geheimagenten in den Räumen des Hohen Kommissariats. Die höheren Offiziere, die aus den Rängen verschiedener Polizeiorgane oder Geheimdienste stammten, warteten nur noch darauf, in ihre früheren Organe abgeordert zu werden; es waren verbitterte Männer, enttäuscht vom vorzeitigen Ende des Abenteuers. Bei den vorangegangenen Wahlen hatten manche die Sozialisten gewählt, jetzt waren sie verunsichert. Sie wußten von zu vielen Kollisionen zwischen dem organisierten Verbrechen und der Sozialistischen Partei Italien, als daß sie noch an bloßen Zufall hätten glauben mögen. Von Reggio di Calabria über Venedig bis nach Mailand gab es zahllose hohe sozialistische Würdenträger, die sich mit Ehrenmännern eingelassen hatten. Die angewiderten Geheimagenten begnügten sich nun, die laufenden Angelegenheiten zu erledigen. Waren ihre Akten einmal geschlossen, bestand ihre Hauptaktivität darin, sich um die gefährlichste Waffe zu kümmern, die dem Hohen Kommissariat zur Verfügung stand: die Mafiaaussteiger – die Kronzeugen.

Die Kronzeugen

Paolo Borsellino war der erste, der mich über die Bedeutung der Kronzeugen für die Richter und Polizisten im Einsatz gegen das organisierte Verbrechen aufklärte. Im schlechtesten Fall waren sie nur die Augen und Ohren der Staatsbeamten. Im günstigsten Fall ermöglichten sie ihnen, fundierte Anklageakten zu erstellen.

»Seit zehn Jahren habe ich Kronzeugen unter meiner Aufsicht, im Ganzen waren es etwa ein Dutzend«, sagte er kurz vor seinem Tode. »Heute kümmere ich mich um sechs von ihnen; darunter ist ein ungemein interessanter Ehrenmann, der uns ein Bild vom augenblicklichen Zustand der *Cosa Nostra* liefert, ein Gegenwartsbild, im Gegensatz zu den anderen Mafiaaussteigern, deren Kenntnisse schon überholt sind. Er gehört zu den dreißig Kronzeugen, die in letzter Zeit in Erscheinung getreten sind, um gegen die totalitäre Herrschaft Toto Riinas innerhalb der *Cosa Nostra* zu protestieren. Später, wenn meine Ermittlungen abgeschlossen sind, werde ich Ihnen den Mann vorstellen. Tja, und was noch wichtiger ist: Seit kurzem haben auch Frauen eingewilligt, mit mir zusammenzuarbeiten.«

»Aber es gibt doch nur wenige Frauen innerhalb der *Cosa Nostra*.«

»Ich habe immer versucht, die Ehefrauen der Bosse zum Reden zu bewegen und zwar deshalb, weil sie in der sizilianischen Gesellschaft eine so zentrale Rolle spielen«, erläutert Paolo Borsellino. »Als Frauen können sie nicht zur Organisation gehören, von Ausnahmen abgesehen. Aber als Mütter, Schwestern oder Ehefrauen von Bossen kennen sie alle Geheimnisse.«

Im Frühjahr 1992 hatte Paolo Borsellino drei Mitarbeiterinnen ersten Ranges. Die eine Kollaborateurin, eine junge Sizilianerin von 18 Jahren, stürzte sich zehn Tage nach dem Tod Borsellinos aus einem Fenster ihrer römischen Wohnung, wo sie unter Polizeischutz wohnte. Bevor sie vom siebten Stock in die Tiefe sprang, hatte sie geschrieben, sie fühle sich nun nicht mehr sicher. Mit den Kronzeugen ist es ungefähr so wie mit den Informationsträgern der Geheimdienste; die Verbindungen zu ihren »Manipulatoren« werden von Mechanismen bestimmt, die ebenso empfindlich wie delikat sind. Kurz nach der Beerdigung der jungen Frau schändete ihre eigene Mutter deren Grab, um öffentlich zu zeigen, daß sie mit der Handlungsweise ihrer Tochter nicht einverstanden gewesen war.

In dem Augenblick, in dem das Hohe Kommissariat aufgelöst wurde, war es noch für fast 180 Kronzeugen der *Cosa Nostra*, der *Camorra*, der *'Ndrangheta* und der *Sacra Corona Unita* zuständig – alle waren über die ganze Halbinsel verstreut, verkrochen sich in kleinen, von den Geheimdiensten überwachten Landhäusern, wo sie in vollkommener Anonymität lebten und darauf warteten, daß sich der italienische Staat ihres Schicksals annehmen möge. Sie wohnten oft mit Frauen und

Kindern, ja zuweilen sogar mit der übrigen Verwandtschaft in diesen Verstecken. Im Ganzen lebten fast 1500 Menschen auf Kosten des Hohen Kommissariats, das zeitweilig über ein Budget von umgerechnet mehr als hundert Millionen D-Mark verfügte, das für deren Unterhalt bestimmt war. Mit einem dieser Kronzeugen, den wir hier Raffaele nennen wollen, konnte ich ein Treffen vereinbaren.
Der Kronzeuge wartete in einem kleinen Provinzbahnhof auf mich, gut hundert Kilometer von seinem gegenwärtigen Wohnort entfernt. Es war ein kleiner, gedrungener Mann mit sonnenverbranntem Gesicht. Er hatte kurzes Haar und trug einen Spitzbart, der ihm den scheinbaren Eindruck eines trotzkistischen Intellektuellen der zwanziger Jahre verlieh. In einem Monat hätte er vielleicht einen Bart, den er kurze Zeit später wieder abrasieren würde. Er wohnte eine knappe Stunde entfernt, doch er wollte nicht, daß seine Frau und seine Kinder bei unserem Gespräch anwesend waren.
»Sie wissen nicht einmal, daß ich hier bin, ich habe meiner Frau nur gesagt, ich ginge zum Fischen.«
»Aber Ihre Familie weiß Bescheid?«
»Meine Frau ja, mein ältester Sohn nicht. Er ist dreizehn, ich habe ihm noch nichts gesagt. Aber ich glaube, daß er etwas ahnt. Glauben Sie, daß ich es ihm sagen sollte?«
Ihm was sagen? Daß sein Vater ein Mörder und zudem ein Verräter ist? Nichtsdestotrotz war Raffaele kein gewöhnlicher Verbrecher. Im Gegensatz zu seinesgleichen konnte er nicht Armut als Entschuldigung vorweisen: Sein Vater, ein Großgrundbesitzer in der Gegend von Neapel, war reich genug, um ihm alle Chancen zum Verlassen des Milieus zu bieten. Doch Raffaele verstand nicht, sie zu ergreifen. Er führte ein unstetes Leben, hatte mit zwielichtigen Leuten Umgang und kam schließlich wegen einer kleinen Gaunerei ins neapolitanische Gefängnis von Poggioreale. Poggioreale ist so etwas wie *Camorra-City*. Damals wurde die Haftanstalt von Raffaele Cutolo kontrolliert, dem Boß der *Neuen Organisierten Camorra* (NCO). Raffaele war bald dabei. Um ihn zu testen, befahlen ihm seine Mithäftlinge, einen ersten Mord zu begehen. Nachdem er seine Untat ausgeführt hatte, erhob man ihn in den Stand eines *piciotto*, dann in den eines *comorrista* und eines *sgarrista*. Die Einführung mit eingeschnittenem Zeigefinger, Schwur, Handküssen und dem ganzen Drumherum kennt er auswendig.

Wie viele Menschen hat Raffaele getötet?
»Vielleicht vierzig«, sagt er, »aber ich habe schon lange aufgehört, sie zu zählen.«
Das war wohl besser so. Er erinnerte sich, mit allen nur erdenklichen Mordinstrumenten, mit einfachen Messern, durch Erwürgen und einer Vielzahl Feuerwaffen sowie mit den bloßen Händen getötet zu haben...
Wir waren in eine der wenigen Bars der Stadt gegangen, wo man sitzen konnte. Raffaele erzählte vom neapolitanischen Bandenkrieg, vom Drogenhandel, den er in Europa und anderswo organisiert hatte, sprach über die Beherrschung eines Territoriums durch seine »Familie«, über organisierte Erpressung von Kaufleuten, über Unterschlagungen von EG-Subventionen und über die Komplizenschaft von Politikern und Polizisten. Ein schwindelerregender Bericht, den er schon oft bis zum Überdruß erzählt hat. Während wir redeten, ertönte lautstark eine Art Rockmusik aus der Juke-Box. Der Sänger war Neapolitaner. Vielleicht war es doch ein wenig zu gefährlich, solche Greuel in aller Öffentlichkeit zu erörtern.
»Das nächste Mal sollten wir uns besser in einem Hotelzimmer treffen oder besser noch an einem Strand, wenn es dunkel wird.«
Einige Minuten später standen wir auf dem Bahnsteig und warteten auf den Zug, der ihn zurückbringen sollte. Auf dem Gleis gegenüber kündigte man die Einfahrt des Expreßzuges nach Neapel an. Es genügte, einmal Pech zu haben und im falschen Zug zu sitzen und er träfe einen früheren Waffenbruder, einen jener Männer, die ihn suchen, um ihn zu töten.
»Wenn da nicht meine Frau und meine Kinder wären, dann wär's mir egal«, sagt der Mafiaaussteiger. »Was für eine Zukunft habe ich schon? Ich kann nur eines: töten. Im Augenblick überlebe ich dank des Hohen Kommissariats, das mir einen Unterschlupf gewährt und mir aus seinen Geheimfonds monatlich Geld bezahlt (ca. 1600 D-Mark). Aber für den Staat existiere ich nicht.«
Die juristischen Irrtümer waren noch immer kraß. Doch die Dinge kamen in Gang. Ein Gesetz über die Kronzeugen sollte die Ungerechtigkeit abschaffen, indem es den Kollaborateuren, wenn nicht amerikanische Verhältnisse, so doch zumindest rechtliche Erleichtungen und die Möglichkeit gewähren sollte, ihr Leben noch einmal von vorne zu beginnen; sie sollten eine neue Identität annehmen können, eine

Rente oder die Garantie für einen Arbeitsplatz erhalten. Man sah sogar vor, für die Familien der wichtigsten Mafiaaussteiger zu sorgen, damit jede »transversale« Rache ausgeschaltet werden konnte – eine große Anzahl der Verwandten von Tommaso Buscetta, Salvatore Contorno und Francesco Marino Mannoia zum Beispiel wurde in Sizilien umgebracht. Aber die Kleinen, die weniger Bedeutenden vom Schlage eines Raffaele hatten weiterhin Angst.

»Wer wird sich um uns kümmern?«

Ich erzählte ihm von einer quasi geheimen Organisation, die nur vom Innenministerium abhing, einer Art Superpolizei für Kronzeugen, von der man in der Öffentlichkeit nur sehr wenig wisse.

»Und das Hohe Kommissariat?« fragte der Kronzeuge.

»Das gibt es nicht mehr.«

»Und die Freunde, die ich dort hatte?«

»Vergessen Sie sie.«

Der Zug fuhr ein. Ein kleiner gebrochener und trauriger Mann bestieg ihn.

»Die Kronzeugen sind ein zweischneidiges Schwert«, erklärt ein Geheimagent des Hohen Kommissariats. »Dynamit, das uns jeden Augenblick in die Luft sprengen kann. Unser Raffaele hat uns eine Menge Schwierigkeiten bereitet. Ich betreue ihn seit Jahren. Mehr als einmal habe ich ihm aus finanziellen Zwangslagen herausgeholfen. Er war mit Drogenhändlern in Verbindung getreten und fing wieder an wie früher. Er hatte sogar versucht, sie zu betrügen, sie wollten ihn töten. Wir haben ihn in letzter Minute fortbringen müssen. Ein anderer ärgerlicher Fall: Vor einigen Monaten gingen ein paar Kollegen mit einem ehemaligen Ehrenmann aus der Familie von Catania, für den sie verantwortlich waren, für einen Abend in einen Nachtclub. Sie wollten sich dort ein wenig entspannen. Der *Don* hatte alles getan, was man von ihm wollte und hatte bereits die Gerichtsprotokolle unterschrieben. Dieser Dummkopf nutzte die Unaufmerksamkeit seiner Schutzengel, um sich aus dem Staube zu machen. Er tauchte in Catania wieder auf, wo er dann ermordet wurde.«

Der Stellvertretende Staatsanwalt von Palermo, Domenico Signorino, war gewohnt, mit Kronzeugen umzugehen. Beim ersten Maxi-Prozeß von Palermo war er mit der Anklageerhebung betraut und hatte sich dabei großenteils der Zeugenaussagen Tommaso Buscettas und Salvatore Contornos bedient. Er kannte beide Männer gut und hatte an den

ersten Vernehmungen von Contorno teilgenommen. Und doch wurde er im November 1992 ein Opfer der Denunziation. Dem Kronzeugen Gaspare Mutolo zufolge, der selbst Heroinhändler und ehemaliger Chauffeur Toto Riinas war, stand der Staatsanwalt mit einigen palermitanischen »Familien« in Verbindung. Hauptsächlicher Anklagepunkt des Mafiaaussteigers: Eine Luxuswohnung auf der Via Mater Dolorosa in Palermo, die Signorino 1982 günstig und mit unglaublichen Zahlungserleichterungen gekauft habe und die er dank der Vermittlung des ortsansässigen *Dons* Rosario Riccobono, genannt der Terrorist, erhalten habe. »Riccobono hat diese Information nicht für sich behalten«, erklärte Gaspare Mutolo im wesentlichen; er habe zahlreichen Leuten erzählt, Signorino sei »fügsam gemacht« worden und habe dieses »Geschenk« als Gegenleistung für seine Intervention bei einer Ermittlung über die Familie von Villagrazia erhalten. Um seine Anschuldigungen zu untermauern, behauptete Gaspare Mutolo, den hohen Beamten besucht zu haben, und beschrieb die besagte Wohnung detailliert. Als diese Beschuldigungen von der Presse veröffentlicht wurden, verlor der Staatsanwalt die Nerven und schoß sich am 3. Dezember 1992, nachdem er einen anonymen Brief erhalten hatte, eine Kugel durch den Kopf. Kurz zuvor hatten sich auch zwei andere Sizilianer umgebracht, ein Rechtsanwalt und ein Industrieller, die von Kronzeugen der Kollusion mit der *Cosa Nostra* angeklagt worden waren; auch sie hatten ihre Unschuld beteuert. Selbst wenn Domenico Signorino in seinen posthum ausgestrahlten Interviews an die Bedeutung der Kronzeugen erinnerte, so gedachte Italien ein wenig zu spät der Worte des großen Juristen Cesare Beccaria, der bereits am Ende des 17. Jahrhunderts empfahl, man möge sich nur unter großen Vorbehalten der Anschuldigungen von Verbrechern bedienen, denen die Zusammenarbeit mit der Justiz Probleme bereitete.
Ebenso beklagenswert war die Affäre Contorno. Salvatore Contorno, der in den Vereinigten Staaten Zuflucht gesucht hatte und zum wahrhaften amerikanischen Star des ersten Maxi-Prozesses von Palermo wurde, dieser – nach Tommaso Buscetta – zweite bedeutende Kronzeuge war Anfang 1989 nach Sizilien zurückgekehrt und zwar aus undurchsichtigen Gründen, die weder den amerikanischen Polizeibeamten noch den italienischen Richtern hatten entgangen sein können, denn sie wurden regelmäßig über die Reisen des ehemaligen Ehrenmannes unterrichtet.

Nicht jeder in Palermo war von der Rückkehr Salvatore Contornos in Kenntnis gesetzt worden. Die städtische Kriminalpolizei, die über eine Serie von Attentaten ermittelte, die von Contornos Cousin Gaetano Grado und seiner »Soldatenkompanie«, einer anti-corleonesischen[48] Organisation, begangen worden waren, machte ihn bald ausfindig. Nach einigen Tagen der Beschattung und Beobachtung wurden Salvatore Contorno und sein Cousin am 26. Mai 1989 in einem Haus, in dem man eine große Menge Waffen fand, festgenommen. Kein Zweifel, die Geschichte war peinlich und warf vielfältige Fragen auf. Was tat der Kronzeuge in Begleitung des Chefs einer bewaffneten Bande, die begonnen hatte, alle Corleoneser umzubringen, die in ihre Schußlinie kamen? War Salvatore Contorno nach Sizilien zurückgekehrt, um sich der Soldatenkompanie anzuschließen? Spielte er in diesem Fall ein doppeltes Spiel oder agierte er mit Zustimmung der Verantwortlichen, mit denen er regen Kontakt pflegte? Tommaso Buscetta behauptete, sein Freund Contorno sei auf Befehl nach Sizilien zurückgekehrt. Auf wessen Befehl hin? Das blieb ein Rätsel. Man versuchte, die Affäre zu vertuschen, Grado kam ins Gefängnis, doch Contorno wurde freigelassen.

Die Affäre wirbelte viel Staub auf im Justizpalast von Palermo, wo die Richter gar nicht mehr aufhören wollten, einander zu bekriegen. Alberto Di Pisa, einer der Staatsanwälte des *Anti-Cosa-Nostra-Pools* scheute nicht davor zurück, in Privatgesprächen seinen Kollegen Giovanni Falcone zu beschuldigen, er habe Contorno und die Soldatenkompanie »manipuliert«, um sich der Corleoneser zu entledigen. Er vertraute diese Vermutung sogar dem Direktor des Hohen Kommissariats, dem Präfekten Domenico Sica an.

Kurz darauf schickte ein anonymer Briefschreiber sieben Briefe an verschiedene italienische Persönlichkeiten des öffentlichen Lebens, in denen er die Anklagen von Di Pisa aufgriff. War er selbst der Urheber aller Briefe? Die ersten Elemente der Ermittlung ermöglichten es, festzustellen, daß der Initiator im palermitanischen Justizpalast selbst zu suchen war. Da Domenico Sica in den Sendungen des anonymen Briefschreibers manche von Di Pisa verwendeten Ausdrücke zu erkennen glaubte, rief er den Staatsanwalt unter einem Vorwand zu sich.

48 Siehe Kapitel 5.

Tatsächlich nutzte der Präfekt die Gelegenheit des Zusammentreffens, um von dem Nichtsahnenden Fingerabdrücke abzunehmen und sie danach mit denen zu vergleichen, die der Briefschreiber von Palermo auf einem seiner Briefe hinterlassen hatte. Es kam zu einem öffentlichen Skandal; Di Pisa verlor seinen Posten am Gericht von Palermo, und es wurde Anklage gegen ihn erhoben. Die Affäre Contorno wurde zur Affäre des anonymen Briefschreibers. Was den Kronzeugen betraf, so konnte er sich nur ganz klein machen, in der Hoffnung, bald für immer vergessen zu werden.

»Salvatore Contorno ist kein Mann, mit dem leicht umzugehen ist«, erklärt ein Geheimagent des Hohen Kommissariats. »Seit dem Skandal weigert er sich, mit der Justiz zusammenzuarbeiten. Er befindet sich immer noch in Italien. Er lebt in der Nähe einer großen Stadt, wo er sich gerade ein Haus baut. Als ich ihn das letzte Mal sah, hatte er eine Maurerkelle in der Hand.«

Vom Kampf gegen die organisierte Kriminalität in Europa

Die Richter, mit denen ich auf meinen Reisen in Italien zusammentraf, hofften lange Zeit, daß das Auftreten der Kronzeugen die *Cosa Nostra* vernichten würde, wie es beim Terrorismus geschehen war. Dann wurde ihnen klar, daß es bei der organisierten Kriminalität keine ideologischen oder politischen Krisen gab. Und mit gutem Grund: Sie wollte nicht die Welt verändern, ihr Ziel war es, den Status quo aufrechtzuhalten und den sozialen Aufstieg ihrer Mitglieder zu gewährleisten. Die Richter und Staatsanwälte begriffen ebenso, daß ihre Institutionen dem steigenden Einfluß der Verbrecherorganisationen nicht gewachsen waren. Die mangelnde Koordination war nachteilig für ein gutes Funktionieren der Justiz. Beispielsweise warteten die römischen Richter, die über den zweifelhaften »Selbstmord« des Bankiers Roberto Calvi zu ermitteln hatten, vergeblich darauf, daß London ihnen die Akten über den mutmaßlichen Mörder des Bankiers, Francesco Di Carlo, zuschicken möge. Sie wußten nicht, daß die Dokumente im Rahmen einer gegen den Clan *Caruana-Cuntretra* eingeleiteten Voruntersuchung bereits in Palermo angelangt waren.

Um diesem fehlenden Zusammenwirken abzuhelfen, plante Giovanni Falcone 1991 – wie bereits erwähnt – alle Angelegenheiten der organi-

sierten Kriminalität unter dem Dach einer Rechtsinstitution, der *DNA (Direzione Nazionale Antimafia)* zusammenzufassen; sie sollte gut zwanzig »Superstaatsanwaltschaften« übergeordnet sein, die ihren Sitz an den größten italienischen Gerichten hätten. Theoretisch hätte Falcone die Leitung der *DNA* übernehmen sollen, doch war er bei der italienischen Richter- und Staatsanwaltschaft nicht unangefochten. Eifersüchteleien, Rivalitäten und interne Streitigkeiten waren derart ausgeprägt, daß man seinem Plan zu seinen Lebzeiten keine großen Aussichten auf Erfolg beschied. Anfang 1992 sprach sich der Oberste Rat der Justiz (*CSM*) zugunsten Agostino Cordovas aus, dem Staatsanwalt von Reggio di Calabria, der als Fachmann in Ermittlungen gegen die *'Ndrangheta* galt, wohingegen Justizminister Claudio Martelli allen Widerständen zum Trotz den Standpunkt vertrat, daß Falcone der einzig mögliche Direktor der *DNA* sei.
Auch die Ermordung des Richters beendete die Kraftprobe zwischen dem Obersten Rat der Justiz und dem Justizminister nicht. Claudio Martelli wollte nichts mehr von Agostino Cordova hören, seit er wußte, daß der Richter über die Verbindungen der kalabresischen PSI zur *'Ndrangheta* ermittelte. Die endlose Konfrontation, die daraus folgte, ließ hinsichtlich des Handlungsspielraumes der DNA das Schlimmste befürchten; denn bereits vor ihrer Entstehung wurde von politischer Seite versucht, Einfluß zu nehmen, während die Richter- und Staatsanwaltschaft durch innere Kämpfe gespalten war.
Eine rechtlich derart unsichere Lage verwirrte die europäischen Staatsbeamten, deren Aufgabe der Kampf gegen die organisierte Kriminalität war. Nur wenige wagten es, sich direkt mit den italienischen Gerichten einzulassen. Alle erklärten, es sei schwierig, sich auf einem Terrain zu bewegen, das von inneren Rivalitäten vermint war. Beispielsweise vermieden es die ausländischen Richter, die mit dem Hohen Kommissariat bis zu dessen Auflösung zusammenarbeiteten, sich an Giovanni Falcone zu wenden und vice versa – so ausgeprägt war die Feindschaft zwischen den italienischen Hauptpolen der Verbrechensbekämpfung. Es versteht sich von selbst, daß diese Spaltungen sich immer negativ auf die laufenden Ermittlungen auswirkten.
Die Unordnung, die in den Rängen des Polizeiapparates herrschte, war nicht minder besorgniserregend. Ursache dafür waren versteckte, innere Zwistigkeiten und das neuerliche Eingreifen der Geheimdienste in den Kampf gegen die organisierte Kriminalität. Der *SISMI*,

Geheimdienst für Auslandsspionage, eignete sich nur bedingt, sich der internationalen Verbindungen der *Cosa Nostra*-»Familien« anzunehmen. Was die Fragen der Bürokratie betraf, so fungierte er als alleiniger Verhandlungspartner für die verschiedenen europäischen Geheimdienste, in deren Bereich die organisierte Kriminalität fiel. Die Errichtung einer neuen polizeilichen Behörde, der *DIA (Direzione Investigativa Antimafia)*, die an die Stelle des Hohen Kommissariats trat, sorgte noch zusätzlich für Verwirrung. Die europäischen Ermittler, an die die Männer von der *DIA* herantraten, mußten darauf achtgeben, daß sie sich nicht in den Kompetenzbereich der anderen italienischen Nachrichtendienste einmischten, die den Zutritt der neuen Polizeibeamten zu ihren Revieren nicht gerade mit Wohlwollen betrachteten.

Diese ständige Fluktuation des Personals wirkte sich negativ auf langfristige Ermittlungen aus. Die Ermittler, denen immer an sofortigen Erfolgen gelegen war, schienen keine globale Strategie zu haben. Zum Beispiel schien sich kein Nachrichtendienst ernsthaft mit einem Phänomen zu beschäftigen, das zum Verständnis für das Funktionieren der organisierten Kriminalität wesentlich ist: mit dem Zigarettenschmuggel. Der frühere Leiter des Hohen Kommissariats, Domenico Sica, einer der ersten, dem die Eroberung Europas durch die organisierte Kriminalität in voller Tragweite bewußt war, bezeugt: »Und doch bestand das Europa der Schmuggler vor dem Europa der Staatengemeinschaft. Die Schwarzhändler haben den spanischen Markt für LM & Reynolds-Zigaretten untereinander aufgeteilt, wohingegen in Italien nur Philip-Morris-Erzeugnisse zu finden sind. Und was noch schlimmer ist: Es gibt eine Zentrale, die den Verbrecherorganisationen auf europäischer Ebene Falschpapiere besorgt. So hat man bei palästinensischen Terroristen und bei Pipo Calo (dem Kassenführer der *Cosa Nostra* und Chef der Familie von Porta Nuova) falsche Papiere gefunden, die aus ein und derselben Quelle stammen.«

Während der kurzen Zeit, in der Sica im Hohen Kommissariat tätig war, versuchte er, die Rückschleusung von schmutzigem Geld einzudämmen, dem Problem Nummer 1 im Europa der neunziger Jahre, der *Cosa-Nostra*-Jahre.

»Rückschleusung – hat fast etwas mit Magie zu tun«, erklärte Domenico Sica. »Man kann sie mit Käse vergleichen: Zu einem bestimmten Zeitpunkt ist es noch Milch und plötzlich ist es Käse. Das Problem

besteht darin, den flüchtigen Moment abzupassen, wo das Geld nicht mehr schmutzig ist. Eine Methode, die augenblicklich sehr in Mode ist, ist die Geldwäsche von *Narco-Lire* mittels Import und Export italienischer Banknoten. Man führt große Banknoten schmutzigen Geldes an Schweizer Banken aus, die die italienische Zentralbank um eine zeitlich begrenzte Genehmigung für den Import besagter Banknoten bitten, um sie in kleine Noten zu wechseln. Nach getätigter Operation ist das Geld gewaschen und gesetzlich unanfechtbar.« Wenn man Sica fragte, wie am besten gegen die Ausweitung der organisierten Kriminalität innerhalb der EG vorzugehen sei, antwortete Sica: »Das Problem ist unsere fehlende Phantasie, unser mangelndes Vorstellungsvermögen. Ich sage immer, daß Geld therapeutische Fähigkeiten hat. Geld macht intelligent, jemand, der viel Geld besitzt, wird dadurch sehr intelligent. Wollen wir Nichtwiedergutzumachendes verhindern, haben wir keine Zeit zu verlieren und müssen uns den neuen Zielscheiben der *Cosa Nostra* zuwenden: Österreich und dem Bankensystem Osteuropas, allen voran dem Ungarns und der Tschechoslowakei.«
Doch konnte man den verschiedenen europäischen Polizeidienststellen nur schwerlich mangelndes Vorstellungsvermögen vorwerfen, wenn wiederum sie sich fragten, wie sie unkundige, ahnungslose politische Institutionen sensibilisieren sollten, die schlecht darauf vorbereitet waren, eine Invasion einzudämmen, die bereits seit einem Jahrzehnt im Gange war. Als typischsten Fall wollen wir Großbritannien nennen, ein Land, das es lange Zeit versäumte, sich diesem Problem zu stellen, obwohl es eine starke Zuwanderung von Ehrenmännern erfuhr, die es verstanden, sich in der italienischen Gemeinde verborgen zu halten. Und wenn einige Politiker wie Margaret Thatcher auch auf die drohende Gefahr hinwiesen, so waren sie sich nicht bewußt, daß es im Grunde schon zu spät war. Hier bestand neben der Ignoranz noch die Furcht, die wirtschaftliche Flaute zu verstärken, wenn sie die Handlungsfreiheit der Finanzplätze beschnitten, die unter dem Deckmantel des Liberalismus zur Geldwäsche von Drogengeld einluden.
Auch Spanien zeichnete sich durch fehlendes Verständnis für ein Problem aus, das sozusagen dem Gutdünken eines einzigen Richters der *Audiencia nacional* überlassen blieb. Und doch bestand auch hier eine reale Gefahr: Zu den italienischen Ehrenmännern und den Banden türkischer Schwarzhändler, die sich längs der spanischen Riviera niedergelassen hatten, gesellte sich noch eine beträchtliche Menge von

Vertretern lateinamerikanischer Kartelle. Die Iberische Halbinsel, ein wahrhafter »Drogenspeicher«, dessen Vorräte Europa zugedacht waren, bot zudem den Vorteil eines Inlandsmarktes, der von einer relativ ausgeprägten Toleranz der Behörden im Umgang mit Drogen begünstigt wurde.

Abgesehen von Deutschland, war Frankreich das einzige europäische Land, das eine Art Gegenschlag organisiert hatte, um der Invasion des organisierten Verbrechens entgegenzutreten. Die Untersuchung des Marseiller Richters Jean-François Sampieri über die Ansiedelung krimineller Organisationen in Südfrankreich und zuvor die Berichte von Michel Debecq und Germain Sengelin sowie die Alarmschreie von einigen wenigen Parlamentariern, darunter François d'Aubert, veranlaßten Justizminister Michel Vauzelle im September 1992 eine Reihe durchaus als sinnvoll zu bezeichnende Maßnahmen anzuordnen: die Schaffung einer Planungsstätte an der Place Vendôme und die Entsendung eines Richters an die Seite Lilliana Ferraros, der Nachfolgerin Richter Falcones, die nun die Leitung der Abteilung Strafrecht im italienischen Justizministerium übernommen hatte. Auch der französische Innenminister Paul Quilès schlug bei den Gipfeltreffen mit seinen europäischen Kollegen wiederholt Alarm und gab, unter reichlichem Werbeaufwand, den Impuls für eine europäische Polizei, die »Europol«, die anstelle der Interpol treten sollte und von der man sich mehr erhoffte, als daß sie nur die Rolle eines einfachen Briefkastens spielen möge. Der Minister kündigte zudem die Schaffung einer Dienststelle an, die gegen die organisierte Kriminalität eingesetzt werden sollte; doch mußte er den Zwistigkeiten zwischen den Polizeidienststellen Rechnung tragen, die die Nachrichtendienste und die Kriminalpolizei seit einigen Jahren entzweiten.

Die einen beschuldigten die anderen der Passivität, ja sogar der Sabotage. Manche Ermittler erklärten, wie eine zentrale Leitungsstelle im letzten Moment eine nicht von ihr geleitete Aktion vereitelte, indem sie die Finanzierung für den Ankauf mehrerer Kilo weißen Pulvers verweigerte. Diese »Vorsicht« verhinderte die Zerschlagung eines großen Drogenhändlernetzes und gefährdete das Leben eines Informanten. Ebenso sprach man von Beschattungen, die unglücklicherweise für das Wochenende unterbrochen wurden, an dem die Drogen ungehindert abgesetzt werden konnten. Die Polizeibeamten warnten vor den Konsequenzen des Personalmangels. Ihren Aussagen zufolge wußten die Händlerkartelle nun, daß die Polizei nur eine begrenzte Anzahl großer Ermittlungen gleichzeitig führen konnte. Die Raffiniertesten konnten also damit rechnen, nicht ertappt zu werden, sofern sie in der Lage waren, ihren Schleichhandel vollständig aufzubauen oder genügend Konkurrenten denunzierten.

Zu den inneren Streitigkeiten kam auf europäischer Ebene noch ein weiteres Problem hinzu: Die divergierenden nationalen Interessen der verschiedenen Polizeien. Den italienischen Ermittlern war natürlich daran gelegen, ihre Erfolge unter Beweis zu stellen und die größtmögliche Zahl von in der EG ansässigen Ehrenmännern in italienische Gefängnisse zu bringen; zuweilen geschah dies zum Schaden örtlicher Ermittlungen, von denen manche recht vielversprechend aussahen.

Die Bitterkeit einiger europäischer Polizeibeamten war um so größer, als sie im Falle der Verhaftung von italienischen Ehrenmänern im Ausland, die auf Antrag ihres Landes erfolgte, regelmäßig mit dem Problem der Vereinbarkeit der unterschiedlichen Gesetzgebungen zu kämpfen hatten. Beispielsweise war es unmöglich, einen italienischen Staatsbürger einzig wegen des Deliktes der Zugehörigkeit zu einer kriminellen Vereinigung in sein Heimatland auszuliefern – die Krönung des italienischen Rechtssystems. 1983 genehmigte der Anklagesenat nur eine teilweise Auslieferung Michele Zazas, der kurz nach seiner Ankunft in Rom auch wieder auf freien Fuß gesetzt wurde. Einige Jahre später verweigerte derselbe Anklagesenat klar und deutlich eine erneute Auslieferung des neapolitanischen Paten, nachdem er in der italienischen Anklageschrift Lücken ausgemacht hatte. Die Absurdität im Falle von Licio Gelli, dem Meister vom Stuhl der Freimaurerloge P2 und mutmaßlichen Finanzier der Corleoneser, war noch augenfälliger. Nachdem er allein wegen der Beteiligung am Zusammenbruch der Banco Ambrosiano von der Schweiz ausgeliefert worden war, verlebte er Anfang der neunziger Jahre ruhige Tage in seiner Luxusvilla in Arezzo – trotz verschiedentlicher Verurteilungen, die jedoch nicht mit den juristischen Vorgaben der Schweizer Justiz in Einklang standen. Auch könnte man jene italienischen *Dons*, wie Natale Rimi in Spanien, anführen, die aus verfahrenstechnischen Gründen regelmäßig der Auslieferung entgingen. Kurz, alle europäischen Polizeibeamten teilten die Ansicht jenes französischen Ermittlers, der behauptete: »Die Italiener verstehen sich nicht darauf, Auslieferungsanträge zu stellen, die für ausländische Gerichte akzeptabel sind.«

Die europäischen Ermittler klagten außerdem über die mangelhafte Informationsverbreitung, deren Grund in den nationalen Vorrechten zu suchen war. Es kam häufig vor, daß die Richter oder Polizeibeamte aus verschiedenen EG-Ländern über ein und dieselben Drogenhändlerringe oder »Familien« ermittelten, ohne sich gegenseitig über den jeweiligen Wissensstand zu unterrichten. Zwischen den einzelnen Staaten bestand fast überhaupt kein Austausch. Der Skandal der illegalen Anwerbung von Gastarbeitern, der Belgien erschüttert hatte, war ein schlagender Beweis dafür: Der königliche Staatsanwalt in Brüssel, der Auskünfte über die in diese Affäre verwickelten italienischen Staatsbürger erhalten wollte, war gezwungen, sich deswegen an den Außenminister zu wenden, der sich wiederum an den Innenminister wandte, der das Ganze ohne allzu viele Hoffnungen an Interpol weiterleitete. Es erübrigt sich eigentlich zu sagen, daß eine Antwort nie eintraf. So mußten sich die Staatsanwälte in Brüssel wie in Charleroi lange damit abfinden, daß sie eines Tages vielleicht den Beweis dafür erbringen können, daß die Organisatoren der illegalen Gastarbeiteranwerber in direktem Zusammenhang mit der italienischen organisierten Kriminalität standen.

In anderen Ländern beschlossen einige Richter und Staatsanwälte, die nationalen Vorrechte zu überschreiten. Ungeachtet der traditionellen Dienststellen richteten sie sich direkt an ihre europäischen Kollegen, indem sie sich gelegentlich der Geheimagenten bedienten. Zwar waren sie sich bewußt, die Grenzen des Rechtsstaates zu übertreten, sagten sich aber, daß gewisse Gesetze nicht für den Kampf gegen das organisierte Verbrechen ausgerichtet waren. Natürlich gediehen die Verbrecherorganisationen in den geschützten Nischen der Europäischen Gemeinschaft prächtig, indem sie sich die gesetzlichen Unvereinbarkeiten und Widersprüche zunutze machten. Die *Dons* leisteten sich die besten Rechtsanwälte und verstanden es, aus den geringsten Schwächen des Strafgesetzbuches ihren Vorteil zu ziehen. Mußte man also die elementarsten Grundsätze der Demokratie mit Füßen treten, um der organisierten Kriminalität Herr zu werden? Das ist die nicht enden wollende Debatte, die Richter, Polizeibeamte und Geheimagenten in ganz Europa beschäftigt.

Das eindeutigste Beispiel für diese Unvereinbarkeiten und Widersprüche in der Gesetzgebung finden wir in Italien. Taten die Italiener, die Ende der achtziger Jahre eine neue, äußerst liberale Strafprozeßordnung eingeführt hatten, recht daran, die aufgestellten Richtlinien mittels spezieller Gesetze und Erlasse auszuhöhlen, die dem Kampf gegen die *Cosa Nostra* galten? So wurden zum Beispiel die Gesetze, die eine Lockerung der Untersuchungshaft vorsahen, nicht mehr auf die Ehrenmänner angewandt, die ihre individuellen Freiheitsrechte so bei jeder neuen spektakulären Aktion ihrer Organisation schwinden sahen.

Indem die italienische Regierung die inhaftierten Paten auf die Teufelsinsel vor Sardinien verbannt, oder indem sie die Armee auf Sizilien einmarschieren läßt, vermittelte sie eher den Eindruck, auf Ereignisse reagieren zu wollen, als eine akzeptable Strategie zu entwickeln. Einige fragten sich bereits, ob es nicht der falsche Weg sei, ein nichtmilitärisches Problem mit militärischen Mitteln zu lösen. Würde man, falls man unter dem Vorwand, die Öffentlichkeit beruhigen zu wollen, der Versuchung autoritärer Lösungen erlag, nicht nur die kurzfristigen Probleme in den Griff bekommen?

Was also sollte man tun? Schon wurden in Italien und im Europaparlament Stimmen laut, die die italienischen Politiker aufforderten, zuerst einmal vor ihrer eigenen Türe zu kehren. Da man die Welt nicht ändern kann, sollten letztere damit beginnen, daß sie jede Vereinbarung mit den Wahlmännern der organisierten Kriminalität strikt ablehnten. Von welcher Seite man das Problem auch betrachtet, bleibt doch immer dieselbe Tatsache: Ob der Krieg gegen die organisierte Kriminalität nun auf europäischer Ebene geführt wird oder nicht, die entscheidenden Schlachten müssen in Rom geschlagen werden, der Hauptstadt des Kampfes gegen die *Mafia* in Europa.

Anhang

Chronologie der Ereignisse (1950–1993)

Die fünfziger Jahre

1950. Tommaso Buscetta gehört seit zwei Jahren zur palermitanischen Familie von Porto Nuova. Damals herrschten etwa zwanzig »Familien«, zu denen im Durchschnitt je dreißig »Soldaten« gehörten, über Palermo. Noch nie war die *Mafia* so einflußreich. Sie war unter dem Faschismus verfolgt und nach der Landung der Alliierten 1943 rehabilitiert worden. Die *Cosa Nostra* kontrolliert praktisch den gesamten westlichen Teil der Insel. Sie hat eben den Ganoven Salvatore Giuliano liquidiert und damit jede separatistische Bestrebung im Keim erstickt. Schon treffen die traditionellen Paten wie Calogero Vizzini und Genoc Russo Vorkehrungen, jüngeren und skrupelloseren Mafiosi die Geschäfte zu übergeben. Die »Mafia der Felder« wird zur »Mafia der Städte«.
25. März 1958. Tommaso Buscetta wird in Palermo wegen Beteiligung an einer kriminellen Vereinigung und wegen Zigarettenschmuggels verhaftet. Einige Zeit später wird er wieder auf freien Fuß gesetzt, seine Ausweispapiere, die man konfisziert hatte, werden ihm auf die Vermittlung eines Abgeordneten hin wieder zurückgegeben.
2. August 1958. Der Chef der Familie von Corleone, der gefährliche Arzt Michele Navarra wird auf der Bundesstraße 118, nicht weit von San Isidoro, ermordet. Sein mutmaßlicher Mörder, ein Killer der Familie von Corleone, Luciano Leggio, genannt Liggio, sollte bald die grauenhaftesten Dinge über ihn verbreiten.

Die sechziger Jahre

26. Dezember 1962. Der Chef der »Familie« des palermitanischen Stadtviertels La Noce, Calcedonio di Pisa, wird auf der Piazza Principe di Campo Reale in Palermo ermordet. Dieser Mord, eine Folge von Spannungen innerhalb der Kuppel, ist der Auftakt zu dem Großen Mafia-Krieg. Die Familie von Porta Nuova, die für den Tod an di Pisa verantwortlich gemacht wird, löst sich auf. Tommaso Buscetta verläßt zu Beginn der Feindseligkeiten Palermo.
30. Juni 1963. Sieben *Carabinieri* kommen durch die Explosion einer in einem Auto versteckten Bombe auf den Anhöhen von Ciaculli ums Leben. Dieses Massaker, das nach gut einem Jahr des Gangsterkrieges stattfindet, stürzt die *Cosa Nostra* in eine nie dagewesene Krise. Der Chef der Kuppel, Salvatore Greco, genannt »Chicchiteddu« (Kleiner Vogel) tritt von seinen Ämtern zurück, löst die Leitung der *Cosa Nostra* auf und

geht ins Ausland; es hat den Anschein, als entsage er künftig jeglicher mafiosen Beschäftigung. Die *Mafia* ist im Begriff auseinanderzubrechen, die Geschäfte der verschiedenen palermitanischen »Familien« geraten ins Stocken.

10. Dezember 1969. Ein etwa zehnköpfiges Kommando, darunter mehrere *Carabinieri* in Zivil, dringen in die Geschäftsräume des Bauunternehmers Salvatore Moncada, Viale Strasburgo, in Palermo ein und eröffnen das Feuer auf alles, was sich bewegt. Vier Menschen werden getötet, darunter Michele Cavatajo, ein Killer der *Cosa Nostra*. Das Massaker in der Viale Strasburgo wird als Markstein angesehen; hiermit endete der Große Krieg der sechziger Jahre, die *Cosa Nostra* nahm ihre Aktivitäten wieder auf. Salvatore Riina, ein Vertrauter Luciano Leggios, Stefano Bontate und Gaetano Badalamenti bilden ein Triumvirat, das sich den Wiederaufbau der *Mafia* zur Aufgabe macht.

Die siebziger Jahre

16. September 1970. Verschwinden des Journalisten Mauro de Mauro. Auch wenn seine Leiche nie gefunden werden kann, so besteht an der Ermordung des Journalisten kein Zweifel. Dagegen sind die Motive nie völlig geklärt worden; in Palermo erzählt man sich, daß de Mauro sterben mußte, weil er »dem richtigen Mann die falsche Frage« stellte.

5. Mai 1971. Ermordung des Oberstaatsanwaltes von Palermo, Pietro Scalgione und seines Chauffeurs. Einer der mutmaßlichen Killer ist Luciano Leggio, der vom Vordersitz eines Autos aus Feuer gegeben haben soll.

30. März 1973. Leonardo Vitale, ein Ehrenmann aus der Familie von Altarello, geht zur Polizei von Palermo, in der Absicht, Geheimnisse der *Cosa Nostra* preiszugeben. Leider wird er, dem man später den Beinamen »Valacchi de Falsomiele« geben wird, nicht ernst genommen und in eine psychiatrische Anstalt eingewiesen. Erst zehn Jahre später wird die Justiz die Bedeutung und die Ernsthaftigkeit seiner Zeugenaussagen begreifen.

14. Mai 1974. Verhaftung Luciano Leggios in Mailand. Die ihn begleitende Frau scheint seinen wahren Namen nicht zu kennen. Bevor die *Carabinieri* Leggio mitnehmen, bittet er seine Frau, die »schrecklichen Dinge«, die sie in den Zeitungen über ihn lesen wird, nicht zu glauben. Nach Leggios Festnahme wird Gaetano Badalamenti, dem Chef der Familie von Cinsi, die Leitung der Kuppel übertragen.

20. August 1977. Der Polizeioberst Giuseppe Russo wird auf dem Marktplatz von Ficuzza zusammen mit einem Professor, der ihn begleitet, ermordet. Dieser Mord, der kurze Zeit nach der Ermordung des Polizeibeamten Sorino erfolgt, führt innerhalb der Kuppel zu tiefgreifenden Zwistigkeiten. Der Mafiaboß Gaetano Badalamenti, der normalerweise von jedem wichtigen Mord in Kenntnis gesetzt werden mußte, wird systematisch von allen Entscheidungen ferngehalten. Aus noch ungeklärten Gründen wird er einige Zeit später aus seinem Amt als *Capofamiglia* verdrängt und aus der *Cosa Nostra* ausgeschlossen. Der Chef der Familie von Ciaculli, Michele Greco, genannt der »Papst«, übernimmt seinen Posten an der Spitze der Kuppel.

30. Mai 1978. Der Chef der Familie von Riesi, Giuseppe Di Cristina, wird im Zentrum Palermos morgens um 7 Uhr 45 erschossen. Kurz davor hatte er – da er die neuen, von

Michele Greco angewandten Führungsmethoden der *Cosa Nostra* mißbilligte – damit begonnen, die Geheimnisse seiner Organisation den *Carabinieri* preiszugeben.
26. Januar 1979. Der Journalist Mario Francese wird ermordet, weil er über den Skandal des Garcia-Dammes berichtet hatte. Francese hatte entdeckt, daß das Gelände, wo der Deich errichtet werden sollte, für 2 Milliarden Lire von den *Mafiosi* gekauft worden war; anschließend waren sie von der Stadtgemeinde enteignet und mit 17 Milliarden Lire entschädigt worden.
9. März 1979. Michele Reina, Sekretär der *Democrazia Cristiana* in Palermo, wird ermordet.
11. Juli 1979. Ermordung des Rechtsanwaltes Giorgio Ambrosoli in Mailand, der mit der Liquidation der italienischen Privatbank von Michele Sindona beauftragt war. Vor seinem Tod hatte der Anwalt versucht, die politischen Verantwortungsträger zu entlarven, die es dem unlauteren Bankier erlaubt hatten, ein Finanzimperium zu errichten, in dem ein Großteil des mafiosen Kapitals rückgeschleust wurde. Nach dem Zusammenbruch seiner Bank wurde Michele Sindona verhaftet und in den Vereinigten Staaten abgeurteilt. Sein Nachfolger Roberto Calvi war noch glückloser, man fand ihn erhängt unter einer Londoner Brücke auf.
21. Juli 1979. Boris Giuliano, Chef der Anti-Mafia-Brigade Palermos, fällt den Schüssen der *Cosa-Nostra*-Killer zum Opfer. Giuliano, ein hartnäckiger Ermittler, hatte als einer der ersten die *Sizilia Connection*, die mit Heroin handelte, aufgedeckt. Seine Ermordung erfolgt unmittelbar nach der Festnahme eines corleonesischen Killers von Luciano Leggio.
2. August 1979. Der Bankier der Mafia und des Vatikans Michele Sindona verschwindet aus New York, wo er einen luxuriösen Lebensstil pflegte. (Er residierte in einer Suite des Hotels Pierre). Sein Verschwinden erfolgt etwa zwanzig Tage vor seinem Erscheinungstermin vor dem Bundesgerichtshof von Manhattan, wo er wegen betrügerischen Bankenzusammenbruches verurteilt werden sollte. Für die Entführung übernimmt eine geheimnisvolle, unbekannte Gruppierung der extremen Linken die Verantwortung: In Wirklichkeit begibt sich Michele Sindona nach Sizilien, wo er mit den wichtigsten Bossen der *Cosa Nostra* zusammentrifft; er versucht einen Staatsstreich zu organisieren, dann läßt er sich operieren, um den Anschein zu erwecken, er sei durch Schüsse verletzt worden; danach taucht er am 16. Oktober 1979 wieder in New York auf. Sindona, der zu zehn Jahren Gefängnis verurteilt wird, wird nach Italien ausgeliefert, wo er wegen betrügerischen Konkurses und vorsätzlicher Tötung abgeurteilt werden soll.
25. September 1979. Mord an Cesare Terranova, Richter, unabhängiger Kandidat der Kommunistischen Partei, Mitglied der Anti-Mafia-Kommission. Mit ihm wird sein Chauffeur und Leibwächter getötet. Cesare Terranova war im Begriff, den Vorsitz der Anti-Mafia-Kommission im Justizpalast Palermos zu übernehmen.
27. Oktober 1979. Wenn der Mord an Giuseppe Russo, dem christdemokratischen Gemeinderat von Belmonte Mezzagano Aufmerksamkeit erweckt, dann, weil das Opfer der Privatsekretär des Provinzpräsidenten von Palermo war. Die Zeitungen behaupten, das Opfer sei wegen Zuschlagserteilungen getötet worden.

6. Januar 1980. Die Ermordung des Präsidenten der sizilianischen Region Piersanti Matarella im Zentrum von Palermo versetzt die Stadt in einer Art Starre. Nie zuvor hatte die *Mafia* gewagt, an einen so bedeutenden christdemokratischen Politiker Hand anzulegen. Im Gegensatz zu seinem Vater Bernardo, gehörte Präsident Piersanti Matarella zu jenem verschwindend kleinen Teil der *Democrazia Cristiana*, der nicht davor zurückschreckte, die Kollusionen seiner Partei mit der Mafia anzuprangern und eine von mafiosen Elementen gereinigte politische Führung Siziliens verlangte.
3. Mai 1980. Der Carabinierihauptmann Emanuele Basile wird ermordet, als er einige Ermittlungen weiterführen will, die von dem verstorbenen Boris Giuliano begonnen worden waren. Seine Mörder, die man ganz in der Nähe des Tatorts verhaftet, werden in erster Instanz freigesprochen und danach in einem Berufungsverfahren verurteilt – jedoch in Abwesenheit.
6. August 1980. Der Oberstaatsanwalt des palermitanischen Gerichtes, Gaetano Costa, wird ermordet. Einige Zeit später rühmt sich der Chef der Familie von Passo di Rigano, Salvatore Inzerillo, die Ermordung befohlen zu haben. Inzerillo, ein Mitglied der Kuppel, ist nicht darüber informiert worden, daß man einige palermitanische Persönlichkeiten in Fallen zu locken gedenkt; er soll beschlossen haben, den Staatsanwalt Costa nur deshalb umzubringen, um seine eigene Stärke zu beweisen.
13. Augsut 1980. Der Mord an Vito Lipari, christdemokratischer Bürgermeister von Castelvetrano, gilt als Rechnungsbegleichung.
6. September 1980. Requiescat in pace. Bruder Giacinto (in Zivil Stefano Castronovo) fällt unter den Schüssen von sehr weltlichen Killern. Der Franziskanermönch vom Kloster Santa Maria del Gesù wird hernach als Wächter eines Mafia-Friedhofes entlarvt. In seiner Mönchszelle stellen die Polizeibeamten vier Millionen Lire in kleinen Scheinen und eine Pistole sicher.
23. April 1981. Der Chef der Familie von Santa Maria del Gesù, Stefano Bontate, hatte gerade seinen dreiundvierzigsten Geburtstag gefeiert, als er auf der palermitanischen Ringstraße ermordet wird. Stefano Bontate war eines der beiden Kuppel-Mitglieder, das aus seiner Animosität gegen den Boß der Mafia-Leitung, Michele Greco, keinen Hehl machte.
11. Mai 1981. Jetzt ist die Reihe an Salvatore Inzerillo, dem Chef der Familie von Passo di Rigano; er fällt den Schüssen seiner ehemaligen Freunde zum Opfer, als er eben von einem Rendezvous zurückkommt. Salvatore Inzerillo war der andere Gegner Michele Grecos innerhalb der Kuppel.
10. September 1981. Ermordung des Polizeimeisters Vito Jevolella in Palermo.
25. Juni 1981. Salvatore Contorno, ein »Soldat« der Familie von Santa Maria del Gesù, ein treuer Anhänger des verstorbenen Stefano Bontate, entgeht ganz knapp einem Attentat mitten im Stadtviertel Brancaccio. Wie das »Gesetz des Schweigens« es gebietet, werden die Ermittler keinen Zeugen für diese wilde Schießerei finden, die sich immerhin in einer stark bevölkerten Hauptverkehrsstraße der Stadt und außerdem zu einer Stoßzeit zutrug. Damals zählte man fast jeden Tag einen Mord in Palermo.
30. April 1982. Wenn der kommunistische Abgeordnete Pio La Torre ermordet wurde,

dann weil er Urheber eines Gesetzentwurfes gegen die *Mafia* war, der die Konfiszierung des Gesamtvermögens der Freunde, Komplizen und Mitglieder der *Cosa Nostra* vorsah. Seine Ermordung verhindert die Verabschiedung des Gesetzes durch das Parlament jedoch nicht. Rosario di Salvo, Torres Chauffeur, wird ebenfalls getötet.

16. Juni 1982. Fünf *Carabinieri* und der Häftling, den sie eskortierten, werden auf der palermitanischen Ringstraße durch Kalaschnikowschüsse getötet. Die Killer hatten es einzig auf den Häftling Alfio Ferlito abgesehen, der zur Familie von Catania gehörte und auf Befehl seines Chefs, des gefährlichen Nitto Santopaola, umgebracht worden war.

18. Juni 1982. Die Londoner Polizei entdeckt die Leiche des Bankiers Roberto Calvi, die unter der Brücke der »Schwarzen Brüder« (Blackfriars Bridge) erhängt aufgefunden wird. Calvi, der für einen der größten Zusammenbrüche der europäischen Finanzwelt verantwortlich erklärt wurde, war seit zehn Tagen verschwunden. Die Banco Ambrosiano, deren Leiter er war, wurde im Volksmund auch »Bank der Mafia und des Vatikans« genannt. Calvi soll auf Befehl der *Cosa Nostra* ermordet worden sein, weil er angeblich Pipo Calo, dem Kassenwart der *Mafia*, und seinem Geldwäscher Licio Gelli, dem Chef der Freimaurerloge P 2, Geld entwendet haben soll.

11. August 1982. Doktor Paolo Giaccone, Gerichtsmediziner beim palermitanischen Gericht, wird ermordet, weil er den Fingerabdruck, den ein Killer vom Clan Marchese am Tatort zurückgelassen hatte, identifizierte.

3. September 1982. General Carlo Emanuele Dalla Chiesa, Anti-Mafia-Präfekt von Palermo und früherer Leiter des anti-terroristischen Kampfes in Italien, hatte gerade seine »55 Tage Anti-Mafia-Kampf« gefeiert, als er zusammen mit seiner Frau und seinem Chauffeur ermordet wurde. Im Augenblick des Attentats fuhr General Dalla Chiesa, der ganz offen darüber geklagt hatte, daß Rom ihn im Stich ließ, in einem kleinen, als Privatwagen getarnten Polizeiauto, gefolgt von seinem Chauffeur und Leibwächter, der am Steuer des gepanzerten Wagens saß, welcher die Sicherheit des Präfekten garantieren sollte.

14. November 1982. Ermordung des Polizeibeamten Calogero Zucchetto. Der unglückliche Polizist wurde umgebracht, weil er die Verhaftung einiger Ehrenmänner, die ihm schon lange bekannt waren, angeordnet hatte.

25. Januar 1983. Ermordung des Stellvertretenden Staatsanwaltes von Trapani, Giacomo Ciaccio Montalto. Damit alle Spuren des Verbrechens beseitigt würden, wurden die fünf Männer, die man als Vollstrecker engagiert hatte, bei ihrer Ankunft in den Vereinigten Staaten umgebracht.

13. Juni 1983. Der Carabinierihauptmann Mario d'Aleo, Kommandant der Kaserne von Monreale, wird ermordet.

28. Juli 1983. Um den Leiter des Ermittlungsrichterstabes am palermitanischen Gerichtshof, Rocco Cinnici, zu töten, läßt die *Cosa Nostra* ein Auto, das eine 50-Kilo-Dynamitladung enthält, in die Luft gehen. Bilanz: Fünf Tote – der Ermittlungsrichter, seine drei Leibwächter und ein Hausmeister.

5. Januar 1984. Ermordung des Journalisten und Schriftstellers Giuseppe Fava in Catania. Der Direktor der Revue *I Siciliani* hatte sein Leben einem wahrhaften Anti-Mafia-Kreuzzug gewidmet.

26. Juni 1984. Turin. Ermordung des Stellvertretenden Oberstaatsanwalts Doktor

Bruno Caccia, der über die Verzweigungen der Familie von Catania im Norden der Halbinsel ermittelte.

10. Juli 1984. Tommaso Buscetta wird in Brasilien festgenommen und nach Italien ausgeliefert. Etwa zehn seiner engsten Verwandten werden in Palermo umgebracht, ohne Zweifel, weil sich Tommaso Buscetta entschieden hat, der italienischen Justiz alle Geheimnisse seiner Organisation preiszugeben. Am 16. Juli 1984 beginnen die Geständnisse des mafiosen »Kronzeugen«, die sich über mehr als einen Monat hinziehen und die *Cosa Nostra* in ihren Grundfesten erschüttern werden.

7. August 1984. Verhaftung des Stellvertretenden Oberstaatsanwalts von Trapani, Antonio Costa, wegen Korruption. Die Presse beschuldigt ihn, zur *Mafia* zu gehören. Polizeibeamte stellen bei ihm mehrere Dutzend Millionen Lire in kleinen Scheinen sowie sechs Feuerwaffen sicher, von denen die eine mit einer – abgefeilten – Matrikelnummer und einem Schalldämpfer versehen ist.

18. September 1984. Bagheria. Ermordung des Senators Igniazio Mineo, eines hohen Beamten des Finanzministeriums. Sein Sekretär Salvatore Prezentano, Funktionär des Provinzialschatzamtes, wird zwanzig Tage später in derselben Ortschaft Bagheria getötet werden.

29. September 1984. Polizei und Richter setzen ein Zeichen für den Kampf gegen die *Mafia:* Eine riesige Razzia wird in Palermo durchgeführt. Nach den Geständnissen von Tommaso Buscetta überziehen dreitausend Polizisten die Stadt mit einem Kontrollnetz, in der Hoffnung, etwa dreihundert *Mafiosi* festzunehmen. Doch das Ergebnis ist eher enttäuschend. Am Abend können nur einige Dutzend Ehrenmänner in die norditalienischen Gefängnisse gebracht werden. Doch künftig besitzen die Ermittler ein detailliertes Organisationsschema der *Cosa Nostra* und sind imstande, viele Mysterien Palermos zu erhellen.

3. Oktober 1984. Die meisten ehemaligen Bürgermeister Palermos sagen vor der Anti-Mafia-Kommission des italienischen Parlaments aus.

18. Oktober 1984. Massaker in Palermo: In einem Stall in der Nähe der Piazza Scaffa entdeckt die Polizei die Leichen von acht jungen Leuten, die durch Gewehrschüsse umgebracht worden sind. Hinter dieser beispiellosen Rechnungsbegleichung steht zweifelsohne der Chef der Familie von Catania, Nitto Santapaolo. Die acht Jugendlichen sollen erschossen worden sein, weil sie versuchten, ohne seine Genehmigung Pferdefleisch zu verkaufen.

3. November 1984. Verhaftung des ehemaligen Bürgermeisters von Palermo, Vito Ciancimino. Der Mann, ein Vierteljahrhundert christdemokratischer Würdenträger, war auch als einflußreicher Geschäftsmann tätig und in dieser Funktion unter anderem für die Preistreiberei auf dem Immobiliensektor durch mafiose Bauunternehmer verantwortlich. Sein Imperium erstreckte sich bis nach Kanada.

12. November 1984. Verhaftung der Vettern Ignazio und Nino Salvo, der beiden mächtigsten Männer Italiens. Die früheren Steuereinnehmer strichen Provisionen ein, die 6 Prozent über den Summen lagen, die von den sizilianischen Steuerzahlern an den italienischen Staat gezahlt wurden. Die Vettern Salvo, scherzhaft auch die »Vize-Könige« genannt, gehörten zum politischen Establishment auf der Insel. Tommaso Buscetta zufolge gehörten die beiden Vettern zur Familie von Salemi.

18. November 1984. Palermo. Selbstmord von Rosario Nicoletti, dem ehemaligen Sekretär der *Democrazia Cristiana* und Abgeordneten des regionalen Parlaments. Rosario Nicoletti ertrug es nicht, der Kollusion mit der Mafia beschuldigt zu werden.
23. Februar 1985. Palermo. Der Industrielle Roberto Parisi und sein Chauffeur werden von einem aus acht Männern bestehenden Kommando ermordet. Parisi, Vorsitzender des örtlichen Fußballvereins und Vize-Präsident des Industriellenverbandes, war dank der Auftragserteilungen durch die Stadtverwaltung von Palermo zu seinem Vermögen gekommen.
28. Februar 1985. Pietro Patti, palermitanischer Industrieller, weigert sich, eine halbe Milliarde »Schutzgeld« zu bezahlen, und wird deswegen ermordet. Seine neunjährige Tochter Gaia, die im Augenblick des Attentats bei ihm war, wird schwer verletzt.
30. März 1985. Verhaftung des Chefs der Familie von Porta Nuova, Pippo Calo, in Rom. In seiner Wohnung beschlagnahmt die Polizei sieben Kilo reines Heroin und mehrere Sprengladungen. Pippo Calo besaß in Rom elf Wohnungen, drei weitere in Porta Rotondo und drei Villen auf Sardinien. Er war Repräsentant der *Cosa Nostra* in Rom. Pippo Calo unterhielt Beziehungen zu terroristischen Gruppierungen der extremen Rechten, zu Banden der neapolitanischen *Camorra* und zu den meisten unredlichen Geschäftemachern Roms. Sein Name taucht bei der Affäre um den Tod des Bankiers Calvi auf.
2. April 1985. Trapani. Eine 50 Kilo schwere Plastiksprengstoffbombe explodiert, als der Stellvertretende Oberstaatsanwalt Carlo Palermo in seinem gepanzerten Wagen vorbeifährt. Wie durch ein Wunder bleibt der Beamte unverletzt. Eine Passantin und ihre beiden Kinder werden durch die Wucht der Explosion getötet. Als Carlo Palermo Richter in Trente war, hatte er eine Untersuchung über einen der größten je existierenden Waffen- und Drogenhandel durchgeführt. Sobald er in Trapani tätig wurde, nahm er eines der letzten Heroinlabors, die noch auf Sizilien in Betrieb waren, aufs Korn. Zweifelsohne wollte die *Mafia* ihn deswegen töten. Einige Tage nach dem Attentatsversuch unterzeichnete Palermo Haftbefehle gegen die größten Bauunternehmer Catanias.
28. Juli 1985. Ermordung Kommissar Giuseppe Montanas in Porticello; er war der Chef der Brigade der Catturandi, deren Aufgabe es ist, etwa achthundert flüchtige *Mafiosi*, die »illegal« in Sizilien leben, ausfindig zu machen und festzunehmen.
6. August 1985. Der Chef der mobilen Brigade Palermos, Antonio Cassara, und seine beiden Leibwächter kommen im Kugelhagel von zweihundert Kalaschnikowschüssen zu Tode. In den darauffolgenden Tagen bitten mehr als die Hälfte aller Brigadebeamten Palermos um ihre Versetzung von der Insel. Den Ansuchen wird stattgegeben.
2. Oktober 1985. Gegen den inhaftierten Chef der Familie von Porta Nuova, Pippo Calo, wird wegen seiner Beteiligung an dem Zugattentat vom 23. Dezember 1984 Anklage erhoben, bei dem sechzehn Menschen getötet und mehr als zweihundert verletzt worden waren. Pippo Calo soll gemeinsam mit einer Bande Neofaschisten, Camorristen und einem Abgeordneten der rechtsextremistischen Bewegung *MSI* am Werke gewesen sein.
30. Oktober 1985. New York. Tommaso Buscetta tritt als Zeuge der Anklage beim Prozeß gegen die »Pizza Connection« vor dem Bundesgerichtshof von Manhattan auf. Bei diesem Prozeß geht es um illegalen Handel mit mehreren Tonnen Heroin in den

Vereinigten Staaten. Der Hauptangeklagte Gaetano Badalamenti gibt vor, seinen früheren Freund, der nun als sein Hauptankläger erscheint, nicht zu kennen. Badalamenti bricht in schallendes Gelächter aus, als Buscetta auf eine Frage des Staatsanwalts sagt: »Um in die *Mafia* einzutreten, braucht man kein Anmeldeformular auszufüllen.« Zum ersten Mal willigt ein wichtiger palermitanischer Ehrenmann ein, als Zeuge gegen seine früheren Freunde auszusagen. Als Gegenleistung versprechen ihm die Vertreter der amerikanischen Regierung die US-Staatsbürgerschaft, eine neue Identität und Geld.

8. November 1985. Der Anti-Mafia-Pool der Untersuchungsrichter stellt 475 Ehrenmänner vor Gericht. Die Untersuchungsakten umfassen mehr als 600 000 Seiten und die Urteilssprüche mehr als 8 000 Seiten; die Untersuchung stützt sich auf die Aussagen von Tommaso Buscetta, Salvatore Contorno und die von 23 weiteren Mafiaaussteigern. Ein Spezialgericht ist eingerichtet worden, um den Mammutprozeß überhaupt abhalten zu können, der Anfang 1986 beginnen soll. Für die *Mafia* bedeutet er das Ende der rosigen Zeiten.

10. Februar 1986. Eröffnung des Maxi-Prozesses in Palermo gegen die *Cosa Nostra*; die 210 Angeklagten stehen – in dreißig Käfigen – vor ihren Richtern. Sie werden von 300 Rechtsanwälten verteidigt.

17. Februar 1986. Verhaftung von Giovanni Prestifilippo und seinem Sohn in Termini Immerese. Beide sind Ehrenmänner der Familie von Ciaculli und Vettern von Michele Greco.

20. Februar 1986. Verhaftung von Michele Greco, dem »Papst« von Ciaculli. Der Mann, den Buscetta und Contorno beschuldigen, der Chef der Kuppel zu sein, verbarg sich in einem kleinen, mitten im Grünen gelegenen Landhaus in der Ortschaft Caccamo, die etwa fünfzig Kilometer von Palermo entfernt ist.

5. März 1986. Der Inhaber einer Autoreparaturwerkstatt wird in der Halle des Flughafens von Palermo verhaftet. Er wollte gerade mit drei Kilo Heroin nach New York fliegen. Kurz darauf wird ein weiterer Palermitaner im New Yorker Flughafen festgenommen, der dieselbe Drogenmenge bei sich hat. Die Ermittler erklären, daß sie noch lange nicht alle Heroinlabors zerschlagen haben.

7. März 1986. Die Richter von Palermo leiten eine Ermittlung über eine Freimaurerloge ein, die alles, was in der Stadt Rang und Namen hatte, zu ihren Mitgliedern zählte: Richter, Geschäftsinhaber, aber auch Repräsentanten der *Cosa Nostra*, darunter Michele Greco.

19. März 1986. Das mailändische Schwurgericht verurteilt Michele Sindona wegen seinem Mord an dem Rechtsanwalt Giorgio Ambrosoli zu einer lebenslänglichen Haftstrafe. Sindonas Anwälte legen Berufung ein. Mit einem guten Gespür für den richtigen Zeitpunkt droht der Bankier der Mafia und des Vatikans damit, seine früheren politischen Freunde zu denunzieren.

20. März 1986. Michele Sindona, Häftling im Spezialgefängnis von Voghera, trinkt die letzte Tasse Kaffee seines Lebens. Er stirbt, von Zyankali vergiftet. Und das, obwohl die Gefängnisverwaltung alles Erdenkliche unternommen hatte, um diesen ungewöhnlichen Häftling zu schützen; man hatte ihn im Frauengefängnis in eine Einzelzelle gesteckt und Tag und Nacht durch eine Videokamera überwacht. Am nächsten Tag erinnerte die Presse daran, daß es noch gar nicht so lange her war, daß der christdemokratische

Minister Andreotti ihn als Retter der Lira begrüßt hatte. Einige Monate später kamen die Richter zu der Schlußfolgerung, daß es sich um Selbstmord gehandelt haben mußte.
21. März 1986. In ganz Sizilien kommt es zu Aufständen, als die Regierung ihre Absicht bekundet, das ungenehmigte Bauen zu unterbinden. Zu den härtesten Auseinandersetzungen kommt es in den Ortschaften, die von der *Cosa Nostra* kontrolliert werden. Die sogenannte Revolte der *abusivi* (Gesetzesbrecher) dauert etwa zehn Tage.
2. April 1986. Tommaso Buscetta und Salvatore Contorno treffen in Palermo ein. Sie kommen aus den Vereinigten Staaten und werden von Dutzenden Polizeibeamten eskortiert. Die beiden Mafiaaussteiger haben die Reise unternommen, weil sie gegen ihre ehemaligen Waffenbrüder vor dem palermitanischen Gericht aussagen wollen.
17. April 1986. Ermordung Giovanni Scarapullas, eines christdemokratischen Gemeinderates in Mazzarino (Provinz Caltanisetta).
6. Mai 1986. In dem Moment, wo ein Maxi-Prozeß in Messina eröffnet wird, in dem zweihundert Mafiosi verurteilt werden, ermordet man einen ihrer Rechtsanwälte, Nino D'Uva.
3. Juni 1986. Aufregung in Palermo; das Kassationsgericht hat eben die Verurteilung Michele Grecos zu einer lebenslänglichen Haftstrafe rückgängig gemacht; Greco war wegen seiner Beteiligung an der Ermordung des Rates Chinnici und vier weiterer Personen verurteilt worden. Das Kassationsgericht meint, sein Einfluß sei doch nicht so groß gewesen.
30. Juni 1986. Pietro Vernengo, einer der größten aller Drogenpaten der *Cosa Nostra*, wird auf seiner Jacht, unweit von Neapel festgenommen. Er wird sofort nach Palermo gebracht und vor die Richter des Maxi-Prozesses geführt.
3. Juli 1986. Überraschung in Palermo – ein Polizeibeamter wird verhaftet. Sein Name wird nicht mitgeteilt, doch erfährt man, daß er mit heiklen Aufgaben betraut war, u. a. der Überwachung von Mafiosi oder dem Geleitschutz von Prominenten. Die Zeitungen behaupten, er habe möglicherweise die Killer seiner beiden Vorgesetzten, Giuseppe Montana und Antonio Cassarà, mit Informationen versehen.
11. Juli 1986. Der frühere Bürgermeister von Palermo, Salvatore Mantione, wird wegen Korruption verhaftet.
22. Juli 1986. Das Gericht von Reggio di Calabria spricht Luciano Leggio frei und gibt damit Tommaso Buscetta unrecht. Der Mafiaaussteiger war vom Gericht als Zeuge der Anklage gehört worden, als es über Leggios Teilnahme an der Ermordung Richter Terranovas zu urteilen hatte.
17. August 1986. Die Untersuchungsrichter des Palermer Gerichts verweisen gut hundert *Mafiosi*, die wegen Waffen- und Drogenhandels angeklagt sind, an ein anderes Gericht.
10. September 1986. Aufruhr in Palermo? Der Vorwand? Eine undurchsichtige Fußballaffäre.
22. September 1986. Massaker in Porto Empedocle (Agrigent); sechs Personen werden bei einer Rechnungsbegleichung zwischen zwei rivalisierenden *Mafia*-»Familien« in einem Café getötet.
23. September 1986. Die Richter von Palermo graben die Akte Mauro de Mauro aus. Der Journalist, der am 16. September 1970 verschwand, soll umgebracht worden sein,

weil er entdeckt habe, daß die *Cosa Nostra* plante, bei dem von Fürst Borghese organisierten Staatsstreich mitzuwirken.

8. Oktober 1986. Neuer Höhepunkt des Grauens. In einem volkstümlichen Viertel wird der elfjährige Claudio Domino durch einen Kopfschuß getötet. Der Killer schoß von einem Motorrad aus. Man spricht von einem Verbrechen der Mafia. Die Reinigungsfirma von Claudios Vater war beauftragt, den Gerichtsbunker zu säubern. Die *Mafiosi* sollen ihn um einen Gefallen gebeten haben, den dieser ihnen abgeschlagen hat. Am nächsten Tag leugnen die Ehrenmänner in ihren Käfigen jede Beteiligung an diesem Verbrechen. Einige Zeit später nimmt die Polizei Giuseppe Gambino, den Chef der Familie des Stadtviertels von San Lorenzo fest, in dem der kleine Claudio erschossen worden ist.

24. Oktober 1986. Die Rechtsanwälte der Mafiosi, die in Palermo abgeurteilt werden, bitten um Verlesung der 700 000 Seiten starken Anklageschrift. Sie wissen, daß der Gerichtspräsident ihrem Wunsch nicht entsprechen kann, denn man bräuchte länger als sieben Jahre, um die Schrift zu verlesen; doch hoffen sie, Zeit zu gewinnen, damit einige ihrer Klienten vorläufig aus ihrer Haft entlassen werden. Die Regierung reagiert darauf mit einer Verlängerung der Untersuchungshaftzeiten.

27. Oktober 1986. Bestürzung im Justizpalast von Palermo. Vincenzo Sinagra, einer der wichtigsten Kronzeugen des Maxi-Prozesses, widerruft sein Geständnis: »Ich habe alles erfunden, um das Gefängnis verlassen zu können.« Eine Woche später reut es Sinagra, daß er sich von seinen Ängsten leiten ließ: »Ich hatte mein Geständnis deshalb zurückgenommen, weil man meine Familie bedroht hatte.«

28. Oktober 1986. Beim Prozeß gegen die *Cosa Nostra* von Agrigent erklärt der alte Boß Paolo Campo (86 Jahre): »Ich bin als *Mafioso* geboren, und ich werde als *Mafioso* sterben.«

4. November 1986. Verhaftung des Sohnes von Fürst Cassina in Palermo. Der Fürst ist der mächtigste Industrielle der Stadt. Sein Sohn Duilio Cassina wurde wegen Rechnungsfälschung gesucht.

10. November 1986. Das Schwurgericht von Palermo glaubte den Kronzeugen nicht, die etwa zehn *Mafia*-Bosse beschuldigten, für das Massaker vom 18. Oktober 1984 verantwortlich zu sein, in dem in Palermo acht junge Leute zu Tode kamen. Der Freispruch der *Mafiosi* verheißt nichts Gutes für die Fortsetzung des Maxi-Prozesses, dessen Verhandlungen auf wenig öffentliches Interesse stoßen.

20. Februar 1987. Gegen die leitenden Manager der *IOR* – der Bank des Vatikans wird im Rahmen des Konkurses der Banco Ambrosiano Haftbefehl erlassen.

12. Januar 1988. Ermordung des früheren Bürgermeisters von Palermo Giuseppe Insalaco; er hatte kurz zuvor die Kollusionen zwischen Politik und *Mafia* vor der Anti-Mafia-Kommission angeprangert.

16. Januar 1988. Ermordung des Polizeibeamten Natale Mondo in Palermo. Er hatte eng mit Kommissar Cassarà zusammengearbeitet, der am 6. August 1985 getötet worden war.

25. September 1988. Ermordung des Richters Antonio Saetta und seines Sohnes auf der Landstraße zwischen Canicatti und Caltanisetta. Saetta war mit dem Berufungsverfahren gegen die Mörder von Chinnici und Basile betraut.

26. September 1988. Trapani. Ermordung von Mauro Rostagno, eines früheren Leiters der *Lotta Continua* (dt. »Der Kampf geht weiter«). Rostagno leitete eine Therapieeinrichtung für Drogenabhängige.
26. Mai 1989. Verhaftung mehrerer Mafiosi in Sizilien; darunter ist der Kronzeuge Salvatore Contorno, den man in einem Haus aufgreift, in welchem Waffen gelagert sind. In den darauffolgenden Wochen beschuldigt ein anonymer Briefschreiber Richter Falcone, die heimliche Rückkehr Contornos nach Sizilien veranlaßt zu haben, der in den Vereinigten Staaten dabei war, eine anti-corleonesische Todesschwadron zu organisieren. Der anonyme Briefschreiber wird mittels einer von Domenico Sica – Hochkommissar des Anti-Mafia-Kampfes – gestellten Falle entlarvt: Es handelt sich um Alberto di Pisa, einen Richter des Anti-Mafia-Pools.
21. Juni 1989. Gescheitertes Attentat auf Richter Falcone. Die Polizei entdeckt einen Sprengkörper an einem Strand, in dessen Nähe der Richter ein Haus gemietet hatte. Man glaubt, daß der Geheimdienst Urheber des Mordversuchs ist.
5. August 1989. Ermordung des Polizeibeamten Antonio Agostino und seiner Frau in Palermo.
27. August 1989. Der frühere Präsident der italienischen Eisenbahn, Ludovico Ligato, wird in Kalabrien ermordet. Er war in mehrere Skandale verwickelt, unter anderem in einen Waffenhandel.
19. Oktober 1989. Infolge des Zusammenbruchs der Banco Ambrosiano wird Falvio Carboni in Rom verhaftet; er war die rechte Hand des Bankiers Roberto Calvi und Geschäftspartner von Pippo Calo.

Die neunziger Jahre

9. Mai 1990. Palermo. Ermordung von Giovanni Bonsignore, Funktionär der Region Sizilien.
21. September 1990. Ermordung des Richters Rosario Livantino in der Nähe von Canicatti.
9. August 1991. Ermordung des Richters Antonio Scoppoletti, Staatsanwalt beim Kassationshof (in Dtl.: Bundesgerichtshof) und beauftragt gegen die *Cosa Nostra* zu ermitteln.
29. August 1991. Palermo. Ermordung Libero Grassis, eines Industriellen, der sich weigerte, sich von der *Cosa Nostra* erpressen zu lassen.
28. September 1991. Ermordung von Paolo Arena, einem früheren Sekretär der *Democrazia Cristiana* von Misterbianco, der eine wichtige Rolle in den Beziehungen zwischen Politik und Mafia spielte.
19. November 1991. Palermo. Ermordung von Antonio Bannano, einem Politiker und Verwaltungsratsmitglied der lokalen Sozialversicherungsgeschäftsstelle.
9. November 1991. Agrigent. Ermordung von Salvatore Curto, einem sozialistischen Politiker der Provinz Agrigent, der im Ruf stand, Beziehungen zur *Mafia* zu unterhalten.
21. November 1991. Mord an Eugenio Graziano, Bürgermeister von Qindici, der wegen Kollusion mit der *Cosa Nostra* vom Präsidenten der Republik abgesetzt worden war.
4. Januar 1992. Lametia Terme. Ermordung des Politikers Salvatore Aversa und seiner Frau.

6. Januar 1992. Gescheitertes Attentat auf den Zug Lecce-Milano. Einem Gerücht zufolge sollen die *Sacra Corona Unita*, die *Cosa Nostra* und mehrere sehr rechts gerichtete Freimaurerlogen darin verwickelt sein, die einige Monate vor den Parlamentswahlen ein Massaker verüben wollten.

30. Januar 1992. Schwere Niederlage der *Cosa Nostra*: der Kassationshof bestätigt das Urteil, das beim Maxi-Prozeß im Jahre 1986 vom palermitanischen Schwurgericht gefällt worden war.

17. Februar 1992. Mailand. Verhaftung des sozialistischen Politikers Mario Chiesa, als er Bestechungsgeld in Empfang nimmt. Es ist der Anfang der größten Korruptionsaffäre, die je auf der Halbinsel aufgedeckt wurde. Dutzende hochrangige Politiker und Großindustrielle werden verhaftet, der Generalsekretär der sozialistischen Partei Italiens und früherer Ministerpräsident Bettino Craxi muß zurücktreten. Es ist sogar von einer Revolution die Rede, die alle Parteien – auch die Kommunisten – betrifft. *Paten* der *Cosa Nostra* sprechen davon, den Richter Di Pietro zu ermorden, der die Operation »saubere Hände« leitete.

11. März 1992. Castelmare di Stabia. Ermordung des kommunistischen Gemeinderats Corrado Sebastiano; er war Initiator eines Verbandes gegen die *Camorra*.

12. März 1992. Palermo. Ermordung des Europaabgeordneten Salvo Lima. Der christdemokratische *Pate* aus Sizilien wurde dank der tatkräftigen Hilfe der *Mafia* regelmäßig wiedergewählt. Seinen Sitz im Europäischen Parlament verdankte er den 200000 palermitanischen Stimmen. Er war Prokonsul des Ministerpräsidenten Giulio Andreotti.

14. März 1992. Ermordung Alfonso Galleotos und seiner Frau; Galleoto war zuvor wegen seiner Beteiligung an dem Massaker des Zuges 904 von einem florentinischen Gericht verurteilt worden.

28. März 1992. Bari. Lazzarotto Antonello wird in der Zelle eines Untersuchungsgefängnisses vergiftet; er sollte wegen eines breitangelegten Drogenhandels gemeinsam mit 41 über jeden Verdacht erhabenen Bürgern (Geschäftsinhabern, Bankiers, Industriellen...) vor Gericht gestellt werden.

4. April 1992. Agrigent. Ermordung des Polizeimeisters Giuliano Guazelli, einer wahrhaften Berühmtheit, der in dieser Region gegen die *Mafia* kämpfte.

23. Mai 1992. Palermo. Richter Falcone, seine Frau Francesca Morvillo und ihre drei Leibwächter werden bei einem Bombenattentat getötet. Die Abgeordneten Nando Dalla Chiesa (Sohn des ermordeten Generals Dalla Chiesa) und Giuseppe Ayala (ehemaliger Richter des von Falcone geleiteten Anti-Mafia-Pools) behaupten, daß bei dem Attentat nicht nur die Mafia ihre Hände im Spiel hatte.

8. Juni 1992. Anti-Mafia-Erlaß (Zunahme von Machtbefugnissen für die Polizei, Schutz der Mafiaaussteiger...)

27. Juni 1992. Anti-Mafia-Demonstration in Palermo.

19. Juli 1992. Richter Paolo Borsellino und seine aus fünf Leibwächtern bestehende Eskorte werden in Palermo ermordet.

26. Juli 1992. Selbstmord von Rita Atria, einer Kronzeugin, die mit Paolo Borsellino zusammenarbeitete.

28. Juli 1992. Catania. Ermordung von Giovanni Lizzio, Polizeileiter, der gegen die Erpressung von Kaufleuten im Einsatz war.

6. September 1992. Verhaftung von Giuseppe Madonia, eines »Repräsentanten« der Kuppel.
11. September 1992. Neapel: Verhaftung des »Königs« der *Camorra* Carmine Alfieri.
12. September 1992. Venezuela liefert die Brüder Cuntrera, Ehrenmänner der Familie von Siculiana und Leiter eines multinationalen Drogen-Konzerns, aus.
17. September 1992. Bagheria. Ermordung von Ignazio Salvo, ehemaliger Steuereinnehmer Siziliens, Ehrenmann der Familie von Corleone und Bindeglied zwischen *Cosa Nostra* und *Democrazia Cristiana*.
28. September 1992. Zweihundert Personen werden in Italien, Europa und Amerika im Rahmen der Operation »Green Ice« verhaftet. Hunderte Kilo Kokain und mehrere Millionen Dollar werden sichergestellt.
30. Oktober 1992. Richter Siclari wird an die Spitze der von Falcone eingerichteten *Superprocura (Direzione nazionale antimafia, DNA)*, einer Zentralstelle für die Bekämpfung der Mafia berufen. Die Arbeit der *DNA* kommt nur schleppend in Gang. Dasselbe trifft auf ihr polizeiliches Pendant, die Anti-Mafia-Spezialbehörde *(Direzione Investigativa Antimafia, DIA)* zu.
16. November 1992. Der Kronzeuge Tommaso Buscetta sagt vor der Anti-Mafia-Kommission in Rom aus. Er kehrt vorzeitig in die Vereinigten Staaten zurück, nachdem er erklärt hat, seine Sicherheit sei nicht gewährleistet.
3. Dezember 1992. Palermo. Selbstmord des Stellvertretenden Staatsanwalts Domenico Signorino, der der Kollusion mit der Mafia beschuldigt wurde. Es ist der sechste Mensch, der sich nach derartigen Anschuldigungen umbringt. Domenico Signorino hatte beim Maxi-Prozeß 1986 gegen die *Cosa Nostra* ermittelt.
24. Dezember 1992. Palermo. Verhaftung des Chefs der lokalen Außenstelle der Gegenspionage SISDE, Bruno Contrada. Ein Kronzeuge beschuldigt ihn, den Kuppel-Chef Toto Riina protegiert zu haben.
15. Januar 1993. Verhaftung des *Cosa-Nostra*-Bosses Toto Riina.
12. Mai 1993. Verhaftung von Michele Zaza, Chef der neapolitanischen *Camorra*, an der Côte d'Azur.
18. Mai 1993. Verhaftung von Benedetto Santapaola, der hinter Toto Riina als Nummer zwei in der Mafia-Hierarchie gilt.

Verwendete Dokumente

Vernehmungen von Francesco Marino Mannoia, veröffentlicht von *L'Ora* vom 6. Dezember 1989 bis zum 10. Januar 1990.
Vernehmungen von Antonio Calderone, veröffentlicht von *L'Ora* vom 1. Oktober 1988 bis zum 25. November 1988.
Vernehmungen von Paul Waridel, 14. Juni 1985.
Vernehmungen von Tommaso Buscetta, 16. Juli bis 10. November 1984.
Vernehmungen von Salvatore Contorno vom 1. Oktober 1984 bis zum 19. Juni 1985.
Vernehmungen von Tota Genaro, August bis November 1982.
Vernehmungen von Wakkas Salah Al Din, Oktober 1982.
Vernehmungen von Sami Salek, August 1981.
CENSIS, *Contro e dentro*, Rom, 1992.
Procedimento penale contro Abbatangelo +22, Florenz, 1986.
Procedimento penale contro Aiello +58, Palermo, 1988.
Procedimento penale contro Greco Michele (10 Bände), Palermo, März 1991.
Bericht der Criminalpol über Bono & 159, Februar 1983.
Bericht der Criminalpol über das organisierte Verbrechen in Mailand, 13. April 1981.
Rapporto di denuncia contro Michele Greco + 161, Palermo, Juli 1982.

Sentenza Ordinanza contro Abagnale + 204, Neapel, 1984.
Sentenza Ordinanza contro Abate + 706 (40 Bände), Palermo, 1985.
Sentenza Ordinanza contro Agostini + 94, Mailand, März 1985.
Sentenza Ordinanza contro Agostino + 13, Mailand, 1985.
Sentenza Ordinanza contro Aiello + 33, Rom, 1985.
Sentenza Ordinanza contro Amendolito + 35, Palermo, 1990.
Sentenza Ordinanza contro Baio + 8, Palermo, 1990.
Sentenza Ordinanza contro Bonacorso + 6, Mailand, 1986.
Sentenza Ordinanza contro Caruana & Cuffaro, Palermo, 1991.

Parlamentarische Kommission über die Mafia (Rom, März 1988), *Veruntreuung von EG-Subventionen, 12/5/89.* **DOC XXIII N 8.
Parlamentarische Kommission über die Mafia (Rom, März 1988), *Probleme des Hohen Kommissariats, 4/10/88.* **DOC XXIII N 1.
Parlamentarische Kommission über die Mafia (Rom, März 1988), *Die Rückschleusung in Mailand, 28/5/91.* **DOC XXIII N 34.
Parlamentarische Kommission über die Mafia (Rom, März 1988), *Bericht der PDS, 24/1/90.* **DOC XXIII N 12 bis 1.

Parlamentarische Kommission (Rom, März 1988), *Internationale Rückschleusung, 20/3/90.* **DOC XXIII N 16.
Parlamentarische Kommission über die Mafia (Rom, März 1988), *Der Kampf gegen das organisierte Verbrechen in Neapel, 15/3/90.* **DOC XXIII N 15.
Parlamentarische Kommission über die Mafia (Rom, März 1988), *Jahresbericht, 24/1/90.* **DOC XXIII N 12.
Parlamentarische Kommission über die Mafia (Rom, März 1988), *Bericht über Reggio di Calabria, 16/3/89.* **DOC XXIII N 6.
Parlamentarische Kommission über die Mafia (Rom, März 1988), *Die Lage in Gela, 12/5/89.* **DOC XXIII N 7.
Parlamentarische Kommission über die Mafia (Rom, März 1988), *Wahlen & organisierte Kriminalität 20/3/91.* **DOC XXIII N 30.
Parlamentarische Kommission über die Mafia (Rom, März 1988), *Bericht über Catanzaro, 5/6/91.* **DOC XXIII N 35.
Parlamentarische Kommission über die Mafia (Rom, März 1988), *Bericht über Neapel, 26/4/91.* **DOC XXIII N 33.
Parlamentarische Kommission über die Mafia (Rom, März 1988), *Bericht über Apulien, 18/11/91.* **DOC XXIII N 38.
Parlamentarische Kommission über die Mafia (Rom, März 1988), *Bericht über Trapani, 15/11/91.* **DOC XXIII N 40.
Parlamentarische Kommission über die Mafia (Rom, März 1988), *Die Banken in Trapani, 9/1/92.* **DOC XXIII N 40 – BIS.
Parlamentarische Kommission über die Mafia (Rom, März 1988), *Bericht über Rom und Latium, 26/11/91.* **DOC XXIII N 41.
Parlamentarische Kommission über die Mafia (Rom, März 1988), *Jahresbericht, 10/11/90.* **DOC XXIII N 23.
Parlamentarische Kommission über die Mafia (Rom, März 1988), *Bericht über Reggio di Calabria, 2/1/92.* **DOC XXIII N 44.
Parlamentarische Kommission über die Mafia (Rom, März 1988), *Bericht über Gioa Tauro, 26/10/90.* **DOC XXIII N 124.
Parlamentarische Kommission über die Mafia (Rom, März 1988), *Bericht über Catania, 2/4/90.* **DOC XXIII N 17.
Parlamentarische Kommission über die Mafia (Rom, März 1988), *Bericht über Mailand, 13/7/90.* **DOC XXIII N 19.
Parlamentarische Kommission über die Mafia (Rom, März 1988), *Bericht über Ostsizilien, 18/2/89.* **DOC XXIII N 4.
President's Commission on Organized Crime, *The Edge,* GPO, Washington, März 1986.
President's Commission on Organized Crime, *Organized Crime & Heroin,* GPO, Washington, Februar 1985.
President's Commission on Organized Crime, *Organized Crime & Labor,* GPO, Washington, April 1985.
President's Commission on Organized Crime, *America's Habit, Drug Abuse,* GPO, Washington, März 1986.

President's Commission on Organized Crime, *Organized Crime of Asian origine,* GPO, Washington, Oktober 1984.
President's Commission on Organized Crime, *The Impact of Organized Crime today,* GPO, Washington, April 1986.
President's Commission on Organized Crime, *Organized Crime & Gambling,* GPO, Washington, Juni 1985.

Danksagung

Dieses Buch ist das Ergebnis einer mehrjährigen Recherche, die ich in Italien und verschiedenen europäischen Ländern durchgeführt habe. Unter den zweihundert Menschen, die mir dabei behilflich waren, möchte ich ganz besonders den stellvertretenden Staatsanwalt von Palermo Paolo Borsellino würdigen, der im Juli 1992 in Palermo brutal ermordet wurde. Ihm habe ich dieses Buch gewidmet. Dutzende Richter, Geheimagenten, Abgeordnete und andere Staatsbeamte haben mir geduldig auf meine Fragen geantwortet. Allen diesen genannten und anonymen »Mitarbeitern« möchte ich hiermit meinen aufrichtigen Dank aussprechen.

Zum ersten Mal in meinem Leben hatte ich die Gelegenheit, mit Menschen zusammenzutreffen, die zu Verbrecherorganisationen gehören oder gehört hatten. Ganz gleich, ob sie Kronzeugen waren oder nicht. Sie haben sich sehr kooperativ gezeigt. Jenseits unserer Meinungsverschiedenheiten, unabhängig von jedem Werturteil bin ich ihnen dafür zu Dank verpflichtet, daß sie mich empfingen. Wenn sie auch meine Auffassung von dem Phänomen nicht wesentlich änderten, so haben sie mir doch ermöglicht, die Stichhaltigkeit mancher Anschuldigungen zu prüfen und eine andere Version zu hören, die sich von der gemeinhin vermittelten nicht selten unterscheidet.

Neben den besagten Gesprächen stützte ich meine Untersuchung auch auf Dokumente, die ich in verschiedenen europäischen Ländern zusammengesucht habe. Zwei hervorragende Sachkenner haben mir bei meinen Nachforschungen geholfen: Francesco Petruzella in Sizilien und Pascal Auchelin in der Schweiz. Durch sie kam ich an eine Fülle wichtiger Informationen, und ohne sie hätte ich das Buch so nicht schreiben können. Ebenfalls danken möchte ich Pierra Amendola, Emilio Arcuri, Piero Colaprico, Gaetano Sabbateri, Leo Sisti, Franco Vernice, Mary-Ann und Muriel Zagdoun und insbesondere Jean-Pierre Moscardo.

Ohne den Enthusiasmus, die Hilfe und Ermutigung von Jean-Claude Fasquelle, Denis Bourgeois, Olivier Nora und Jean-Etienne Cohen-Seat hätte ich dieses Buch nie fertigstellen können. Dem besten aller Kritiker, Jean-Christophe Brochier, bin ich für seine geduldigen, aufmerksamen und zuweilen strengen Ratschläge sehr verbunden. Und schließlich hätte ich es nie geschafft ohne die vereinte Hilfe von Sophie, Alexandre und Pierre.

Register

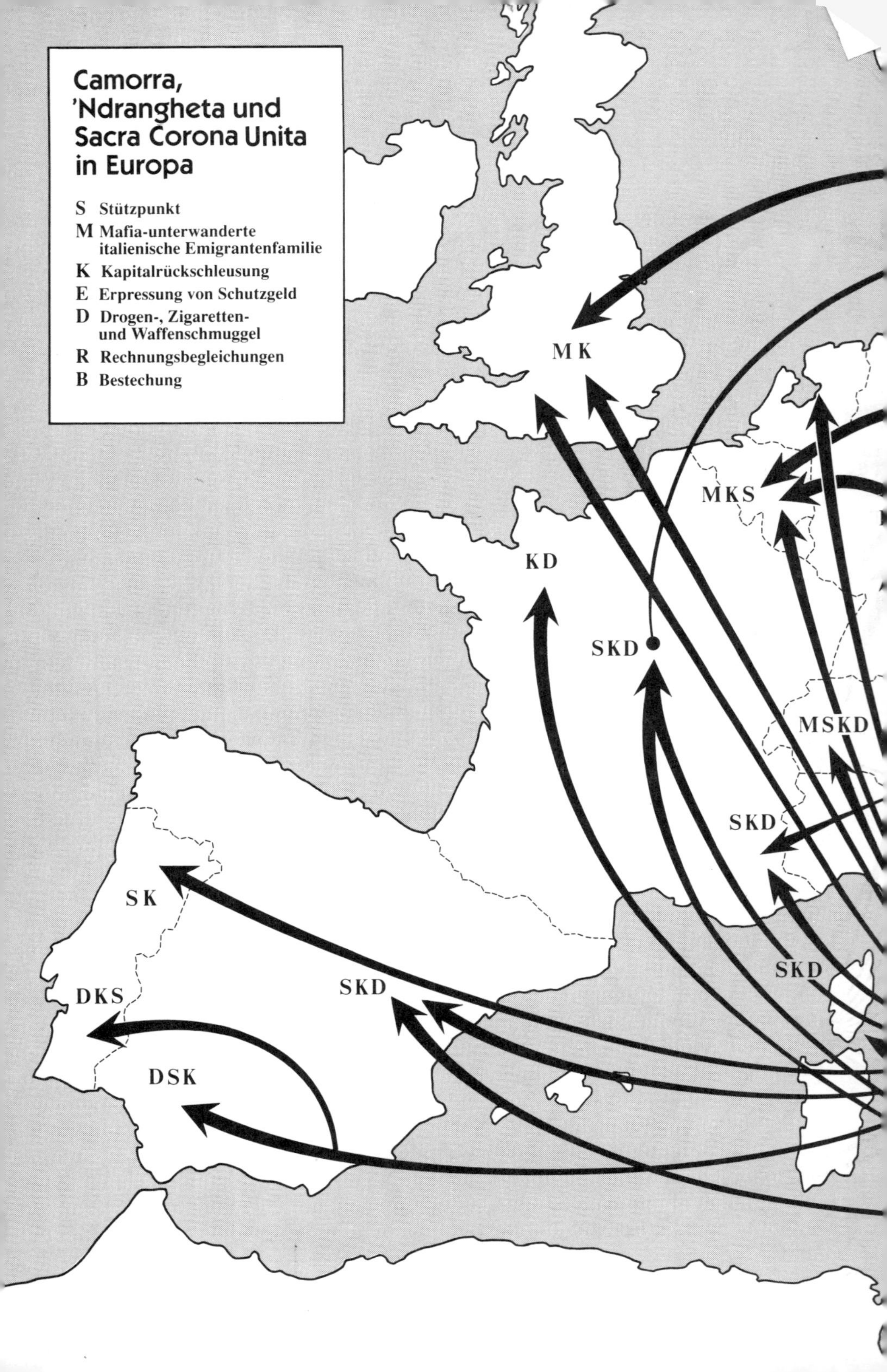

Camorra, 'Ndrangheta und Sacra Corona Unita in Europa
S Stützpunkt
M Mafia-unterwanderte italienische Emigrantenfamilie
K Kapitalrückschleusung
E Erpressung von Schutzgeld
D Drogen-, Zigaretten- und Waffenschmuggel
R Rechnungsbegleichungen
B Bestechung
MK
MKS
KD
SKD
MSKD
SKD
SKD
SK
DKS
SKD
DSK